史料纂集

妙法院日次記　第二十五

八木書店

凡例

一、史料纂集は、史學・文學をはじめ日本文化研究上必須のものでありながら、今日まで未刊に屬するところの古記錄・古文書の類を中核とし、更に既刊の重要史料中、現段階において全面的改定が學術的見地より要請されるものをこれに加え、集成公刊するものである。
一、本書『妙法院日次記』は、京都妙法院門跡（天台宗）の坊官の日次記であり、寛文十二年より明治元年まで現存している。今次の刊行は、第二十五巻の本冊を以て完結とする。
一、本冊には寛政七年より寛政八年までを收める。
一、校訂上の要領は、第一冊の凡例に掲げた通りである。
一、本書の公刊に當つて、妙法院門跡（門主杉谷義純大僧正）は「妙法院史研究會」を組織され、種々格別の便宜を與へられた。特に記して深甚の謝意を表する。
一、本書の校訂は、妙法院所屬「妙法院史研究會」（杣田善雄・藤平寛田・弓場苗生子・三崎義泉）が専らその事にあたつた。

令和元年八月

妙法院史研究會

目次

寛政七年

寛政八年

妙法院日次記 第二十五

月次藥師供長日不動法御開闢

元日御儀

寛政七乙卯年

正　月　御用番、菅谷中務卿（寛常）、

元日、癸丑、晴、當番、小川大藏卿（純方）・今小路民部卿（行章）・伊丹上總介（宜頴）・山下監物（重好）・木崎主計・友田掃部・鈴木求馬・牛丸九十九、

一、卯刻護摩堂江渡御、月次藥師供・長日不動法御開闢、

一、次御吉書始、

一、次大福御雜煮等、如御嘉例、

一、次於御白書院御獻、御陪膳東尾殿（眞應）、役送小川法眼（純方）、

一、次於同所御禮、東尾大僧都（實恕）・菅谷法印（寛常）・小川法眼・今小路法橋（行章）・松井右衞門大尉（永亨）・松井出羽守（永喜）・伊丹上總介・山下監物・中村帯刀（利章）・木崎主計・初瀨川采女・友田掃部・鈴木求馬・三谷玄蕃・山下勇・藪澤競・小畑勘ケ由・松井多門・普門院（啓道）・惠乘房（玄隆）・堀部備後（吉當）・牛丸九十九・莊田左衞門・松井西市正（永昌）・坂元

清記・中村逸治・松井丹波（長亨）、

但、勝安養院（洞海）權僧正在國、三上大膳・同唱・青水主膳歡樂、

一、次於梅之間東尾大僧都江御盃被下之、

一、次於南殿御通、

御盃、坊官・諸大夫・侍・近習・出家・中奥、但中奥江御積者東尾殿被狹之、

御口祝、末吉喜齋、但東尾殿被狹之、

御流、丸茂彌內・內田喜間多・小島郡司・安福左馬太・石野東大夫、

御盃、三宅宗仙・同宗甫・市川養元・三宅宗達・横山左近・原田無關、但、山本內藏・岩永大炊・村若左門・同縫殿・横山道壽・大口愽恂歡樂、

御流、松井左次馬・若山源之進・津田源吾・廣瀨民矢・北川恒之進初而故御目見斗、名披露、但、山本左源太歡樂、

一、次御祝儀之松、御嘉例之ごとく茶道指出之、

一、次於御白書院、

御盃、松井西市正・坂元清記・普門院、

御口祝、中村逸治、

御盃、松井丹波、

御盃、岡本右兵衛、但、知足庵(頼眞)・中嶋織部歡樂、
一、緒方左衞門御禮申上ル、於御白書院御口祝被下之、
一、菩提院(志岸)同斷、於同所御盃被下之、干菓子一箱獻上之、
一、次朝御膳、東尾大僧都御相伴、
一、養源院前大僧正御禮申上ル、於御玄關申置、扇子三
本入獻上之、
一、智山(智積院)役者光照院・養眞院、鑑事妙德院御禮申上ル、
御玄關ニて申置、靑銅三十疋ツヽ、例之通獻上之、

元二、甲寅、晴、當番、菅谷中務卿・松井右衞門大尉・松井出羽守・中村帶刀・初瀨川采女・松井多門・莊田左衞門、
一、坊官獻上之御鏡餅・御錫、幷諸大夫獻上之御錫、例
之通御祝、
一、入夜於常御殿菱花ひら御祝如御嘉例、東尾大僧都・
坊官・諸大夫等、例之通御相伴、

元三、乙卯、晴、當番、菅谷中務卿・小川大藏卿・伊丹上總介・山下監物・木崎主計・友田掃部・鈴木求馬・牛丸九十九、
一、秡川日向・藤嶋下野參上、御禮申上ル、御對面無之、
於御廣間申置、
一、護淨院幷少將爲御禮參上、御對面無之、御雜煮被下、
但し、少將江者於常御殿御口祝被下候事、

*年頭祝儀進物につき御聞繕書

一、篠田土佐介參上、御禮申上ル、
一、傳奏月番千種家江御聞繕書一通被差出、料紙奉書半
切也、
就座主御當職、公方樣(家齊)・若君樣(家慶)江御祈禱之御卷數
幷年頭御祝儀被進物、二條表江御使何日頃可被差
向候哉、御聞繕被成候、此段堀田相模守殿(正順)江宜御
通達賴思召候、以上、

正月三日　　妙法院宮御内
菅谷中務卿

勸修寺前大納言(經逸)樣御内
立入左京亮殿
漢城隼人殿
千種前中納言(有政)樣御内
福井壹岐守殿
細谷典膳殿

一、御附武家へ御聞繕書壹通、左之通、
公方樣江年頭御祝儀被進物、二條表江御使何日頃
可被差向候哉、此段宜御聞繕可被進候、以上、

正月三日　　妙―――御内
菅―――

右、神保紀伊守(長孝)役宅へ小島郡司持參、落手也、
一、勸修寺家より一通來ル、
口上覺

禁裏仙洞諸禮御參集につき傳達

來十三日禁裏様(光格)・仙洞様(後櫻町)諸禮候間、御院家中其御心得尤候、辰刻可有御參集候、遅參之御衆無御構御禮始り可申候、尤否之御請、九日迄ニ勸修寺家へ以書付可被仰聞候様可被成御傳達旨、兩傳被申付候、以上、

正月三日　　兩傳奏　雜掌

妙法院宮様　坊官御衆中

追而、御覽之後、勸修寺家へ御返し可被成候、以上、

一、關白様(一條輝良)・右府様(二條治孝)、爲御年賀御里坊迄御成、

四日、丙辰、晴、當番、今小路民部卿・松井右衞門大尉・松井出羽守・中村帶刀・初瀨川采女・松井多門・莊田左衞門、

一、瑞雲院(貞剛)、年始爲御禮參上、於御廣間御雜煮被下、常御殿ニおゐて御對面、御口祝被下之、

一、知足庵參上、右同斷、

一、澤村伊豫守(壽邦)參上、右同斷、但、御對面無之、

一、小佐路右衞門大尉(光風)參上、右同斷、

五日、丁巳、晴、當番、小川大藏卿・今小路民部卿・伊丹上總介・山下監物・木崎主計・友田掃部・鈴木求馬・牛丸九十九、

一、山門玉照院權僧正(憲雄)參上、昆布料金百疋獻上之、

一、堀田相模守より使者を以、爲年頭御祝儀太刀・馬獻上之候也、

一、山本如見參上、年頭御禮申上ル、奇香油二貝、獻上之、於御廣間於〔衍カ〕御廣間御雜煮被下之、御對面無之、

一、柚木太淳參上、右同斷、

六日、戊午、晴、當番、菅谷中務卿・松井右衞門大尉・松井出羽守・中村帶刀・初瀨川采女・松井多門・莊田左衞門、

*閑院宮典仁親王御忌

一、自在王院宮様(閑院宮典仁)御忌ニ付、廬山寺江御代香、松井出羽守相務、御靈前江方金百疋被備之、

一、丸山安養寺宣阿彌・也阿彌・連阿彌、年始爲御禮參上、獻上物例年之通、但、御目見無之、

一、村若縫殿・伴蒿蹊參上、右同斷、御祝詞申上ル、扇子三本入壹箱ツヽ獻上之、

一、小泉陰陽大允父子(有彜)・高森敬因、右同斷、於御廣間御雜煮被下之、

一、中嶋織部・福井嚴助、右同斷、但、御內々御對面被仰付候由也、

一、祇園社寶壽院(行快)、右同斷參上、瑞龍殿ニおゐて御雜煮被下之、御對面無之、

七日、己未、晴、巳刻過より雪、當番、菅谷中務卿・小川大藏卿・伊丹上總

介・山下監物・木崎主計・友田掃部・鈴木求馬・牛丸九十九、

一、左府様(鷹司政熙)爲御年賀御成、御玄關ニて被仰置、

山門習禪院年頭御禮禁裏御所御厄年の御祈禱御卷數獻上

一、山門執行代習禪院(韶胤)、年頭御禮申上ル、於瑞龍殿中務卿面會、舊臘被仰出候禁裏御所當年御厄年ニ付御祈禱、昨日結願ニよつて御卷數獻上、且三院﨟次帳例之通差出、申置退出也、

一、武川幸伯、年頭爲御祝詞參上、介壽丸壹袋獻上之、於御廣間御雜煮被下之、

一、柳川了長右同斷、保中丸壹袋獻上之、如例年方金百疋被下之、於御廣間御祝被下、

一、圓山右近(應瑞)、年頭御禮として參上、於御廣間御雜煮被下、常御殿ニおゐて御對面、

*後桃園院尊儀御忌に泉山御代香

一、巡會御茶ニ付參殿之輩、知足庵・三宅宗仙・市川養元、

一、横田左近、用事ニ付國元江下向仕候ニ付、御届ケ申上候由也、

一、今辰刻頃、下鴨百性(姓)家燒失、

*關東への進物につき來狀

八日、庚申、晴、當番、今小路民部卿・松井右衛門大尉・松井出羽守・中村帶刀・初瀬川釆女・松井多門・莊田左衛門、

一、今日御參內始、依御歡樂御不參之事、

一、兩御所(光格・後櫻町)・女院樣(富子)・中宮樣(欣子)江年頭御祝儀御獻物例之通、御使松井出羽守、

一、兩御所御局方へ被遣物例之通、御使靑侍中、

一、兩傳奏御世話廣橋前大納言殿(伊光)・兩御附武家へ年頭御祝儀被遣物如例、御使初瀬川釆女・末吉向、

一、岩永大炊、年頭御祝儀申上ル、小倉饅頭壹重獻上之、

一、勝安養院殿參殿、

一、山門林泉院右同斷、右衛門大尉面會候事、

九日、辛酉、晴、當番、小川大藏卿・今小路民部卿・伊丹上總介・山下監物・木崎主計・友田掃部・鈴木求馬・牛丸九十九、

一、村若左門、年頭御禮參上、

一、後桃園院尊儀御忌ニ付、泉涌寺江御代香、

一、大河內立圭・同主膳、右同斷、

一、轉法輪殿(實起)より使者を以、年頭御祝詞被申上、

十日、壬戌、晴、當番、菅谷中務卿・松井右衛門大尉・松井出羽守・中村帶刀・初瀬川釆女・松井多門・莊田左衛門、

一、御附武家より來狀、

寒中爲伺御機嫌其御方より關東江被進物有之、御喜色之段相達候間、各方之內壹人明十一日五半時菅沼下野守(定喜)御役宅江被相越候樣可相達旨、下野守

より申越候ニ付、此段相達候、以上、

正月十日

猶〱、所司代參府中ニ付、本文之趣ニ御座候、以上、

菅谷中務卿樣　石谷肥前守(清茂)

松井西市正樣　神保紀伊守

右承知之旨、及返書也、

一、千種家より御招ニ付、末吉向罷出候處、町奉行紙面寫被達、

相達候儀有之候間、妙法院宮御家來壹人明十一日明六半時伊勢守(三浦正子)御役所江罷出候樣被仰達可被下候、

正月十日

右承知書左之通、料紙奉書半切、

御達之儀有之候間、妙法院宮御家來壹人明十一日明六半時伊勢守殿御役所江被差出候樣、町御奉行紙面之寫御達被進、委細承知仕候、以上、

正月十日　妙法院宮御内　菅谷中務卿

勧修寺前大納言樣御内　立入左京亮殿

漢城隼人殿

千種前中納言樣御内　福井壹岐守殿

細谷典膳殿

右壹通、千種家ヘ末吉向持參、御落手也、

一、梶井宮(承眞)樣より御使を以、年始御祝詞被仰進候由也、

一、聖護院宮(盈仁)樣より御使を以右同斷、

一、山門東谷惣代本行院(澄海)、年頭爲御禮參上、幷自分御祝詞申上ル、於御廣間御雜煮被下之、東谷惣代より扇子壹箱五本入、幷自分御禮扇子壹箱三ツ入、

一、同嚴王院(慈周)、右同斷參上、扇子一箱三本入獻上之、於廣間御祝被下之、

一、惠宅師右同斷、但、御對面無之、

一、泉涌寺塔中觀音寺右同斷、

十一日、癸亥、晴、當番、菅谷中務卿・小川大藏卿・伊丹上總介・山下監物・木崎主計・友田掃部・鈴木求馬・牛丸九十九、

一、昨日御附武家より達之趣ニ付、三浦伊勢守役所ヘ伊丹上總介行向候處、關東ヘ寒中被進物有之候ニ付、御喜色之段相達候由、直樣御承知使相勤、退也、

*本願寺元錢座村寺號につき西町奉行所の御達

一、昨夜傳奏衆より被達候趣ニ付、三浦伊勢守役所江松井多門罷出候處、目附方熊倉惠助面會、先年從本願寺元錢座村江賜り候寺號、以前之通被仰付候樣、先達而穢多共より願出候處、差支之儀有之候ニ付、難

承届趣、則穢多共江相達候、尤其砌當御殿へも彼是御懸合之儀有之候ニ付、爲心得右之段相達候由也、

關東よりの寒中御氣色御達之儀間違の件

一、御附神保紀伊守役宅へ松井多門行向、用人篠原榮次郎へ面會、關東より寒中ニ付御氣色之段被相達候由、依之菅沼下野守殿御役所へ御家來可被差出旨、昨日御達ニ付、今朝罷出候處、下野守殿於御役所無其儀、甚以不都合之儀、坊官共可及不念ニも哉、大ニ迷惑いたし候、若於其御役宅ニ間違候儀ニ候ハヽ、其御方より町奉行所へ御通達之儀、且右間違之段、此方江も御書付を以被示聞候樣致度旨、坊官共申聞候趣申述候處、用人云、全ク此方之間違、彼是取紛書損不念之段、紀伊守甚以氣毒ニ存候、尙後刻自是可申上候へ共、尙又宜敷御取計可被下旨云々、仍而退也、

一、神保紀伊守より來狀、

寒中御機嫌御伺之被進物相濟、關東より御達之儀、町奉行三浦伊勢守御役宅ニおゐて御達相濟候旨、只今致承知候、一昨日菅沼下野守御役宅江御達申候段不念之至ニ奉存候、町奉行紙面江者拙者共致承付留置候帳面を以觸出し等仕候、全控書損仕置

候事故、間違之儀ニ而恐入候、紀伊守月番故、壹人ニ而取計之儀ニ御座候、甚不念之儀ニ奉存候、今日無御滯相濟候儀者致承知候得共、此段得御意候、宜樣賴入候、以上、

正月十一日　　石谷肥前守
　　　　　　　神保紀伊守

菅谷中務卿樣
松井西市正樣

右返書、

御紙面致拜見候、然者寒中御見舞被進物相濟候關東より御達之儀、一昨日菅沼下野守殿御役宅へ罷出候樣御達有之候處、間違ニ而、今日三浦伊勢守殿於御役宅御達之儀相濟申候、右間違之儀者御書損有之候段御斷御紙面之趣、入御念候儀、委細致承知候、以上、

正月十一日　　菅谷中務卿

石谷肥前守樣
神保紀伊守樣

一、山門本覺院(德圓)、爲年始御禮參上、扇子三本入壹箱獻上之、於御廣間御祝被下之、

一、北尾惣代淨國院右同斷、扇子三本入壹箱獻上之、

一、南尾惣代無量院(純慶)右同斷、扇子三本入壹箱獻上之、
一、岡本右衞門參上、右同斷、但、各御對面無之事、
一、東本願寺(達如光朗)御門主より使者を以、年頭御祝詞被申上候事、

十二日、甲子、晴、當番、今小路民部卿・松井右衞門大尉・松井出羽守・中村帯刀所勞・初瀬川采女・松井多門・莊田左衞門、

一、今曉出火、下加茂之由也、
一、今日御鏡開御祝儀、御嘉例之通、

中宮樣への參上につき觸書

一、傳奏衆より觸書到來、

　　口上覺

中宮樣江、以後院家方者從御車寄、諸寺醫師等者從奏者所參上可有之事、
右、此度被仰出候、爲御心得各方迄可申入旨、兩傳被申付如此候、以上、

　　正月十二日　　兩傳奏　雜掌

　　御名前例之通
　　　坊官御衆中

追而、御廻覽之後、勸修寺家へ御返し可被成候、以上、

一、山門院內惣代定光院(觀光)、年頭爲御祝詞參上、扇子三本入壹箱獻上之、於瑞龍殿御雜煮被下之、
一、大覺寺樣(寛深)より御使を以、年始御祝詞被仰進候事、
一、山本內藏參上、年頭御禮申上ル、扇子三本入壹箱獻上之、
一、山門一山惣代妙觀院(俊榮)、右同斷、幷御祈禱之御札十帖壹本一折・扇子拾本入壹箱獻上之、且自分御禮申上、扇子三本入壹箱獻上之、於瑞龍殿御雜煮被下之、
一、山門安祥院(善應)參上、右同斷、扇子三本入壹箱獻上之、於御廣間御祝被下之、

十三日、乙丑、晴、當番、小川大藏卿・今小路民部卿・伊丹上總介・山下監物・木崎主計・友田掃部・鈴木求馬・牛丸九十九、

*祇園社寶光院より願書

一、祇園社寶光院參上、左之通願書差出、民部卿面會、預り置、

　　奉願候口上之覺

一、今般竹坊利麿得度仕候ニ付、御戒師御願奉申上候、右ニ付御禮御作法之儀、古例之通ニ可奉願之處、當時勝手向不如意ニ付、恐多奉存候得共、諸事省略仕御願奉申上度候、此段御聞屆被成下候樣偏ニ奉願候、尤右儉約中之儀ニ而、以後之例ニ者仕間敷候、右之趣宜御沙汰奉願候、以上、

寛政七年乙卯正月十三日　祇園社 寳光院 判

坊官御中

諸大夫御中

伴蒿蹊参上六如慈周の漢詩などを御覧に入る

一、伴蒿蹊参上、御窺申上ル、幷六如(慈周)長遍之詩二首、外ニ本三册入御覧候也、

一、興正寺(寂聴常順)御門主より使者を以、年始御祝詞被申上、

一、山門本覺院(叡徽)・佛乘院(亮周)・鷄足院參殿、於瑞龍殿民部卿及面談候由、

一、佛光寺(随應眞乘)御門主使者を以、年始御祝儀被申上、知足院(先代堯祐妻)宮様よりも御同様被仰上候由也、

一、大愚右同斷參上、於御廣間御雜煮被下之、常御殿ニおゐて御對面被仰付、

一、西本願寺(文如光暉)御門主より使者を以、年頭御祝詞被申上、昆布一折・御樽代金三百疋被上之、新御門主(本如光攝)より蜂谷柿壹箱被上之、

一、勝安養院殿右同斷、御參殿之事、

十四日、丙寅、晴、當番、菅谷中務卿・松井右衞門大尉・松井出羽守・中村帶刀・初瀬川采女・松井多門・莊田左衞門、

常御殿にて御席畫仰付らる

一、圓山右近・呉月溪(呉春)・風折左京被召、於常御殿御席畫被仰付候事、

一、勝山琢眼、年頭御禮折節參上ニ付、御席畫被仰付候也、

一、佛光寺門主、爲御年賀御伺公、於梅之間茶たはこ盆出、中務卿出會、御口上承、但、依御歡樂御對面無之、直退出也、

一、中宮様より年始爲御返兩種一荷被進之、即日御請使被上候事、御使末吉向、

一、女院様よりも右御同様御拝領之事、

一、安井御門跡(了尊)より御使を以、年始御祝詞被仰進候、

一、山門東塔一山惣代吉祥院(實運)、年始爲御祝儀參上、扇子拾本入壹箱獻上之、於瑞龍殿御雜煮被下之、

一、平田木工權頭右同斷、於御廣間御祝被下之、

十五日、丁卯、晴、當番、菅谷中務卿・小川大藏卿・伊丹上總介・山下監物・木崎主計・友田掃部・鈴木求馬・牛丸九十九、

＊御祈禱御巻數獻上

一、禁裏御所當年御厄年ニ付、先日習禪院より獻上之御祈禱之御巻數、今日御獻上候事、

＊日吉社元慶寺の御祈禱巻數獻上

一、兩御所江、日吉社幷元慶寺當月御祈禱之御巻數御獻上之事、御使初瀬川采女、

一、佛光寺門主江御使を以、昨日御伺公御挨拶被仰遣也、

一、安井御門跡江年始御祝儀被仰進候、且昨日御使被進

候御挨拶被仰進候也、御使同人、

一、當日御禮參上之輩、

山本內藏・三宅宗達・香山大學・中嶋織部、

十六日、戊辰、曇、當番、今小路民部卿・松井右衞門大尉・松井出羽守・初瀨川采女・松井多門・莊田左衞門、帶刀所勞、

仙洞より年始御返拜領

一、仙洞御所より年始爲御返、御太刀馬代銀壹枚御拜領、卽日御請使被上候事、御使末吉向、

播州清水寺より發心院の隱居願書

一、播州清水寺より願書差出、

乍恐御願申上候、　發心院賴圓

右發心院賴圓、病氣ニ付寺役等も難相勤候、依之隱居御願申上候、何卒御憐愍之上御許容被爲成下候ハヽ、一山一統難有奉存候、以上、

寛政七卯正月　日　播州清水寺目代潮音院

行事圓應院

大佛御殿〔坊〕

御官官中江

右之趣御聞濟之御聞濟之〔衍カ〕旨、丹波へ可申達候也、

十七日、己巳、晴、當番、小川大藏卿・今小路民部卿・伊丹上總介・山下監物・木崎主計・友田掃部・鈴木求馬・牛丸九十九、

年賀のために御參内

一、午刻前御出門ニ而、爲御年賀先仙洞御所江御參、次御參內、未刻過御退出、夫より閑院宮〔美仁〕樣江御成、御本殿江還御戌半刻、

御行粧御板輿、御供廻り熨斗目麻上下、

御供小川大藏卿・初瀨川采女・鈴木求馬・山下勇・岡本右兵衞、御先五人、

*禁裏へ御內々獻物等

一、禁裏御所奏者所江御使末吉向、御口上、年始御祝詞當春御歡樂ニ付今日御參、依之御內〻被獻物幷御局方へ被遣物、如左、

一、御茶碗　壹箱貳ツ入　裏ニ刷毛目清水、黑樂、樂只亭、

右、禁裏御所江、

一、御たはこ入　三ツ宛

右、大典侍との・權中納言典侍との・新宰相典侍との・督典侍との・新典侍との・長橋との・弁掌侍との・新掌侍との、

一、御せん子　三本宛

右、御兒兩人へ、

一、御たはこ入　貳ツ宛

右、上野との・河內との・長門との・伊賀との、

一、同　貳ツ宛

右、甲斐・右京大夫江、

一、中宮様江御使を以、右同斷被仰上、

一、御多葉こ入　五ツ

右、中宮様へ、

一、御多はこ入　三ツ宛

右、油小路との・冷泉とのへ、

一、同　貳ツ宛

右、大進・滋岡へ、

一、女院様江右同斷、御使を以、

一、御たはこ入　三組

右、女院様江、

一、御たはこ入　三ツ宛

右、綾小路との・押小路とのへ、

一、同　貳ツ

右、梅田へ、

一、閑院様江年始御祝儀御内〻被進物、如左、

一、御扇子　三本　御たはこ入　貳ツ

右、（美仁）尹宮様へ、

一、御せん子　三本

右、裕宮様へ、

一、御人形　壹包

右、（孝仁）壽宮様へ、

一、御せん子　貳本宛

右、上臈兩人へ、

其外老女・諸大夫・近習中へ被下物、例之通、

＊祇園社寶光院より得度日限御伺

一、祇園社寶光院參上、於瑞龍殿民部卿出會、利鷹得度日限之儀書付を以相窺、來ル廿二日・廿三日・廿四日・廿五日・廿九日之内相窺候ニ付、廿四日何之御差支不被爲在候條、其旨可相心得申達也、

十八日、庚午、曇、當番、菅谷中務卿・松井右衛門大尉・松井出羽守・初瀬川采女・松井多門・莊田左衛門、

一、祇園社寶光院參上、竹坊利鷹得度之儀、日限御治定被仰出、難有奉存候御禮申上ル也、

＊高野山成慶院年頭御禮

一、高野山惣分惣代成慶院、年頭御禮參殿、於瑞龍殿右衛門大尉面會、

十九日、辛未、雪、辰刻前より晴、當番、菅谷中務卿・小川大藏卿・伊丹上總介・山下監物・木崎主計・友田掃部所勞斷・鈴木求馬・牛丸九十九所勞斷、加番采女、

＊備中國足守領主より御紋附御提灯御寄附につき返書

一、備中國足守領主木下淡路守家老より、先達而之返書來ル、

舊年御差出被成候貴札相達致拜見候、然者淡路守領分河原村松井寺靈點儀、其御所江從來御立入仕

*桃園院御忌に泉山御代香

*香雪庵へ御成御宿

*祇園社竹坊利膺得度につき御戒師仰出

大佛殿并蓮華王院へ御參詣

*一條輝良年賀御成

吳春等御席畫

來候ニ付、此度爲御祈禱法華讀誦被仰付候之旨、
依之御戸帳并御紋附御提灯永代御寄附被爲成候由、
就右御紙面之趣致承知候、右御答可可〔衍カ〕得貴意如斯
御座候、恐惶謹言、

正月八日　木下右近　利屋判
杉原玄蕃　房正判

菅谷中務卿様
今小路民部卿様
松井右衞門大尉様

一、女院御所江御使を以、御くわし・御にしめ一箱二重爲御見舞被上之候事、御使青侍中、

一、山門寶嚴院（覺永）參上、早春歡樂ニ付、乍延引年始御祝詞申上候、扇子壹箱三ツ入獻上之、

一、小澤芦庵參上、年始御祝儀申上ル、御對面被仰付候也、

廿日、壬申、晴、當番、今小路民部卿・松井右衞門大尉・松井出羽守・松井多門・莊田左衞門、

一、午刻頃大佛殿并蓮華王院江御參詣、夫より藪澤競方へ御立寄被爲有、於彼方坂元清記御巡會御茶獻上也、御詰中務卿・知足庵・月溪（吳春）被仰付候也、御茶畢而御吸物・御酒出之、已後吳月溪・奧田兎毛江御席畫被仰付、爲窺御機嫌西市正・監物・大學・蒿蹊參上、
但、今日被爲成候ニ付、清記へ御茶碗・紗綾壹卷被下之、競へ御目錄金貳百疋被下之、還御子半刻、
御供右衞門大尉・求馬・勇、御先三人、

一、柚木太淳、年始爲御祝詞參上、於御廣間申置也、

廿一日、癸酉、曇、辰刻過より雨、當番、小川大藏卿・今小路民部卿・伊丹上總介・山下監物・木崎主計・初瀨川采女・鈴木求馬、

一、桃園院尊儀御忌ニ付、泉涌寺へ御代香、小川法眼相務、方金貳百疋被備之、

廿二日、甲戌、晴、當番、今小路民部卿・松井右衞門大尉・松井出羽守・松井多門・莊田左衞門、

一、午刻後香雪庵へ御成、御宿之事、

廿三日、乙亥、晴、當番、菅谷中務卿・小川大藏卿・伊丹上總介・山下監物・木崎主計・友田掃部・鈴木求馬・牛丸九十九、

一、祇園社寶光院參上、於瑞龍殿民部卿出會、竹坊利膺明廿四日得度御戒師願之通被仰出候ニ付、剃刀貳丁・袈裟持參、御加持之儀相願、民部卿請取之、剃刀壹丁御差返し也、

一、前關白様爲御年賀御成、於御玄關被仰置候也、

廿四日、丙子、晴、當番、菅谷中務卿・松井右衞門大尉・松井出羽守・中村帶刀出勤・初瀨川采女・松井多門・莊田左衞門、

孝恭院十七回御忌につき将軍への御見舞の御聞繕書

一、御附武家神保紀伊守へ御聞繕書二通被差出、料紙奉書半切也、

來ル二月就孝恭院(徳川家基)様十七回御忌、御靈前江葩五十葉、右十三回御忌度之通二條表迄御使を以可被差出思召候、此段堀田相模守殿江宜御聞繕可被進候、以上、

正月廿四日　妙法院宮御内　菅谷中務卿

來ル二月就孝恭院様十七回御忌、公方様江御機嫌爲御見舞御菓子一箱、二條表迄御使を以可被進思召候、尤十三回御忌度之通ニ御座候、此段堀田相模守殿江宜御聞繕可被進候、以上、

正月廿四日　妙法院宮御内　菅谷中務卿

右二通共、神保紀伊守役宅へ安福左馬太持參、

将軍家への御祈禱卷數と進物につき書付と承知書

一、千種家より御招ニ付、末吉向罷出候處、左之通書付を以御達、尤御承知書可被差出由也、

就座主御當職、公方様・若君様江御祈禱之卷數、幷年頭御祝儀被進物之御使、來廿七日巳刻相模守御役宅江可被差出候、

正月

承知書、

就座主御當職、公方様・若君様江御祈禱之御卷數、幷年頭御祝儀被進物御使、來ル廿七日巳刻相模守殿御役宅江可被差向旨御達被進、委細承知仕候、以上、

正月廿四日　妙法院宮御内　菅谷中務卿

勧修寺前大納言様御内　立入左京亮殿

漢城隼人殿

千種前中納言様御内　福井壹岐守殿

細谷典膳殿

*年始御祝儀進物につき來狀

一、御附武家より來狀、

其御方より關東江年始御祝儀被進物御使者、來ル廿七日巳刻堀田相模守御役宅江被差出候様可相達旨、相模守より申越候ニ付、此段相達候、以上、

正月廿四日　石谷肥前守

神保紀伊守

菅谷中務卿様

松井西市正様

右承知之旨、及返書也、

一、輪門(公澄)様より御里坊迄御使を以、御書壹箱被進之、

一、山本恕行、年頭爲御禮參上、

一、小畑勘解由、從今日御廣間詰被仰付候事、

廿五日、丁丑、晴、當番、小川大藏卿・今小路民部卿・伊丹上總介・山下監物・木崎主計・友田掃部・鈴木求馬・小畑勘ケ由・牛丸九十九、

竹坊式部卿得度御禮

一、祇園社竹坊式部卿、昨日得度無滯相濟候ニ付、寶光院同道ニ而御禮參上、於瑞龍殿民部卿面會、御吸物御酒被下之、當番之輩及挨拶、於梅之間式部卿御對面、御口祝被下之、寶光院江者御對面斗、但、式部卿實名深行檀紙ニ御染筆、御對面之節御直ニ被下之、御禮錄左之通、

一、行器　壹荷　　一、昆布　五拾本

一、蒟蒻　壹折　　一、御樽　壹荷

一、白銀　壹枚　　一、椙原　十帖

右、獻上、

一、白銀貳兩　五包　坊官諸大夫中

一、金貳百疋　近習中

一、青銅三拾疋三ツ　出家承仕中

一、同　五拾疋　中奥中

一、同　百疋　茶道・青侍中

一、白銀貳兩　執事

以上、

一、青門樣(尊眞)より年始爲御祝詞御使を以被仰進候事、

廿六日、戊寅、晴、入夜曇、當番、菅谷中務卿・松井右衛門大尉・松井出羽守・初瀬川釆女・松井多門・莊田左衛門、

一、輪門樣御里坊迄御使を以、昨日之御返書被進候事、御使末吉向、

一、有栖川宮樣(織仁)年始爲御祝詞御成、御玄關ニて被仰置候也、

一、圓山右近、年頭爲御祝儀參上、於常御殿御對面被仰付候也、

廿七日、己卯、雨、當番、菅谷中務卿・小川大藏卿・伊丹上總介・山下監物・木崎主計・友田掃部・鈴木求馬・牛丸九十九、

*將軍と若君への御祈禱御卷數幷年頭御祝儀進物覺書

一、就座主御當職、公方樣・若君樣江御祈禱之御卷數、幷年頭御祝儀被進物御使、二條表江被差向候事、御使伊丹上總介、御進物隨身小島郡司、

手覺書、左之通、

覺

一、御太刀　一腰

一、御馬　一疋

一、御薫物　一器

一、御巻數　一箱
右者、公方樣江妙法院宮天台座主年頭御祝儀、先格之通御使を以被進之候、此段關東表江宜御通達之儀賴思召候、以上、
正月廿七日　妙法院宮御使　伊丹上總介
又壹通、
覺
一、御太刀　一腰
一、御馬　一疋
一、御巻數　一箱
右者、若君樣江妙法院宮天台座主年頭御祝儀、御使を以被進之候、此段關東表江宜御通達之儀賴思召候、以上、
正月廿七日　妙法院宮御使　伊丹上總介
但、目錄ニ者御太刀一腰・御馬一疋ト斗書之、公方樣・若君樣共同樣也、
一、御巻數外箱上書、
公方樣江従妙法院宮御方被進候御巻數ト書也、
但、若君樣へ被進候御巻數外箱上書も同樣也、
一、御薫物外箱上書、右同樣也、

*關東への年頭進物を所司代へ差向く

一、就御由緒關東江年頭御祝儀被進物御使、二條表へ被差向候事、御使右同人、手覺書一通、左之通、
覺
一、昆布　一箱
一、狗脊　一箱
一、御樽代金　五百疋
右者、公方樣江依御由緒被進之候、此段關東表江宜御通達之儀賴思召候、以上、
正月廿七日　妙法院宮御使　伊丹上總介

*關東への進物相濟旨千種家へ御届

一、就座主御當職、關東江年頭被進物二條表へ御使、今日相濟候旨、月番千種家へ御届被仰入候事、手覺書一通持參、如左、
就座主御當職、公方樣・若宮樣江御祈禱之御巻數、并年頭御祝儀被進物二條表江御使、今日相濟候、仍御届被仰入候、以上、
正月廿七日　妙法院宮御使　伊丹上總介

*關東への進物につき幕府役人への御奉書

一、御當職ニ付關東へ被進物御使、今日二條表江被差向候ニ付、關東役人中江御奉書被差下候事、其案如左、
青陽之嘉幸珍重候、年甫御祈禱之巻數、大樹江進

上候條、宜令披露給候、尙二條表へ附使者候也、
　　正月廿七日　　御花押
　　　　　殿
老中 松平伊豆守(信明)殿・戸田采女正(氏教)殿・太田備中守(資愛)殿・安
藤對馬守(信成)殿　連名壹通、
老中格 本多彈正大弼(忠籌)殿　格通、
寺社奉行 松平右京亮(輝和)殿・脇坂淡路守(安董)殿・板倉周防守(勝政)殿・青
山下野守(忠裕)殿　連名壹通、
若君樣へ之御奉書、如左、
　靑陽之嘉幸珍重候、年甫御祈禱之卷數進上候條、
　宜令披露給候、尙二條表へ附使者候也、
　　正月廿七日　　御花押
　　　安藤對馬守殿
右御奉書宛所、老中月番壹名也、但、先達而御附武
家ニ而月番名前聞合也、
一、右御奉書都合四箱外箱入、例之通御口上ニ而向々江
御使可相勤旨、關東水口伊織・上田平馬方へ飛札を
以申遣也、
一、淺草惠明院・東叡山靑龍院江薫物壹器ツヽ、表役よ
り奉書を以被下之、

*祇園社内塔焼失につき御見舞

一、今朝祇園社内塔焼失ニ付、知門樣(尊超)・安井御門跡(了尊)へ御
見舞被仰進也、御使小畑勘ケ由、
右ニ付、寶壽院・寶光院等へ御使被下之、御使安福
左馬太、
一、三上唱、御次番入被仰付候事、
廿八日、庚辰、晴、當番、今小路民部卿・松井右衞門大尉・松井出羽守・初瀬川采女・松井多門・小畑勘解由・莊田左衞門、

*大佛殿にて大般若轉讀御執行

一、於大佛殿轉讀大般若御執行、出仕之輩左之通、但、
宮御方御出仕可被爲有所、依御歡樂無其儀、
　金剛院大僧都(眞應)・菩提院・寶嚴院(覺純)・嚴王院・本覺院・
　安祥院・本行院・普門院・惠乘房、
一、今日出仕之輩、於梅之間御齋・御布施被下之、依御
歡樂御對面無之、

*春日祭につき傳奏觸

一、傳奏觸到來、
　　口上覺
就來月二日春日祭、禁裏樣從來晦日晩到來月三日
朝御神事、仙洞樣從來月朔日晩到三日朝御神事候、
中宮樣從來晦日晩到來月三日朝、僧尼重輕服御方
ゝ樣御參入可憚候、爲御心得各方迄可申入旨、兩
傳被申付如此候、以上、

正月廿八日両傳奏
雑掌

御名前例之通

坊官御衆中

追而、御覽之後、勸修寺家へ御返し可被成候、以上、

＊元三會に勅使仰出
元三會につき廣橋前大納言へ依頼

一、御世話廣橋前大納言(伊光)殿へ御使を以、舊臘被仰入置候山門大法元三會之儀、未何之御沙汰も不被爲有候、先年者此節勅許被爲有候間、何卒何卒早〻御沙汰被爲有候樣御取計賴思召候旨被仰入也、御使友田掃部、

廿九日、辛巳、晴、晝後曇、當番、菅谷中務卿・小川大藏卿・伊丹上總介・山下監物・木崎主計・友田掃部・鈴木求馬・小畑勘ケ由・牛丸九十九、

一、昨日廣橋殿へ被仰入候儀、前大納言殿委細致承知候旨、御里坊迄以使被申上候由也、

一、積翠於御數寄正午御茶、靈雲院より獻上之、御詰中務卿・宗仙・圓山右近被仰付、委細別帳ニ記之、

＊元三會執行之儀勅許

一、安井(了尊)御門跡江出火御見廻被進候ニ付、爲御挨拶御使被進候事、

三十日、壬午、晴、當番、今小路民部卿・松井右衞門大尉・松井出羽守・中村帶刀・初瀬川采女・松井多門・莊田左衞門、

＊葉室辨より日吉社の官位年齢實名等書付提出の通知

一、葉室弁殿より一通到來、

日吉社
御用之儀候間、官位年齢實名等如例書付、來月四日五日迄當家へ差出候樣、御下知可被進候事、

正月
葉室權右中弁(賴壽)殿
使者

一、廣橋前大納言殿より御里坊迄以使、大法元三會ニ付勅使烏丸(資董)弁殿江被仰出候、尤烏丸弁殿よりも可被申上候へ共、爲御心得使を以被申上候由也、

一、取次鳥山越前守(吉晃)より來狀、

御用之儀御座候間、只今非藏人口へ御參候樣可申達旨、烏丸弁殿被命候、仍申入候、以上、

正月晦日
鳥山越前守

妙法院宮樣
坊官御中

右承知之旨、及返書也、

一、非藏人口へ牛丸九十九參向候處、今晩より御神事ニ付、烏丸弁殿里亭江參向、山門横川大法元三會來四月執行之儀勅許、職事登山之儀被仰出候、此段被申上候由也、

一、堀田相模守より使者を以、此間年頭御祝儀御使を以御目錄之通拜受候ニ付、右御請被申上候由也、

小澤芦庵御對面

一、小澤芦庵參上、於常御殿御對面被仰付候事、

二月　御用番、松井右衛門大尉(永亨)、

朔日、癸未、晴、當番、菅谷中務卿(寛常)・小川大藏卿(純方)・伊丹上總介(宜顯)・山下監物・木崎主計・友田掃部・鈴木求馬・牛丸九十九、

一、仙洞(後櫻町)御所・女院(富子)御所江當日御祝詞被仰上候事、御使小川大藏卿、
但、禁裏(光格)御所・中宮(欣子)御所、昨夜より御神事ニ付、無其儀、

*春日祭につき傳奏觸

一、横川大法元三會會行事唯心院(亮鼎)江手紙、
相達候儀有之間、早〻御參殿可被成候、此段可申達如此御座候、以上、
二月朔日　松井右衛門大尉
唯心院御房
右手紙、旅宿大津屋武兵衛方迄、若黨使ニ而遣也、

元三會勅使御參向につき御口上

一、烏丸弁(資薫)殿江御使、御口上、
山門横川大法元三會、勅使御參向被仰出候旨、昨夜被仰達、御承知被成候、早速山門へ可被仰渡候、尚近日役人共伺公可仕候、右御挨拶旁御使を以被仰入候旨申述也、御使末吉向、

一、殿下樣(一條輝良)・廣橋前大納言(伊光)殿へ以御使、大法元三會奉行登山之儀被仰出、御承知被成候、御挨拶旁御使を以被仰入候事、御使同人、

一、關東使高家大友式部大輔上京ニ付、爲御歡薫物一器例之通被遣之、御使初瀬川采女、

一、紀州屋敷へ御使を以、先達而俊宮樣薨去ニ付、使者被上之、依之御挨拶被仰遣也、御使同人、

一、傳奏觸一通到來、如左、
口上覺
就春日祭、仙洞樣到明後三日朝御神事之處、三日卯半刻於御鎭守拜前千反樂被行候間、三日午半刻迄御神事ニ候、仍爲御心得各方迄可申入旨、兩傳被申付如此候、以上、
二月朔日　兩傳奏　雜掌
御名前例之通、
坊官御衆中
追而、御廻覽之後、勸修寺家へ御返し可被成候、以上、

一、大法元三會會行事唯心院(亮鼎)參上、於瑞龍殿菅谷法印面會、先達而御執奏被爲有候大法元三會、奉行烏丸弁

殿江被仰出候旨、昨夜被仰達候、此旨衆中承知可有由相達、且右元三會日限幷職事登山日限、委敷書付可被差出旨相達、奉畏候由、退出也、

一、當日御禮參上之輩、原田無關・横山道壽・山本內藏・三宅宗甫・香山大學、

一、河野伊豫守、伺御機嫌參上、中務卿面會、

二日、甲申、晴、晝後曇或雨、入夜晴、當番、今小路民部(行章)卿・松井右衞門大尉・松井出羽守(永喜)・中村帶刀(利章)・初瀨川采女・松井多門・小畑勘ケ由・莊田左衞門所勞斷、

一、輪王寺宮(公澄)樣より御使を以、年始御祝詞被仰進、昆布一箱、外ニ淺草海苔一箱被進之、安樂心院(公延)宮樣より御同樣、御口上斗、

一、午半刻御出門、御廟參、夫より廬山寺江御參詣、以後閑院(美仁)樣へ被爲成、酉刻過還御、御供出羽守・競・多門、御先三人、

三日、乙酉、晴、當番、小川大藏卿・今小路民部卿・伊丹上總介・山下監物・木崎主計・友田掃部・鈴木求馬・小畑勘ケ由・牛丸九十九、

元三會勅許御禮

一、大法元三會會行事唯心院、副行事戒光院(亮歡)、執當寺家宰相同道ニ而參上、元三大法會勅許御禮申上ル、白銀貳枚獻上之、於瑞龍殿松井右衞門大尉面會、今日奉行江御禮參向ニ付、御使可被差添間、御里坊ニて待合候樣申達、且御對面可被爲有之處、折節御用被爲有、無其儀、

一、大法元三會勅許爲御禮、奉行烏丸弁殿へ唯心院・戒光院・寺家宰相罷出候ニ付、爲御添使小川法眼被差向、御口上、山門大法元三會勅許爲御禮役人共罷出候ニ付、御使被差添候旨申述、弁殿參內之由、歸館之砌可申入旨也、

一、烏丸右少弁殿より例之通書付を以、院家・准院家・坊官・侍法師・承仕・侯人幷山門院家・住侶、官位・實名・年齡書付、當月朔日改ニ而、來ル七日迄ニ可被差出旨申來ル、

一、金剛院殿(眞應)御參殿之事、

一、藤嶋上野・秡川日向參上、中務卿面會、

一、緒方左衞門參上、拜診、御藥調進候也、

四日、丙戌、晴、當番、菅谷中務卿・松井右衞門大尉・松井出羽守・中村帶刀・初瀨川采女・松井多門・小畑勘ケ由・莊田左衞門、

*廣橋伊光へ輪王寺宮一品宣下の場合に關連しての依頼状

一、御世話廣橋前大納言殿江菅谷法印參向、壹通持參、
輪王寺宮御方、依御先格不遠內一品宣下可致被爲有与思召候、然ル處此御方御戒師之儀ニ御座候故、御超越ニ相成候而者御座組等之儀、甚以御迷惑ニ

*女院へ御見舞献上
*院家以下の名簿提出
元三會法華八講の日限書付

思召候、此段御含被成、御内々兼而宜御取計被進候樣、厚頼思召候、

二月四日　座主宮御内
菅谷中務卿

一、唯心院參上、一昨日被仰達候大法元三會執行日限書付持參、且回章叡覽御日限、來ル十日より廿日迄之内相頼度旨申上ル、

大法元三會、従四月朔日四ケ日之間、法華八講執行仕候事、

第一日　法華經第一第二之卷講讚之
第二日　同第三第四之卷講讚之
第三日　同第五第六之卷講讚之
第四日　同第七第八之卷講讚之

御奉行四月二日御登山、第三日朝座御着座、卽日御歸京之事、

卯二月　會行事

一、柳原弁殿(均光)より例之通書付を以、諸大夫・侍、官位・年齢書付、當朔日改ニて來ル十日迄ニ可被差出旨申來也、

五日、丁亥、晴、申刻過より雨、當番、菅谷中務卿・小川大藏卿・伊丹上總介・山下監物・木崎主計・友田掃部・鈴木求馬・小畑勘ケ由・牛丸九十九、

一、女院御所江御使を以、羊羹一折五棹爲御見舞被上之、御使小川大藏卿、

一、烏丸右少弁殿江院家・准院家・御末寺・坊官・承仕・候人、位階・實名・年齢書付被差出也、如左、御使小島郡司、

妙法院宮
院家隱居
無礙光院
前大僧正法印堯海五十三

上包美濃紙書之、
妙法院宮
院家准院家官位・實名・年齢

又壹通、
妙法院宮
院家
勝安養院
權僧正法印洞海二十七
常住金剛院
法印大僧都眞應二十五
准院家
越前國中野專照寺

権僧正法印譽章五十六
播磨國御嶽山清水寺執行
遠成院
法印大僧都善實五十
同、
妙法院宮
院家准院家官位・實名・年齢

又壹通、
妙法院宮
御末寺
肥後國藤崎八幡宮執行神護寺
法印大僧都憲永四十三
上包美濃紙、
妙法院宮
御末寺官位・實名・年齢

又壹通、
妙法院宮
坊官
菅谷中務卿法印寛常三十七
小川大藏卿法眼純方三十七
今小路民部卿法橋行章二十五
承仕

松井丹波法橋長亨六十五
堀部備後法橋吉當五十六
上包、
妙――
坊官承仕位階・實名・年齢

又壹通、
勝安養院候人
多喜坊法橋玄意七十六
無礙光院候人
濱崎法眼惟純五十二
上包、
院家候人位階・實名・年齢

又壹通、料紙小奉書貳枚トチ、
山門院家
惠心院前大僧正　良諶八十三
正覺院　豪靖七十九
正觀院　堯端七十七
莊嚴院僧正　光賢六十三
覺王院權僧正　順性五十九
眞覺院法印大僧都　孝覺五十八
住心院　孝俊五十六
同住侶

戒藏院法印大僧都　亮中六十九
行光坊　恭副五十五
鷄足院　亮周五十四
妙行院　義珣五十七
佛乘院　淑徽五十六
歡喜院　昌宗五十四
習禪院　韶胤五十二
法曼院　詮榮五十三
定光院　觀光五十
善光院　慈純四十三
惠雲院　寂印四十六
金勝院　鎭祐四十五
地福院　惠海四十四
圓龍院　貫豪四十四
乘實院　眞儁四十
瑞雲院　貞剛四十四
覺常院　惠琳四十三
五智院　最深四十二
唯心院　亮鼎四十二
妙觀院　俊榮三十九

寶積院　亮猷三十七
龍城院　智澹四十一
寶嚴院　覺永四十
上包、
山門院家住侶官位・實名・年齡

*諸大夫以下名簿提出

一、柳原弁殿江諸大夫・侍、官位・實名・年齡書被差出、
其云、
妙法院宮
諸大夫
松井
正五位下西市正兼長門守源永昌五十四
松井
從五位上右衞門大尉兼伊豫守源永亨四十三
松井
從五位上出羽守源永喜二十五
侍
伊丹
從六位下上總介賀茂宜顯四十六
上包、
妙法院宮
諸大夫侍官位・實名・年齡

*日吉社司位階稱號

一、葉室(頼壽)權右中弁殿へ日吉社司位階・稱號書付被差出、
其云、

日吉社司
樹下正四位下茂慶五十三
樹下従四位上成範五十六
生源寺従五位上業蕃二十五
生源寺従五位下希行二十

上包、
日吉社司
稱號・位階

六日、戊子、雨、申刻頃より晴、當番、菅谷中務卿・松井右衞門大尉・松井出羽守・中村帯刀・初瀬川采女・松井多門・莊田左衞門、

青水主膳より退職相續につき願書

一、青水主膳より初瀬川采女を以、願書差出、

奉願口上之覺

一、私儀、昨年青水家相續、首尾能蒙仰難有仕合奉存候、然ル處去秋より不存寄大病差發、御憐愍を以永〻引籠養生仕候得共、未快全不仕難儀仕候、今暫養生仕度奉存候得共、出勤無程餘り恐多儀ニ御座候間、退勤御願申上、永ク保養仕度奉存候、青水相續之儀者、私實方之弟阿部作之助与申者、當年十六歳ニ相成申候、若年者ニ而何之御役ニ茂相立不申者ニ御座候得とも、青水相續出勤被仰付被下置候者、冥加至極難有仕合奉存候、私儀、乍暫

時相勤蒙御厚恩冥加之程奉恐入候、願之通蒙仰、首尾能相勤、後〻責而御恩贈候様相成候ハヽ、難有奉存候、何卒願之通被仰付候者、生〻世〻難有仕合奉存候、右等之趣、宜御執成御沙汰奉願上候、以上、

卯正月廿九日　青水主膳印

菅谷中務卿殿
今小路民部卿殿
松井右衞門大尉殿

右、願之通御聞濟之旨、願取次初瀬川采女へ申渡也、

一、金剛院殿御參殿之事、

一、輪王寺宮様御里坊迄以御使、年始爲御祝詞昆布一箱被進之、井御内〻ニ而御茶五種箱入被進之、安樂心院宮様江も御同様、御口上斗、御使松井出羽守、

七日、己丑、晴、當番、小川大藏卿・今小路民部卿・伊丹上總介・山下監物・木崎主計・友田掃部・鈴木求馬・小畑勘ケ由・牛丸九十九、

八日、庚寅、晴、當番、菅谷中務卿・松井右衞門大尉・松井出羽守・中村帯刀・初瀬川采女・松井多門・莊田左衞門、

一、緒方左衞門參上、御薬調進、

九日、辛卯、晴、當番、小川大藏卿・今小路民部卿・伊丹上總介・山下監物・木崎主計・友田掃部・小畑勘ケ由・牛丸九十九、

一、泉涌寺へ御代參、小川大藏卿、

一、東尾殿御參、

十日、壬辰、晴、暮頃より雨、當番、菅谷中務卿・松井右衞門大尉・松井出羽守・中村帶刀・初瀬川采女・松井多門・莊田左衞門、

元三會回章叡覽日限窺の儀書付

一、烏丸右少弁殿江御使を以、元三會回章叡覽御日限御窺之儀、書附を以被仰入、其云、

山門大法元三會回章、被備叡覽度候、日限之儀、來十六日十七日十八日之内御窺被成候、依之內〻被仰入候事、

二月十日　座主宮御內　菅谷中務卿

右之趣申入候處、弁殿參內之由、歸宅之砌可申聞旨雜掌答也、

一、去ル四日唯心院持參之元三會執行日限之書付、烏丸弁殿へ今日乍序中務卿持參也、

一品宮先例

一、廣橋前大納言殿(伊光)江菅谷法印參向、壹通持參、料紙四ツ折、

後醍醐帝皇子

尊澄法親王　山門一品初例、

延元元年敘一品

後光嚴院皇子

堯仁法親王

應永二十七年敘一品

靈元帝皇子

堯延法親王四十三歲

享保三年十一月十一日敘一品

同

堯恭法親王三十九歲

寶曆五年五月二十八日敘一品

梶井

靈元院御養子　貞敬親王御男

道仁法親王三十二歲

享保五年十二月二十三日敘一品

青蓮院

尊道法親王六十四歲

應永二年十二月十七日敘一品

尊祐法親王三十九歲

元文元年十二月二十五日敘一品

尊眞法親王四十三歲

天明五年十二月二十七日敍一品

一、右同前江光明王院より之願書、萱谷法印持參、願書追而可記事、

一、岸紹易參上、年始御祝儀申上ル、於常御殿御對面被仰付候事、

*中嶋織部變宅屆

十一日、癸巳、晴、當番、小川大藏卿・今小路民部卿・伊丹上總介・山下監物・木崎主計・友田掃部・鈴木求馬・小畑勘ケ由・牛丸九十九、

積翠亭御數寄にて茶

一、積翠亭於御數寄、靈雲院江御茶被下候事、坂元清記・知足庵御詰被仰付候由也、

御所近邊物騒につき觸

一、入夜傳奏觸到來、

御所近邊物騒ニ付、所司代与力・同心晝夜相廻り、怪敷躰之者有之候ハヽ、堂上方御家來ニ候共、見咎メ相糺申候間、此段夫々江御達置被下候樣仕度奉存候事、

二月

口上覺

別紙之通、武邊より申來候間、爲御心得各方迄可申入旨、兩傳被申付如斯候、以上、

二月十一日　兩傳奏雜掌

御名前例之通

坊官御衆中

追而、御覽之後、勸修寺家へ御返し可被成候、以上、

十二日、甲午、曇、晝後より晴、當番、菅谷中務卿・松井右衞門大尉・松井出羽守・中村帶刀・初瀬川采女・小畑勘ケ由・松井多門・莊田左衞門、

一、中嶋織部、此度變宅仕候ニ付、御屆申上ル、依之月番勸修寺家へ御屆書差出ス、

覺

妙――宮御家賴　中嶋織部

右織部儀、是迄四條通東洞院東江入立賣町堺屋善右衞門家借宅仕罷在候處、此度綾小路烏丸西江入童侍者町自宅住居仕候、仍爲御屆如此御座候、以上、

卯二月十二日　妙――宮御内　松井右衞門大尉

勸修寺前――樣御内　立入――殿

漢城――殿

千種前――樣御内　福井――殿

細谷――殿

一、取次渡邊出雲守より坊官中迄手紙を以、御用之儀有之候間、烏丸弁殿里亭江罷出候樣申來ル、卽承知之

旨及返書也、

元三會回章叡覧日限

一、右ニ付、烏丸右少弁殿里亭江松井出羽守行向之處、此間被仰入候山門大法元三會回章叡覧日限之儀、來ル十七日御勝手ニ可被備御達也、

一、大法元三會會行事唯心院(亮鼎)江奉書遣、料紙中奉書横折也、

大法元三會回章、來ル十七日被備叡覧候間、十六日座主宮江回章持参可有之候、以上、

二月十二日　松井右衛門大尉
永亨判

會行事御房

右奉書、旅宿大津屋武兵衛方迄爲持遣也、

十三日、乙未、曇、當番、小川大藏卿・伊丹上總介・山下監物・木崎主計・友田掃部・鈴木求馬・牛丸九十九、

藤島讃岐出勤に御祝儀下さる

一、藤島讃岐、此度出勤被仰出候ニ付、爲御祝儀方金百疋被下之、表役より奉書ニて遣ス、

一、唯心院より昨日之返書來、

大法元三會回章、來ル十七日被備叡覧候間、十六日回章持参可仕之旨、奉得其意候、以上、

二月十二日　會行事
亮鼎判

松井右衛門大尉殿

一、積翠亭於御數寄、巡會御茶菅谷法印より獻上之、依之御詰被仰付候輩、岸紹易・坂元清記・三宅宗仙・市川養元、

*人相書の觸

一、入夜傳奏觸到來、

去寅十二月廿五日夜、下總國葛飾郡流山村ニ而養父母幷女房を及殺害、逃去候与七聟養子宗助、人相書、

一、當卯年三十四才、　一、武州二郷半領彦成村百姓次郎右衛門實子ニ而、同村出生之もの、　一、せい五尺三寸位、中肉、　一、丸顔頬細く色黒キ方、　一、髮幷月代髮とも二薄く、月代之内左之方ニ小キ出來もの有之、　一、鬢厚キ方、　一、眉毛濃し、目尻下り、一重まふち、　一、鼻低キ方、　一、口大し、齒細かに揃ひ、言舌少し鼻ニ懸り、早言、　一、耳常躰、　一、其節之衣類、表紺地茶色一筋交り竪嶋木綿、裏空いろ木綿、綿入柿色木綿、單もの紺淺黄かすり、嶋木綿單物着し、藍ひろうと木綿帯いたし、

右之通之もの有之おゐてハ、其所に留置、御料者御代官、私領者領主地頭江申出、夫より於江戸曲

*禁裏へ御賭差出す

*清水寺へ御忍御參詣

*涅槃會御鬮

阿部造酒今日より御語合に召さる

御由緒書御帳面提出の申渡し

渕甲斐守方へ可申出候、若及見聞候ハヽ、其段も可申出候、尤家來又もの等を入念可遂吟味候、若隱置、脇より相知候ハヽ、可爲曲事候、

正月

口上覺

別紙之通、武邊より申來候間、爲御心得各方迄可申入旨、兩傳被申付如此候、以上、

二月十三日　　兩傳奏　雜掌

御名前例之通

坊官御衆中

追而、御廻覽之後、勸修寺家へ御返し可被成候、以上、

一、先日初瀨川采女を以相願候青水相續阿部造酒作之助事、從今日御語合被召候事、

一、勸修寺家より御招ニ付、末吉向行向候處、例年之通御由緒書御帳面、昨年と御見合被成、相違之所御張紙被成、假帳壹册御添被成、來ル廿五日迄ニ御差出可被成候樣被申渡候由也、

十四日、丙申、晴、當番、今小路民部卿・松井右衞門大尉・松井出羽守・中村帶刀・初瀨川采女・松井多門・莊田左衞門、

一、禁裏御所江涅槃會ニ付御賭相原十帖、例之通被差出候事、御使末吉向、

一、泉涌寺塔頭觀音寺參上、此度青水主膳願之通被仰付、難有仕合奉存候、右御禮申上ル、

一、原田無關、爲伺御機嫌參上、

十五日、丁酉、曇、晝後雨、當番、菅谷中務卿・小川大藏卿・伊丹上總介・山下監物・木崎主計・友田掃部・鈴木求馬・小畑勘ケ由・牛丸九十九、

一、未刻過御出門、御忍ニ而清水寺江御參詣、暫して還御、御供大藏卿・求馬・勇・勘ケ由・右兵衞、御先三人、

一、涅槃會ニ付、於梅之間御鬮例之通、

一、當日爲御禮參上之輩、

中嶋織部・山本內藏・市川養元・岩永大炊・香山大學・三宅宗達、

一、緖方左衞門、爲伺御機嫌參上、

十六日、戊戌、曇、當番、今小路民部卿・松井右衞門大尉・松井出羽守・中村帶刀・初瀨川采女・小畑勘ケ由・松井多門・莊田左衞門、

一、大法元三會會行事唯心院、副行事戒光院(亮歡)、寺家宰相參上、回章幷寫相添持參、於瑞龍殿菅谷中務卿面會、回章御內覽被遊思召も不被爲有候間、明日奉行烏丸

元三會回章

弁殿へ持參可有之、其刻御添使可被差向間、明日巳刻頃御里坊江各參上可有之旨相達、奉畏候由ニて各退出也、回章寫茲ニ記、

定心坊經藏

別當探題前大僧正法印大和尚位良諶
法印大僧都大和尚位孝俊
法印大僧都大和尚位亮周
法印大僧都大和尚位義珣
法印大僧都大和尚位觀光
法印大僧都大和尚位寂印
法印大僧都大和尚位惠琳
法印大僧都大和尚位亮鼎

右、來四月元三會八講衆、依例所唱如件、

寛政七年二月　日　長行事　阿闍梨智祥
　　　　　　　　　執　當　阿闍梨眞敬

又壹通、

定心坊經藏

屈請

第一日

正覺院（豪靖）探題前大僧正

鷄足院大僧都
佛乘院大僧都
惠雲院大僧都
金勝院大僧都
乘實院大僧都
龍成院大僧都
寶嚴院大僧都
大仙院大僧都
禪林院權大僧都
明德院權大僧都
金藏院權大僧都
淨國院權大僧都
玉林院權大僧都
雙嚴院大僧都
中正院權少僧都
本行院權少僧都
華藏院權少僧都
白毫院權少僧都
戒光院權少僧都
妙音院權少僧都

第二日
正觀院(堯端)探題前大僧正
松禪院大僧都
歡喜院大僧都
地福院大僧都
瑞雲院大僧都
覺常院大僧都
寶積院大僧都
龍城院大僧都
大興坊權大僧都
寶珠院權大僧都
嚴王院權大僧都
吉祥院權大僧都
行泉院權大僧都
慈光院權大僧都
光聚坊權大僧都
安詳院權少僧都
不動院權少僧都
戒光院權少僧都
無量院權少僧都
龍禪院權少僧都
壽量院權少僧都

第三日
惠心院(良諶)探題前大僧正
總持坊(順性)已講權僧正
藥樹院大僧都
行光坊擬講大僧都
妙行院大僧都
佛乘院大僧都
歡喜院大僧都
習禪院大僧都
法曼院大僧都
金勝院大僧都
地福院大僧都
圓龍院大僧都
乘實院大僧都
唯心院大僧都
妙觀院大僧都
本覺院權大僧都
樹王院權大僧都

觀泉坊權大僧都
瑞應院權少僧都
金臺院權少僧都
禪定院權少僧都

第四日

寶園院（光賢）探題僧正
法曇院大僧都
定光院大僧都
圓龍院大僧都
瑞雲院大僧都
寶積院大僧都
寶嚴院大僧都
大仙院權大僧都
玉泉院權大僧都
大興坊權大僧都
常智院權大僧都
一音院權大僧都
什善坊權大僧都
觀明院權大僧都
千光院權少僧都

*禁裏より涅槃會御圖御文匣到來御請

*元三會回章叡覽

華藏院權少僧都
本住院權少僧都
教王院權少僧都
圓乘院權少僧都
遺教院權少僧都
行榮院權少僧都

右、來四月元三會聽衆、依例所唱如件、

寛政七年二月　日　會行事
執當

一、禁裏御所より昨夜御里坊迄以御使、涅槃會御圖之品、御文匣壹ッ御到來也、右ニ付卽日御請文被上之、右御使末吉向、

一、藤嶋石見參上、右衞門大尉及面會、

十七日、己亥、晴、當番、菅谷中務卿・小川大藏卿・伊丹上總介・山下監物・木崎主計・友田掃部・鈴木求馬・小畑勘ケ由・牛丸九十九、

一、大法元三會回章、今日叡覽ニ付、烏丸弁殿亭へ御添使松井出羽守被差向、唯心院・戒光院・寺家等、於御里坊出會、同道ニ而弁殿亭へ參向、御口上申入、回章差出候所、後刻可被備叡覽間、先引取、尙相濟次第御知らせ可被申旨、雜掌申之ニ付、各退、會行

*火災見舞

事旅宿ニ而相待也、未半刻頃雜掌より出羽守迄手紙を以、叡覧相濟候間、各召連罷出候樣申來ル、直樣弁殿亭へ同道ニ而參向之處、叡覧被爲濟候旨、弁殿面會ニ而回章被返也、

一、入夜唯心院・戒光院・寺家等參上、今日者回章叡覽無滯相濟、難有奉存候、猶又御花押之儀相願候由、回章差出、於瑞龍殿中務卿出會、受取之、御花押之儀、御心得被遊候條、明日巳刻過爲申出可罷出旨相達也、

一、瑞雲院(貞剛)參上、於常御殿御對面之事、

十八日、庚子、晴、當番、今小路民部卿・松井右衞門大尉・松井出羽守・中村帶刀・初瀬川采女・小畑勘ケ由・松井多門・莊田左衞門、

回章御花押

*關東若君御宮參御聞繕書につき御達

一、會行事唯心院、副行事戒光院、寺家宰相參上、回章御花押被成下候ハヽ、爲申出度旨相願、且昨日叡覽無滯相濟難有奉存候、爲御禮羊羹一折十棹獻上之、於瑞龍殿右衞門大尉面會、回章御花押被成下候ニ付被返下、幷爲御禮御菓子獻上、入念之儀ニ思召候、御對面可被爲有之處、無御據御用御取懸りニ付、不被爲及其儀旨相達、各難有奉存候由退出也、

一、新日吉社御用掛り、松井右衞門大尉江被仰付候事、

一、巳刻頃、室町通出水下ル町畑柳安宅燒失、依之四御所・關白樣(一條輝良)・閑院樣(美仁)・鷹司樣(輔平)・九條樣(輔嗣)・花山院殿(愛德)・今出川殿(實種)・勸修寺殿(良顯)・千種殿(有政)・廣橋殿(伊光)・烏丸殿(光祖)江御見舞御使被差向、右御使小畑勘ケ由・末吉向・安福左馬太、

一、御附武家より來狀、

相達候儀有之候間、各方之內壹人、今日中肥前守御役宅江御越可有之候、以上、

二月十八日　石谷肥前守(淸茂)
神保紀伊守(長孝)

菅谷中務卿樣
松井西市正(永昌)樣

右承知之旨、及返書也、

一、石谷肥前守役宅へ牛丸九十九行向候所、去寅年十月被差出候若君樣(家慶)御宮參被爲濟候ニ付、公方樣(家齊)・御臺樣・若君樣江右御祝詞被仰入度御聞繕書之內、若君樣江者不及御祝詞、其外可爲書面之通旨、附札を以相達也、

十九日、辛丑、晴、當番、小川大藏卿代出羽守、・今小路民部卿・伊丹上總介・山下監物・木崎主計・友田掃部・鈴木求馬・牛丸九十九、

*法皇堂守護交代の事

*御世話仰より一品宣下御內意の旨直に御請仰上ぐ

若君宮參につき御聞繕書

女院へ御違例御伺

御有卦入につき四御所局方他へ御遣物

*參內その他へ御成

*二十五日に一品宣下表向仰出

*御由緒差出

一、瑞雲院參上、御對面被仰付候事、
一、畑柳安宅昨日燒失ニ付、爲御尋御使被下之、御使丸茂彌內、
一、御附武家へ御聞繕書被差出、
先般若君樣御宮參被爲濟候ニ付、公方樣・御臺樣江御祝詞、二條表江御使何日頃可被差向候哉、此段宜御聞繕可被進候、以上、
二月十九日　妙法院宮御內　松井右衞門大尉
右御聞繕書、石谷肥前守役宅へ丸茂彌內持參、
一、女院(富子)御所江以御使、先達而より御違例ニ付、爲御窺羊羹一折五棹御進獻也、御使松井出羽守、
廿日、壬寅、晴、當番、菅谷中務卿・松井右衞門大尉・松井出羽守・中村帶刀・初瀨川釆女・小畑勘ケ由・松井多門・莊田左衞門、
一、四御所御局方、御ふんこ一折二三ツヽ、委細御進物帳面ニ記之、
一、御有卦入ニ付、御使を以被遣物ケ所、左之通、
一、廣橋前大納言殿江、唐金花瓶壹箱、
一、西本願寺(文如光暉)御門主へ、昆布一折五十本・御文匣一折一二、
一、佛光寺(隨應眞乘)御門主へ、御文匣一折一二、

一、法皇堂守護、是迄惠乘房(玄隆)江被仰付置候處、此度被召上候、以後瑞雲院江守護被仰付候、依之壹石被下候段、右衞門大尉申渡ス、
一、申刻頃、御世話廣橋前大納言殿御伺公、先梅之間次之間へ被通、中務卿出會、近々一品宣下御內意被仰出候由、此旨可申上との儀也、追付於御白書院御對面、來ル廿五日六日兩日之內、一品宣下可被仰出御內意之旨被申上、兩日共何之御差支不被爲有由、御直ニ御請被仰上也、委細別記アリ、於梅之間御湯漬・御吸物・御酒等出之、酉刻頃退出、
廿一日、癸卯、曇、當番、小川大藏卿・今小路民部卿・伊丹上總介・山下監物・木崎主計・友田掃部・鈴木求馬・小畑勘ケ由・牛丸九十九、
一、泉涌寺江御代參、莊田左衞門相勤、
一、午刻御出門、御參內、次中宮御所へ御參、夫より閑(美仁)院宮樣へ御成、亥刻過還御、御供出羽守・勇・勘ケ由、御先三人、
一、今日於宮中、來ル廿五日一品宣下表向被仰出候事、
廿二日、甲辰、晴、當番、菅谷中務卿・松井右衞門大尉・松井出羽守・中村帶刀・初瀨川釆女・小畑勘ケ由・莊田左衞門、
一、先日勸修寺家より被達候御由緒書、張札相改、別帳

面相濟(添カ)被差出候事、

無礙光院より一品宣下御歡申上ぐ

一、無礙光院(堯海)殿より使者を以、今般一品宣下被仰出候ニ付、早速恐悦參殿可被致之處、此節不快ニて被引籠候ニ付、不取敢使を以御歡被申上候由也、

各所より御歡御使

一、兩本願寺・興正寺・佛光寺江御使を以、來ル廿五日一品宣下被仰出候ニ付、右御吹聽被仰遣候事、御使友田掃部、

一、梶井宮(盈仁)樣より御使を以、來ル廿五日一品宣下被仰出候ニ付、不取敢御歡御使被仰進候由也、

一、東本願寺より使者を以、一品宣下被仰出候御歡被申上候事、

一、三宅宗仙・同宗甫・山本內藏・市川養元參上、右同樣恐悅申上ル、

一、一品宣下被仰出候ニ付、御使を以御吹聽被仰進候ケ所、左之通、

仁門(深仁)樣・靑門(尊眞)樣・聖門(盈仁)樣・九條(輔嗣)樣・鷹司(政熙)樣・近衞(經熙)樣・入江(三時知恩寺)樣・大聖寺(天巖永峧)樣・靈鑑寺(宗恭)樣・伏見(貞敬)樣・達君樣・房君樣・有栖川(織仁)樣・二條(治孝)樣・閑院(美仁)樣・大覺寺(深眞)樣・關白(一條輝良)樣・安井(了尊)御門跡・高田(圓遵)御門跡・兩傳奏衆・議奏衆・院傳衆・評定衆・中山(愛親)殿、

右御使小畑勘ケ由・末吉向、

一、芝山(持豐)前宰相殿・同宮內少輔殿御伺公、時節御見舞、且久〻御機嫌不相伺候ニ付、乍序今日御安否被相窺候由也、於御玄關被仰置候事、取次莊田左衞門罷出ル、

廿三日、乙巳、晴、晝後曇、當番、小川大藏卿・今小路民部卿・伊丹上總介・山下監物・木崎主計・友田掃部・鈴木求馬・小畑勘ケ由・牛丸九十九、

一、東尾殿御參殿、

一、佛光寺(隨應眞乘)御門主より使者を以、今般一品宣下被仰出候御歡被申上、且有卦入ニ付御使被遣候御挨拶被申上候由也、

一、東本願寺(達如光朗)御門主より使者を以、右同斷、

一、秋川日向・藤嶋但馬・細谷典膳・中島織部・藤嶋石見・知足庵參上、右同斷、

廿四日、丙午、晴、當番、菅谷中務卿・松井右衞門大尉・松井出羽守・中村帶刀・初瀨川采女・小畑勘ケ由・松井多門・莊田左衞門、

一、東尾殿御參殿、

一、靑門樣より御使を以、今般一品宣下被仰出目出度思召候、右爲御歡御使被進候事、

一、一品宣下被仰出候ニ付、爲恐悅參上之輩、

菩提院(志岸)・三宅宗達・小泉陰陽大允、

*御鎮守修復日時御治定

廿五日、丁未、晴、當番、小川大藏卿・今小路民部卿・伊丹上總介・山下監物・木崎主計・友田掃部・鈴木求馬・小畑勘ケ由・牛丸九十九、

一品宣下當日

一、今月一品宣下御當日也、始末委者有別記、

廿六日、戊辰、晴或曇、當番、菅谷中務卿・松井右衞門大尉・松井出羽守・中村帶刀・初瀬川采女・小畑勘ケ由・松井多門・莊田左衞門、

火用心につき傳奏觸

一、傳奏觸來狀、

火用心之儀、常々可被仰付候得共、此節別而可被入御念候、此段爲御心得各方迄可申入旨、兩傳被申付如此候、以上、

二月廿六日　兩傳奏雜掌

御名前例之通

坊官御衆中

*禁裏より來月御內々御祈禱仰出御請

追而、御廻覽之後、勸修寺家へ御返し可被成候、以上、

廿七日、己酉、雨、當番、小川大藏卿・今小路民部卿・伊丹上總介・山下監物・木崎主計・友田掃部・鈴木求馬・小畑勘ケ由・牛丸九十九、

一品宣下御禮

一、今日一品宣下御禮也、

一、辰刻過御出門、先御里坊江被爲成、午刻御參內、夫より御參院、申半刻還御、御行粧等委細別記ニアリ、

廿八日、庚戌、晴、當番、菅谷中務卿・松井右衞門大尉・松井出羽守・中村帶刀・初瀬川采女・小川勘ケ由・松井多門・莊田左衞門、

一、藤嶋石見參上、右衞門大尉面會、今度御鎮守御修復木造始日時勘文之儀、此間陰陽大允へ被仰付候ニ付、則勘文來月十日十一日十四日之內相考、依之十日十一日之內神慮相窺候樣、先達而石見へ申達、即神慮相窺候處、十日十一日共不苦由、仍而及言上、十日御治定被仰出候、若雨降候ハヽ、十一日可被仰出旨、石見へ相達也、

一、金剛院(眞應)殿御參、

廿九日、辛亥、晴、入夜雨、當番、菅谷中務卿・小川大藏卿・伊丹上總介・山下監物・木崎主計・友田掃部・鈴木求馬・小畑勘ケ由・牛丸九十九、

一、禁裏御所(光格)より御使女房奉書を以、來月御內々御祈禱被仰出、則御撫物來ル、御返書ニ御請被仰上候也、

三月　御用番、今小路民部卿(行章)、

朔日、壬子、曇或晴、當番、今小路民部卿・松井右衞門大尉(永亨)・松井出羽守(永喜)・中村帶刀(利章)・初瀬川采女・小畑勘ケ由・松井多門・莊田左衞門、

一、四御所(光格・後櫻町・富子・欣子)江當日御祝儀御使を以被仰上候事、御使伊丹上總介(宜顯)、

二日、癸丑、曇或雨、當番、小川大藏卿（純方）・今小路民部卿・伊丹上總介・山下監物・木崎主計（重好）・友田掃部・鈴木求馬・小畑勘ケ由・牛丸九十九、

*將軍家への一品宣下進物につき御附武家との手紙往返

御附武家へ一品宣下の進物につき聞繕書差出

一、一品宣下被爲濟候ニ付、關東江御祝詞被進物、御附武家へ御聞繕書被差出候事、

此御方一品宣下被爲濟候ニ付、爲御祝儀、公方（家齊）様・御臺（茂子）様江昆布一箱宛、

右御先格者不相見候得共、當時依御由緒、二條表迄以御使可被進之思召候、尤二品宣下之節之御振合を以如斯御座候、此段堀田相模守（正順）殿江宜御聞繕可被進候、以上、

三月二日　妙―――御内

菅谷中務卿（寛常）

一、午刻御出門ニて、中宮（欣子）様江御參、夫より女院（富子）様江御參、未刻頃閑院（美仁）様へ御成、還御酉刻過、御供大藏卿・競・勘ケ由、御先三人、

上巳、甲寅、雨、當番、今小路民部卿・松井右衛門大尉・松井出羽守・中村帶刀（利章）・初瀨川采女・小畑勘ケ由・松井多門・莊田左衞門、

一、禁裏御所・仙洞御所・女院御所・中宮御所江、當日御祝詞被仰上候事、御使小川大藏卿、

一、當日御儀式、例之通、

*御附武家より獻物無く御口上のみとの御達

一、御附武家より來狀、

其御方此度一品宣下相濟候ニ付、公方様・御臺様江昆布一箱宛可被進由、尤二品宣下之節之御振合之由、二品宣下之節者年月何日頃ニ御座候哉、其節ハ何品被進候哉、否御報ニ御申聞可被成候、以上、

三月三日　神保紀伊守（長孝）

菅谷中務卿（マヽ）

右返書、

此御方今般一品宣下被爲濟候ニ付、公方様・御臺様江昆布一箱宛被進度、尤二品宣下之節之御振合之趣、依之二品宣下年月御承知被成度旨致承知候、

天明五年十二月十六日

二品宣下

右之通ニ御座候、尤其節從關東爲御返、公方様・御臺様より昆布一箱宛被進之候、仍御報如此御座候、以上、

三月三日　菅谷中務卿

神保紀伊守様

一、入夜、同所より來狀、

其御方より若君（家慶）様御宮參爲御祝儀被獻物御使者、

*關東若君御宮參に御祝詞言上

*妙門家來二名につき御尋

青門と當日御祝詞交換

明後五日巳刻堀田相模守御役宅江被差出候樣御達可申旨、相模守より申越候ニ付、此段相達候、以上、

三月三日　石谷肥前守(清茂)

神保紀伊守

菅谷中務卿樣

松井西市正樣(永昌)

右承知之旨及返答也、但、右書面ニ被獻物与有之候へ共、先達而御聞繕書御口上計之趣ニ而、被進物無之、間違也、

一、東尾殿御參殿之事、

一、當日御禮參上之輩、中島織部・山本内藏・三宅宗仙・同宗甫・市川養元・原田無關・緒方左衞門拜診、・伴蒿蹊、所勞斷分、村若父子・香山大學・岩永大炊、

一、青門樣(尊眞)より御使を以、當日御祝詞被仰進候也、但、此御方よりも御使を以御同樣被仰進候事、

一、勝安養院殿(洞海)より使僧を以、當日御祝儀被申上候也、無礙光院殿(堯海)よりも同樣、

四日、乙卯、曇、晝後晴、當番、小川大藏卿・今小路民部卿・伊丹上總介・山下監物・木崎主計・友田掃部・鈴木求馬・小畑勘ケ由・牛丸九十九、

五日、丙辰、晴、入夜曇或雨、當番、今小路民部卿・松井右衞門大尉・松井出羽守・中村帶刀・初瀨川采女・小畑勘ケ由・松井多門・莊田左衞門、

一、廬山寺へ御代香、小川大藏卿相勤ル、

一、關東若君樣先般御宮參被爲濟候ニ付、公方樣・御臺樣江御祝詞御口上計、二條表迄以御使被仰入也、但、若君樣江者無其儀、右御使山下監物、

一、傳奏代今出川大納言殿(實種)より御招ニ付、末吉向罷出候處、町奉行紙面之寫御達、

妙法院宮御家來藪澤圖書・藪澤雅樂江相尋候儀有之候間、外ニ壹人差添、明六日四ツ時下野守御役所江被差出候樣御達可被下候、

三月五日

右ニ付、今出川家へ松井多門行向、只今御達御座候町奉行紙面之寫ニ、藪澤圖書・藪澤雅樂と有之候、然ル處當時右兩名共改り有之候ゆへ難相分候、此段今一應武邊江御通達可被進哉、尤書付を以被仰入候儀も難相分、仍而爲念演説を以及内談候趣申入、雜掌云、御内談之趣委細承り候、乍然御演説ニ而ハ何分難分、御承知書之内ニ而も右名前相改候趣御書加可被差出旨申之ニ付、然らハ罷歸り坊官共江申聞候

藪澤圖書と競は同一人故に競一人が附添人と同道出頭する旨返答書

上、別紙書付ニ而も可被差出候へ共、今晩彼是及深更候事故、明朝未明ニ可被差出、入魂申候旨ニて退也、

六日、丁巳、雨、當番、小川大藏卿・今小路民部卿・伊丹上總介・山下監物・木崎主計・友田掃部・鈴木求馬・小畑勘ケ由・牛丸九十九、

一、昨夜今出川家より被達候町奉行紙面之寫、今早朝返却、并承知書差出、料紙奉書半切、

妙法院宮御家頼藪澤圖書・藪澤雅樂江被相尋候儀有之候間、外ニ壹人差添、明六日四時下野守殿御役所江可被差出旨、町御奉行紙面之寫御達被進、委細承知仕候、以上、

三月五日　妙法院宮御内　今小路民部卿

今出川大納言樣御内　石田下野守殿

廣橋前大納言(伊光)樣御内　波多野正親殿

藤堂飛驒守殿

築山左膳殿

別紙ニ左之通、

妙法院宮御家頼藪澤圖書事、當時藪澤競与申候、去寅年閏十一月右藪澤圖書下女江被相尋候儀有之候節、藪澤圖書事、競与相改候趣ニ而被差出候、

尤藪澤雅樂与申候者、右競、圖書与申候以前之名前ニ而御座候、左候得者、町御奉行紙面之寫之内、藪澤圖書・藪澤雅樂与兩名ニ候得共、右競壹人之儀と存候、依之明六日四時下野守殿御役所江藪澤競、附添人相添可被差出候、仍爲念此段被仰入候、宜御通達可被進候、以上、

三月五日　妙――御内　今小路民部卿

宛同前

右兩通共、今出川家へ末吉向持參候、御落手也、尤別紙之通被差出候へ共、名前等彼是相改候儀も有之候間、若間違も有之候ハヽ、今一應致承知度旨演説ニて申入也、

一、今出川家より被達候趣ニ付、巳刻頃、藪澤競所勞ニ付、代織田小兵衞、佐田兵藏付添、菅沼下野守役所へ罷出候事、尤付添人町役人可罷出處、無人ニ付、兵藏罷出也、

右子細ハ、先達而證文金之儀ニ付訴出候者有之由、依之來ル十三日對決之旨相達候由也、

七日、戊午、晴、當番、今小路民部卿・松井右衞門大尉・松井出羽守・中村帶刀・初瀨川采女・小畑勘ケ由・松井多門・莊田左衞門、

伊勢の光明王院の大僧都申請預る

一、勢州光明王院、今度申大僧都御執奏之儀相願、小折紙・勘例、代僧龍源院を以差出、於瑞龍殿民部卿面會、右小折紙・勘例、先預り置候旨申達也、

播州遠成院御年賀

一、播州清水寺遠成院、年頭御禮申上ル、扇子三本入・方金百疋獻上之、於瑞龍殿御吸物御酒被下之、御對面可被仰付之處、少々御違例ニ付無其儀、民部卿出會、及挨拶也、

一、東尾殿御參殿之事、

八日、己未、晴、當番、小川大藏卿・今小路民部卿・伊丹上總介・山下監物・木崎主計・友田掃部・鈴木求馬・小畑勘ケ由・牛丸九十九、

内藤重三郎轉役

一、小堀縫殿參上、一品宣下被爲濟候恐悦申上ル、且内藤重三郎儀、此度轉役被仰付候ニ付、御所御用掛り幷御役料頂戴、五万(マヽ)石增地被仰付、難有奉存候、乍序御吹聽申上候由也、

北川恒之進より變宅屆書

一、北川恒之進、此度變宅仕候ニ付御屆ケ申上ル、依之傳奏代今出川家江御屆書差出ス、

覺

妙法院宮御家賴
北川恒之進

右恒之進儀、是迄大佛下堀詰町和泉屋もん家借宅仕候處、此度大佛瓦町蒔田町瓦屋五左衞門家借住居仕候、仍爲御屆如斯御座候、以上、

妙法院宮御内
今小路民部卿

卯三月八日

傳奏代
今出川大納言樣御内
石田下野守殿

波多野正親殿

廣橋前大納言樣御内
藤堂飛驒守殿

築山左膳殿

右壹通、今出川家へ左馬太(安福)持參、御落手也、

九日、庚申、快晴、當番、今小路民部卿・松井右衞門大尉・松井出羽守所勞、代大藏卿・中村帶刀所勞・初瀨川采女・小畑勘ケ由・松井多門・莊田左衞門、

一、泉涌寺江御代香、小川法眼、

*玉照院憲雄轉住につき山門﨟次除かる

一、柳原弁殿(均光)より御里坊御留守居被相招、山門玉照院憲雄儀、去年六月他院へ致轉住候旨御屆有之候、其後十二月又玉照院兼帶御屆有之候、右兼帶ニ而も山門﨟次被相除候哉之旨御尋之由、依之玉照院儀者、薩州南泉院兼帶之儀ニ候へハ、山門﨟次被相除候旨相答也、

一、緒方左衞門參上、拜診、御藥調進之事、

十日、辛酉、晴、當番、小川大藏卿・今小路民部卿・伊丹上總介所勞斷・山下監物・木崎主計所勞斷・友田掃部・鈴木求馬・小畑勘ケ由・牛丸九十九、

一、山門代執行代壽量院より來狀、

山王祭禮言上書につき執行代壽量院より來狀及び返書

一翰致啓上候、彌御堅勝可被成御勤仕珍重奉存候、然者山王御祭禮言上書、來ル十九日頃差上可申候、就夫御同役中御上座御壹人名前ニ相認候間、御位階共ニ御書付可被下候、御賴奉存候、右得御意度如此御座候、恐惶謹言、

三月十日　　執行代 壽量院 覺融判

菅谷中務卿樣

右返書、

御手紙致拜見候、彌御堅剛珍重御事御座候、然者山王御祭禮言上書、來ル十九日頃可被差出由、因玆同役之內上座壹人、名前・位階共書付可及進達之旨、委細致承知候、則別紙書付致進達候、仍御報如此御座候、以上、

三月十日　　菅谷中務卿判

執行代 壽量院樣

別紙ニ、

菅谷中務卿法印　ト認遣也、

一、禁裏御所より御使を以、御文御到來、

*玉照院は薩州に轉住につき山門より相除かる

一、柳原弁殿より御招ニ付、末吉向罷出候所、昨日被相達候山門玉照院事、御答之趣弁殿被致承知候、乍然演說ニ而ハ間違等も有之候條、御口上之旨御使心得之趣ニ而相認可申由、則料紙・硯差出候ニ付、口述之趣相認差出、

一、此度山門住侶玉照院儀、薩州南泉院江轉住ニ而、山門玉照院致兼帶候ニ付、當春烏丸家へ被差出候官位年齡書被相除候、然ル處自然玉照院ニ而罷出候事有之候ハヽ、山門住侶之列ニ無之候而、又玉照院名前被差出候と申事御座候而ハ如何之儀と御尋ニ付、委細承知仕候、右南泉院ニ不限、惣而院室へ轉住或兼帶ニ而候ハヽ、不寄何事、此御方ニ者御構不被爲有候、依之官位年齡書被相除候御事ニ御座候、

三月十日

十一日、壬戌、晴、當番、今小路民部卿・松井出羽守所勞斷、代大藏卿・中村帶刀・初瀨川采女・松井多門・莊田左衞門、右衞門大尉不參、

*妙門主御參內女院へ御成

一、午刻過御出門、御參內、夫より女院御所へ御成、酉刻過還御、御供大藏卿・采女・右兵衞、御先三人、

一、廬山寺江御代香、小川大藏卿相務、

十二日、癸亥、曇、當番、小川大藏卿・今小路民部卿・伊丹上總介・山下監物・木崎主計・友田掃部・鈴木求馬・小畑勘ケ由・牛丸九十九、

勸修寺開帳御參詣途中岩野寺と勸修寺へ御奉納
*瑞雲院御請
*小堀縫殿へ禁裏御用掛仰出につき御祝物下さる
後白河法皇御正忌法住寺御參詣
*宮の一品宣下につき廣橋伊光へ御禮御遣
*廣橋伊光へ御禮として唐畫掛物獻上を申述べ又光明王院へ大僧都御執奏の依願
女院御所より御違例につき瑞雲院へ御祈禱の仰出

一、午刻過御忍ニ而、山科勸修寺開帳へ御參詣、御成懸岩野寺江御參詣、御奉納南鐐壹片、勸修寺へ御奉納方金百疋、同所八幡宮社司杉山圖書宅ニ而御休息、御提重御酒御吸もの御膳等被召上、還御懸上馬町三宅宗仙別莊へ被爲成、戌刻頃還御、
御供民部卿・掃部・求馬・競・唱・多門・右兵衞・逸治、御先三人、外、東尾殿・西市正・監物・大學・宗仙・丹波、
一、石井殿御伺公、於瑞龍殿民部卿面會、
十三日、甲子、雨、當番、今小路民部卿・松井右衞門大尉断・初瀨川采女・松井出羽守断・中村帶刀断・小畑勘ケ由・松井多門・莊田左衞門、
一、後白川法皇御正忌、於法住寺例之通御法事御執行、御影御開帳、
一、巳刻頃法住寺江御參詣、御供出羽守・采女・唱、御先三人、
十四日、乙丑、曇或雨、當番、小川大藏卿・今小路民部卿・伊丹上總介・山下監物・木崎主計・友田掃部・鈴木求馬・小畑勘ケ由・牛丸九十九、
一、女院御所より御文を以、御違例ニ付御祈禱之儀被仰進、御撫物來、并瑞雲院へ御同樣御祈禱之儀被仰出、御撫物御絹來、則御返書へ御請被仰上也、

一、瑞雲院（貞剛）依召參上、於常御殿御對面、只今從女院御所被仰出候御祈禱御撫物御絹、御直ニ被仰付候事、
一、小堀縫殿方へ御使を以、此度禁裏御所御用掛り并知行所等之儀、以前之通被仰出候ニ付、爲御歡昆布一箱被下之、御使小畑勘ケ由、
十五日、丙寅、雨、當番、今小路民部卿・松井右衞門大尉断・松井出羽守断・中村帶刀断・初瀨川采女・小畑勘ケ由・松井多門・莊田左衞門、
一、御世話廣橋前大納言殿江今小路法橋行向、先般一品宣下之節、彼是御世話ニ付、羽二重貳疋・方金貳千疋・御内〻被遣之、今日御參內之由、從跡御請可被申上旨雜掌答、但、一品宣下被爲濟候ニ付、御内〻被獻物、并御世話卿へ被遣物不可爲例、可寄時宜事、
一、民部卿非藏人口へ參向、御世話卿へ面會、先般一品宣下無御滯被爲濟候爲御禮、唐畫御掛物壹幅箱入、御内〻被獻度、宜御沙汰賴思召候旨申述、且又此御方院室光明王院、此度申大僧都小折紙・勘例差出、御執奏之儀相願候ニ付、被及御内談、御別條無之候ハヽ傳奏方へ被差出候上、職事方へ被附度旨申込、前大納言殿被承候由、尙從彼卿可有御返答旨也、
一、當日御禮參上之輩、市川養元・三宅宗達・原田無關、

十六日、丁卯、晴、當番、小川大藏卿・今小路民部卿・伊丹上總介・山下監物・木崎主計所勞・友田掃部・鈴木求馬・小畑勘ケ由・牛丸九十九、

日嚴院にて妙門主書畫御覽

一、午刻御出門、日嚴院室ニおゐて書畫展觀爲御覽被爲成、還御未刻過、御供出羽守・掃部・求馬・競・逸治、御先三人、

樹下成範等三名の昇進御執奏につき上野執當奉書

一、日吉社司樹下式部大輔(成範)申正四位下、生源寺刑部少輔(業蕃)申正五位下、生源寺内藏頭(希行)申從五位上、各御執奏之儀相願、小折紙・勘例・紋日・上野執當より之奉書等持參、於瑞龍殿今小路法橋面會、御執奏之儀承り候旨、追而可被及御沙汰申達也、執當より之奉書、如左、

依輪王寺宮(公澄)仰致啓達候、抑日吉社家樹下式部大輔位階昇進之儀願出候、委細執行代より可申上候間、從座主宮御執奏被成候樣ニ与思召候、此由宜有御披露候、恐々謹言、

二月廿六日　楞伽院 長善判
惠恩院 鈴然判

菅谷中務卿殿
今小路民部卿殿
松井右衞門大尉殿

別紙、

追而、樹下式部大輔年限相濟候ニ付、正四位下昇進之儀願上候、以上、

楞伽院
惠恩院

菅谷中務卿殿
今――
松――

右之外、刑部少輔・内藏頭奉書文面同樣、略之、

一、小堀縫殿より使者を以、今般一品宣下被爲濟候恐悅申上ル、且此間御使被成下、殊ニ壹種頂戴仕難有仕合奉存候、右御請爲御禮唐茗壹箱獻上之候也、

十七日、戊辰、晴、當番、菅谷中務卿・松井右衞門大尉・松井出羽守斷・中村帶刀斷・初瀨川采女・小畑勘ケ由・莊田左衞門、

*伊勢園正運と宗允法橋申請につき執當奉書

一、日吉宮仕伊勢園正運春延申法橋、伊勢園宗允知諄申法橋、御執奏之儀相願、小折紙・勘例・上野執當より之奉書差出、於瑞龍殿右衞門大尉面會、追而可被及御沙汰旨相達也、執當奉書、如左、

依輪王寺宮仰致啓達候、抑日吉宮仕正運春延申法橋之事、從座主宮御執奏被成候樣ニ与思召候、此

旨宜有御披露候、恐々謹言、

二月廿六日　楞伽院 長善判
惠恩院 鈴然判

菅谷中務卿殿
今小路民部卿殿
松井右衛門大尉殿

*日吉祭禮注進狀
新日吉社御神事御出につき相達

一、新日吉社御出御神事例歳五月七日ニ候得共、思召を以自今舊祭日四月晦日御出御神事被執行候旨被仰出候、仍藤嶋石見呼寄、松井右衛門大尉面會ニ而右之趣相達也、

但、宗允知諄奉書文面、右同樣、略之、

一、去ル十日御鎭守木造始相濟候ニ付、爲御祝儀方金百疋藤嶋石見へ被下之、

一、一昨日御世話卿へ被及御内談候光明王院小折紙・勘例、何之別條無之、御勝手ニ御執奏可被爲有旨、御留守居末吉向被相招、被達候由也、

十八日、己巳、晴、當番、菅谷中務卿・小川大藏卿・伊丹上總介・山下監物・友田掃部・鈴木求馬・小畑勘ケ由・牛丸九十九、

一、女院御所より御使を以、此間被仰出候御祈禱、今日御中日ニ付、爲御尋棹菓子一折十被進之、則日御請御使を以被仰上候、御使末吉向、

一、積翠於無爲庵正午御茶、友田掃部より獻上、御詰知足庵・菅谷法印・坂元淸記・山下監物・市川養元被仰付候也、

十九日、庚午、雨、當番、菅谷中務卿・松井右衛門大尉・松井出羽守・中村帶刀・初瀬川采女・小畑勘ケ由・松井多門・莊田左衛門、

一、山門執行代習禪院より、日吉祭禮注進壹通差上、左之通、

日吉祭禮、卯月十五日以式日令執行候、前日未御供、幷奉幣役者嚴重參勤有之樣被仰付者可爲御神忠之旨、依衆議令申之由、座主宮御前御披露所仰候、恐々謹言、

三月十九日　執行代 詔胤

菅谷中務卿法印

右使宮下宗伯持參、於小玄關當番小畑勘ケ由出會、壹通之趣被聞召可被爲御沙汰旨、坊官中申之由、湯漬被下之、

二十日、辛未、雨、當番、菅谷中務卿・小川大藏卿・伊丹上總介・山下監物・友田掃部・鈴木求馬・小畑勘ケ由・牛丸九十九、

一、取次渡辺(珍亮)出雲守より來狀、

御拜借之御書物、明廿一日午刻御渡可有之候間、右之刻限非藏人口へ御申出、御參候樣可申達旨、廣橋前大納言殿被仰渡候、仍申入候、以上、

　三月廿日　　渡辺出雲守

尚以、右持人御用意可被成候、已上、

　妙法院宮樣
　　坊官御中

右承知之旨、及返答也、

廿一日、壬申、晴、當番、今小路民部卿・松井右衞門大尉・松井出羽守・中村帶刀・初瀬川采女・小畑勘ケ由・松井多門・莊田左衞門、

日吉祭禮御奏聞日限の事

一、傳奏代今出川大納言殿江日吉祭禮御奏聞日限爲御窺、御使松井右衞門大尉被差向候事、手覺書一通持參、

一、日吉祭禮四月十五日執行之儀、例之通長橋御局を以御奏聞之儀、來ル廿五日廿六日兩日之內御窺被成度事、

　三月廿一日

右之趣申入候處、尙彼卿より可被爲御沙汰旨也、

樹下式部大輔等の申請書

一、日吉社司樹下式部大輔申正四位下、生源寺刑部少輔申正五位下、生源寺內藏頭申從五位上、小折紙・勘例・敍日、幷宮仕伊勢園正運申法橋、同伊勢園宗允申法橋、小折紙・例書等、傳奏代今出川家へ御內談、御別條も無之候ハ、職事方へ被附度旨申述、小折紙・勘例等、茲ニ記ス、

勘例	日吉社司 祝部行整 天明二年五月八日 敍從四位上 于時三十五歲 中四年	天明七年三月十五日 敍正四位下 于時四十歲	

	申 正四位下	從四位上祝部成範

紋日

日吉社司
祝部成範

寛政二年四月六日
紋従四位上于時五十一歳
至今年中四年

日吉社司
中四年
従四位上祝部成範 五十六歳

申
正五位下

従五位上祝部業蕃

勘例

日吉社司
祝部成範

安永四年三月二十五日
紋従五位上于時三十六歳
中四年

安永九年五月十二日
紋正五位下于時四十一歳

叙日

日吉社司　祝部業蕃

寛政二年四月六日
叙従五位上 于時二十五歳
至今年中四年

日吉社司
中四年
従五位上祝部業蕃 二十五歳

申
従五位上

従五位下祝部希行

勘例

日吉社司　祝部業蕃

天明五年八月二日
叙従五位下 于時十五歳
中四年

寛政二年四月六日
叙従五位上 于時二十歳

敍日

日吉社司
祝部希行
寛政二年四月六日
敍従五位下 于時十五歳
至今年中四年

日吉社司
中四年
従五位上祝部希行 二十歳

申法橋

春延

勘例

日吉社宮仕
廣盛
安永八年四月六日
敍法橋 于時四十歳

日吉社宮仕
仙歓
天明七年三月十五日
敍法橋 于時四十歳

日吉社宮仕
春延 四十六歳

申
法橋

知諄

勘例

安永八年四月六日
日吉社宮仕
廣盛
敍法橋 于時四十歳

天明七年三月十五日
日吉社宮仕
仙歡
敍法橋 于時四十歳

日吉社宮仕
知諄 四十歳

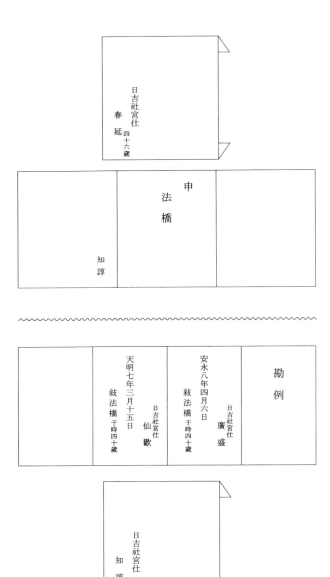

光明王院大僧都申請

一、於同所勢州光明王院申大僧都小折紙・勘例、被及御内談、各小折紙・勘例御執奏之趣、大納言殿被承候由、明日巳刻頃可罷出旨也、右御使松井右衛門大尉、

申
大僧都
權大僧都信淳

勘例
妙法院宮院室遠成院
播磨國御嶽山清水寺執行
權大僧都善實　四十六歳
寛政三年八月三十日任大僧都

妙法院宮院室
光明王院
權大僧都信淳　五十歳

*禮儀類典御請之儀

一、非藏人口へ右衛門大尉參向、廣橋前大納言殿御面會、今度御拜借之御書物禮儀類典、都合四箱被相渡、右御書物安福左馬太隨身ニて罷歸ル、

一、今日御書物御拜借畏思召候旨御請之儀、非藏人口へ御使を以廣橋前大納言殿迄被仰入、則前大納言殿被承候由、被爲入御念候旨也、

*堀内藏頭大佛殿參詣につき手紙往返

一、大番堀内藏頭家來より手紙來、

以手紙致啓上候、明廿二日内藏頭四時頃大佛殿江被相越候間、諸事先格之通宜御執計賴入存候、

三月廿一日　堀内藏頭内
野口直理
田村團右衛門

妙法院宮様　　中野左膳
御役人中様

*堀内藏頭大佛殿參詣雨天により中止

右返書、
御手紙致拝見候、然者明廿二日内藏頭様大佛殿江
御越被成候ニ付、諸事先格之通取計可申旨、御紙
面之趣致承知候、已上、
三月廿一日　　妙法院宮御内 松井丹波
堀部備後
野口直理様
田村團右衞門様
中野左膳様

一、先日從女院御所被仰出候御祈禱、今日御結願ニ付、御卷數・御供物、御文を以御進獻也、
一、瑞雲院參上、御對面之事、
一、泉涌寺へ御代香、
廿二日、癸酉、雨天、當番、小川大藏卿・今小路民部卿・伊丹上總介・山下監物・友田掃部・鈴木求馬・小畑勘ケ由・牛丸九十九、主計所勞、
一、午刻過御出門、女院御所へ被爲成、還御申半刻、御違例中ニ付、爲御窺御煎茶壹箱被獻之、御供先より大藏卿御使相勤ル、御供大藏卿・競・勘ケ由、御先三人、
一、大番堀内藏頭家來より手紙來ル、
以手紙致啓上候、然者今廿二日内藏頭大佛殿江可
被相越段、昨日得御意候處、雨天ニ付被致延引候、
右可得御意如斯御座候、以上、
三月廿二日　　堀内藏頭内 野口直理
田村團右衞門
中野左膳
妙法院宮様
御役人中様
右返書、
御手紙致拝見候、然者今廿二日内藏頭様大佛殿江
御越可被成旨、昨日御申越所、雨天ニ付御延引之
趣被示聞、委細致承知候、仍御答迄如此御座候、
以上、
三月廿二日　　妙法院宮御内 松井丹波
堀部備後
野口直理様
田村團右衞門様
中野左膳様
一、傳奏代今出川家へ伊丹上總介參向、日吉社司樹下式

部大輔申正四位下、生源寺刑部少輔申正五位下、生源寺内藏頭申從五位上、小折紙・勘例・敍日、宮仕伊勢園正運申法橋、同伊勢園宗允申法橋、小折紙・例書等爲申出候所、御別條無之由、御勝手ニ可被差出旨ニ付、直樣殿下樣へ參向、御口上如左、

日吉社司樹下式部大輔今度申正四位下、生源寺刑部少輔申正五位下、生源寺内藏頭申從五位上、小折紙・勘例・敍日、宮仕伊勢園正運申法橋、同伊勢園宗允申法橋、小折紙・勘例、被入御内覽候、思召も不被爲在候ハヽ、職事方江被附度旨申入、

何之思召不被爲在旨御返答也、

一、於同所勢州光明王院申大僧都、小折紙・勘例書等爲申出候處、御別條無之由、御勝手ニ職事方へ可被差出旨ニ付、直樣廣橋頭弁(胤定)殿へ持參、

一、廣橋頭弁殿へ伊丹上總介參向、今度日吉社司樹下式部大輔申正四位下、生源寺刑部少輔申正五位下、生源寺内藏頭申從五位上、小折紙・勘例・敍日、宮仕伊勢園正運申法橋、同伊勢園宗允申法橋、小折紙・勘例被差出候條、宜御披露賴思召候旨申述、追而被及御沙汰候由也、

一、廣橋弁殿へ上總介參向、今度勢州光明王院申大僧都、小折紙・勘例書等被差出候條、宜御披露賴思召候旨申述、追而被及御沙汰候由也、

尤今日光明王院召連可罷出之所、此節所勞ニ付不及其儀、尙追而可罷出旨申述也、

*東照宮奉幣發遣御神事の觸

一、議奏中より觸書一通到來、

口上覺

就來廿五日東照宮奉幣發遣日時定、自廿四日晩到廿五日午刻御神事候、仍爲御心得各迄可申入之旨、議奏中被申付如此候、以上、

三月廿二日　議奏中雜掌

御名前例之通

坊官御衆中

追而、御廻覽之後、今出川家へ御返し可被成候、以上、

一、今出川家より御招ニ付、末吉向罷出候處、昨日御窺被爲有候日吉祭禮御奏聞之儀、來ル廿六日被仰出候由被達候旨也、

*山門玉照院儀につき書付

一、昨日柳原家より御招ニ付、末吉向罷出候所、先日山門玉照院儀ニ付、向心覺之書付差出候處、宛所等無

之候而者如何ニ候間、宛所相認可被差出由、此旨坊官中迄可申入樣との儀ニ付、申上候由向申候、仍而左之通り書付差出、

山門玉照院憲雄儀、去年六月薩州南泉院江致轉住候處、其後十二月又玉照院兼帶被仰付候、右兼帶之儀ニ候へ者、例年被差出候官位年齢書被相除候、尤玉照院ニ不限、惣而兼帶之分者臈次ニ不相加儀ニ御座候、

三月廿二日　　座主宮御内　菅谷中務卿

柳原右中弁樣

雜掌御中

廿三日、甲戌、雨天、當番、菅谷中務卿・松井右衞門大尉・初瀨川采女・小畑勘ケ由・松井多門・莊田左衞門、出羽守・帶刀所勞、

山門習禪院上京の屆に參上

一、山門東塔執行代習禪院(韶胤)參上、於瑞龍殿中務卿面會、去ル十二日從關東上京仕候ニ付御屆申上ル、淺草海苔一箱獻上之、尤早速上京御屆可申上處、依所勞及延引候段御斷申上ル、且又拙僧儀近來病身ニ付、退役之儀相願候處、願之通被仰出候、乍然後役被仰出候迄者是迄之通相務候、右役中彼是蒙御憐愍難有仕合奉存候、爲御禮御菓子一箱獻上候由也、

一、藤嶋石見參上、右衞門大尉及面會、

一、緒方左衞門參上、拜診、御藥調進候也、

＊專稱寺禮空住職繼目御禮

一、御末寺上七軒町專稱寺禮空、住職繼目爲御禮參上、於瑞龍殿右衞門大尉出會、及挨拶、御吸物御酒可被下處、先達而御儉約已來無其儀、御菓子被下之、

一、延紙拾束　獻上

一、同　五束宛　院家中

一、同　三束宛　坊官諸大夫中

一、同　貳束宛　代官中

一、御菓子一折獻上　隱居龍空

一、西本願寺門主(文如光暉)へ御使を以、信惠院法如七回忌ニ付御尋被仰遣、御口上計、右御使初瀨川采女、

一、取次鳥山越前守(吉晃)より來狀、

御用之儀御座候間、只今非藏人口へ御參候樣可申達旨、柳原弁殿被命候、仍而申入候、以上、

三月廿三日　　鳥山越前守

座主宮樣

坊官御中

右承知之旨、及返答、

一、非藏人口へ菅谷中務卿罷越候處、柳原弁殿面會、先

日以來御留守居被招、御調有之候玉照院之儀也、依之中務卿彼是及返答候へ共、何分右樣之先例も有之候ハヽ、書付可被差出旨ニ付、然ら者相調候而可及御返答由申之、退也、

廿四日、乙亥、晴、當番、菅谷中務卿・小川大藏卿・伊丹上總介・山下監物・友田掃部・鈴木求馬・小畑勘ケ由・牛丸九十九、主計所勞、

一、横川定光院(観光)參殿、於瑞龍殿中務卿面會、一昨日御成先ニ而無禮仕、心得違之段奉恐入候御斷申上候由也、

一、緒方左衞門參上、拜診、御藥調進之事、

廿五日、丙子、快晴、當番、今小路民部卿・松井右衞門大尉・初瀬川采女・小畑勘ケ由・松井多門・莊田左衞門、

地福院隱居につき手紙往返

一、東塔執行代習禪院より來狀、

以手紙致啓上候、彌御堅勝被成御勤役珍重奉存候、誠ニ一昨日ハ參殿仕、久ゝニ而寛ゝ得貴意致大慶候、然者地福院(憲海)儀、病身ニ付願之通隱居被仰付候ニ付、別紙書付を以御届申上候、宜御沙汰可被下候、一昨日右書付持參仕候處、致失念、今日以使如此御座候、宜奉頼候、以上、

三月廿五日　習禪院

菅谷中務卿樣

覺

一、地福院儀、病身ニ付願之通隱居御免被仰付候、此段御届申上候、以上、

三月廿五日　執行代

座主宮
坊官中

右返書、

御手紙致拜見候、彌御堅剛珍重奉存候、如來諭一昨日者得寛話致大慶候、然者地福院儀、病身ニ付願之通隱居被仰付候ニ付、別紙書付を以御届被申上候段致承知候、尚及言上可申也、仍而御報如此御座候、以上、

三月廿五日　菅谷中務卿

習禪院樣

一、山門地福院參上、此度住職繼目御禮申上ル、扇子三本入獻上、御玄關ニて申置也、

廿六日、丁丑、曇或雨晴、當番、小川大藏卿・今小路民部卿・伊丹上總介・山下監物・木崎主計・友田掃部・鈴木求馬・小畑勘ケ由・牛丸九十九、左衞門助番、

一、日吉社祭禮來四月十五日執行之儀、例之通長橋御局へ御文を以御奏聞之事、即御返書來也、御使牛丸九十九、

三井寺開帳順禮観音高観音へ参詣

一、辰刻過御出門、御忍ニ而三井寺開帳へ御参詣、先順禮観音へ御参詣、夫より高観音へ御参詣、於近松寺御休息、御提重御吸もの御酒御膳等被召上、戌半刻頃還御、御供右衞門大尉・釆女・掃部・求馬・勇・競・勘ケ由・多門・逸治・右兵衞、御先五人、其外中務卿・西市正・監物・備後・緒方左衞門・香山大學・伴蒿蹊、

御奉納、順禮観音へ金百疋、尾藏寺へ同百疋、玉泉院へ金貳百疋、近松寺へ金三百疋被下之、

*山門地福院隠居届

廿七日、戊寅、晴、夕刻曇、入夜雨、當番、菅谷中務卿・松井右衞門大尉・初瀬川釆女代九十九、・小畑勘ケ由・松井多門・莊田左衞門、出羽守・帶刀斷、

山門玉照院兼帯の儀につき書付差出

一、此間於非藏人口柳原弁殿より菅谷法印へ被達候山門玉照院兼帯之儀ニ付、先例書付差出候事、其案如左、料紙奉書四ツ折、御使安福左馬太、

*堀内藏頭大佛殿参詣につき手紙往返

一、山門玉照院憲雄儀、去年六月薩州南泉院江致轉住候處、同年十二月又玉照院兼帯之儀被仰付候、右兼帯之儀ニ候へ者、官位年齢書ニ被相除候、則近例左之通ニ御座候、

山門寶園院榮範儀、天明八年二月日光山修學院江致轉住候處、同年七月山門金光院兼帯被仰付候、右榮範儀、今以金光院兼帯之儀ニ御座候得共、官位年齢書被相除候儀ニ御座候、其外他國ニ罷在候者者、右官位年齢書被除候先例ニ而、右之外當時被相除候人躰一兩輩有之候事、

(マヽ)
卯月廿七日　　座主宮御内　菅谷中務卿

柳原右中弁様
　雑掌御中

一、兩貫首正親町頭中將殿・廣橋頭弁殿(胤定)へ一通ツヽ被差出也、御使右同人、

山門地福院大僧都惠海、此度致隠居候、仍御届被仰入候、以上、

(マヽ)
卯月廿七日　　座主宮御内　菅谷中務卿

一、女院御所へ御使を以、御後園筍貳本被進候、

一、大番堀内藏頭家來より來狀、

以手紙致啓上候、然者明廿八日天氣候ハヽ、内藏頭四時頃大佛殿江被相越候間、諸事先格之通宜御取計賴入存候、以上、

三月廿七日　　堀内藏頭内　野口直理
　　　　　　　　　　　　田村團右衞門
　　　　　　　　　　　　中野左膳

妙法院宮樣
　御役人中樣

右返書、

御手紙致拜見候、然者明廿八日天氣能候ハヽ、内藏頭樣四ツ時頃大佛殿江御越被成候ニ付、諸事先格之通取計可申旨、御紙表之趣致承知候、以上、

三月廿七日　妙法院宮御内　松井丹波
　　　　　　　　　　　　　堀部備後

野口直理樣
田村團右衞門樣
中野左膳樣

一、入夜柳原弁殿より御招ニ付、牛丸九十九罷出候處、當春烏丸家へ被差出候山門僧侶官位年齢書ニ玉照院書加可被差出旨、被相達候由也、

廿八日、己卯、晴、當番、菅谷中務卿・小川大藏卿・伊丹上總介・山下監物・木崎主計・友田掃部・鈴木求馬・小畑勘ケ由・牛丸九十九、

山門玉照院につき口上書

一、昨夜柳原弁殿より被達候趣ニ、弁殿亭へ牛丸九十九參向、御口上書持參、

　山門玉照院儀、官位年齢書ニ書加可被差出之旨、昨夜御達之趣御承知被成候、然ル處少ゝ被相調候儀有之候ニ付、一兩日可被及延引候、仍此段御斷被仰入候、

三月廿八日　座主宮御使　牛丸九十九

尤昨夜御達御座候官位年齢書、先此御方ニ御預り被成候段、演説ニて右之趣申入候處、何分玉照院被書加候書付壹通、并被相除候書付一通、今日八時頃迄ニ可被差出旨也、

*日吉社祭禮御下知狀

一、山門執行代江御使を以、日吉社祭禮御下知狀之事、御使安福左馬太、

　日吉社祭禮來四月十五日執行之儀、以長橋御局御奏聞無御滯被爲濟候間、十五日可致執行候事、

一、前日未御供、御加持、奉幣使參勤之儀、被聞召候事、

　右之通被奉候樣ニ与思召候、以上、

三月廿八日　座主宮御内　菅谷中務卿

執行代
　御房

一、大番堀内藏頭、大佛殿江罷越候ニ付、例之通爲案内丸茂彌内罷出也、

一、廣橋前大納言殿江菅谷法印參向、折節參内之由故、非藏人口へ行向、前大納言殿御面會、此間柳原弁殿

より被達候玉照院儀ニ付云々及掛合也、
一、柳原弁殿へ御使を以、過刻御返答之趣御承知被成候、右ニ付廣橋前大納言殿江被仰入置候儀も有之間、彼卿より可被及御掛合儀も可有之、其趣ニ而御返答可被及旨申述也、御使友田掃部、
一、當日御禮參殿之輩、山本内藏・三宅宗達・横山左近、
廿九日、庚辰、晴、當番、今小路民部卿・松井右衞門大尉・松井出羽守・初瀬川采女・小畑勘ケ由・松井多門・莊田左衞門、
一、柳原弁殿より被相招ニ付、初瀬川采女行向之處、此間以來御掛合有之候玉照院一件、當春被差出候御注進書、彌玉照院被相除候樣被達候由、尤此間被達候右御注進書、御序之節被返候樣との事也、
一、三宅宗仙・原田無關參上、各拜診被仰付候也、
三十日、辛巳、快晴、當番、小川大藏卿・今小路民部卿・伊丹上總介・山下監物・木崎主計・友田掃部・鈴木求馬・小畑勘ケ由・牛丸九十九、
一、禁裏御所江御使、當月御内々御祈禱、今日御結願ニ付、御卷數御文を以御獻上也、
一、廣橋前大納言殿江御使を以、一昨日菅谷中務卿を以被及御掛合候玉照院儀、速ニ相濟候、彼是御世話之儀御滿足思召候、右御挨拶被仰遣候旨申述也、

一、久世宰相殿（通根）へ御使を以、今度日光奉幣使、明朔日發駕ニ付、御歡旁御使被遣候事、右御使同人、
一、柳原弁殿へ御使を以、昨日御達之趣御承知被成候、依之當春被差出候山門僧侶官位年齢書、被及御返却候事、右御使同人、
一、爲御鬱散、午刻後御出門ニて長樂寺へ御成、御提重御吸もの御酒等被召上、酉刻過還御、御供中務卿・采女・求馬・勇・競・勘ケ由・逸治・右兵衞、御先三人、其外東尾殿・西市正・監物・丹波・大學・宗甫、

四月　御用番、菅谷中務卿（寛常）、

朔日、壬午、快晴、當番、菅谷中務卿・松井右衞門大尉（永亨）・松井出羽守（永喜）・初瀬川采女・小畑勘ケ由・松井多門・莊田左衞門、
一、四御所（光格・後櫻町・富子・欣子）江當日御祝儀、以御使被仰上候事、御使小川大藏卿（純方）、
一、當日御禮參殿之輩、左之通、香山大學・山本内藏・市川養元・岩永大炊・知足庵・三宅宗達、
二日、癸未、快晴、當番、菅谷中務卿・小川大藏卿・伊丹上總介（宜顯）・山下監物（重好）・木崎主計・友田掃部・鈴木求馬・牛丸九十九、

*賀茂祭につき觸書

一、金剛院大僧都御參殿之事、

元三會につき御奉納金

三日、甲申、晴、當番、今小路民部卿(行章)・松井右衞門大尉・松井出羽守・中村帶刀(利章)・初瀬川采女・小畑勘ケ由・松井多門・莊田左衞門、

一、當月朔日より横河大法元三會執行ニ付、御奉納金貳百疋被備之、且從昨日勅使烏丸右少弁殿(資董)登山ニ付、宿坊江爲御尋御使被遣之、御使安福左馬太、

一、和田泰純、依召參上、於瑞龍殿右衞門大尉面會、以後於常御殿御對面、拜診被仰付、御藥調進、御吸物御酒被下之、

一、輪門樣より御使を以、今度一品宣下被爲濟候御風聽被仰進候由也、

*紀州根來寺本尊安置堂造立勸化の事

一、御附武家より來狀、

相達候儀有之候間、明四日各方之內壹人、肥前守御役宅江御越可有之候、以上、

四月三日　石谷肥前守(淸茂)
神保紀伊守(長孝)

菅谷中務卿樣
松井西市正(永昌)樣

右承知之旨、及返書也、

一、議奏衆より觸書到來、

口上覺

就來十六日賀茂祭、從八日晩禁裏樣御神事、從十四日晩到十六日晩御潔齋候、仙洞御所從十四日晩到十六日晩御神事候、中宮樣從八日晩到十六日晩、僧尼重輕服之御方ゝ樣御參入可被憚候、仍爲御心得各方迄可申入之旨、議奏中被申付如此候、以上、

四月三日　議奏中 雜掌

御名前例之通
坊官御衆中

追而、御覽之後、今出川家へ御返し可被成候、以上、

又壹通、

攝津・和泉・佐渡　紀州 根來寺

右根來寺傳法院本尊安置之堂爲造立助成、右三ケ國勸化御免寺社奉行連印之勸化狀持參、役僧共當卯九月より來ル午八月迄、御料私領寺社領在町可致巡行候之間、志之輩ハ物之多少ニよらす可致寄進旨、御料者御代官、私領者領主地頭より可申渡候、

卯三月

御會符菊之紋の事

又壹通、

山井殿會符認振之儀、菊紋之下ニ御用与有之、禁裏御會符ニ紛敷相見候間、以來者紋被附候共、表山井殿御用与被相認候樣、尤山井殿ニ不限、其外都而菊之紋被用候向〻も同樣、右躰紛敷認方無之樣、夫〻へ御達被下候樣仕度奉存候事、

三月

口上覺

別紙貳通、武邊より申來候間、爲御心得各方迄可申入旨、議奏中被申付如此候、以上、

四月三日　議奏中 雑掌

御名前例之通

坊官御衆中

追而、御廻覽之後、今出川家へ御返し可被成候、以上、

一、毎月五日御廟參之儀、辰刻より巳刻限被仰出候事、右之趣御家來一統及順達也、

一、東尾殿御參殿之事、

一、和田泰純、依召參上、於常御殿拜診、於瑞龍殿御藥調進候也、

四日、乙酉、快晴、當番、小川大藏卿・今小路民部卿・伊丹上總介・山下監物・木崎主計・友田掃部・鈴木求馬・小畑勘ケ由・牛丸九十九、

一、今日より伊丹上總介・坂元清記・山下監物、御次詰被仰付候事、

一、和田泰純、昨日參殿太儀ニ思召候、依之羊羹五棹御使を以被下之、御使靑侍中、

*孝恭院十七回忌につき聞繕書の儀

一、昨日御附武家より達候趣ニ付、石谷肥前守役宅江牛丸九十九行向之處、當正月被差出候孝恭院(徳川家基)樣十七回御忌ニ付、公方樣へ爲御見舞被進物御聞繕書之儀、可爲伺之通旨附札を以相達、幷御備物御聞繕書、右同樣附札を以相達也、

一、午刻後、法住寺へ御參詣、御供大藏卿・掃部・唱、御先三人、

一、御附武家より來狀、

相達候儀有之候間、今日中各方之內壹人、肥前守御役宅江御越可有之候、以上、

四月四日　石谷肥前守
神保紀伊守

菅谷中務卿樣
松井西市正樣

一品宣下相濟御祝儀につき相達

右承知之旨、及返書也、

一、石谷肥前守役宅へ鈴木求馬行向候處、左之通書付を以相達、

今度妙法院宮一品宣下相濟候爲御祝儀、公方様(家齊)・御臺様(茂子)江昆布一箱宛、以使者自分御役宅迄被獻度旨、坊官書付差出候ニ付被越之、則年寄衆へ相達候處、伺之通被獻候様可相達旨被申聞候ニ付、其段可被相達候、以上、

三月廿六日

右之段可相達旨、堀田相模守(正順)より申越候ニ付、此段相達候、

四月　石谷肥前守
神保紀伊守

五日、丙戌、快晴、當番、菅谷中務卿・松井右衛門大尉・松井出羽守・中村帯刀・初瀬川采女・小畑勘ケ由・松井多門・莊田左衛門、

一、金剛院大僧都御參殿之事、

一、知足庵參上、御對面、

一品宣下につき御聞繕書

一、御附武家へ御聞繕書二通、左之通、

此御方一品宣下被爲濟候ニ付、公方様・御臺様江御祝儀被進物、二條表江御使何日頃可被差向候哉、此段宜御聞繕可被進候、以上、

四月五日　妙法院宮御内
菅谷中務卿

*孝恭院十七回御忌につき御聞繕書

又壹通、

就孝恭院様十七回御忌、公方様江御機嫌爲御見舞被進物幷御備物、二條表江御使何日頃可被差向候哉、此段宜御聞繕可被進候、以上、

四月五日　妙──御内
菅──

右兩通共、石谷肥前守役宅へ小島郡司持參、落手之由也、

一、入夜御附武家より來状、

其御方より公方様・若君様(家慶)江爲年始御祝儀被獻物有之、御喜色之段可相達候間、明後七日四半時各方之内壹人、三浦伊勢守(正子)御役所へ被相越候様可相達旨、伊勢守より申越候ニ付、此段相達候、以上、

四月五日　石谷肥前守
神保紀伊守

菅谷中務卿様
松井西市正様

右承知之旨、及返書也、

又壹通、

其御方一品宣下被爲濟候爲御祝儀、關東へ被進物御使者、明後七日巳刻堀田相模守御役宅江被差(越脱カ)候様可相達旨、二條表より申越候ニ付、此段相達候、以上、

四月五日　石谷肥前守
神保紀伊守

菅谷中務卿殿
松井西市正殿

*法隆寺開帳將軍地藏開帳等御參詣

六日、丁亥、快晴、當番、菅谷中務卿・小川大藏卿・伊丹上總介・山下監物・木崎主計・友田掃部・鈴木求馬・小畑勘解由・牛丸九十九、

御容體書

一、和田泰純江御藥取、御容躰書左之通、料紙小奉書四ツ折也、御使内田喜間多、

御容躰書

益御機嫌克被爲成候、去ル三日御拜診之通御同遍ニ被爲有候、毎日夕方ニ至少〻御鬱悶之儀被爲有候、御膳等も御相應ニ被召上、御通も是迄之通ニ被爲有候、先者御機嫌之方ニ被爲有候事、

四月六日

一、晝後御出門、廬山寺へ御參詣、還御懸知足庵方へ御立寄、御薄茶御夜食獻上、和田泰純相窺拜診候事、御先へ中務卿・市川養元參上、還御戌半刻、御供小川大藏卿・友田掃部・岡本右兵衛、御先三人、

一、東尾殿御參殿之事、

一、小澤蘆庵參上、民部卿及面會、

七日、戊子、快晴、當番、今小路民部卿・松井右衛門大尉・松井出羽守・中村帶刀・初瀬川采女・小畑勘解由・松井多門、

一、巳刻御出門、御忍ニ而法隆寺開帳江御參詣、方金百疋御奉納、次將軍地藏開帳御參詣、方金百疋御奉納、白河於心性寺御小休、御提重被召上、夫より銀閣寺へ御成、還御懸祇園寶壽院へ御立寄、於物見御提重・御吸物・御酒・御膳等被召上、戌刻過還御、

心性寺へ御小休ニ付金百疋被下也、

御供民部卿・采女・掃部・求馬・唱・多門・逸治・右兵衛、御先三人、

其外、金剛院殿・西市正・監物・勇・競・原田無關、寶壽院江御先廻り、中務卿・清記・丹波・知足庵・香山大學等也、

一、先般一品宣下被爲濟候ニ付、公方樣・御臺樣へ爲御祝儀昆布一箱宛、二條表迄以御使被差向候事、御使小川法眼、御進物隨身丸茂彌内、

一、西町奉行三浦伊勢守役所へ同人行向、公方様・若君様へ年頭御祝儀被進物有之候ニ付、御喜色之段相達候由也、立歸り御承知使例之通相勤ル、

元三會執行御禮に横川唯心院等參上

一、横河准（唯）心院（亮鼎）・戒光院（晃賢）・寺家宰相參上、大法元三會無滯執行仕難有奉存候、依之御札幷白銀貳枚爲御禮獻上之仕候、其節者御使を以御備物被爲在難有奉存候由、且今日御奉行職事江御禮相務度候間、御添使奉願候由、今日御留守御所被爲在候ニ付御對面無之、於瑞龍殿右衞門大尉面會、獻物有之、入念之旨及挨拶、御添使被差向候間、勝手ニ御禮伺公可有之旨相達、且御吸物・御酒被下之、

一、烏丸右少弁殿江御添使牛丸九十九、
此度大法元三會執行無滯相濟候ニ付、役僧共爲御禮罷出候、仍御使被差添候、

龍城院儀久能山德音院轉住屆

一、山門習禪院より手紙到來、
以手紙致啓上候、薄暑之節彌御堅勝被成御勤珍重奉存候、然者龍城院儀、今般久能山德音院江轉住被仰付候ニ付、別紙書付を以御屆申上候、御序之節宜御沙汰可被下候、右御頼得貴意度如此御座候、以上、

四月七日　　習禪院

菅谷中務卿様

覺

一、龍城院儀、久能山德音院江轉住被仰付候、此段御屆申上候、以上、

四月七日　　執行代

座主宮
坊官中

八日、己丑、雨、當番、小川大藏卿・今小路民部卿・伊丹上總介・山下監物・木崎主計・友田掃部・鈴木求馬・小畑勘ケ由所勞斷・牛丸九十九、

一、山門習禪院江昨日之返書遣ス、如左、
御手紙致拜見候、如來諭薄暑相催候、彌御堅剛珍重奉存候、然者龍城院儀、久能山德音院江轉住被仰付候ニ付、別紙書付を以御屆申上候段、則及言上候、仍御報如此御座候、以上、

四月八日　　菅谷中務卿

習禪院様

右返書相認、紙屋藤兵衞方へ遣ス也、

一、兩貫首江御屆書一通ツヽ被差出候、如左、料紙薄奉書四ツ折、

龍城院轉住届

山門 龍城院大僧都智潽

今度久能山徳音院江致轉住候、仍御届ケ被仰入候、
以上、

卯四月八日　座主宮御内 菅谷中務卿

右貳通とも内田喜間多持參候所、參内中ニ付、雑掌
共御預り申候由也、

目錄の用紙につき手紙往返

一、御附武家より來狀、
其御方天明五年十二月、二品宣下被爲濟候爲御祝
儀、關東江被進物有之候、右御返物有之候節之御
目錄者大鷹竪目錄ニ候哉、又者半切横目錄ニ候哉、
承知致度存候、御紕否御報被御申聞候樣致度存候、
以上、

四月八日　石谷肥前守
神保紀伊守

菅谷中務卿樣
松井西市正樣

右返書、
此御方天明五年十二月、二品宣下被爲濟候爲御祝
儀、關東江被進物有之候、右御返物有之候節之御
目錄者大鷹竪目錄ニ候哉、又者半切横目錄ニ候哉、
御問合之趣致承知候、則相調候所、其節之御目錄
相分り不申候、仍御報如斯御座候、以上、

四月八日　菅谷中務卿

石谷肥前守樣
神保紀伊守樣

一、入夜取次渡邊出雲守(珍亮)より來狀、
御用之儀御座候間、唯今非藏人口江御參候樣可申
達旨、頭弁殿被命候、仍申入候、以上、

四月八日　渡邊出雲守

妙法院宮樣
御留主居中

右承知之旨、及返書也、

*光明王院等勅許および御禮日限

一、牛丸九十九非藏人口へ參向候處、退出之由故、里亭
江行向、光明王院申大僧都(業蕃)井日吉社司樹下式部大輔(希行)
申正四位下、生源寺刑部少輔申正五位下、生源寺内
藏頭申從五位上、同宮仕伊勢園正運・同宗允申法橋、
各勅許之旨被仰渡、且御禮日限之儀、來ル十三日被
仰出候得共、御神事中故、光明王院井日吉宮仕儀者、
十七日ニ而も御禮可相勤哉之旨、雑掌申聞候由也、

*仁和寺門跡紋一品の事

一、仁門樣(深仁)より御使來、御口上書如左、
當御所向後直紋一品之事、今般以綸旨被仰出、忝

思召候、仍御吹聽被仰入候事、

御室御所御使
中藪掃部

四月八日

一、祇園社寶壽院より使者を以、昨日者御機嫌能被爲成難有仕合奉存候、右御禮參上可仕之處、社用御座候ニ付、先使を以御禮申上候由也、

九日、庚寅、晴、當番、菅谷中務卿・松井右衞門大尉・中村帶刀・初瀬川采女・松井多門(圓達)・莊田左衞門、

*光明王院他官位勅許御禮日限

一、伊勢光明王院へ手紙遣、河原町高田門跡迄手紙遣也、

御用之儀有之候間、明朝御參殿可被成候、此段可申達如此御座候、已上、

四月九日　菅谷中務卿

光明王院
御房

日吉社司へ奉書遣す

一、日吉社司江奉書、如左、料紙中奉書横折也、

今度被申正四位下之事、廣橋頭弁(胤定)殿を以御披露候處、昨八日夜勅許ニ候、此旨可有承知之由、座主宮御氣色ニ候也、恐々謹言、

四月九日　菅谷中務卿
寛常判

樹下式部大輔殿

別紙奉書半切也、

追而、御禮日限之儀、來ル十七日可被相勤候、先爲御禮座主宮江參上可被成候、且官物近格之通御用意可被成候、以上、

其外、生源寺刑部少輔申正五位下、生源寺内藏頭申從五位上、奉書文面右同樣、仍略之、

一、日吉宮仕へ奉書、如左、

今度各申法橋之事、廣橋頭弁殿を以御披露候處、昨八日夜勅許ニ候、此旨可有存知之由、座主宮御氣色ニ候也、

四月九日　菅谷中務卿
寛常判

正運

宗允

別紙ニ、

追而、御禮日限之儀、來ル十七日可相勤、先爲御禮座主宮へ參上可有之候、且官物近格之通用意可有之候也、

右奉書都合四通、早々可相達旨、紙屋藤兵衞方へ申遣也、

一、仁門樣御里坊迄以御使、今般直敍一品之事、綸旨を以被仰出候ニ付、昨日御吹聽被仰進、目出度思召候、依之不被取敢御歡被仰進候事、御使初瀬川采女、

一、廣橋頭弁殿へ以御使、光明王院幷日吉社司三人・同

宮仕兩人、各官位勅許之旨、昨夜被仰渡候ニ付、御挨拶被仰遣候事、御使右同人、且御禮日限之儀、光明王院・宮仕儀者、御神事中故、來ル十七日ニ而も可相勤哉之旨、昨夜御達之趣御承知被成候、日吉社司儀も、來ル十四日十五日者日吉祭禮ニ付差支有之候故、一統十七日ニ御禮相勤候樣被成度旨申述也、井前大納言殿へも各官位勅許御挨拶被仰遣也、

一、光明王院より返書、如左、

御用之儀御座候ニ付、明朝參殿可仕之旨、奉承畏候、此節信淳所勞ニ而引籠居申候ニ付、名代を以明朝御窺申上度候、此段何分宜御沙汰可被下候、仍而御請申上候、以上、

四月九日　光明王院

菅谷中務卿殿

一、江戸淺草惠明院上京ニ付、爲窺御機嫌參上、方金貳百疋・粟素麵一箱・淺草海苔一箱獻上之、於瑞龍殿菅谷法印面會、及挨拶、御吸物・御酒被下之也、

一、泉涌寺へ御代香、小川大藏卿相勤ル、

一、知足庵參上、御對面被仰付候事、

十日、辛卯、快晴、當番、菅谷中務卿・松井右衛門大尉・中村帯刀・木崎主計・友田掃部・鈴木求馬・小畑勘ケ由所勞斷、

*光明王院代龍源寺參上

一、勢州光明王院所勞ニよつて代龍源寺參上、於瑞龍殿中務卿面會、光明王院申大僧都之事、一昨八日夜勅許之旨申達、且御禮之儀者來ル十七日可相勤、先爲御禮當御殿へ參上可有之由相達也、

*日吉宮仕勅許御禮參上

一、日吉宮仕伊勢園正運・同宗允申法橋蒙勅許候ニ付、不取敢御禮參上、於瑞龍殿中務卿面會、引合十帖依先格獻上之、坊官中へ兩人より青銅五十疋宛差出、退出、

一、和田泰純御藥取、御容躰書相認遣也、

*日吉社司及び宮仕より御請文

一、日吉社司三人・同宮仕兩人より御請文差上ル、

貴札拜見仕候、然ハ今般願上候正四位下之事、一昨八日勅許成候旨難有仕合奉存候、猶參上仕可申上候間、御前宜奉賴候、恐惶謹言、

四月十日　樹下式部大輔
成範

菅谷中務卿樣

追而、御禮日限之儀、來ル十七日可相勤旨、先爲御禮其御殿迄參上仕候樣被仰下、且官物近格之通用意可仕旨、委曲敬承仕候、以上、

又壹通、
貴翰拜見仕候、然者今般願上候正五位下之事、八日夜勅許成候由被仰下、難有仕合奉存候、以參可申上之間、御前宜奉願候、恐惶謹言、

四月十日　生源寺刑部少輔

菅谷中務卿樣

追而、御禮日限之儀、來ル十七日可相勤之由奉畏候、先爲御禮其御殿迄參殿可仕旨、奉畏候、以上、

四月十日

又壹通、
貴札拜見仕候、然者今般願上候從五位上之事、一昨日勅許成候旨、難有仕合奉存候、猶參上仕可申上候間、御前宜奉賴候、恐惶謹言、

四月十日　生源寺內藏頭 希行判

菅谷中務卿樣

追而、御禮日限之儀、十七日可相勤旨、先爲御禮其御殿へ參上仕候樣被仰下、且官物等近格之通用意可仕旨、委曲敬承仕候、以上、

又壹通、
御書辱奉拜見候、然者私共位階之事、御執奏被爲遊被下候處、昨（マヽ）八日夜勅許之由、廣橋頭弁殿を以被仰渡候旨被仰下、奉敬承候、恐惶謹言、

四月十日　伊勢園宗允 知諄判
伊勢園正運 春延判

菅谷中務卿樣

追啓上仕候、然者御禮日限之儀、來ル十七日可相勤候旨、且又爲御禮先座主宮樣江參上可仕之旨被仰下、委細奉敬承候、尙獻上物等用意可仕候旨、是又奉得其意候、以上、

四月十日　伊勢園正運
伊勢園宗允

十一日、壬辰、雨、當番、今小路民部卿・松井右衞門大尉・松井出羽守所勞斷・中村帶刀・初瀨川采女・松井多門・莊田左衞門、勘ヶ由所勞斷、

＊日吉社司他御禮參上

一、日吉社司樹下式部大輔申正四位下、生源寺刑部少輔申正五位下、生源寺內藏頭申從五位上、右蒙勅許候ニ付、不取敢御禮參上、於瑞龍殿民部卿出會、例格ニよつて右三人より方金百疋獻上之、坊官中へきせる五對差出也、

＊歡喜院死去

一、歡喜院儀、久〻所勞之處、不相叶養生、去ル八日死去之旨、寶壽院より御居申上ル、

一、歡喜院死去ニ付、葬式万端取計之儀、木崎主計・牛丸九十九へ被仰付也、

十二日、癸巳、晴、當番、小川大藏卿・今小路民部卿・友田掃部・鈴木求馬、勘ケ由斷、

山門役者吉祥院より長講會回章叡覽につき手紙往返

一、山門院內役者吉祥院より手紙到來、

以手紙得御意候、彌御堅勝被成御勤珍重奉存候、然者來ル長講會回章叡覽之儀、何日頃其御殿江持參仕候而御內覽ニ相備可申哉、御內〻御伺被下候樣賴入奉存候、此段御賴申進度如此御座候、以上、

四月十二日　院內役者 吉祥院

菅谷中務卿樣

右返書、

御手紙致拜見候、彌御堅固珍重之御事ニ候、然者來ル長講會回章叡覽之儀、幾日頃此御所江可被入御內覽之旨、御內〻御窺之趣委細致承知候、猶叡覽日限御治定之上、從是可申入候、以上、

四月十二日　菅谷中務卿

吉祥院樣

吉村原吉百射屆

一、高取家中吉村原吉、明後十四日百射致候ニ付、松井右近より御屆申上ル、

一、廬山寺江御代香、小川法眼相勤ル、

一、細谷典膳參上、關東より上京ニ付、淺草海苔獻上之、

一、瑞雲院參上、御對面、

十三日、甲午、曇、當番、菅谷中務卿・松井右衞門大尉・中村帶刀・初瀬川采女・松井多門・莊田左衞門、出羽守所勞斷、勘解由同斷、

一、女院御所江御文を以、爲御窺蓮華王院杜若壹筒・御煮染一折・御菓子一折被進也、御使丸茂彌內、

*歡喜院儀につき願書

一、寶壽院より願書差出、左之通、

奉願口上書覺

一、御殿仕侶歡喜院權大僧都儀、是迄深奉蒙御憐愍冥加至極難有奉存候、永〻老病ニ罷在色〻と養生仕候得共、終快氣不仕、去ル八日往生仕候ニ付、早速拙僧より御屆可申上候處、久〻拙僧儀も病臥之仕合罷在、起居等も人手ニ懸り候大病ニ御座候ゆへ、万事手延ニ承之候、尤附添候者より早速御屆も可申上儀と奉存候處、今以死者其儘ニ差置候段、驚入言語同〔道〕斷之事共、對御殿江甚以不敬之至恐入奉存候、然ル處惠旭と申僧、附弟と相僞、我儘ニ取計候由承之候、右惠旭儀者、歡喜院へ毛頭由緒も無之者ニ御座候、近頃入込勝手ケ間敷筋相工ミ候事ニ相聞へ候、何分急〻葬送仕候樣奉願上候、

此段被仰渡可被下候、猶又拙僧儀可申上子細も御
座候ハヽ、追々相願候樣ニ仕度奉存候、先差懸り
非常之儀氣遣ニ奉存候ニ付、死者相片付候樣ニ仕
度奉存候、以上、

歡喜院權大僧都附弟
寶壽院

四月十一日

妙法院宮樣
御坊官御中

一、金剛院殿御參殿之事、
一、知足庵・岸紹易・三宅宗仙・市川養元參上、
十四日、乙未、曇、當番、菅谷中務卿・小川大藏卿・友田掃部・鈴木求馬・小畑勘ケ由、
一、明十五日日吉社祭禮ニ付、今朝火替之事、

日吉祭禮につき未御供調進持參

一、明日日吉祭禮ニ付、如例未御供山王寺調進持參、御玄關三ノ間ニ差控、宮御方南殿江渡御、以後小嶋郡司案内ニ而塀重門より南殿庭上江進、正面ニ御供直シ置、此時簾中より御加持被爲在、御灑水之節山王寺進ム、御衣躰御素絹五條、坊官菅谷中務卿直綴白袴、御座正面より西ノ方庇ニ候、御堂宿惠乘房素絹五條ニ而候ス、其外莊田左衞門廡上下ニ而罷出ル、右御伽〔加〕持畢、山王寺退、以後於御玄關三ノ間御湯漬被下之、當番之輩及挨拶也、注進狀一通持參、左之通、

日吉社
未日右方現神供注進　　右方本座　　壹膳
右方本座　　壹膳　　右方本座御酒座壹膳
右方本座御酒座壹膳　　右方本座御酒座壹膳
右方白米座　　壹膳
以上、
右注進如件、

日吉社
未日右方代物注進　　右方本座　　三膳座
同御酒座　　同御酒座
同彌座　　同御油座
以上、
右注進如件、

惣兄部

寛政七乙卯年四月十四日　　千菊丸

*備前光乘院色衣著用之儀につき參上

一、備前勝利山光乘院參上、於御玄關松井丹波面會、

奉願口上

拙寺代々色衣着用仕來候間、任先規國色衣着用之儀奉願度奉存候、御許容被爲成下候樣宜御取成奉賴候、以上、

備前勝利山
光乗院
純敬

寛政七年卯月八日

菅谷中務卿殿

今小路民部卿殿

松井右衞門大尉殿

右願之通被仰付候旨、松井丹波面會ニ而相達、且御禮之儀、來ル廿日被仰出候事、

十五日、丙申、曇、當番、今小路民部卿・松井右衞門大尉・中村帶刀・初瀨川采女御神事ニ付不參・小畑勘ケ由・松井多門・莊田左衞門、出羽守不參、

一、日吉御祭禮爲奉幣使堀部備後參勤、

一、小泉陰陽大允被召、御鎭守表御門御普請立柱日時勘進被仰付候事、右衞門大尉面會達候也、卽日勘文差上候事、

一、當日御禮參上之輩、山本內藏・三宅宗甫・市川養元・横山左近・中嶋織部・香山大學・三宅宗達・原田無關、

十六日、丁酉、快晴、當番、今小路民部卿・友田掃部・鈴木求馬・小畑勘ケ由、大藏卿斷、

一、勢州光明王院申大僧都勅許御禮、明十七日被仰出候條、巳刻頃御里坊へ罷出候樣、其節御添使可被差向旨、多喜坊迄申遣、尤先爲御禮今日當御殿へ參上候樣相達也、

日吉祭禮
*光明王院及び日吉社司等勅許御禮罷出

一、越前中野(響章)專照寺、依所勞代僧上京、先般一品宣下被爲濟候恐悅申上ル、昆布料金貳百疋幷御菓子料金百疋、書中を以獻上之、

一、藤嶋石見參上、松井右衞門大尉面會ニて、御鎭守表御門立柱明十七日御治定之旨被達候事、

一、岸紹易參上、御對面被仰付候也、

十七日、戊戌、雨、當番、菅谷中務卿・松井右衞門大尉・中村帶刀・初瀨川采女・小畑勘ケ由・松井多門・莊田左衞門、出羽守斷、

一、光明王院申大僧都、蒙勅許難有奉存候、先爲御禮參上之由申置也、

一、光明王院申大僧都、幷日吉社司樹下式部大輔申正四位下、生源寺刑部少輔申正五位下、生源寺內藏頭申從五位上、日吉宮仕伊勢園正運・伊勢園宗允申法橋、各蒙勅許、今日御禮也、巳刻前爲御添使初瀨川采女被差向、御里坊ニて各出會、いつれも同道ニて職事廣橋頭弁殿へ行向、御口上、但、伊勢園宗允依所勞代大隆罷出候事、

此御方准院家光明王院幷日吉社司三人、同宮仕兩人、各官位蒙勅許候ニ付、今日御禮罷出候、依之御使被差添候旨申述、退也、

*御容體書
光明王院御禮録

一、光明王院參殿、今日御禮首尾克相勤難有奉存候、先御禮申上候由、於瑞龍殿中務卿出會、御所方御禮井當御殿へ御禮録、玆ニ記、
但、御對面之儀者、來ル廿日被仰出候條、其砌有之候様申達也、

一、光明王院御禮録、左之通、
一、禁裏御所へ　杉原十帖末廣壹本
一、口上計　一條(輝良)關白様
一、金子百疋　長橋御局
一、口上計　兩傳奏衆
一、金子百疋　上卿御方
一、金子貳百疋　職事御方
一、金子百疋　宣旨録
一、青銅三十疋　雜掌
同　廿　疋　案内
一、金子百疋　下知弁御方
一、銀子拾匁　副使
以上、

一、當御殿御禮録、左之通、
一、奉書十帖・白銀三枚獻上
一、扇子三本入・金貳百疋　金剛院大僧都

一、金子三百疋ツヽ　表役三人
一、金子百疋ツヽ　小川大藏卿・松井出羽守
一、金子五百疋　惣御家來
一、金子百疋　御添使

一、和田泰純へ御薬取、御容躰書、左之通、
御容躰書
益御機嫌克被爲成候、去ル十日御容躰之通御同遍被爲有、御膳等茂一兩日者御常之通被召上、先御機嫌克被爲有候事、
四月十七日

一、淺草惠明院、此間上京、眞如堂玉藏院ニ逗留候ニ付、來ル廿日被召候條、巳刻頃參殿有之候様、中務卿より申遣也、

*長講會回章叡覧日限窺書

一、山門長講會回章、叡覧御日限御窺書、千種家へ伊丹上總介持參、料紙小奉書四ツ折也、
山門長講會回章、來二十日被備叡覧度候、若二十日御差支被爲有候者廿二日、右兩日之内御日限御窺被成度候、以上、
四月十七日　座主宮御使　伊丹上總介
右之趣申入候處、前中納言殿參内中ニ付、猶自是

否御返答可被申入樣取次申之候由ニ付、罷歸ル、

日吉社宮仕正運上野執當への奉書

一、正運・宗允代兩人參上、今日職事方へ御禮首尾克相勤、口宣案頂戴、難有仕合奉存候、御廣間當番之輩於瑞龍殿出會、上野執當江之奉書相渡、右兩人より今日御添使へ青銅二十疋宛差出也、執當江之奉書如左、料紙大廣、

依座主宮仰致啓達候、抑日吉社宮仕正運春延申法橋之事、廣橋頭弁殿を以御披露候處、當月八日夜勅許ニ候、此旨宜有御披露候、恐々謹言、

四月十七日　松井右衞門大尉永亨

今小路民部卿行章

菅谷中務卿寛常

惠恩院殿

楞伽院殿

但、宗允知諄之奉書、右文面同樣、略之、都合兩通壹箱ニ入也、

日吉社司樹下成範上野執當への奉書

一、樹下式部大輔・生源寺刑部少輔・生源寺内藏頭參上、今日御禮首尾克相勤、口宣案頂戴仕、難有奉存候御禮申上ル、於瑞龍殿今小路法橋出會、上野執當へ之奉書相渡、尤御對面可被爲有處、此節少々依御違例無其儀旨申達、執當へ之奉書如左、

依座主宮仰致啓達候、抑日吉社司樹下成範申正四位下之事、廣橋頭弁殿を以御披露候處、當月八日夜勅許、同十七日御禮首尾克相勤候、此旨宜有御披露候、恐々謹言、

四月十七日　松井右衞門大尉永亨判

今小路民部卿行章判

菅谷中務卿寛常判

惠恩院殿

楞伽院殿

依座主宮――抑日吉社司生源寺業蕃申正五位下之事――御披露候處――勅――

四月十七日　松――永――

今――行――

菅――寛――

惠――殿

楞――殿

依座――抑――生源寺希行申從

＊新日吉社神祭等執行之儀

五位上之事――――――御拔――――――

勅――――――――――――〃――――

四月十七日　松――永――

今――行――

菅――寛――

惠――殿

楞――殿

右奉書都合三通、壹箱入也、

十八日、己亥、晴、當番、菅谷中務卿・友田掃部・鈴木求馬・小畑勘ケ由、大藏卿斷、

一、千種家より御留守居御招ニ付、末吉向罷出候處、此間御窺被成候山門長講會回章叡覽、來ル廿日御差支も不被爲在旨御達也、

一、山門院内役者吉祥院江奉書遣ス、其云如左、料紙中奉書二ツ折、

長講會回章、來ル廿日被備叡覽候間、明十九日持參、可被入御内覽之由ニ候、恐々謹言、

四月十八日　菅谷中務卿　寛常判

吉祥院御房

右奉書、早速相達候樣、紙屋藤兵衛方へ今夜爲持遣也、

一、阿部造酒、此度青水家相續被仰付、御家來被召出候事、依之一統へ順達候也、

(付紙朱筆)「青水造酒宣言養子相續」

一、片山楊谷參上、於梅之間御席畫被仰付、瑞龍殿ニおゐて御吸物・御酒・御湯漬等被下之、

十九日、庚子、晴、當番、今小路民部卿・松井右衞門大尉・中村帶刀・初瀨川采女・松井多門・莊田左衞門、出羽守斷、

一、山門院内役者吉祥院より返書來ル、

長講會回章、來ル廿日被備叡覽候間、明十九日持參、可備御内覽之旨奉得其意候、恐惶謹言、

四月十八日　吉祥院　實運

菅谷中務卿殿

一、廣橋前大納言殿へ菅谷法印、左之通書付兩通持參、其云、料紙薄奉書二ツ折、

新日吉社祭祀、諸家之記所見之通、往古者諸事從御所之御沙汰ニ而、神祭之節奉行參向等茂有之候所、御再興後無其儀候、神祭等漸々被復舊規、從當年馬場神供等御再興被成候、依之往古之例を以、何卒神祭御執行之儀、年々御奏聞之儀御願被成度候、先御内談被仰入候事、

座主宮御内
菅谷中務卿

四月十九日

傍例

坂本日吉社祭禮、往古上卿奉行等參向有之候得共、中絶後祭祀修行之日限而已御奏聞被爲有候、万端其御振合ニ被成度候事、

又壹通、

長講會回章差定

一、山門院内役者吉祥院參上、長講會回章持參、奉入御内覽候由、於瑞龍殿民部卿出會、回章御内覽被爲有、何之思召も不被爲有候間、被差返、尚明日可被備叡覽間、巳刻頃御里坊へ回章持參可有之、其節御添使可被差向申達、回章差定寫差出、其云、如左、

長講會所

(良謙)惠心院探題前大僧正法印大和尚位
(豪靖)正覺院探題前大僧正法印大和尚位
(堯端)正觀院探題前大僧正法印大和尚位
(光賢)寶園院探題僧正法印大和尚位
(順性)總持坊已講權僧正法印大和尚位
(孝覺)藥樹院法印大僧都
松禪院法印大僧都
(恭副)行光坊擬講法印大僧都

(堯岷)鷄足院法印大僧都
(義珣)妙行院法印大僧都
(淑徽)佛乘院法印大僧都
(昌宗)歡喜院法印大僧都
(韶胤)習禪院法印大僧都
(詮榮)法曼院法印大僧都
(鎭祐)金勝院法印大僧都
(貫豪)圓龍院法印大僧都
(眞儁)乘實院法印大僧都
(貞剛)瑞雲院法印大僧都
(俊榮)妙觀院法印大僧都
(覺永)寶嚴院法印大僧都

右、以來六月四日恒例長講會可被修之狀、仍所唱如件、

第五卷可被講之、

寛政七年五月　　日會行事

座主一品親王

差定

唄匿　乘實院

散華　法曼院

*備前光乗院色衣免許の事

講師　　松禪院
一問　　瑞雲院
執事　　習禪院
二問　　金勝院
讀師　　圓龍院

右、依衆議如件、

寛政七年六月四日

山門大仙院申大僧都の事

一、山門大仙院參上、於瑞龍殿民部卿出會、今度申大僧都御執奏之儀相願、勘例・小折紙・上野執當より之奉書差出、追而可被及御沙汰旨申達也、

依輪王寺宮(公澄)仰致啓達候、抑山門大仙院豪觀申大僧都之事、從座主宮御執奏被成候樣ニ与思召候、此旨宜有御披露候、恐ゝ謹言、

四月五日

楞伽院
長善判
惠恩院
鈴然判

菅谷中務卿殿
今小路民部卿殿
松井右衞門大尉殿

廿日、辛丑、快晴、當番、今小路民部卿・友田掃部・鈴木求馬・小畑勘ケ由、大藏卿斷、

長講會回章叡覽

一、長講會回章、今日叡覽也、御添使松井右衞門大尉被差向、於御里坊吉祥院出會、同道ニ而長橋御玄關江行向、回章叡覽被爲濟被返下也、

一、備前岡山光乗院、今度色衣御免許、今日御禮也、於瑞龍殿吸物・御酒被下之、膳部平折敷、配膳茶道、民部卿出會、以後於橋立之間御對面、御禮錄物御前へ出之、及披露、御對面以前於瑞龍殿東尾大僧都御令旨被相渡、其案如左、料紙中鷹懸ケ紙アリ

備前州岡山勝利山普現寺光乘院紋敬〔純〕木蘭色衣之事、一國之中可着用之旨被聽許訖者、奉天台座主一品大王之鈎〔鈞〕命、執達如件、

寛政七年四月二十日　　大僧都眞應判

光乗院

表包
光乗院　常住金剛院大僧都

一、岡山家老江書狀一通差遣、其云、

當門御末寺貴國勝利山普現寺光乘院紋敬〔純〕、色衣御免許之事相願候處、卽願之通被仰出候、仍此段可得御意如斯御座候、恐ゝ謹言、

四月廿日

松井右衞門大尉
永亨判
今小路民部卿
行章判
菅谷中務卿
寛常判

伊木長門殿
池田隼人殿
土倉四郎兵衞殿

一、光乘院色衣御禮錄、左之通、
一、相原十帖　白銀壹枚獻上、
一、扇子三本入　金貳百疋　金剛院大僧都、
一、金子貳百疋宛　菅谷中務卿・今小路民部卿・松井右衞門大尉、
一、金百疋宛　小川大藏卿・松井出羽守、
一、銀壹兩　執筆、

一、淺草惠明院依召參殿、於瑞龍殿北ノ間御料理正五菜・御吸物・御酒被下之、民部卿出會及挨拶、以後於梅之間御對面被仰付、惠明院膳部足打通ひ八寸、配膳茶道、

一、高田光明王院申大僧都、蒙勅許候ニ付、今日當御殿へ御禮申上ル、於瑞龍殿民部卿出會、吸物・御酒被下之、於宸殿橋立之間御對面、內〻右爲御禮竹臺子一箱獻上之、
但、表向御禮錄ハ去ル十七日ニ持參也、光明王院膳部足打通ひ小重方、配膳茶道、

一、院內役者吉祥院參上、今日回章叡覽無滯被爲濟難有奉存候、尙又御花押之儀奉願候由、回章差出、例之通御菓子料金百疋獻上也、

一、靑水造酒、此間御家來被仰付候ニ付、於御書院今日御目見被仰付、御口祝被下也、

一、藤嶋石見參上、御對面、

一、香山大學參上、御對面、

一、金剛院大僧都御參殿之事、

廿一日、壬寅、快晴、當番、菅谷中務卿・松井右衞門大尉・中村帶刀・初瀨川采女・小畑勘ケ由・松井多門・莊田左衞門、出羽守斷、

*孝恭院十七回御忌につき來狀

一、御附武家より來狀、
其御方より孝恭院樣十七回御忌ニ付、御備物且關東より被進物御使、明後廿三日巳刻堀田相模守(正順)御役宅江被差出候樣可相達旨、相模守より申越候ニ付、相達候、以上、
四月廿一日　石谷肥前守
神保紀伊守
菅谷中務卿樣
松井西市正樣
右返書ニ、承知之旨相答也、

*御容體書

*新日吉社祭禮御奏聞の儀

新日吉社祭禮御奏聞の儀

*大仙院大僧都申請

一、吉祥院參上、長講會回章御花押被成下候ハヽ、爲申出度旨也、於瑞龍殿右衞門大尉面會、回章御花押被成下候ニ付、被返下候旨ニて相達、段〻難有奉存候由、退出也、

一、土山（武辰）淡路守より來狀、

菅谷中務卿

御用之儀御座候間、只今非藏人口へ御參候樣可申達旨、廣橋前大納言殿被仰渡候、尤御所勞等候ハヽ、御同役之內御參候樣可申達旨ニ御座候、仍而申入候、以上、

四月廿一日

右承知之旨、及返答、

一、非藏人口へ菅谷法印參向、廣橋前大納言殿御面會、去ル十九日御內談被仰入候新日吉社祭禮年〻御奏聞之儀、御願之通被仰出候由御達、尤此間御內談ニ候へ共、表向御願被仰立候趣ニて、被及御沙汰候由也、

一、泉涌寺へ御代香、莊田左衞門相務、

一、金剛院殿御參殿之事、

一、於無爲庵御巡會御茶、市川養元より獻上之、依之知足庵・三宅宗仙御詰被仰付候也、

一、青水造酒、今日番入被仰付候事、

廿二日、癸卯、晴、當番、菅谷中務卿・友田掃部・鈴木求馬・小畑勘ケ由・青水造酒、大藏卿斷、

一、金剛院殿御參殿之事、

一、和田泰純江御藥取、御容躰相認遣也、其云、料紙薄奉書四ツ折、御使小島郡司、

御容躰書

益御機嫌能被爲成候、御容躰御同遍被爲有、御膳等も御相應ニ被召上、先御機嫌克被爲有候、乍然兩三日ハ少〻御風邪御痰之御氣味ニて、御咽喉御いらつき被遊候、御咳之御氣味も被爲有候、其御加減可被成候事、

一、非藏人口へ松井右衞門大尉參向、廣橋前大納言殿御面會、新日吉社祭禮御奏聞之儀、御願之通速ニ被仰出、深畏思召候、右御請被仰上候旨申述、井前大納言殿江段〻御世話被成上、速ニ被仰出、御滿足思召候旨御挨拶被仰入、御書を以御後園笋被遣之、

一、山門大仙院申大僧都小折紙・勘例、月番千種（有政）前中納言殿へ被及御內談、御別條無之候ハヽ、職事方へ被附度旨申述候處、明日勝手ニ可爲申出由也、小折紙・勘例如左、

＊日吉社祭禮執行の儀

山門
大仙院　戒二十六
權大僧都　四十歳
豪觀

申
大僧都

權大僧都豪觀

勘例

山門
乘實院
眞雋
寛政四年閏二月二十六日任大僧都　于時三十七歳

一、金剛院殿御參殿之事、
一、藤島石見參上、御對面、
一、(貞剛)瑞雲院、右同斷、
一、入夜和田泰純參上、右同斷、御脉拜診、御藥調進之事、
廿三日、甲辰、快晴、當番、今小路民部卿・松井右衛門大尉・中村帶刀・初瀨川采女返し掃部・松井多門・莊田左衛門、出羽守所勞斷、
一、廣橋前大納言殿へ菅谷法印參向、壹通持參、左之通、
坂本日吉社祭禮執行之儀、年〻御奏聞御座候得共、無滯被遂行候儀者、依先格御奏聞無御座候、此儀御奏聞無御座候而者、始末不相揃候樣思召候、依之從當年新日吉社祭禮之儀者、無滯被遂行候趣茂御奏聞可被成与思召候、長橋御局を以御奏聞可被成哉、又者御使を以可被仰哉、兩樣之內御指圖被進候樣賴思召候、以上、
四月廿三日　座主宮御內
菅谷中務卿
右之趣申入候處、前大納言殿委細被致承知候、尙被及御沙汰、從彼方御返答被申上候由也、
一、千種前中納言殿へ菅谷法印參向、昨日被及御內談候山門大仙院申大僧都小折紙・勘例爲申出候處、別條

無之旨ニ付、殿下樣へ行向、右小折紙・勘例被入御內覽、思召不被爲有候ハヽ、職事方へ被附度旨申述、何之思召不被爲有旨ニ付、直樣廣橋頭弁殿へ被附候事、

慈恵大師祕密供相傳につき華藏院願書

一、山門華藏院（湛孝）參上、於瑞龍殿右衞門大尉面會、願書一通差出、

　奉願口上覺

一、慈恵大師祕密供唯授壹人之大法、拙僧相傳仕候ニ付、去年中より前行二百日相勤、當五月上旬より正行一百日修行仕度奉存候、依之去寶暦五年先〻住豪天修行仕候節奉願上、御助成被下置、明和元年弊師修行之節茂奉願上、御祈禱申上候、此度茂何卒御嘉例之通、御助成被下置候樣、彌御祈禱仕度奉願候、御序之節宜御沙汰奉賴候、以上、

　卯四月　　　　山門 華藏院

右願之趣、先承り候、猶及評義可申旨相達也、

孝恭院十七回忌につき御見舞

一、孝恭院樣十七回御忌ニ付、公方樣江爲御見舞、干菓子一箱被進之、幷葩五拾葉御靈前江被備之、右二條表迄以御使被差出候事、御使山下監物、御進物隨身小島郡司、

干菓子外箱書付、如左、

　公方樣江從
　妙法院宮御方被進物
　　　目錄入　ト書也

葩外箱書付、如左、

　孝恭院樣御靈前江
　　被備
　　　葩　ト書也

*色紙御染筆につき返答

一、關白樣（一條輝良）より御里坊迄以御使、御色紙壹枚御染筆之儀御賴被仰進候由也、右ニ付關白樣江御使を以、御染筆物之儀御賴被仰進御承知被成候、尤何日頃まてニ御染筆被成進候御事哉、被爲聞度旨申述候處、御勝手ニ御染筆被進候樣御返答也、

一、御附武家より來狀、

其御方江關東より年始爲御祝詞被進物相達候之間、明後廿五日五ツ時、三浦伊勢守御役所江各方之內被相越候樣、町奉行より申越候ニ付、此段相達候、以上、

　四月廿三日　　石谷肥前守（清茂）
　　　　　　　　神保紀伊守（長孝）

菅谷中務卿様
　松井西市正様

右承知之旨、及返書也、

廿四日、乙巳、曇、今暁寅刻前地震、当番、今小路民部卿・友田掃部・鈴木求馬・小畑勘ケ由・青水造酒、大蔵卿断、

一、千種前中納言殿へ友田掃部行向、一通持参、尤坊官共持参之処、御無人ニ付、無其儀旨申述也、一通案如左、料紙奉書半切、上包ミの紙、

新日吉社祭禮執行の儀

一、新日吉社祭禮、五月十四日被執行候儀、日吉社之通従当年毎年長橋御局を以御奏聞被成候、依之来廿六日・廿七日両日之内、御奏聞之儀御窺被成度事、

　四月廿四日

右之趣申入候処、前中納言殿参内中ニ付、尚帰舘之砌可申入との取次申之候由ニ而、罷帰ル、

一、金剛院殿御参殿之事、

一、藤島石見参上、右衛門大尉及面会、

廿五日、丙午、雨、当番、菅谷中務卿・松井右衛門大尉・中村帯刀・初瀬川采女・松井多門・荘田左衛門、出羽守断、

一、一昨日御附武家より達之趣ニ付、三浦伊勢守(正子)役所へ山下監物行向、従公方様年頭為御祝儀、昆布壹箱・白銀三拾枚被進之由、伊勢守面会ニて目録を以相達、

*公方様年頭御祝儀につき受取書

一、小堀縫殿より使を以、従公方様被進候白銀三拾枚持参、初瀬川采女出会、請取之、則受取書相渡、料紙奉書半切、上包ミノ紙、

覚

一、白銀　三拾枚

右者従公方様宮御方江被進之、慥ニ致落手候畢、

　卯四月廿五日　妙法院宮御内　初瀬川采女印

　小堀縫殿殿

一、従関東被進候白銀附臺、昆布一箱目録臺、例之通呉服所より御里坊迄持参也、

*新日吉社祭禮の儀

一、千種家より御招ニ付、末吉向罷出候処、此間御窺被成候新日吉社祭禮御奏聞日限之儀、来ル廿七日被仰出候由御達也、

一、廣橋前大納言殿より非蔵人口へ御招ニ付、向罷出候処、去ル廿三日御内々被仰入候新日吉祭禮之儀、随分御尤之御事ニ被為有候間、思召之通可被遊旨御達、尤思召之通ニて相済候御事ニ候間、別段御承知之儀、彼御方へ不及御届旨被達候由也、

廿六日、丁未、晴、當番、菅谷中務卿・友田掃部・鈴木求馬・小畑勘ケ由・青水造酒、大藏卿斷、

一、中宮樣より御文を以御菓子被進候由、且先達而御内〻被仰入候元慶寺正五九月御祈禱之卷數、彼御所へも御獻上之儀、御願之通被仰出候由也、右之趣、則元慶寺へ相達也、

廿七日、戊申、曇、申刻頃より雨、當番、今小路民部卿・松井右衞門大尉・中村帶刀・初瀬川采女・松井多門・莊田左衞門、出羽守斷、

新日吉社御祭禮御奏聞の儀

一、禁裏御所へ御使を以、新日吉社祭禮來月十四日被執行度旨、長橋御局迄御書を以御奏聞被爲有、則御返書來也、御使小畑勘ケ由、

右御返書御上包御染筆被爲有、社頭へ相納候樣被仰付、依之藤嶋石見へ右衞門大尉面會ニて、右御返書幷此御方より之御書寫相渡、早速社頭へ相納候旨御請申上ル也、

一、新日吉社御祭禮、從當年毎歳御奏聞之儀被仰出候、依之今明日中御家來一統恐悅可申上旨相達也、

一、御鎭守新日吉社御祭禮、從今年毎歳被爲有御奏聞、從禁裏御所被仰出候上、五月十四日御祭禮被執行候間、其旨相心得、彌以太切可存候事、

卯四月

右之趣、御境内幷郷方江相觸候事、

*御容體書

一、和田泰純へ御藥取、御容躰書、左之通、

益御機嫌克被爲成候、去ル廿二日御窺之後御同遍被爲有、御膳等も御相應ニ被召上、御風邪之御氣味も次第ニ御快被爲有、先御機嫌克被爲在候事、

四月廿七日

廿八日、己酉、雨、晝後曇、當番、今小路民部卿・友田掃部・鈴木求馬・小畑勘ケ由・青水造酒、大藏卿斷、

*新日吉社御祭禮につき奉書遣す

一、日吉社司へ奉書遣、如左、

新日吉社御祭禮、當年より毎歳御奏聞被爲有、五月十四日被執行候樣被仰出候間、例之通參勤可有之旨、座主宮御氣色ニ候也、恐〻謹言、

四月廿八日　菅谷中務卿　寛常判

樹下式部大輔殿

生源寺内藏頭殿

一、關白樣江御使を以、先頃御賴被進候御色紙御染筆ニ付、被進候事、御使小畑勘ケ由、

*日吉社司より新日吉社御祭禮につき返書

一、日吉社司より返書來ル、

新日吉御社御祭禮之儀、從當年毎歳御奏聞被爲有、五月十四日被爲御執行候旨被仰出候旨、例年之通

參勤可仕之旨奉畏候、御請之儀、御前宜奉頼候、
恐惶謹言、

四月廿八日　　生源寺内藏頭
希行判
樹下式部大輔
成範判

菅谷中務卿様

廿九日、庚戌、曇、辰刻前地震、當番、菅谷中務卿・松井右衛門大尉・中村帯刀・初瀬川采女・松井多門・莊田左衛門、出羽守斷、

新日吉社御神事執行

一、今日新日吉社御出、御神事也、
但、舊例祭日を以今度被改、今日御出御神事被執行候事、
一、惠宅律師參上、此度中宮様御祈禱被仰出、冥加至極難有奉存候、右御禮申上ル、御對面之處、今日御茶被爲有候ニ付、御對面無之、御廣間ニて申置也、

五月　御月番、松井右衛門大尉(永亨)、

朔日、辛亥、快晴、當番、菅谷中務卿(寛常)・友田掃部・鈴木求馬・小畑勘ケ由・青水造酒、大藏卿斷、
一、四御所(光格・後櫻町・富子・欣子)江御使を以、當日御祝詞被仰上候事、御使松井右衛門大尉、

富興行突札につき書状差出す

一、月番傳奏勧修寺家へ一通被差出、其案、

覺

一、大佛殿御修復御助成之富興行ニ付、右之富突札損有之、先達而取繕セ申度、大坂農人町龜屋三郎兵衞与申者方江差遣置候處、右三郎兵衞儀御吟味之筋有之、諸道具共私ニ取扱難仕由町中より申越候、然ル所今年夏分之富興行近〻ニ而御入用ニ御座候間、右突札當御殿江差返候様、大坂町御奉行所より農人町之者江被仰渡被下度、依之御家頼石野東大夫与申者、來ル六日大坂町御奉行所江御差出被成度候、此段大坂町御奉行所江宜御通達可被進候、以上、

卯五月朔日　　妙法院宮御内
松井右衛門大尉印

勧修寺前大納言様御内(經逸)
立入左京亮殿
漢城隼人殿
千種前中納言様御内(有政)
福井壹岐守殿
細谷典膳殿

右壹通、安福左馬太持參、御落手之由也、
一、當日御禮參上之輩、山本内藏・市川養元・香山大學、
一、瑞雲院(貞剛)同斷、於常御殿御對面、
二日、壬子、曇、入夜雨、當番、今小路民部卿(行章)・松井右衛門大尉・中村帯刀(利章)・初瀬川采

女・松井多門・莊田左衞門、出羽守斷、

＊山門大仙院大僧都勅許

一、小泉陰陽大允(有彝)江、先達而御鎭守塀重門木造始之節、勘文差上候ニ付、方金百疋被下之、右衞門大尉より手紙ニて相達、

一、菅谷法印釜日在宅ニ付、夕方俄思召ニ而、乍御慰彼宅江被爲成、御菓子御薄茶奉、御吸物御酒等獻之、暫御物語被爲有、戌刻過還御也、

三日、癸丑、雨、當番、小川大藏卿(純方)・今小路民部卿・友田掃部・鈴木求馬・小畑勘ケ由・青水造酒、

御容體書

一、和田泰純江御藥取、御容躰書、

益御機嫌克被爲成候、去月廿七日御容躰之通御同遍ニ被爲在候、併同廿九日夕方御溜飲之御氣味被爲在候、其後御機嫌克御膳も御常之通被召上候、御考之上御藥御調進可被成候事、

五月三日

山門執行代交替御届につき玉泉院參上

一、山門東塔玉泉院參上、執行代習禪院儀、此度役儀御免ニ付、跡役玉泉院へ被仰付候、依之御屆ケ申上候由、外郎餅五棹獻上之、於瑞龍殿民部卿出會及挨拶、御對面無之、

四日、甲寅、曇、當番、菅谷中務卿・松井右衞門大尉・中村帶刀・初瀨川采女・松井多門・莊田左衞門、出羽守不參、

一、廣橋頭弁殿(胤定)より非藏人口江御招ニ付、末吉向罷出候所、山門大仙院(豪観)申大僧都、今日勅許之旨被仰渡、尤御禮之儀ハ來ル七日被仰出候由御達也、

一、小泉陰陽大允參上、此間者御目錄拜領仕難有仕合奉存候、右御禮申上ル、

端午、乙卯、曇、巳刻頃晴、當番、菅谷中務卿・小川大藏卿・友田掃部・鈴木求馬・小畑勘ケ由・青水造酒、

一、當日御儀式例之通、

一、四御所江當日御祝詞、御使を以被仰上也、御使小川大藏卿、

一、青門樣(尊眞)より御使を以、當日御祝儀被仰進候由也、尤此御方よりも御同樣御使被進候事、

一、當日御禮參上之輩、知足庵・中島織部・香山大學・山本内藏・三宅宗仙・同宗甫・同宗達・岩永大炊・市川養元・原田無關・菩提院(志岸)、

一、聖護院宮樣(盈仁)より御使を以、當日御祝詞被仰進、此御方よりも御同樣御使を以御祝詞被仰進候事、御使青水造酒、

一、金剛院殿(眞應)御參殿之事、

一、今朝山門大仙院江奉書遣、如左、

今度被申大僧都之事、廣橋頭弁殿を以御披露候處、昨四日勅許ニ候、此旨可有承知之由、座主宮御氣色ニ候也、恐々謹言、

五月五日　　松井右衛門大尉 永亨判

大仙院
御房

別紙半切ニ、

追而、御禮日限之儀明後七日被仰出候條、先爲御禮明六日座主宮江御參可被成候、且御禮官物近格之通御用意可被成候、以上、

五月五日

右奉書、急々可相達旨、紙屋藤兵衛方へ申遣也、

一、廣橋頭弁殿へ御使を以、昨日山門大仙院申大僧都勅許ニ付、例之通御挨拶被仰遣也、御使末吉向、

一、大仙院より今朝之御請文差上ル、

大仙院請文

御奉書拝見仕候、然者今朝拙僧申大僧都之事、廣橋頭弁殿を以御披露之處、昨四日勅許候、此旨敬承可仕旨奉得其意、難有仕合奉存候、御前之儀何分宜様奉頼上候、恐惶謹言、

五月五日　　大仙院 豪觀判

松井右衛門大尉殿

御別紙致拝見候、御禮日限之儀、明後七日可相勤之條、猶又先爲御禮明六日參殿可仕旨、且御禮官物之儀、近格之通用意可仕候由奉畏候、且亦申上候宣旨頂戴之儀者、先格山門者口宣計頂戴仕候而、宣旨者頂戴不仕候間、左様思召可被下候、以上、

一、於御廊下赤縁御花御會被相催候事、

六日、丙辰、快晴、當番、今小路民部卿・松井右衛門大尉・中村帶刀・初瀬川采女・松井多門・莊田左衛門、出羽守斷、

一、山門大仙院參上、今度申大僧都之事、一昨日蒙勅許難有奉存候、先爲御禮參殿、於瑞龍殿右衛門大尉面會、明七日御禮之節例之通御添使可被差向之間、巳刻頃御里坊へ向參上候様相達、奉畏候旨ニて退也、

一、午刻過御出門、閑院宮様(美仁)へ御成、夫より廬山寺へ御參詣、御供民部卿・唱・勘ケ由、御先三人、

一、堀田相模守(正順)より使者を以、先般一品宣下被爲濟候爲御祝儀、昆布壹箱・御樽代金三百疋獻上之、

一、來ル十二日成菩提院宮様(壽宮成子)二十五回御忌ニ付、御法事御執行可被爲有處、十一日より御神事ニ付、來ル十日御引上御執行被爲有之、依之惠宅師江其節出仕之

儀被仰付、表役中より手紙ニ而相達也、

轉住居屆

一、金剛院大僧都より一通被差出、

覺

常住金剛院大僧都家頼
深見一學

右一學儀、是迄慈芳院寺内米屋六左衛門家借宅致住居罷在候處、此度御境内芳野町丸屋庄之助家借宅致住居候、仍此段御屆被申入候、以上、

寛政七年卯五月

常住金剛院大僧都内
河嶋左近印

菅谷中務卿殿
今小路民部卿殿
松井右衛門大尉殿

一、右壹通ニ添書付を以、月番勸修寺家へ被差出候事、

覺

常住金剛院大僧都より別紙之通被相屆候、仍爲御屆如斯御座候、以上、

卯五月

妙法院宮御内
松井右衛門大尉印

勸修寺前大納言樣御内
立入左京亮殿
漢城隼人殿

千種前中納言樣御内
福井壹岐守殿

細谷典膳殿

右壹通、小島郡司持參、御落手也、

七日、丁巳、快晴、當番、今小路民部卿・小川大藏卿斷・友田掃部・鈴木求馬・小畑勘ケ由・青水造酒、

*大仙院大僧都勅許御禮

一、山門大仙院申大僧都蒙勅許、今日御禮也、巳刻前御添使友田掃部被差向、御里坊ニ而出會、同道ニ而職事廣橋頭弁殿へ行向、御口上、

山門大仙院申大僧都蒙勅許候ニ付、今日御禮罷出候、依之御使被差添候旨申述、退也、

一、新日吉御神事御奏聞被仰出候ニ付、當年中社頭向御用懸り菅谷法印江被仰付候事、

一、禁裏御所より御里坊迄御使女房奉書を以、御匂袋例之通御拜領、則御返書御請被仰上候也、御使末吉向、

一、山門大仙院參上、今日御所方へ御禮首尾克相勤、口宣案頂戴仕難有奉存候、於瑞龍殿民部卿面會、上野執當江之奉書相渡、右爲御禮方金百疋獻上之、表役三人江青銅三十疋宛、御添使江青銅二十疋差出ス、

上野執當江之奉書如左、料紙大廣、

依座主宮仰致啓達候、抑山門大仙院豪觀申大僧都之事、廣橋頭弁殿を以御披露之處、當月四日勅許、

同七日御禮首尾克相勤候、此旨宜有御披露候、恐々謹言、

五月七日　松井右衞門大尉 永亨判

今小路民部卿 行章判

菅谷中務卿 寛常判

惠恩院殿

楞伽院殿

八日、戊午、曇、晝前より晴、當番、菅谷中務卿・松井右衞門大尉・中村帶刀・初瀬川采女・松井多門・莊田左衞門、出羽守斷、

一、未刻御出門ニ而御參內被爲有、還御酉刻、御供中務卿・勇・多門・造酒、御先三人、

一、惠宅師より使僧を以、御卷數被上候事、

一、輪王寺宮様(公澄)より御使、今般一品宣下被爲濟候ニ付、此御方より御使被進候御挨拶被仰進、且又此度御使被差登候ニ付、輪門様より御菓子一箱、安樂心院宮(公延)様より御多葉粉壹箱被進候事、

一、岡本右衞門參上、民部卿面會、

九日、己未、快晴、當番、菅谷中務卿・友田掃部・鈴木求馬・小畑勘ケ由・青水造酒、大藏卿斷、

蓮體院三回御忌

一、蓮體院(壽賀宮)様三回御忌ニ付、四御所江爲御窺御機嫌御使を以被仰上候事、御使松井右衞門大尉、

*成善提院二十五回御忌御逮夜

一、成善提院様二十五回御忌ニ付、於梅之間御逮夜、法華代(第)五之卷、例時、但宮御方御出仕、金剛院大僧都・菩提院・普門院(啓道)・惠乘房(玄隆)、右御年回來ル十二日御當日ニ候へ共、御神事ニ付御引上、今明日御執行之事、

一、泉涌寺江御代香、青水造酒相勤ル、

一、御附武家より來狀、

其御方一品宣下相濟候ニ付、爲御祝儀關東江被獻物有之候ニ付、右御返物可相達間、明後十一日九ツ時三浦伊勢守(正子)御役宅江各方之內壹人可被相越候、以上、

五月九日　石谷肥前守(清茂)

神保紀伊守(長孝)

菅谷中務卿様

松井西市正様

右承知之旨、及返書、

十日、庚申、快晴、當番、今小路民部卿・松井右衞門大尉・中村帶刀・初瀬川采女・小畑勘ケ由・松井多門・莊田左衞門、

*田沼意致大佛殿巡見につき手紙往返

一、田沼能登守(意致)家來より手紙來ル、

以手紙致啓上候、然者明十一日能登守五半時頃大

佛殿江被相越候間、諸事先格之通宜御取計頼入存
候、以上、

五月十日　田沼能登守内
市川　昇
鷲頭藤右衞門
押田良右衞門

妙法院宮樣
御役人中樣

右返書、

御手紙致拜見候、然者明十一日五半時頃大佛殿江
御越被成候ニ付、諸事先格之通取計可申旨、御紙
面之趣致承知候、以上、

五月十日　妙法院宮御内
堀部備後

市川　昇樣
鷲頭藤右衞門樣
押田良右衞門樣

禁裏と中宮へ御書と竹の子獻上

一、禁裏御所江御使を以、御書幷御後園竹子壹折被獻之、
一、中宮御所江も右同斷被上之、御使靑侍中、

成善提院二十五回御忌法事

一、成善提院宮樣廿五回御忌御法事、於梅之間御執行、
一、右御法事ニ付、可相窺御機嫌旨御家來一統へ申達也、

供馬場御供次第

供馬場御供次第

神輿令渡馬場給以樓門外、爲其所當時依無樓門、以塀中
門擬之、
本儀神輿出御奉舁出樓門之間供之、
今隨便還御之時供之、
次社司着庭座、
次設高机一脚、
神人役之、
次社司已下參進、
此間供神物十四前當時不具之間省略如形、神人等役送、
次奉供御供、
神輿道張獅子田樂等之事略之、
次宮御幣、
社司一人參進奉供之、
次撤御供、
神人役送如初、
次撤高机、
次神輿入御、
社司以下前駈如路頭、兩儀無庭座於社頭供之、
又壹通、
社司分配

供神饌　新宮社司
供御酒　本宮社司
供御菓子　新宮社司
奉御幣　本宮社司
撤神饌　新宮社司
撤御酒　本宮社司
撤御菓子　新宮社司

又壹通、

供神物
牛房高盛　和海藻
御飯高盛　御箸
糟漬　蓮根高盛
御酒
御菓子　興米 柿 枇杷

一、右御次第之趣、則兩社司江相達也、

一、泉涌寺塔頭觀音寺參上、先達而者青水造酒御家來被仰付難有奉存候、右御禮申上ル、

十一日、辛酉、晴、當番、今小路民部卿・友田掃部・鈴木求馬・小畑勘ケ由・青水造酒、大藏卿斷、

一、一昨日御附武家より達候趣ニ付、西町奉行三浦伊勢守役所へ山下監物被差向候處、此御方一品宣下被爲

*田沼意致巡見

濟候ニ付、御祝儀爲御返公方様(家齊)・御臺様(茂子)より昆布壹箱宛被進之由御達也、但目錄ハ無之、眞野八郎兵衛より爲念手覺書相渡之、

一、輪門様(公澄)御里坊江御使を以、今度御使被差登候ニ付、從兩御所様爲御見廻一品ツヽ被進之候、依之從此御方も輪門様へ昆布壹箱五種入、安樂心院様へ御茶壹箱五種入被進之候事、

一、廬山寺江御使松井右衞門大尉被差向、成善提院様廿五回御忌ニ付、御代香方金三百疋・御花壹筒被備之、

一、閑院尹宮様(美仁)へ、右ニ付爲御見廻蒸籠壹組被進之、

一、女院御所江御使を以、御書幷御後園筍一折五本被上之、

一、閑院宮様へも右同斷被進之、諸大夫迄表役より手紙ニて差出也、

一、田沼能登守巡見ニ付、大佛殿江丸茂彌内例之通罷出、

一、金剛院殿御參殿之事、

一、成善提院様御法事被爲濟候ニ付、爲窺御機嫌參上之輩、中嶋織部・三宅宗仙・市川養元・三宅宗達・横山道壽・同左近、

一、青門様より御使を以、御年回御法事被爲濟候ニ付、

御容體書

角倉一學へ家督相續の御禮に御返禮

御門祭幷に御鎭祭清祓

*新日吉御門普請成就御祝儀

新庄駿河守大佛殿巡見につき手紙往返

爲御見舞被仰進候也、
十二日、壬戌、快晴、當番、菅谷中務卿・松井右衛門大尉・中村帯刀・初瀬川采女・松井多門・荘田左衛門、出羽守斷、
一、御神事ニ付、今申刻より火替被仰付候事、一統へ月番より順達之事、
一、和田泰純江御藥取、御容躰書、
益御機嫌能被爲成候、一昨日得意候後御快方ニ被爲在候、一昨日以前御同様之御事御座候、御膳等も御相應ニ被召上候、此段御考之上御藥御調進可被成候事、
五月十二日
一、角倉一學へ御使を以、此度家督相續願之通被仰付候ニ付、爲御禮十帖壹本獻上之候ニ付、右爲御返昆布壹箱・御樽代金貳百疋被遣之候也、右御使安福左馬太、
一、藤島讃岐參上、右衛門大尉面會、今朝御門祭之清祓、并下御之御場所御鎭祭清祓無滯相濟候ニ付、恐悅申上ル、石見所勞ニ付、讃岐・日向參殿之事、
一、新庄駿河守家來より來狀、
以手紙致啓上候、然者明十三日天氣次第駿河守四時頃大佛殿江被相越候之間、諸事先格之通宜御取計賴入存候、以上、

五月十二日　新庄駿河守内　加藤次郎右衛門
砂永應助
萩原衞守

妙法院宮様
御役人中様

右返書、
御手紙致拜見候、然者明十三日天氣次第四時頃大佛殿へ御越被成候ニ付、諸事先格之通取計可申旨、御紙面之趣致承知候、以上、

五月十二日　松井丹波
堀部備後

加藤次郎右衛門様
砂永應助様
萩原衞守様

一、新日吉御門御普請御成就ニ付、爲御祝儀左之通被下之、
金百疋　藤嶋石見、
銀三兩　御用掛り松井右衛門大尉、
同貳兩　御普請掛り中村帯刀、

青銅五拾疋　下役高木五郎右衛門、

同百五拾疋　大工・日雇、

一、御輿御衣、野田屋七左衛門より寄付ニ付、石見より入御覽候事、

一、中村逸治、此度元服被仰付、金吾与改名之事、

一、普門院、香雪庵詰被仰付候事、

一、入夜藤嶋石見參上、於常御殿御對面、以後於御用部屋右衛門大尉面會、今朝御門祭之清祓幷下御之御場所御鎭祭清祓相濟候ニ付、爲御祝儀方金百疋被下之、

十三日、癸亥、雨、當番、菅谷中務卿・友田掃部・鈴木求馬・小畑勘ケ由・青水造酒・牛丸九十九　御神事ニ付助番、

新庄駿河守大佛殿巡見

一、新庄駿河守大佛殿巡見ニ付、安福左馬太例之通罷出也、

一、日吉社司樹下式部(成範)大輔、御神事ニ付參勤、例年之通御祈禱之御卷數幷一品獻上之也、

一、金剛院殿御參殿之事、

十四日、甲子、曇、當番、今小路民部卿・松井右衛門大尉・中村帯刀・初瀬川采女不參・松井多門・牛丸九十九・莊田左衛門、出羽守斷、

新日吉御神事

一、新日吉御神事、如例、

一、辰刻過御參社、金剛院大僧都扈從、樹下式部大輔奉幣、右御成之節方金百疋御奉納之事、但、先達而一品宣下被爲濟候ニ付被備之、尤御服中故、今日御奉納之事、御供民部卿・求馬・唱・造酒、御先三人、

*新日吉社御神事につき今年は垂簾來年よりは卷簾御拜との御沙汰

一、新日吉社御神事御當日、今年より如舊例御神事御祭禮就御奏聞、還幸御神拜於新穴門、神輿塀重門南ノ方ニ而神供奉幣、樹下式部大輔・藤嶋讃岐役之、尤今年より始ル御拜今年柄之儀故垂簾、來年より者卷簾御拜之御沙汰之由、

一、非藏人口へ菅谷中務卿法印參向、今日御神事無滯相濟候旨、議奏衆迄御奏聞被成候事、六條中納言(源有庸)殿被承之、書付料紙薄奉書四ツ折、如左、

新日吉社御祭禮、今日無滯被遂行候、依而此段御奏聞被成候事、

五月十四日　　座主宮御使　菅谷中務卿

*參上の輩氏名

一、御神事ニ付被召參上之輩、

福井嚴助・伴蒿蹊・圓山右近・緒方左衛門・吳月溪・和田泰純、

右於梅之間詰所御吸もの御酒御料理等被下之、已後於常御殿御對面、入夜於御同所御吸もの御酒被下之、

一、知足庵參上、御對面之事、

一、入夜藤嶋讃岐・祓川日向參上、還御無滯被爲濟候ニ付、御届申上ル、於御廣間申置、

十五日、乙丑、小雨、當番、今小路民部卿・友田掃部・鈴木求馬・小畑勘ケ由・青水造酒、大藏卿不參、

一、樹下式部太輔參上、御暇申上ル、中務卿面會、奉幣料白銀壹枚例年之通被下之、於梅之間御對面被仰付候也、

一、藤嶋讃岐幷石見名代祓川日向參上、御神事相濟候恐悦申上ル、中務卿及面會、

一、東尾殿御參殿之事、

十六日、丙寅、雨、當番、菅谷中務卿・松井右衛門大尉・中村帶刀・初瀬川采女・小畑勘ケ由・松井多門・莊田左衛門、出羽守不參、

富突札の儀

一、昨夜勸修寺家より御招ニ付、末吉向罷出候處、去ル朔日被差出候富突札之儀ニ付、大坂町奉行所へ之御書付、別紙書付を以被及返却候由被達、大坂町奉行より御附へ紙面寫、

妙法院宮より被差出候書付壹通被差越、被仰聞候趣致承知候、則石野東大夫罷出候ニ付、右突札東大夫江爲相渡申候、依之右宮より之書付壹通致返却候事、

五月十四日

右承知書、勸修寺家へ末吉向持參、其云、料紙奉書半切也、

當月朔日被差出候富突札之儀ニ付、大坂町御奉行所江之書付御通達被進候處、則富突札石野東大夫江被相渡候ニ付、右被差出候書付被及御返却候旨、大坂町御奉行紙面之寫を以御達被進、慥落手仕候、以上、

五月十六日　妙法院宮御内　松井右衛門大尉

勸修寺前大納言樣御内　立入左京亮殿
漢城隼人殿
千種前中納言樣御内　福井壹岐守殿
細谷典膳殿

*裕宮樣御招請の儀

一、閑院宮樣江御使を以、先日裕宮樣御招請之儀、御神事之節御成被進候樣被仰進候處、其節御差支被爲有候ニ付、御神事後可被爲成旨被仰進候、來ル十九日廿日之内御差支不被爲有候ハヽ、天氣次第被爲成候樣被成度旨被仰進候處、十九日可被爲成由御返答也、

十七日、丁卯、曇、當番、菅谷中務卿・友田掃部・鈴木求馬・小畑勘ケ由・青水造酒、大藏卿斷、

一、禁裏御所・仙洞御所江日吉御祈禱之御卷數幷元慶寺

御祈禱之御卷數御獻上、右御使小畑勘ケ由、
一、中宮樣江、元慶寺御祈禱之御卷數御文を以被上也、
御使同人、
一、和田泰純江御藥取、御容躰、
益御機嫌克被爲成候、去ル十四日御窺之後御同遍
被爲有、御膳等御相應ニ被召上、御機嫌克被爲在
候事、

御容體書

五月十七日
一、東尾殿御參殿之事、
一、青門樣へ御使を以、成善提院樣御年回之節、此御方
へ御見舞被仰進候御挨拶被仰入、御使同人、
十八日、戊辰、晴、當番、今小路民部卿・松井右衞門大尉・中村帶刀・初瀨川采女・松井多門・莊田左衞門、出羽守斷、
一、新庄駿河守家來より來狀、
以手紙致啓上候、然者明十九日天氣次第駿河守四
時頃大佛殿へ被相越候、諸事先格之通宜御取計賴
入存候、以上、
五月十八日　新庄駿河守内　加藤次郎右衞門
砂永應助
萩原衞守

*難破船の浮沈荷物拾得分對價につき傳奏觸

妙法院宮樣
御役人中樣
右承知之旨及返書、去ル十二日之返書同樣故略之、
一、金剛院殿御參殿之事、
十九日、己巳、晴、入夜雨、當番、今小路民部卿・友田掃部・鈴木求馬・小畑勘ケ由・青水造酒、大藏卿斷、
一、風折左京被召參上、於常御殿御席畫被仰付、於梅之
間詰所御吸もの御酒御湯漬被下之、
廿日、庚午、晴、當番、菅谷中務卿・松井右衞門大尉・中村帶刀・初瀨川采女・松井多門・莊田左衞門、出羽守斷、
一、鈴木多門・同要人・鍔屋勘十郎、依願御庭拜見之事、
一、香山大學・緒方左衞門・吳月溪參上、御神事之節被
召御料理等頂戴仕、難有仕合奉存候御禮申上ル、
廿一日、辛未、晴、當番、菅谷中務卿・木崎主計・友田掃部・鈴木求馬・小畑勘ケ由・青水造酒、大藏卿斷、
一、傳奏衆より壹通到來、
浦ゝにおゐて難船破船有之時、浮荷物沈荷物取揚
るものへ其荷主より差遣す分一荷物之儀、向後者
都而荷物ニてハ不相渡、其品相應之代金銀にて浦
高札に有之分一之割合を以可相渡候、右之趣江戸

其外惣而町方幷御料者其所之奉行又者御代官、私
領者領主地頭より寺社領共不洩様可被相觸候、

四月

口上覺

別紙之通武邊より申來候間、為御心得各方迄可申
入旨、両傳被申付如斯候、以上、

五月廿日　両傳奏　雑掌

御名前例之通
坊官御衆中

追而、御覽之後、勸修寺家へ御返し可被成候、以
上、

一、中村金吾、此度元服相濟候ニ付、為御祝儀昆布三十
本・强飯壹重獻上ニ付、方金百疋被下之也、

一、積翠無為庵ニおゐて正午巡會御茶、菅谷法印より獻
上之、御詰人數淸記・知足庵・養元等也、

一、岸紹易、昨日上京ニ付、為伺御機嫌參上、

廿二日、壬申、快晴、當番、今小路民部卿・松井右衞門大尉・中村帶刀・初瀬川采女・小畑勘ケ由・松井多門・莊田左衞門、出羽守斷、

一、岸紹易參上、於常御殿御對面、

廿三日、癸酉、雨、午刻より晴、當番、今小路民部卿・木崎主計・友田掃部・鈴木求馬・小畑勘ケ由・青水造酒・牛丸九十九、大藏卿斷、

*御容體書

一、和田泰純へ御藥取、御容躰書、

益御機嫌克被為成候、去ル十七日御容躰之通御同
遍被為有、御膳等御相應ニ被召上、御機嫌克被為
在候事、

五月廿三日

*裕宮御成

一、閑院尹宮様姫宮裕宮様、當秋關東田安家江被為入候
ニ付、今日依御招請午刻前御成、御上﨟、凉岡院・
蓮上院・成就院、方御乳、其外若女中五人御供也、
於梅之間御下輿、御座之間へ御通、御口祝御吸もの
御酒被召上、夕御膳二汁七菜濃茶口取薄茶惣菓子等、
御上﨟以下御乳人迄同斷、御料理御相伴也、若女中
ハ赤縁ニて被下、以後御庭へ被為成、於積翠園御提
重、暫時して梅之間へ被為入、席畫御覽風折左京奉之、
畢而於常御殿御夜食被召上、以後御吸物御酒追々出
之、後段相濟、子刻頃還御、

一、今日御成ニ付、御花生一筥・昆布一折五拾本被進之、
御上﨟より昆布三拾本獻上、凉岡院、蓮上院より松
葉くわし二袋獻上之、

一、同斷ニ付、子供四人へ扇子三本ツヽ、坊官諸大夫江

金子五百疋、侍近習へ同三百疋被下之、
一、裕宮樣へ御たはこ入三ツ、御楊枝刺針刺等被進之、御上﨟へ御扇子三本・御たはこ入二、凉岡院・蓮上院・成就院へ對たはこ入壹ツ宛、方御乳人へ扇子三本、若女中へ同二本ツヽ被下之、

廿四日、甲戌、快晴、當番、菅谷中務卿・松井右衛門大尉・中村帶刀・初瀬川采女・小畑勘ケ由・松井多門・莊田左衛門、

*新日吉社賽物につき相達

一、閑院宮樣へ御使を以、昨日ハ裕宮樣被爲成、緩々御對顔被爲有、其節者被進物等被爲有、御滿足思召候旨御挨拶被仰進候也、御使初瀬川采女、
一、裕宮樣よりも右ニ付御挨拶被仰進、方御乳より文ニて申來ル也、

山門玉泉院大僧都御執奏の儀

一、山門玉泉院參上、於瑞龍殿右衛門尉面會、今度申大僧都御執奏之儀奉願候由、小折紙・勘例・上野執當より之奉書差出、右衛門尉云、先預り置候、追而可被及御沙汰旨相答也、執當奉書如左、

依輪王寺宮仰致啓達候、抑山門玉泉院覺千申大僧都之事、從座主宮御執奏被成候樣ニ与思召候、此旨宜有御披露候、恐々謹言、

五月十二日　楞伽院長善判
惠恩院鈴然判

菅谷中務卿殿
今小路民部卿殿
松井右衛門大尉殿

一、金剛院殿御參殿之事、
一、岸紹易・知足庵・緒方左衛門參上、御對面之事、

廿五日、乙亥、雨、晝後晴、當番、菅谷中務卿・木崎主計・友田掃部・鈴木求馬・青水造酒・牛丸九十九、大藏卿斷、

一、藤嶋讃岐參上、中務卿面會、新日吉御社賽物、是迄御神事月相除半減通り被下候處、自今古來之通御神事月共年半減通り被下候旨相達也、
右ニ付、石見へ被下候書付如左、大廣半切ニ認之、

一、御社頭賽物、是迄御神事月相除半減通被下之候處、自今如先規御神事月共年中賽物半減通被下之候條、尚亦永々御室御寧靜御境內安全可有懇禱、且年中式日御鎭座日其外前規從御室被出候外、備物御社用物等可有調進事、

卯五月　菅谷中務卿

藤島石見殿

廿六日、丙子、雨、未刻頃より晴、當番、今小路民部卿・松井右衛門大尉・中

村帯刀・初瀬川采女・小畑勘ケ由・松井多門・荘田左衞門、
一、東尾殿御參殿之事、
一、岸紹易參上、御對面被仰付候事、
廿七日、丁丑、晴、當番、今小路民部卿・木崎主計・友田掃部・鈴木求馬・青水造酒、大藏卿斷、
一、八幡新善法寺權僧正より當月御祈禱之御卷數、例之通書中を以獻上之、
一、村若縫殿父左門、先達而より病氣之所、不相叶養生、今朝死去之旨御屆申上ル、
廿八日、戊寅、晴、入夜雨、當番、菅谷中務卿・松井右衞門大尉・中村帯刀・初瀬川采女・小畑勘ケ由・松井多門・荘田左衞門、
一、竹門樣(精宮)より御里坊迄以御使、來月九日速證心院宮樣十七回御忌御法事御執行ニ付、御知らせ被仰進候由也、
一、閑院宮樣より御里坊迄御使を以、壽宮樣御誕生日ニ付、爲御祝儀小戴壹器被進之也、
一、於大佛殿轉讀大般若御執行ニ付、午刻過御出仕、御供中務卿・競・勘ケ由、御先三人、金大僧都・菩提院・寶嚴院・嚴王院・本覺院・本行院・普門院・惠乘房等出仕也、各於梅之間御齋御布施等被下之、於常御殿山門衆中御對面被仰付也、

速證心院宮十七回御忌につき御知らせ

壽宮御誕生日

*玉泉院申大僧都御執奏の儀

大般若轉讀御執行

廿九日、己卯、曇、當番、菅谷中務卿・木崎主計・友田掃部・鈴木求馬・小畑勘ケ由・青水造酒、
一、閑院宮樣へ御使を以、昨日壽宮樣御誕生日ニ付、爲御祝儀小戴被進候ニ付、御挨拶被仰進也、御口上計、
一、禁裏御所より御使女房奉書を以、來月御內〻御祈禱被仰出候由ニて、御撫物被出候事、則御返書ニ御請被仰上也、
一、女院御所より色紙御文匣壹ツ・小御箱壹ツ・御風呂敷包一ツ到來、

六月

朔日、庚辰、晴、當番、今小路民部卿(行章)・松井右衞門大尉(永亨)所勞斷・中村帯刀(利章)・初瀬川采女斷、代勘ケ由・松井多門・荘田左衞門、出羽守斷、
一、四御所(光格・後櫻町・富子・欣子)江當日御祝詞被仰上候事、御使伊丹上總介(宜顯)、
一、山門玉泉院(覺千)、此度申大僧都御執奏之儀相願候ニ付、小折紙・勘例月番勸修寺家へ被及御內談、御別條無之候ハヽ、職事方へ被附度旨申述候處、明日巳刻後勝手ニ可罷出との事也、小折紙・勘例玆ニ記ス、
(コ、ニ圖アルモ便宜次頁上段ニ移ス)
一、金剛院殿御參殿之事、
一、當日御禮參上之輩、山本內藏・香山大學・三宅宗甫・

山門
玉泉院　戒二十五
　　　　四十歳
権大僧都　覺千

勘例

山門
大仙院
豪觀

寛政七年五月四日任大僧都　于時四十歳

申
大僧都

権大僧都覺千

横山左近・三宅宗達、

二日、辛巳、曇、當番、今小路民部卿・木崎主計・友田掃部・鈴木求馬・小畑勘ケ由・青水造酒、

一、勸修寺前大納言殿(經逸)江菅谷中務卿(寛常)參向、昨日被及御内談候山門玉泉院申大僧都小折紙・勘例爲申出候處、別條無之旨ニ付、殿下様(一條輝良)へ行向、尤小折紙・勘例被入御覽、思召不被爲有候ハヽ、職事方へ被附度旨申述、何之思召不被爲有旨ニ付、直様廣橋頭弁殿(胤定)へ被附候事、

一、畫工東洋、月溪より先達而依願被召參上、於梅之間御席畫被仰付、吸物・御酒・湯漬等被下之候事、

一、禁裏御所へ御使を以、御文幷鉢植蓮花被獻之候事、

一、女院様・中宮様へも御書被進候事、

一、三宅宗仙・同宗甫・香山大學參上、御對面候也、

三日、壬午、曇、申刻頃白雨、當番、菅谷中務卿・松井右衞門大尉・中村帶刀・初瀬川采女・松井多門・莊田左衞門、

一、靑門様(尊眞)より壹通御到來、

口上覺

只今勸修寺家より依御招御家頼被差出候處、當年禁裏御所嘉祥御祝儀者不被出候間、不被及御獻上ニも之段被相達候、尤中宮御所是亦御同様之旨被

相達、此段當門より御一例樣方江御順達可被成之
旨ニ付被仰傳候、此旨宜御沙汰可被成候、以上、

六月三日　青蓮院宮御内
大谷宮内卿

妙――樣　聖――樣　梶――樣
一――樣
坊官御衆中

追而、御廻覽之後、當門へ御返却可被成候、以上、

孝恭院十七回忌につき來狀

一、御付武家より來狀、
其御方より孝恭院(德川家基)樣十七回御忌ニ付、公方(家齊)樣江爲御伺被進物披露有之候處、御喜色之御事ニ候旨申來候ニ付、可相達候間、各方之内明後五日四半時、三浦伊勢守(正子)御役所へ御越有之候樣可相達旨、町奉行より申越候ニ付、此段相達候、以上、

六月三日　石谷肥前守(清茂)
神保紀伊守(長孝)

菅谷中務卿樣
松井西市正(永昌)樣

右承知之旨、及返書、

*玉泉院大僧都勅許

御容體書

一、和田泰純江御藥取、御容躰書、
益御機嫌克被爲成候、去ル廿三日御容躰之通御同遍之内、少々御溜飲之御氣味被爲在候、御膳者御常之通被召上、隨分御機嫌克被爲在候、此段御考被成、御藥御調進可被成候、

六月三日　御使丸茂彌内、

四日、癸未、曇或雨、當番、菅谷中務卿・木崎主計・友田掃部・鈴木求馬・小畑勘ケ由・青水造酒、
一、土用入、未六刻、
一、東尾殿御參殿之事、
一、中宮御所より御使を以、御文匣壹幷御文被進之、
五日、甲申、晴、當番、今小路民部卿・松井右衞門大尉・中村帶刀・初瀨川采女・小畑勘ケ由・松井多門・莊田左衞門、
一、一昨日御付武家より達之趣ニ付、三浦伊勢守役所へ山下監物(重好)行向之處、孝恭院樣十七回御忌之節、公方樣へ御見廻被進物有之候ニ付、御喜色之旨相達候由也、立歸り御承知之御使例之通相勤、
一、廣橋頭弁殿(胤定)より御留守居御招ニ付、非藏人口へ向罷出候所、山門玉泉院申大僧都、今日勅許之旨被仰渡、幷口宣頂戴御禮等之儀、來ル七日被仰出候旨御達之由也、
一、玉泉院江奉書遣、其云、料紙中奉書横折、
今度被申大僧都之事、廣橋頭弁殿を以御披露候處、

今五日勅許ニ候、此旨可有承知之由、座主宮御氣色ニ候也、恐々謹言、

六月五日　菅谷中務卿 寛常判

玉泉院御房

別紙、奉書半切ニ、

追而、口宣頂戴御禮等之儀、來ル七日被仰出候、先爲御禮明六日座主宮江御參可被成候、且御禮官物近格之通御用意可被成候、以上、

右奉書急々可相達旨、紙屋藤兵衛方へ申遣也、

一、東尾殿御參殿、

一、播州清水寺一山惣代知足院、暑中爲窺御機嫌參上、素麺壹折獻上之、

一、同遠成院、右同斷、素麺壹折獻上之、

一、山門執行代安祥院(善應)參上、右同斷、素麺壹折獻上之、

一、三宅宗仙・同宗甫より右同斷、白粽壹折十把獻上之、

一、青山大學・大愚參上、右同斷、

一、菩提院(志岸)參上、右同斷、

六日、乙酉、曇、晝後より雨、當番、今小路民部卿・木崎主計・友田掃部・鈴木求馬・小畑勘ケ由・青水造酒、

*玉泉院大僧都御請禮狀

一、玉泉院より昨日之御請申上ル、

此度中大僧都之事、廣橋頭弁殿を以御披露被成下候處、今五日勅許被仰出候、此段可奉敬承旨難有奉敬承候、恐惶謹言、

六月五日　玉泉院 覺千判

菅谷中務卿殿

御別紙拜見仕候、御禮日限之儀、來ル七日被仰出候、且口宣頂戴之儀、同日被仰出候、先爲御禮明六日參殿可仕旨、且御禮官物近格之通用意可仕旨奉畏候、以上、

六月五日

*玉泉院大僧都勅許御禮

一、山門玉泉院參上、今度中大僧都之事、昨日蒙勅許難有仕合奉存候、先御禮申上ル、於瑞龍殿民部卿出會、明日御禮之節、職事方迄御添使例之通可被差向間、巳刻頃御里坊へ參上候様相達也、

一、金剛院殿御參殿之事、

一、市川養元、暑中爲窺御機嫌參上、外良粽五把獻上之、

一、伴蒿蹊、右同斷、隅田川一箱獻上之、

一、原田無關、右同斷、外良粽五把獻上之、

一、山本內藏、右同斷、外良粽三把獻上之、

一、小泉陰陽大允(有彝)、右同斷參上、

一、堀田相模守(正順)より使者を以、暑中爲伺葛粉壹箱獻上之、

一、自在王院樣(典仁)御忌日ニ付、廬山寺江御代香、伊丹上總介相勤ル、

七日、丙戌、雨、當番、菅谷中務卿・松井右衞門大尉・中村帶刀・初瀬川采女・松井多門・莊田左衞門、

一、禁裏御所江御使を以、宮御方今日御誕生日ニ付、御祝儀銚子壹枝・小頂百枚被獻也、

一、閑院尹宮樣(美仁)江右御同樣ニ付、小頂三十枚被進之、御使初瀬川采女、

一、山門玉泉院申大僧都、今日御所方御禮也、御添使初瀬川采女被差向、於里坊玉泉院面會、同道ニて職事廣橋頭弁殿亭へ行向、例之通御口上申述、采女引退也、

御容體書

一、和田泰純江御藥取、御容躰書、

益御機嫌克被爲成候、去ル三日御容躰之通御同遍被爲在候、御溜飲之御氣味も御同樣被爲有候、御膳者御常之通被召上、隨分御機嫌克被爲在候、此段御考被成、御藥御調進可被成候、

六月七日　　御使小島郡司、

玉泉院大僧都勅許御禮參上

一、未刻過玉泉院參上、今日御禮首尾克相勤難有仕合奉存候、右爲御禮方金百疋獻上之、表役三人江青銅三十疋ツヽ、御添使へ同二十疋差出、於瑞龍殿中務卿面會及挨拶、御對面可被爲有處、少ゝ御持病氣ニ付、無其儀旨相達、上野執當江之奉書渡ス也、

依座主宮(眞仁)仰致啓上候、抑山門玉泉院覺千申大僧都之事、廣橋頭弁殿を以御披露候處、當月五日勅許、同七日御禮首尾克相勤候、此旨宜有御披露候、恐ゝ謹言、

六月七日　　松井右衞門大尉 永亨判

今小路民部卿 行章判

菅谷中務卿 寛常判

惠恩院殿

楞伽院殿

*寺社內築地灰筋塀之儀につき傳奏觸

一、入夜傳奏衆より觸到來、左之通、

其地寺社之內築地灰筋塀之儀、夫ゝ由緒を以前ゝ有來候分、燒失等之向者願出候節、町奉行より見分差遣、元繪圖ニ引合無相違候へ者承屆、新規願之儀者伺之上及差圖、攝家宮方より御寄附之儀被仰立分者、類例見合等を以自分承屆候仕來候之處、近來追ゝ御寄附之儀被仰立候廉多ク相成、時宜ニ

寄寺社之格式ニも闇候之様相見へ候間、以來氏神産神菩提寺、又者攝家宮方より御住職之分斗被仰立之節ゝ、調之趣を以承届之有無相違、其余之分者不及沙汰候間、兼而向ゝ江茂相達被置候様、傳奏衆へ可被相達候、

五月

口上

別紙之通武邊より申來候間、爲御心得各方迄可申入旨、兩傳奏被申付如此ニ候、以上、

六月七日　兩傳奏雜掌

御名前例之通
坊官御衆中

一、岩永大炊より暑中爲窺羊羹二棹獻上、

八日、丁亥、曇或小雨、入夜晴、當番、菅谷中務卿依所勞代・民部卿 木崎主計所勞斷・友田掃部・鈴木求馬・小畑勘ケ由・青水造酒、

一、禁裏御所・仙洞御所江御使を以、爲御窺暑中甜瓜壹籠宛被獻之、

一、女院御所・中宮御所江茂御同様被仰上、但、御口上ニ而、御使伊丹上總介、

一、山門院内惣代執行代玉泉院、暑中爲窺御機嫌參上、

甜瓜壹籠獻上之、當番之輩及面會、

一、勝安養院殿(洞海)より使者を以、右同斷被相伺事、寒晒粉五袋獻上之、無礙光院殿(堯海)より口上ニ而、右同斷被相伺、

一、細谷典膳、右同斷參上、

*速證心院宮十七回御忌につき葩御供

一、竹門樣(精宮)御室江御使を以、速證心院宮樣十七回御忌ニ付、御靈前へ葩三十葉被備之、御使惠乘房、

一、青門樣(尊眞)・安井御門跡(了尊)へ御使を以、暑中御見廻被仰進候也、御使友田掃部、

九日、戊子、快晴、當番、今小路民部卿・松井右衞門大尉・中村帶刀・初瀨川采女・松井多門・莊田左衞門、

一、泉涌寺へ御代香、莊田左衞門相勤、

十日、己丑、快晴、當番、今小路民部卿・木崎主計・友田掃部・鈴木求馬・小畑勘ケ由・青水造酒、

*一切經虫拂

一、從今日於南殿御虫拂、一切經、

一、西本願寺御門主(文如光暉)より、暑中爲伺御機嫌砂糖一曲被上之、

一、院内惣代別當代定光院(觀光)、爲窺暑中素麵一箱獻上之、

一、東本願寺御門主(達如光朗)より使者を以、暑中御機嫌被相伺候也、

一、山本恕行參上、右同斷、

一、青蓮院宮樣より御使を以、暑中御見廻被仰進候事、

十一日、庚寅、晴、當番、菅谷中務卿・松井右衞門大尉・中村帯刀・初瀬川采女・小畑勘ケ由・松井多門・莊田左衞門、

一、御虫拂、一切經、

*御容體書

一、女院御所より女房奉書を以、暑中爲御尋水玉一折御拜領、則御返書ニ御請被仰上候也、

一、安井元君様より御使を以、暑中御見舞被仰進候事、

備前岡山より色衣御免許の儀につき返書

一、備前岡山家老より先達而之返書來ル、

　御札令拜見候、然者當國勝利山普現寺光乘院、色衣御免許之儀相願候ニ付、願之通被仰出候之旨、仍之御誌〔紙〕面之趣被入御念儀致承知候、恐惶謹言、

　　五月十八日　　土倉四郎兵衞 一之判

　　　　　　　　伊木長門 忠福判

　　菅谷中務卿殿

　　今小路民部卿殿

　　松井右衞門大尉殿

　別紙ニ、

　　池田隼人儀、當時用役不相勤候ニ付、不能交名候、

　　以上、

*禁裏御所嘉祥御祝儀不出の順達

一、和田泰純江御使を以、暑中爲御尋玉水五本被下之、

十二日、辛卯、晴、當番、菅谷中務卿・木崎主計・友田掃部・鈴木求馬・小畑勘ケ由・青水造酒、所労斷、

一、和田泰純江御容躰書、

　益御機嫌克被爲成候、御容躰御同遍被爲在候、昨夜以來御中暑之御氣味哉、少〻御腹瀉之御様子ニ候、一應御伺可被成候、乍然格別之御事ニ茂不被爲在、御膳等ハ被召上候事、

　　六月十二日　　　但、御藥ナシ、下部使、

一、佛光寺（隨應眞乘）御門主より、暑中爲窺使者を以被仰上候事、

一、緒方左衞門より、暑中爲伺御機嫌奈良漬壹重獻上之、

一、山門東谷惣代本行院（澄海）、暑中爲窺參上、幷自分御機嫌相窺候事、

一、金剛院大僧都使者を以、右同斷干菓子壹箱獻上之、

一、廬山寺江御代香、松井右衞門大尉相勤ル、

一、岩永大炊・安達大圓參上、暑中御機嫌相伺候事、

一、大口愽恂より、右同斷椎茸壹箱獻上之、

十三日、壬辰、晴、或曇、晝時前白雨、當番、今小路民部卿・松井右衞門大尉・木崎主計・初瀬川采女・松井多門・莊田左衞門、

一、靑門様より一通御順達、

　　口上覺

　當年禁裏御所、嘉祥御祝儀者不被出候間、不被及御獻上ニも之段、去ル三日勸修寺家より被相達

候、尤中宮御所、是又御同様之旨、右同日一緒ニ被相達候處、中宮御所よりハ御祝儀如例年被出候間、如例年御獻物も可被爲有之由、今日更ニ被相達候、勿論勸修寺家より之御達ニ御座候、此段當門より御一例樣方へ御順達可被成之旨ニ付被仰渡候、宜御沙汰可被成候、以上、

六月十三日　青蓮院宮御内　梅嶋織部正

妙――樣　梶――樣　一――樣

坊官御衆中

追而、御廻覽之後、當門へ御返却可被成候、以上、

一、女院御所より御使を以、嘉祥御祝儀被進候事、

一、中宮御所より右同斷、

一、山門本覺院、暑中爲窺參上、

一、土山淡路守(武辰)、右同斷參上、

一、和田泰純、右同斷參上、且先達而御神事之節者被召種々御馳走とも被下置、難有仕合奉存候、右之段乍延引御禮申上ル、以後御對面、拜診、御藥調進之事、

一、横田道壽・同左近、右同斷參上、水仙粽三把獻上之、

一、金剛院殿御參殿之事、

一、緒方左衞門、暑中爲伺御機嫌參上、拜診、

十四日、癸巳、晴、當番、今小路民部卿・中村帶刀・友田掃部・鈴木求馬・小畑勘ケ由・青水造酒、

一、女院御所・中宮御所江、暑中爲御窺水菓子十棹宛、御文を以被上之、御使青侍中、

一、圓山右近、暑中爲伺御機嫌參上、御菓子一折・團扇壹握獻上之、御對面被仰付也、

一、東尾殿御參殿之事、

十五日、甲午、晴、當番、菅谷中務卿・松井右衞門大尉・木崎主計・初瀬川采女・松井多門・莊田左衞門、

一、仙洞御所より御里坊迄御使女房奉書を以、暑中爲御尋糒五袋御拜領、則御返書被上候事、右御請御使末吉向相務也、

一、梶井宮樣(承眞)より御使、暑中御見廻被仰進候事、

一、山門嚴王院、暑中爲窺御機嫌參上、

一、吳月溪右同斷、扇面五枚獻上之、

一、中宮御所より御使、御文箱御到來、

十六日、乙未、晴、當番、菅谷中務卿・中村帶刀・友田掃部・鈴木求馬・小畑勘ケ由・青水造酒、

*嘉祥の御祝儀獻上

一、仙洞御所・女院御所・中宮御所江、嘉祥之御祝儀例之通御獻上候事、但、禁裏御所江者、今年御獻上之儀不被爲及旨御沙汰之事、

一、御附武家より一通到來、

其御方より關東江暑中爲御伺被進物御品之儀、致
承知度存候、否御報被御申聞候樣致度存候、以上、
六月十六日　石谷肥前守
神保紀伊守
菅谷中務卿樣
松井西市正樣
右返書、
此御方より關東江暑中爲御見舞被進物御品之儀ニ
付、御紙面之趣致承知候、素麪壹箱被進之候、依
而此段得御意度御報迄如此御座候、以上、
六月十六日　菅谷中務卿
石谷肥前守樣
神保紀伊守樣
一、禁裏御所より御使女房奉書を以、暑中爲御尋麥切一
箱御拜領、則御返書被爲有、即日右御請御使被上之、
御使末吉向、
一、仙洞御所より女房奉書を以、例之通嘉祥之御祝儀御
拜領之事、則御返書被爲有、即刻右御請使被上也、
御使同人、

南泉院正官勅許御禮參上

一、薩州南泉院僧正參上、去ル十一日正官蒙勅許、難有
仕合奉存候、依之右爲御禮昆布一折五拾本獻上之、於
御玄關申置、
一、知足庵、暑中爲伺御機嫌參上、西瓜壹ツ獻上之、
一、小堀縫殿より使者を以、暑中爲窺御機嫌甜瓜一籠獻
上之、
十七日、丙申、晴、晝時頃白雨、當番、今小路民部卿・松井右衞門大尉・松井出羽守・木崎主計・初瀬川采女・小畑勘ケ由・松井多門・莊田左衞門、
一、御附武家より來狀、
其御方より公方樣江暑中爲御伺被進物之御使、明
後十九日辰半刻、堀田相模守御役宅江被差出候樣
可相達旨、相模守より申越候ニ付、此段相達候、
以上、
六月十七日　石谷肥前守
神保紀伊守
菅谷中務卿樣
松井西市正樣
右承知之旨、及返書也、
又壹通、
其御方江關東若君樣(家慶)御弘之御祝儀、公方樣(家齊)・御臺
樣より爲御返物被進物可相達候間、明後十九日五

半時、三浦伊勢守御役所へ各方之内被相越候様可
相達旨、町奉行より申越候ニ付、此段相達候、以
上、

六月十七日　　石――
　　　　　　　神――
菅――様
松――様

右承知之旨、及返書也、

御容體書*

十八日、丁酉、晴、戌刻過雷鳴、當番、今小路民部卿・中村帯刀・友田掃部・鈴木求馬・小畑勘ケ由・青水造酒、
一、東尾殿御參殿之事、
一、堀田相模守江御使を以、暑中爲御尋甜瓜一籠被遣
之、
一、小堀縫殿江右同斷、爲御挨拶葛壹箱被遣之、右御使
初瀬川釆女、
一、澤村伊豫守、右同斷參上、
十九日、戊戌、晴、晝後白雨雷鳴、當番、菅谷中務卿・松井右衞門大尉・松井出羽守・木崎主計・初瀬川釆女・松井多門・莊田左衞門、
一、公方様江暑中爲御見舞索麪一箱被進之、例之通ニ條
表迄御使被差向也、右御使山下監物、御進物隨身安
福左馬太、
一、三浦伊勢守役所江山下監物行向、關東若君様御弘御
祝儀、從公方様爲御返卷物五一種、從御臺様爲御返
卷物三一種、竪目錄を以相達、立歸り、御挨拶御使
例之通相勤、
一、佛光寺御門主より使者を以、昨夜雷鳴ニ付御見舞被
申上候事、
廿日、己亥、快晴、當番、菅谷中務卿・中村帯刀・友田掃部・鈴木求馬・小畑勘ケ由・青水造酒、
一、和田泰純江御藥取、御容躰書、
　益御機嫌克被爲成候、去ル十三日御窺之後、次第
　ニ御快被爲在、御膳も御相應ニ被召上候、乍然此
　間雷鳴之節、少〻御動之御氣味被爲在候得共、其
　後者隨分御機嫌克被爲在候事、

六月廿日

一、西本願寺へ暑中爲御尋御使を以、糒一折五袋被遣之、
且此間者使者を以暑中被相伺候御挨拶被仰遣候也、
一、東本願寺門主へ右同斷、
一、佛光寺門主へ右同斷、
一、興正寺(寂聽常順)御門主へ右同斷、各御口上計御使被遣之、右
御使鈴木求馬、

一、金剛院殿御參殿之事、
一、小佐治右衛門尉・柚木太淳・香山大學、暑中爲窺參上、
廿一日、庚子、快晴、當番、今小路民部卿・松井右衛門大尉・松井出羽守・木崎主計・初瀬川采女・松井多門・莊田左衛門、

三上大膳六位侍御取立

一、三上大膳、年來首尾克相勤候ニ付、此度六位侍御取立被仰付候事、右之趣、於梅之間中務卿・民部卿・右衛門大尉列座ニ而、中務卿申渡也、
一、三角了敬・篠田土佐介、暑中爲窺御機嫌參上、
一、東尾殿御參殿之事、
一、泉涌寺へ御代香、莊田左衛門、
廿二日、辛丑、晴、申刻前白雨、當番、今小路民部卿・中村帶刀・友田掃部・鈴木求馬・青水造酒、

*關東下向につき御斷の返書

一、勸修寺家より御留守居被相招候ニ付、末吉向行向候處、當秋關東江御下向之儀、武邊より申來候ニ付被相達、今明日中ニ否之御書付被差出候樣被達候事、

山門禪林院大僧都御執奏の儀

一、山門禪林院參上、於瑞龍殿民部卿出會、今度申大僧都御執奏之儀奉願候旨ニ而、小折紙・勘例・上野執當より之奉書持參、民部卿預置、追而可被及御沙汰旨相達也、

依輪王寺宮(公澄)仰致啓達候、抑山門禪林院實融申大僧都之事、從座主宮御執奏被成候樣ニと思召候、此旨宜有御披露候、恐〻謹言、

六月十二日　楞伽院 長善判
惠恩院 鈴然判

菅谷中務卿殿
今小路民部卿殿
松井右衛門大尉殿

一、東尾殿御參殿之事、
一、聖護院宮(盈仁)樣江御使を以、暑中御見舞被進候事、御使青水造酒、
廿三日、壬寅、晴、當番、菅谷中務卿・松井右衛門大尉・松井出羽守・木崎主計・初瀬川采女・小畑勘ケ由・松井多門・莊田左衛門、
一、昨日勸修寺家より被達候趣壹通、向持參、如左、料紙小奉書四ツ折、

妙法院宮關東江御下向之儀、被仰達候趣被聞召候、然ル處近年御持病御積氣被爲在候故、長途數日之御乘輿之儀難被成、御難儀之御事ニ御座候間、御下向之儀御斷被仰入度思召候、此段可然御取計賴

思召候、以上、

六月廿三日　　妙——御内
菅谷中務卿

(經逸)
勧修寺前大納言様御内
立入左京亮殿

漢城隼人殿

(有政)
千種前中納言様御内
福井壹岐守殿

細谷典膳殿

一、和田泰純參上、拜診、御藥調進候事、

廿四日、癸卯、快晴、當番、菅谷中務卿・中村帯刀・友田掃部・鈴木求馬・青水造酒、

一、東尾殿御參殿、

一、入夜吳月溪・伴蒿蹊參上、御對面、

廿五日、甲辰、快晴、當番、今小路民部卿・松井右衞門大尉・松井出羽守・木崎主計・初瀬川采女・小畑勘ケ由・松井多門・莊田左衞門、

一、香山大學參上、御對面、

一、戊之半刻頃出火、大德寺邊之由、

廿六日、乙巳、快晴、當番、今小路民部卿・中村帯刀・友田掃部・鈴木求馬・青水造酒、

一、東尾殿御參殿、

一、緒方左衞門參上、御對面、

一、入夜三宅宗仙參上、御對面、

一、和田泰純江御藥取、御使青侍中、

*御精進の事につき御達

廿七日、丙午、晴、當番、菅谷中務卿・松井右衞門大尉・松井出羽守・木崎主計・初瀬川采女・小畑勘ケ由・松井多門・莊田左衞門、

一、三上大膳申從六位下伊賀守、小折紙・勘例、御セ話(伊光)廣橋前大納言殿江被及御內談、先被預置候由也、

一、青門樣より一通御到來、

口上覺

自來卅日至來月九日、御精進之事、

一、來月一日七日等、禁裏御所・中宮御所被止御參賀事、

一、御精進中、樂鞠等之類被憚候樣之事、

一、來月六日、爲御伺御菓子御獻上之事、

右之趣、只今於非藏人口鷲尾前大納言殿被仰達候、尤當門より御一例樣方へ御傳達可被成旨ニ付被仰傳候、御承知之儀者御方〻樣より非藏人口へ被仰入候樣ニとの御事ニ御座候、此段宜御沙汰可被成候、以上、

六月廿七日　　青蓮院宮御内
大谷治部卿

妙〻——　聖〻——　梶〻——
一〻——　知〻——
坊官御衆中

追而、御廻覧之後、當門へ御返し可被成候、以上、

一、入夜和田泰純被召參上、拜診之事、

一、松井右衞門大尉從父妹、今夕死去致候ニ付御居申上ル、依之服七日暇三日被仰出、此旨中務卿より申達也、

一、三宅宗仙參上、拜診之事、

廿八日、丁未、曇、當番、菅谷中務卿・中村帶刀・友田掃部・鈴木求馬・青水造酒、

東尾殿より法服寄付につき手紙

一、東尾殿より左之通一通被相屆候事、

覺

此度由緒御座候而、豐前國小倉城主小笠原右近將監殿菩提所大法山眞淨寺亨輪院日侃江、緋紋白大五條、幷淺黃大紋指貫一通被致寄付候、仍此段爲念御屆被申入候、以上、

卯六月　常住金剛院大僧都内　川島左近判

菅谷中務卿殿

今小路民部卿殿

松井右衞門大尉殿

結縁灌頂執行につき御達

一、來月六日、自在王院宮(典仁)樣御一周忌ニ付、爲御追福六日七日五ツ時より七半時迄、結縁灌頂被執行候旨被仰出候事、依之御家來一統へ及口達也、

一、金剛院大僧都御參殿之事、

廿九日、戊申、快晴、當番、今小路民部卿・松井右衞門大尉・松井出羽守・木崎主計・初瀨川采女・小畑勘ケ由・松井多門・莊田左衞門、

一、金剛院大僧都御參殿之事、

一、來月六日七日、結縁御灌頂被執行候ニ付、惠宅師・惠教・弟子兩三人御語合被成候旨、東尾殿より手紙ニて被相達也、菩提院・護淨院右同斷、

一、女院御所梅田・閑院樣老女等へ、右ニ付參詣候樣申遣、御所甲斐へも申遣也、

一、御心易御出入方へも參詣候樣申遣也、

晦日、己酉、快晴、當番、今小路民部卿・中村帶刀・友田掃部・鈴木求馬・青水造酒、

*御祈禱結願

一、禁裏御所江御使を以、當月御內々御祈禱、今日御結願ニ付、御卷數御撫物御使を以御獻上也、

一、金剛院大僧都御參殿之事、

七月　御用番、今小路民部卿(行章)、

朔日、庚戌、曇、後雨、當番、菅谷中務卿(寛常)・松井右衞門大尉(永亨)・松井出羽守(永喜)・木崎主計・初瀨川采女・小畑勘ケ由・松井多門・莊田左衞門、

一、仙洞御所(後櫻町)・女院御所(富子)江當日御祝詞被仰上候事、御使松井出羽守、禁裏御所(光格)・中宮御所(欣子)御精進中故、無其

*自在王院宮一周忌につき結縁灌頂執行申入

御聞繕書差返さる

儀也、
一、御附武家より來狀、
相達候儀有之候間、明二日各方之内壹人、紀伊守
御役宅江御越可有之候、以上、
七月朔日　　石谷肥前守（清茂）
神保紀伊守（長孝）
菅谷中務卿様
松井西市正（永昌）様
右承知之旨、及返書也、
一、金剛院大僧都（眞應）御參殿之事、
二日、辛亥、小雨、當番、菅谷中務卿・中村帶刀（利章）・友田掃部・鈴木求馬・青水造酒、
一、御附神保紀伊守より相招候ニ付、友田掃部行向候處、
去ル寅十二月被差出候御聞繕書、附札ニて被差返候
事、如左、
來正月貞恭院様（種姫）御一周忌ニ付、公方様（家齊）江御機嫌御
見舞以御口上二條表迄御使被差向度思召候、尤御
先格者無御座候得共、當時依御由緒如此御座候、
此段堀田相模守（正順）殿江宜御聞繕可被進候、以上、
十二月廿二日　　妙――御内　今小路民部卿
如此附札、不及此儀候、

一、勢州光明院代僧を以、此度御法事ニ付爲御機嫌伺粽
十把獻上之、
一、和田泰純江御藥取、
三日、壬子、晴、當番、今小路民部卿・松井右衞門大尉・松井出羽守・初瀨川采女・木崎主計・小畑勘ケ由・松井多門・莊田左衞門、
一、高松少將殿より京都留守居を以、先達而國元へ御賴
被爲有候圓座壹箱五枚入、此度被上候事、右衞門大尉
及面會、
一、廣橋前大納言（伊光）殿より使者を以、自在王院宮様（典仁）御一周
忌ニ付、爲御窺蒸籠壹組被獻之、右使者へ乍序中務
卿より申入、右御法事ニ付、來六日七日結緣御灌頂
被執行候、若御家内ニても御參詣可被成哉、此段申
入候旨也、
一、御附武家より來狀、
相達候儀有之候間、各方之内壹人、明後五日五ツ
半時菅沼下野守（定喜）御役所江被罷出候樣可相達旨、町
奉行より申越候ニ付、此段相達候、以上、
七月三日　　石谷肥前守
神保紀伊守
菅谷中務卿様

松井西市正様
右承知之旨、及返書也、

載君様御逝去

一、鷹司様諸大夫より手紙を以、載君様御違例ニ候處、不被爲叶御養生、昨夜御逝去被成候旨申來ル也、

四日、癸丑、晴、當番、今小路民部卿・中村帶刀・友田掃部・鈴木求馬・青水造酒、

一、鷹司様江御使を以、載君様御違例ニ候處、不被爲叶御養生、一昨夜御逝去被成候旨ニ付、御悔被仰進候事、

一、高松留守居屋敷へ御使を以、先達而國元へ御賴被進候圓座五枚、此度被上候ニ付、不取敢先御挨拶被仰遣候也、御使鈴木求馬、

一、自在王院宮様御一周忌御位牌所、梅之間被設也、

一、御法會御道場宮嶋之間、讃之座競馬之間、今日莊嚴也、

一、東尾殿(眞應)御參殿之事、

一、惠宅師參上、御對面、知足庵參上、御對面、

五日、甲寅、晴、當番、菅谷中務卿・松井右衞門大尉・松井出羽守・木崎主計・初瀬川采女・小畑勘ケ由・松井多門・莊田左衞門、

一、一昨日御附武家より相達候ニ付、今五ツ半時菅沼下野守役宅江山下監物(重好)參行候處、孝恭院様(德川家基)十七回御忌ニ付、此御方より被相備候品、於東叡山被相納候段、此度年寄共より申參候ニ付、相達候也、

＊自在王院宮一周忌法事執行
＊結縁灌頂開闢

一、自在王院宮様御一周忌ニ付、於南殿御逮夜御法事御執行、結縁御灌頂酉刻御開闢、御導師惠宅師、宮御方御出仕、金剛院大僧都・菩提院(志岸)・護淨院・惠敦・戒眞・西山妙行院・普門院(啓道)・惠乘房(玄隆)・諦靜房・心淨房・惠宅師弟子四人・妙行院弟子兩人等出仕也、

一、今晩御家來一統御灌頂打候事、

一、爲窺御機嫌御家來より獻物、左之通、

一、蒸籠一荷、勝安養院(洞海)權僧正・金剛院大僧都、

一、蒸籠一荷、坊官諸大夫中、

一、同貳荷、侍近習中、

一、粽五把、松井西市正、

其外常勤並御家來、無常勤御家來より一種ツヽ獻上之、

一、東本願寺門主(達如光朗)より使者を以、御法事ニ付被相伺候事、

一、御法事ニ付爲伺御機嫌參上、山本内藏・三宅宗仙・市川養元・横山左近、

六日、乙卯、快晴、當番、菅谷中務卿・中村帶刀・友田掃部・鈴木求馬・青水造酒、

＊法事結縁灌頂執行

一、於南殿御法事結縁御灌頂御執行、辰刻より申半刻迄、

結緣灌頂參詣者八百人

御導師惠宅師、宮御方御出仕、其外出仕之輩昨夜ニ
同し、
一、於野牛之間出仕之輩小食御非時被下之、
一、結願(マヽ)御灌頂ニ付、諸人參詣、新穴御門より參ル也、
家中家内等御内玄關より參、瑞龍殿江通置也、諸人
ヘ切手先達而出し置也、昨夜より至今日ニ人數凡八
百人、
一、卯刻過御出門ニ而廬山寺江御參詣、夫より閑院宮(美仁)樣
ヘ御成、
閑院宮樣ヘ羊羹一折五棹・御花一筒被備之、
廬山寺江御花壹筒・方金三百疋被備之、
還御午刻頃、御供民部卿・唱・勘ケ由・造酒・右兵
衞、御先五人、
一、葩二十葉、金剛院大僧都、
一、同三十葉、坊官諸大夫中、
一、御花壹筒、侍近習中、右之通廬山寺ヘ備之、
一、禁裏御所江御使を以、爲御伺御機嫌井籠壹荷五種入
被獻之、御使松井出羽守、
一、禁裏御所江右同斷、御內々羊羹一折五棹、御文使ニ
て被獻之、御使末吉向、

一、西本願寺(文如光暉)御門主より、御法事ニ付爲伺御機嫌使者被
上候也、
一、廣橋前大納言殿より使者を以、右同斷、尤頭弁(廣橋胤定)殿よ
りも右御同樣御花一筒被上之、
一、閑院宮樣御年寄京岡院・紫雲院・蓮上院、右三人江
井籠壹荷、表役より文ニて被下之、
一、女院御所御局右京殿・常陸殿・男居・女中三人、御
灌頂ニ付被參、於御書院休足(息)、茶たはこ盆赤飯御菓
子等出ル、御對面、御內々御拜領物被上物等有之、
午刻頃退出、但右京との・常陸とのより金貳百疋被
備之、男居より靑銅五十疋獻上之、
一、右御同所より方金三百疋御備、兩御局より御菓子一
折被上之、
一、禁裏御所より女房奉書を以、爲御尋棹菓子一折十棹
御拜領、即時御請御返書被上之、右御使末吉向、
一、中宮御所より右同斷、棹菓子一折十棹御拜領、即刻
御請御返書被上之、右御使同人、
一、女院御所より右同斷御拜領、右御使同人、
一、梶井宮(承眞)樣より御使を以、御法事ニ付御見廻被仰進候
事、

*結縁灌頂執行結願參詣者千貳百人

一、(尊眞)青蓮院宮様より右同断、
一、御法會ニ付、諸向より被進物幷被獻物、左之通、
一、閑院宮様より御里坊迄御使を以、羊羹粽一折十把被進之、
一、(永杲)大聖寺様より煎餅貳袋被進之、御里坊迄御使來ル、
一、(博山元敞)林丘寺様より吉野葛壹箱、右同断、
一、廣橋前大納言殿より井籠一組被進之、
一、轉法輪殿より御口上ニて被相伺候事、但、中納言殿よりも御同様也、
一、大輔との・長はしとの・上野・甲斐より井籠一荷被上之、御里坊迄來ル、
一、東本願寺門主より口上ニて被相伺之由也、
一、護淨院、餅まんちう壹荷獻上之、
一、呉月溪、右同断ニ付參上、
一、原田無關、右同断、水仙粽五把獻上之、
一、山本內藏、右同断、りんこくわし壹箱獻上之、
一、市川養元、右同断、干菓子壹箱獻上之、
一、三宅宗仙より右同断獻上之、
一、横山父子より砂糖漬壹箱獻上之、
一、中嶋織部より右同断、水仙粽五把獻上之、

七日、丙辰、晴、當番、今小路民部卿・松井右衞門大尉・松井出羽守・木崎主計・初瀬川采女・小畑勘ケ由・松井多門・莊田左衞門、
一、於南殿結縁御灌頂御執行、宮御方御出仕、其外出仕同前日、亥刻御法會御結願也、今日人數凡千貳百人計、
一、出仕之輩、於野牛之間小食御齋香物五菜・御菓子・御布施等被下之、其外御拜領之御菓子、昨今讃衆へ被下之也、
金三百疋　惠宅師、同貳百疋宛　金大僧都・菩提院・護淨院・惠教・戒眞、
同百疋宛　普門院・惠乘房・諦靜房・心淨房、惠宅師弟子四人、
同百疋宛　外ニ菓子料南鐐壹片宛　西山妙行院・同少將・同民部卿、
同百疋　奉行菅谷法印、青銅五十疋　承仕・堀部備後へ被下之、
一、閑院宮様より御法會爲御見舞粽三十把被進之、左兵衞・野澤より文ニて來ル、
一、同御內年寄紫雲院・蓮上院・常住院、其外女中四人參詣、於御書院留りニ赤飯晝支度等被下之、

凉岡院・紫雲院・蓮上院より金百疋備之、常住院より線香一把備之、

一、御法會無御滯被爲濟候ニ付、御家來一統相窺御機嫌候事、

一、林丘寺様へ御使を以、昨日御見廻被進候爲御挨拶餅饅頭壹組被進之、

一、大聖寺様へ右同斷、御使初瀬川采女、

一、爲伺御機嫌參殿之輩、伴蒿蹊・小澤芦庵・藤嶋讃岐・祓川日向・中嶋織部・松室上野・知足庵・三宅宗甫・三宅宗達、

*御心喪大祓御禊につき傳奏觸

一、青蓮院宮様より壹通御到來、

口上覺

禊祓參賀につき傳達

一、來十三日御禊後御參賀之事、

右之趣、只今於非藏人口鷲尾前大納言殿(隆建)被仰達候、尤當門より御一例様方江御傳達可被成旨ニ付被仰傳候、御承知之儀者御方々様より非藏人口へ被仰入候様ニ与之御事ニ御座候、此段宜御沙汰可被成候、以上、

七月七日　青蓮院宮御内　大谷宮内卿

妙――　聖――　梶――

一――　坊官御衆中

追而、御覽之後、當門へ御返し可被成候、以上、

一、靑門様より御傳達之趣、御承知之旨非藏人口へ御使を以被仰入候也、御使末吉向、

八日、丁巳、晴、當番、今小路民部卿・中村帶刀・友田掃部・鈴木求馬・青水造酒、

一、安樂心院宮(公延)様より紙包壹ツ被進之、御里坊迄來ル、

一、傳奏觸壹通到來、

口上覺

明後十日、御心喪終大祓巳刻、御禊同日戌刻、

右爲御心得各方迄可申入旨、兩傳被申付如斯候、以上、

七月八日　兩傳奏雜掌

御名前例之通

坊官御衆中

追而、御廻覽之後、勸修寺家へ御返し可被成候、以上、

一、和田泰純參上、拜診、

一、女院御所江御拜領物御請幷投華被上之、御使友田掃部、

九日、戊午、晴、當番、菅谷中務卿・松井右衞門大尉・松井出羽守・木崎主計・初瀬川采女・小畑勘

＊御奉納物につき善藏院へ手紙

ケ由・松井多門・荘田左衞門、
一、御心喪無御滯被爲濟候條、明十日恐悦伺御機嫌候樣、御家來一統常勤並御家來幷無常勤御家來へ順達候事、
一、泉涌寺へ御代香被差向候事、
桃園院尊儀江御水向方金貳百疋、
後桃園院尊儀江御花一筒、　被備之、
一、東尾殿御參殿之事、
十日、己未、曇、酉刻頃雷鳴、少夕立、當番、菅谷中務卿・中村帶刀・友田掃部・鈴木求馬・青水造酒、
一、東尾殿御參殿、
一、御心喪被爲濟候恐悦として參上之輩、
山本內藏・三宅父子・同宗達・中嶋織部・市川養元・横山左近・原田無關、
十一日、庚申、快晴、當番、今小路民部卿・松井右衞門大尉・松井出羽守・木崎主計・初瀨川采女・小畑勘ケ由・松井多門・荘田左衞門、
一、和田泰純江御藥取、御容躰書、

御容體書

益御機嫌克被爲成候、一昨夜御窺之後次第ニ御快被爲在、御膳も御相應ニ被召上候間、其御心得ニて御藥調進可被成候事、
七月十一日

一、山門善藏院、先般慈惠大師祕蜜(マヽ)供修行候ニ付、當四月御奉納物之儀相願候、依之白銀壹枚御奉納、右衞門大尉より奉書ニて相達、
以手紙啓達候、然者先般慈惠大師祕蜜供御修行之節被相願候趣ニ付、白銀壹枚御奉納被成候、此段可申達如此御座候、以上、
七月十一日　松井右衞門大尉
善藏院
御房
一、東尾殿御參殿、
一、三宅宗仙參上、御對面、拜診、
一、原田無關、右同斷、
十二日、辛酉、快晴、當番、今小路民部卿・中村帶刀・友田掃部・鈴木求馬・青水造酒、
一、巳刻過有栖川宮(織仁)樣御成、先梅之間御通、民部卿御口上承、於常御殿御對顏、夕御膳御相伴、御寛話等被爲在、御吸物御酒被出之、彼御方御家來安達大圓被召連、於御同所御逢、吸物御酒等被下之、夕方積翠江被爲成、申半刻頃還御、今日御成ニ付、ギヤマン小燭御隨身ニ而被進之、
一、金剛院殿御參殿之事、
十三日、壬戌、快晴、當番、菅谷中務卿・松井右衞門大尉・松井出羽守・木崎主計・初瀨川

采女・小畑勘ケ由・松井多門・莊田左衞門、
一、禁裏御所江御使を以、今日御參賀可被成之所、依御所勞御不參御斷被仰上候事、御使松井出羽守、
一、禁裏御所より女房奉書を以、御内〻御祈禱之御檀料御拜領被成候事、卽御請之御返書被上候也、
一、右爲御請使末吉向相勤ル、
十四日、癸亥、快晴、當番、菅谷中務卿・中村帶刀・友田掃部・鈴木求馬・青水造酒、

盂蘭盆會執行

一、晩來於御持佛堂盂蘭盆會御執行之事、
十五日、甲子、晴、當番、今小路民部卿・松井右衞門大尉・松井出羽守・木崎主計・初瀨川采女・小畑勘ケ由・松井多門・莊田左衞門、

盂蘭盆會執行

一、於御持佛堂盂蘭盆會御執行、如例年、
一、當日御儀式如例、
一、兩御所・女院御所・中宮御所江當日御祝儀被仰上候事、尤御進獻物例年之通、御使今小路民部卿、
一、當日御禮參上之輩、
山本內藏・市川養元・三宅父子・同宗達・岩永大炊・橫山左近・細谷典膳・吳月溪・安達大圓・松室上野・菩提院・伴蒿蹊、
一、御世話廣橋前大納言殿へ爲御祝詞晒壹疋・昆布料金三百疋被遣之、尤雜掌兩人へ金百疋ツヽ被下之、
一、閑院宮樣へ右同斷、御口上計、右御使初瀨川采女、

*清水重好逝去につき普請鳴物停止の觸

一、御附武家より一通到來、如左、
清水中納言殿(重好)御病氣之處、御養生無御叶、去ル八日逝去ニ付、公方樣(家齊)去ル八日より御定式之御忌服被爲請候、且右ニ付普請者十五日より十七日迄、鳴物者來ル廿一日迄停止相觸候之段、町奉行より申越候ニ付、此段相達候、以上、
七月十五日
猶以、心觀院樣(倫子)廿五回御忌、御聞繕書御差出被成候儀ニ有之候ハヽ、近〻御差出被成候樣存候、此段も乍序相達候、以上、
石谷肥前守
神保紀伊守
菅谷中務卿樣
松井西市正樣
右承知之旨、及返書、
一、青門樣へ御使を以、當日御祝詞被仰進候事、御使初瀨川采女、
十六日、乙丑、快晴、當番、今小路民部卿・中村帶刀・友田掃部・鈴木求馬・青水造酒、
一、關東清水中納言樣御逝去ニ付、爲御悔御使被進候ケ

所、左之通、
伏見宮樣・青蓮院宮樣江御悔被仰進候事、御使掃部・向、
一、知足庵、爲中元御祝儀參上、御對面、

禪林院及び三上大膳の小折紙勘例

一、千種(有政)前中納言殿へ山門禪林院申大僧都小折紙勘例、井御家來三上大膳申從六位下伊賀守小折紙勘例、被及御內談、御別條無之候ハヽ、職事方江被附度旨申述候處、猶明日巳刻頃罷出可申旨ニ付、差置退出也、
小折紙勘例記茲ニ、御使菅谷中務卿、
(コヽニ圖アルモ、便宜下段以降ニ移ス)
一、申刻頃より香雪庵へ被爲成、今晩御止宿之事、

清水重好逝去につき傳奏觸

一、入夜傳奏觸一通到來、
口上覺
清水中納言殿去ル八日御逝去ニ付、從昨十五日普請者三日、鳴物者來ル廿一日迄停止之旨被相觸候由、武邊より申來候、
一、關東爲伺御機嫌明十七日巳刻より未刻迄之內、堀田相模守殿亭江以御使者可被仰入候、
一、關東爲伺御機嫌御飛札被遣候御先格ニ候ハヽ、此度茂御飛札被遣可然被存候、右之趣爲御心得各方

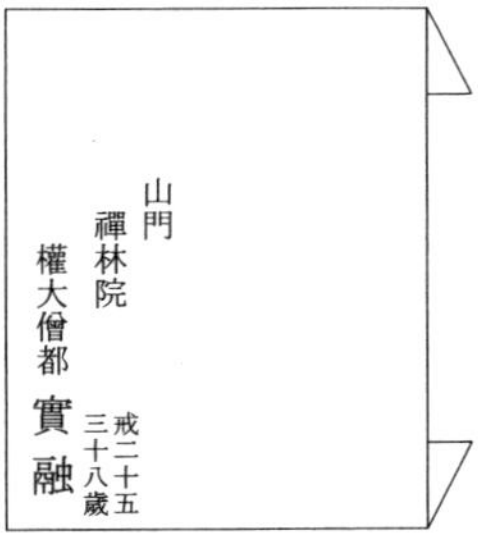

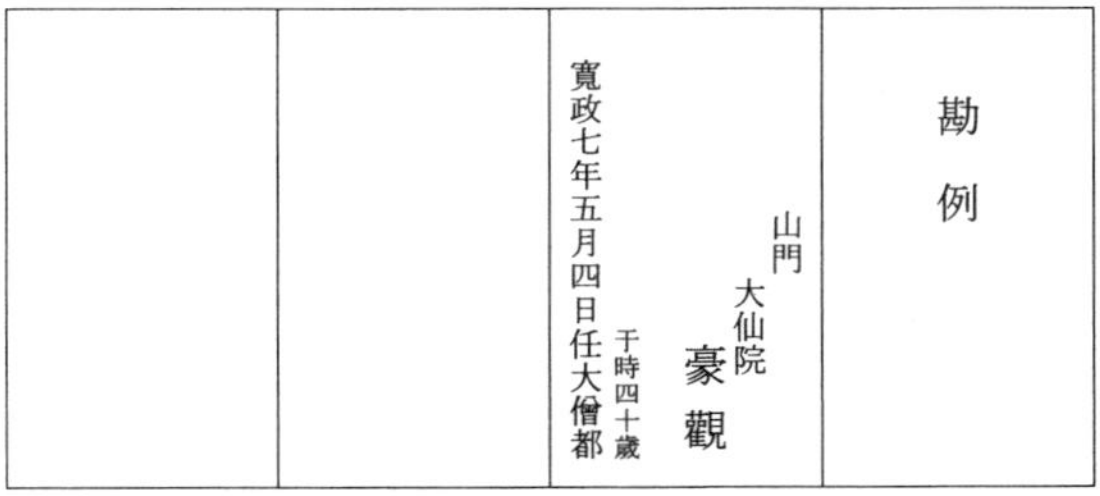

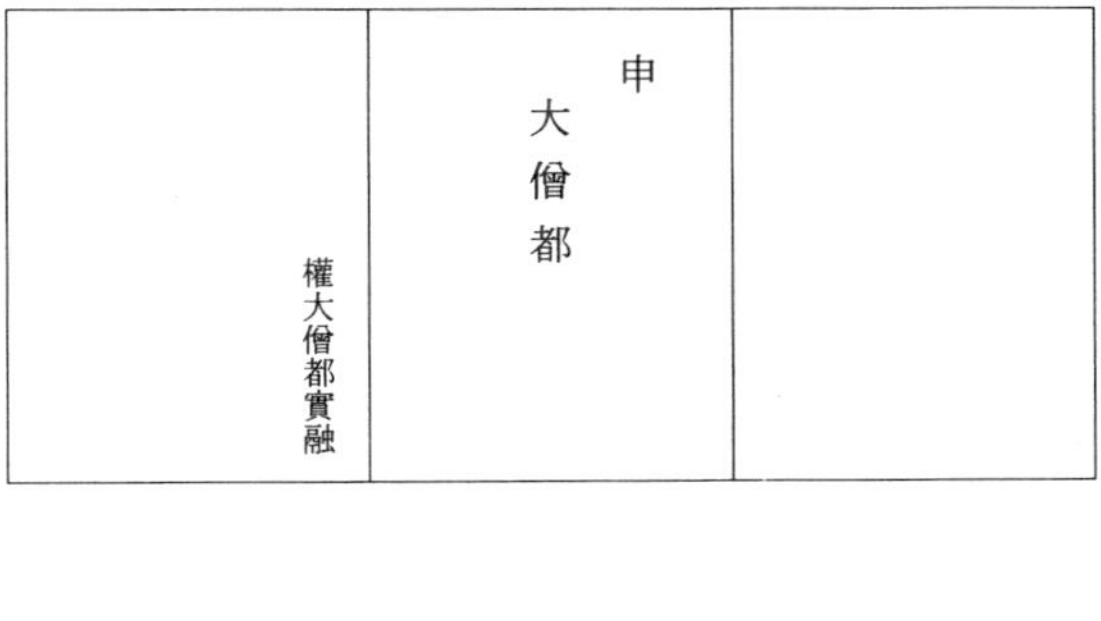

申
従六位下
源保教

勘例
青蓮院宮侍
伊丹
源重定　四十四歳
天明七年十二月六日叙従六位下
同日　任飛驒守

妙法院宮侍
三上
源保教　七十六歳

保教《ヤスノリ》

申
伊賀守
源保教

迄可申入旨、兩傳被申付如此候、以上、

七月十六日　兩傳奏雑掌

御名前例之通
坊官御衆中

追而、御廻覧之後、勸修寺家へ御返し可被成候、以上、

一、青門樣江御使を以、此度淸水中納言殿御逝去ニ付、
御悔被仰入候事、右御使友田掃部、
十七日、丙寅、晴、當番、菅谷中務卿・松井右衞門大尉・松井出羽守・木崎主計・初瀨川采女・小畑勘ケ由・松井多門・莊田左衞門、
一、淸水中納言樣御逝去ニ付、關東江爲御見舞ニ條表迄
御口上を以御使被差向候事、御使伊丹(宜顯)上總介、

圓山應擧死去

一、圓山主水(應擧)、今晩死去ニ付御屆申上ル、
一、右ニ付、御悔之御使被遣候事、御使小島郡司、
一、昨日千種家へ被及御內談候山門禪林院幷三上大膳小
折紙勘例、爲申出松井出羽守行向之處、御別條無之、
御勝手ニ職事方へ可被附旨也、
一、殿下樣(一條輝良)へ出羽守參向、山門禪林院申大僧都御執奏之
儀相願候ニ付、小折紙勘例被入御內覽候、思召不被
爲在候ハヽ、職事方へ被附度旨申述候處、何之思召
不被爲在御返答ニ付、直樣廣橋頭弁殿(胤定)へ被附候事、
一、三上大膳申從六位下伊賀守小折紙勘例、廣橋頭弁殿
へ被附候事、右御使松井出羽守、大膳同道ニて行向
也、

載君御葬送

一、鷹司左府樣(武熙)御息所樣載君御方、今酉刻御葬送ニ付、
二尊院江御諷經、御堂宿惠乘房被差向候事、

一、東尾殿御參殿之事、
十八日、丁卯、晴、當番、菅谷中務卿・中村帶刀・友田掃部・鈴木求馬・青水造酒、
一、勸修寺家へ一通被差出、料紙奉書半切、其云、

口上覺

淸水中納言殿御逝去ニ付、關東御機嫌爲御見舞御
飛札被差出候御先格候者、此度茂御飛札被差出候
樣被仰達候趣、御承知被成候、然ル所關東江御
飛札之儀御先格無御座候、仍右之段被仰入候、以
上、

七月十八日　妙法院宮御內　今小路民部卿

勸修寺前大納言樣御內(經逸)　立入左京亮殿
漢城隼人殿
千種前中納言樣御內　福井壹岐守殿
細谷典膳殿

*心觀院二十五回御忌につき聞繕書

一、御附武家へ御聞繕書、如左、
來八月就心觀院樣二十五回御忌、公方樣江御機嫌
爲御見舞御菓子壹種、二條表迄御使を以被進度思
召候、尤天明七年十七回御忌之節之通ニ御座候、
此段堀田相模守殿江宜御聞繕可被進候、以上、

七月十八日　妙法院宮御内　今小路民部卿

又壹通、如左、

來八月就心觀院樣二十五回御忌御納經壹部、
右ニ條表迄以御使被差出度思召候、尤天明七年十
七回御忌之節之通ニ御座候、此段堀田相模守殿江
宜御聞繕可被進候、以上、

七月十八日　妙法院宮御内　今小路民部卿

各書付、丸茂矢内持參之處、落手之由也、

香山大學急死

一、香山大學、今八ツ時急死仕候旨、悴文太郎より御届申上候事、

十九日、戊辰、晴、當番、今小路民部卿・松井右衞門大尉・松井出羽守・木崎主計・初瀨川采女・小畑勘ケ由・松井多門・莊田左衞門、

一、淺草惠明院、先達而より上京之處、近〻歸府之由、依之爲御餞別紗綾貳卷被下之、表役より奉書ニて遣也、

一、香山大學、昨日死去ニ付、御使被下候事、御使小嶋司、

一、岸紹易上京ニ付、參殿、於常御殿御對面被仰付也、

一、東尾殿御參殿之事、

一、護淨院參上、中元御祝詞申上ル、

廿日、己巳、晴、申刻頃雨、當番、今小路民部卿・中村帶刀・友田掃部・鈴木求馬・青水造酒、

*明德院申大僧都御執奏の儀

一、山門明德院參上、此度申大僧都御執奏之儀奉願候由、小折紙勘例上野執當より之奉書持參、於瑞龍殿民部卿出會、受取之、尙追而可被及御沙汰旨相達也、執當より之奉書、如左、

依輪王寺宮(公澄)仰致啓達候、抑山門明德院知雄申大僧
都之事、從座主宮御執奏被成候樣ニ与思召候、此
旨宜有御披露候、恐〻謹言、

七月九日　楞伽院 長善判
　　　　　惠恩院 鈴然判

菅谷中務卿殿
今小路民部卿殿
松井右衞門大尉殿

廿一日、庚午、晴、酉刻頃より風或雨、當番、菅谷中務卿・松井右衞門大尉・松井出羽守・木崎主計・初瀨川采女・小畑勘ケ由・松井多門・莊田左衞門、

*御容體書

一、和田泰純江御藥取、御容躰書、

益御機嫌克被爲成候、去ル十一日之通、次第ニ御
快被爲在、御膳茂御相應ニ被召上候間、其御心得
ニ而御藥御調進可被成候事、

一、今小路民部卿・松井右衞門大尉、此度元〆方兼役被
仰付候事、
一、坂元清記、此度元〆方被免、取調方被仰付候事、
右之趣、於梅之間東尾大僧都・菅谷法印列座ニて申
渡也、
廿二日、辛未、風、或雨、當番、菅谷中務卿・中村帶刀・友田掃部・鈴木求馬・青水造酒、
一、松井丹波、此度御臺所役被免候事、
一、小嶋郡司、此度御臺所役被仰付候事、
右之趣、於梅之間今小路民部卿・松井右衞門大尉列
座ニて申渡也、

清水重好逝去につき手紙往返

一、御附武家より一通到來、
今度清水中納言殿逝去ニ付、其御方より關東江御
會釋御聞繕書被差出候儀ニ御座候哉、右有無承度
存候、尤外御由緒之向より右御聞繕書出候分、一
兩日中堀田相模守江相達候間、此段及御懸合候、
以上、
七月廿二日　石谷肥前守
神保紀伊守
菅谷中務卿樣
松井西市正樣

右返書、
清水中納言樣御逝去ニ付、此御方より關東江御會
釋御聞繕書被差出候儀ニ御座候哉、右有無御承知
被成度段、尤外御由緒之向より御聞繕書被差出候
分、一兩日中堀田相模守殿より御達被成候段、御
紙面之趣致承知候、然ル所此度者右御聞繕書不被
差出候、仍而御報如斯御座候、以上、
七月廿二日　菅谷中務卿
石谷肥前守樣
神保紀伊守樣
一、金剛院大僧都御參殿之事、
廿三日、壬申、曇、當番、今小路民部卿・松井右衞門大尉・松井出羽守・初瀬川采女・木崎主計・小畑勘ケ由・松井多門・莊田左衞門、
廿四日、癸酉、晴、申刻過夕立、當番、今小路民部卿・中村帶刀・友田掃部・鈴木求馬・青水造酒、

*中元御祝儀のため御出門

一、未刻過御出門ニて、中元爲御祝儀仙洞御所江被爲成、
次女院御所江御成、御內々御菓子壹箱・御花一筒被
進之、夫より閑院宮樣へ被爲成、依之例年之通御內
々被進物并御女﨟御年寄女中向御家來へ被下物等被

爲有、委細御進物帳記之、還御戌刻過、御供出羽守・
求馬・競、御先三人、

廿五日、甲戌、晴、當番、菅谷中務卿・松井右衞門大尉・松井出羽守・初瀬川采女・小畑勘ケ由・松井多門・莊田左衞門、

妙法院御領分の儀につき御口上差出

一、月番千種家へ一通被差出、如左、

御口上覺

一、當宮御領分之內高瀨川筋之儀者、川中なから御判物高之內ニ而御年貢等相納、町鄕共何事ニよらす其所〻より届出候儀ニ御座候、角倉一學殿借地ニ相成候所者、彼方より御年貢毎年直納ニ而、諸事届等有之候儀ニ御座候、然ル處此度右川筋ニ付屆茂無之、猥ニ取計之儀有之、御差支ニ相成候故、彼方江自今右躰猥之取計無之樣申達候處、如何被相心得候哉、不承知之趣ニ御座候、御領分之儀を御地頭表ニ御存無御座候而者、御差支之筋多端有之、此儘被差置候而者前〻より仕來取失ひ、御收納之障ニ相成候儀も有之候間、御糺之上自今彼方限之取計無之、御差支ニ相成候儀無之樣、被仰渡被進候樣被成度候、尤彼方より御領分差障相成候儀者仕間鋪旨之一札も先達而差出有之候、此段堀

田相模守殿江宜御通達賴思召候、以上、

妙法院宮御內　今小路民部卿印

卯七月廿五日

勸修寺前大納言樣御內　立入左京亮殿

漢城隼人殿

千種前中納言樣御內　福井壹岐守殿

細谷典膳殿

右壹通、丸茂彌內持參、御落手之由也、

一、追而千種家より御招ニ付、末吉向罷出候所、右被差出候書付ニ角倉より先達而差出候書付有之候由、右書付寫被差添、其儀ニ應し御文面被取繕候而可被差出旨ニ付、則寫相添差出候趣書加へ差出ス、委細ハ勘定所日記ニ有之、

*來月護持勤修につき手紙往返

一、烏丸弁殿(資董)より御里坊迄以使、金剛院殿迄消息來、

來月護持可令勤修給之旨被仰下候、以此旨宜令洩申座主宮給候也、恐〻謹言、

七月廿五日　資董

表書　常住金剛院大僧都御房　資董

右請文、如左、

來月護持座主宮可有御勤修之旨、則申入候處、御領掌候也、恐〻謹言、

七月廿五日　　眞應

表書
烏丸弁殿　　眞應

右請文、弁殿亭へ末吉向持參、

千日廻峯行滿行につき瑞雲院參上

一、金剛院殿御參殿之事、

一、瑞雲院(貞剛)、此度千日廻峯滿行ニ付參上候事、於常御殿御對面被仰付、以後御加持奉、

廿六日、乙亥、晴、入夜小雨、當番、菅谷中務卿・中村帶刀・友田掃部・鈴木求馬・青水造酒、

一、風折左京被召參上、於瑞龍殿菅谷法印及面會、蒲萄壹籠獻上之、

一、入夜三宅宗甫參上、御對面、

廿七日、丙子、晴、當番、今小路民部卿・松井右衞門大尉・松井出羽守・木崎主計・初瀬川采女・小畑勘ケ由・松井多門・莊田左衞門、

山門妙德院大僧都申請

一、山門妙德院申大僧都小折紙勘例、月番千種家へ被及御內談、前中納言殿委細被承候由、尙明後朝御返答承可罷出旨也、御使松井出羽守、

(コヽニ圖アルモ、便宜下段ニ移ス)

右小折紙勘例、廿九日千種家へ爲申出候處、別條無之旨、仍而殿下樣へ被入御內覽候、然ル所殿下樣御指圖ニ、勘例ニ年齢之所于時何歳ト有之候、右于時

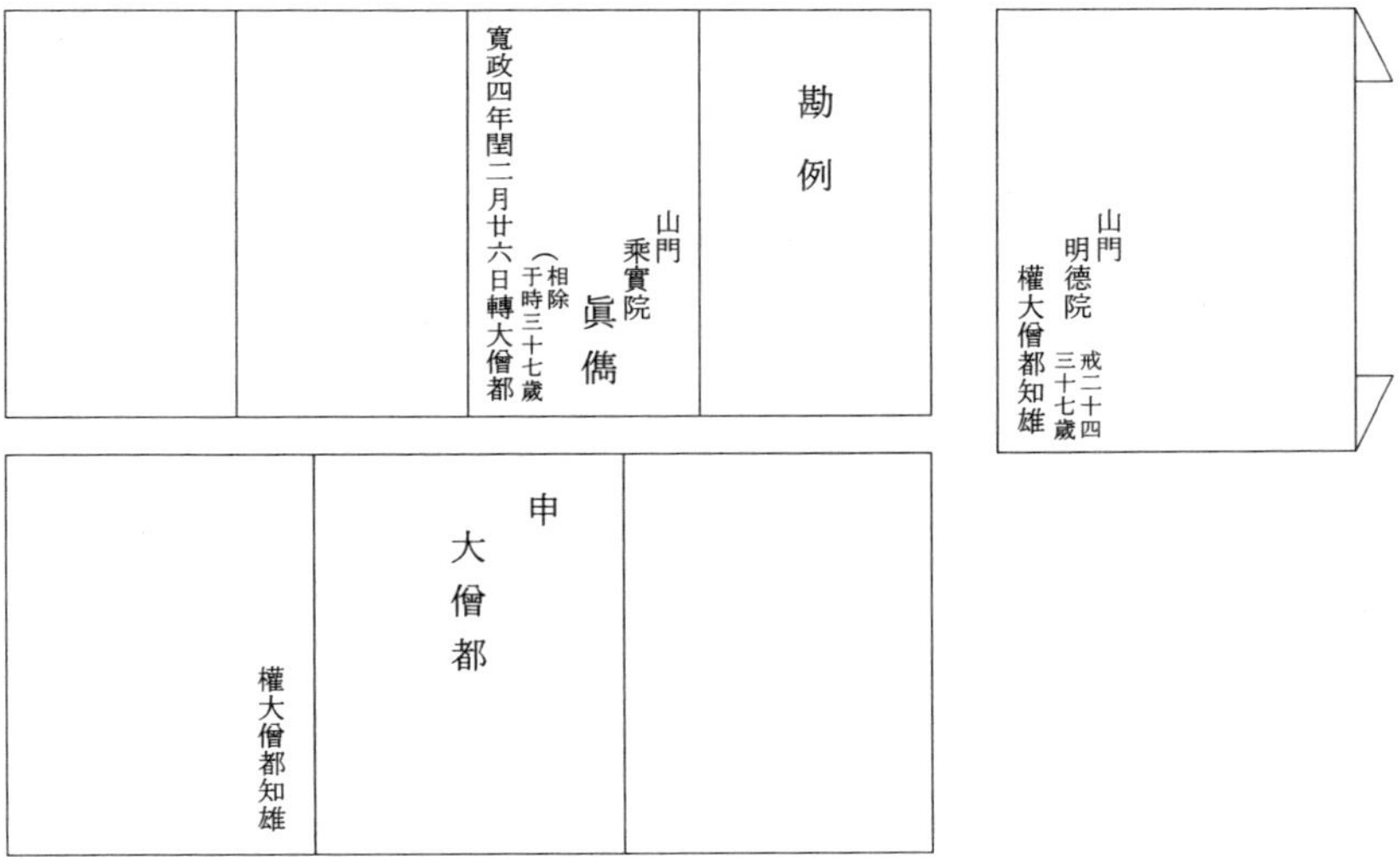

ヲ被相除、且任大僧都ト有之、右任ヲ轉ト被相改、自今此之通ニて被差出候樣、依御指揮被相改、職事江被附候事、

*香山大學死去と文太郎相續の屆

香山大學死去につき相續の事

一、香山大學此度死去ニ付、相續忰文太郎へ被仰付候樣、中嶋織部を以相願候ニ付、願之通被仰出候旨、今日織部江申渡也、御禮之儀、忌明之節相勤候事、

一、和田泰純參上、拜診、

廿八日、丁丑、晴、當番、今小路民部卿・中村帶刀・友田掃部・鈴木求馬・青水造酒、

一、當日御禮參殿之輩、山本內藏・横田左近・原田無關、

一、緒方左衞門、乍延引中元之御禮として參上、申置、

一、岸紹易、明日下坂仕候ニ付、爲窺御機嫌參上、申置、

廿九日、戊寅、晴、當番、菅谷中務卿・松井右衞門大尉・松井出羽守・木崎主計・初瀨川采女所勞斷・小畑勘ケ由・松井多門・莊田左衞門、

一、護持御本尊御撫物、細川極﨟隨身地下役人附添來、於鶴之間菅谷法印出會、御堂宿惠乘房を以例之通受取之、依御違例御對面無之、暫時して退出也、

一、千種家へ山門妙德院小折紙勘例爲申出、伊丹上總介行向、何之別條無之、御勝手ニ職事方へ可被附旨ニ付、直樣殿下樣へ例之通被入御內覽、思召不被爲有旨ニよつて、廣橋頭弁殿へ被附候事、但、勘例殿下

樣ニ而少々御指圖被爲有云々ハ廿七日ニ記アリ、

一、香山大學死去、幷忰文太郎へ相續被仰付候御屆書、千種家へ被差出、如左、

覺

妙法院宮御家賴
香山大學
忰
同　文太郎

右大學儀、是迄建仁寺領八坂塔下星野町自宅住居仕罷在候處、大學儀當月致死去候、依之忰文太郎、此度相續被仰付、御家賴被召加、右自宅住居仕候、仍爲御屆如此御座候、以上、

卯七月　妙法院宮御內
今小路民部卿印

勸修寺前大納言樣御內
立入左京亮殿
漢城隼人殿
千種前中納言樣御內
福井壹岐守殿
細谷典膳殿

右壹通、安福左馬太持參、御落手之由也、

*靑門より御見舞御悔挨拶

一、靑門樣より御使を以、自在王院宮樣一周御忌御法事之節御見舞可被進之所、護持中ニ付無其儀、且又清水中納言樣御逝去之節爲御悔御使被進候段、御滿足思召候、依之右之趣とも乍延引御挨拶被仰進候由也、

八　月　御用番、松井右衞門大尉(永亨)、

八朔、己卯、快晴、當番、菅谷中務卿(寛常)・中村帯刀(利章)・友田掃部・鈴木求馬・青水造酒、

*西本願寺門主より御禮使者

一、當日御規式如例、

一、四御所(光格・後櫻町・富子・欣子)江當日御祝詞被仰上、御獻物如例、御使今小路民部卿(行章)、

豐後國由原山金藏院儀

一、豐後國由原山金藏院儀、當三月十七日住職繼目被仰付候ニ付、爲御禮上京之由、右御禮之儀何日頃相務可申哉之旨相窺、幷色衣御免許之儀、先格之通奉願候由、於瑞龍殿松井多門面會、右願之趣則坊官共へ申入候處、委細承、猶追而可及沙汰旨申達、旅宿御出入千切屋吉左衞門方也、

*豐後國金藏院御禮獻上

二日、庚辰、快晴、當番、今小路民部卿・松井右衞門大尉・松井出羽守(永喜)・木崎主計・初瀬川采女所勞斷・小畑勘ケ由・松井多門・莊田左衞門、

御容體書

一、和田泰純江御藥取、御容躰書、

益御機嫌克被爲成候、去月廿七日御窺之後、御同遍被爲在、御膳等御相應被召上、御機嫌克被爲在候事、

八月二日

*御容體書

中宮御所より返禮

一、中宮御所より御使を以、八朔御祝儀爲御返、こんふ百本御拜領之事、

三日、辛巳、快晴、當番、今小路民部卿・中村帯刀・友田掃部所勞斷、代左衞門・勘ケ由・鈴木求馬・青水造酒、

一、西本願寺門主(文如光暉)使者平井帯刀來ル、坂元淸記面會、是迄御門主御親敷被成遣候處、閑院一品宮(典仁)樣御由緒等被爲在候ニ付、旁以自今格別御親敷被成遣忝被存候、依之御禮御出も可有之處、先達而より所勞未參內等も無之候故、先以使者御禮被申上候由、煎茶一箱・干菓子一箱被上之、於瑞龍殿吸物・御酒被下、已後菅谷法印及出會也、

一、豐後國由原山金藏院相招、松井多門面會、此間相窺候繼目御禮之儀、明日巳刻可相勤旨申達也、

四日、壬午、快晴、當番、菅谷中務卿・松井右衞門大尉・松井出羽守・木崎主計・初瀬川采女・小畑勘ケ由・松井多門・莊田左衞門、

一、豐州金藏院豪辨住職繼目御禮申上ル、於瑞龍殿吸物・御酒被下、松井右衞門大尉及面會、爲御禮杉原十帖壹本・方金貳百疋獻上之、於南殿御目見被仰付也、名披露アリ、院家中へ延紙三束、表役三人へ同貳束ツヽ、

一、和田泰純へ御藥取、御容躰書、

益御機嫌克被爲成候、去ル二日御容躰之通御同遍

被爲在、御膳等御相應ニ被召上、御快被爲在候、併少々御風疹御發被遊候得共、至而御輕御樣子ニ被爲在候、此段御考、御藥御調進可被成候、

八月四日

五日、癸未、快晴、當番、菅谷中務卿・中村帶刀・友田掃部・鈴木求馬・青水造酒、

六日、甲申、快晴、當番、今小路民部卿・松井右衞門大尉・松井出羽守・木崎主計・小畑勘ケ由・松井多門・莊田左衞門、

一、禁裏御所へ御書被上、則御返書來ル、

灌頂參上につき御禮

一、小澤芦庵參上、御灌頂之節參上仕難有仕合奉存候、乍延引右御禮申上ル、中務卿及面會候事、

七日、乙酉、快晴、當番、今小路民部卿・中村帶刀・友田掃部・鈴木求馬・青水造酒、

一、未刻頃御出門ニ而御參內、但御內々ニ而御煎茶壹箱被獻之、御供先より奏者所へ御使相勤、還御亥刻前、

御供出羽守・唱・勘ケ由、御先三人、

石淸水放生會御神事の傳奏觸

一、傳奏觸貳通到來、

口上覺

就石淸水放生會、禁裏樣從來十三日晚至十六日朝御神事候、仙洞樣從來十四日晚至十六日朝御神事候、中宮樣從來十三日晚至十六日朝僧尼重輕服御方々樣御參入可被憚候、爲御心得各方迄可申入旨、兩傳被申付如斯ニ候、以上、

八月七日　兩傳奏雜掌

御名前例之通

坊官御衆中

追而、御順覽之後、勸修寺家へ御返し可被成候、以上、

*泉涌寺大路橋大破につき傳奏觸

又壹通、

口上覺

泉涌寺大路橋大破ニ付、往來之儀危相成候故、御參詣之御方々御用之圖子道御通行御座候樣仕度候、右之通泉涌寺より申出候間、爲御心得各方迄可申入旨、兩傳被申付如此ニ候、以上、

八月七日　兩傳奏雜掌

御名前例之通

坊官御衆中

追而、御覽後、勸修寺家へ御返し可被成候、以上、

八日、丙戌、快晴、當番、菅谷中務卿・松井右衞門大尉・松井出羽守・木崎主計・松井多門・青水造酒・莊田左衞門、

*御會始和歌御題進上

一、禁裏御所より女房奉書を以、御會始和歌御題被進、則御返書被爲在候、壹通持參、左之通、

一、御會始和歌當日巳刻迄御詠進之事、奉行飛鳥井中(雅威)納言殿、

*豐後金藏院色衣御免許願書

一、豐後金藏院、願書差出、

奉願口上之覺

一、先格色衣蒙御免許候間、何卒此度茂拙僧爲冥加、色衣御免許被爲仰付被下候樣、宜御執繕奉願上候、以上、

卯八月　豐後由原山學頭 金藏院豪辨 判

菅谷中務卿殿

今小路民部卿殿

松井右衛門大尉殿

右願之通御許容ニ付、金藏院相招、松井多門面會、御聞濟之旨相達、尤御禮之儀、來ル十四日相勤候事、

*御容體書

一、入夜御里坊より來狀、只今廣橋弁(胤定)殿より非藏人口へ御招ニ付、向罷出候處、御內侍從六位下伊賀守井山門禪林院・明德院申大僧都、今日勅許之旨被仰渡、且口宣頂戴、御禮日限來十一日可相勤旨被相達也、

*三上大膳伊賀守勅許

一、三上大膳從六位下伊賀守勅許之旨、於御用部屋松井右衛門大尉申渡、

*來年十月大會執行につき口上書

九日、丁亥、晴、當番、菅谷中務卿・中村帶刀・鈴木求馬・小畑勘ケ由・莊田左衛門、掃部所勞斷、

*山門禪林院と明德院に大僧都勅許

一、山門禪林院・明德院江奉書遣、中奉書横折、

今度被申大僧都之事、廣橋頭弁殿を以御披露候處、昨八日夜勅許ニ候、此旨可有承知之由、座主宮御氣色ニ候也、恐々謹言、

八月九日　松井右衛門大尉 永亨判

禪林院 御房

別紙ニ、

追而、御禮日限明後十一日被仰出候、先爲御禮明十日座主宮へ御參可被成候、且御禮官物近格之通御用意可被成候、以上、

八月九日

一、明德院へ之奉書文面、右同樣略之、

右兩通早々可相達旨、紙屋藤兵衞方へ申遣也、

一、和田泰純江御藥取、御容躰書、

益御機嫌能被爲成候、去ル四日御容躰之通御同遍被爲在候、御膳等御相應ニ被召上、御快被爲在候、其御心得ニて御藥御調進可被成候事、

八月九日

一、山門圓龍(貫豪)院參上、於瑞龍求馬及面會、時節爲御機嫌窺求肥二箱獻上之、且左之通口上書を以御居申上、

退出也、

口上覺

來辰年十月大會執行勅許之願、井勅使之儀、來春
御執奏可奉願上候、先爲御居參上仕候、以上、

八月九日　　　　　會行事　圓龍院

一、泉涌寺江御代香、莊田左衛門相勤ル、

十日、戊子、快晴、當番、今小路民部卿代中務卿・松井右衛門大尉・松井出羽守・木崎主計・小畑勘ケ由・松井多門・青水造酒、采女、

山門禪林院と明德院より請文差上

一、山門禪林院・明德院より請文差上ル、
今度申大僧都之事、廣橋弁殿を以御披露被成下候
處、昨八日夜勅許ニ候、此旨敬承可仕旨、奉得其
意候、恐々謹言、

八月九日　　　　禪林院　實融判

松井右衛門大尉殿

別紙之趣敬承之由、略之、

御奉書拜見仕候、然者今度拙僧申大僧都之事、廣
橋頭弁殿を以御披露候處、昨八日夜勅許ニ候、此
旨敬承可仕由、奉得其意難有仕合奉存候、御前之
儀何分宜奉頼候、恐惶謹言、

八月九日　　　　明德院　知雄判

松井右衛門大尉殿

別紙之趣敬承之由、略之、

一、山門禪林院・明德院參上、今般大僧都蒙勅許難有仕
合奉存候、不取敢御禮申上ル、於瑞龍殿右衛門大尉
面會、明日御所方御禮之節、例之通職事迄御使可被
差添間、巳刻頃御里坊ニて相待候樣申達、

一、三上伊賀守より勅許爲御禮、昆布五十本・植木貳本獻
上也、

十一日、己丑、曇、當番、今小路民部卿所勞ニ付、代中務卿・中村帶刀・鈴木求馬・青水造酒・莊田左衛門、

*山門禪林院と明德院御禮參向

一、山門禪林院・明德院、今日御所方御禮也、爲御添使
鈴木求馬被差向、右兩僧御里坊ニて面會、同道ニて
職事廣橋頭弁殿へ參向、例之通御口上申述、御使引
取也、

*禪林院と明德院御禮參上及び上野執當への奉書

一、未刻禪林院・明德院參上、今日御禮首尾能相勤難有
仕合奉存候、右爲御禮方金百疋ツヽ獻上之、表役三
人へ青銅三十疋ツヽ、御添使へ同二十疋ツヽ差出、
於瑞龍殿中務卿面會及挨拶、御對面可被爲在之處、
少々御持病氣ニ付、無其儀旨相達、上野執當へ之奉
書渡之也、

依座主宮仰啓達候、抑山門禪林院實融中大僧都之
事、廣橋頭弁殿を以御披露候處、當月八日勅許、
同十一日御禮首尾克相勤候、此旨宜御披露候、恐
々謹言、

八月十一日　松井右衞門大尉永亨判
今小路民部卿行章判
菅谷中務卿寛常判

惠恩院殿
楞伽院殿

又壹通、

依座主宮〜〜、抑山門明德院知雄中大僧都
之事、〜〜御披露〜〜勅許同十一日
〜〜相勤候〜〜、恐々謹言、

八月十一日　松井〜〜永〜
今〜〜行〜
菅谷〜〜寛〜

惠〜殿
楞〜殿

十二日、庚寅、晴、當番、菅谷中務卿・松井右衞門大尉所労斷・松井出羽守・木崎主計・小畑勘ケ由・松井多門・莊田左衞門、

一、於藏用庵正午御茶被相催、菅谷法印・知足庵・大愚
へ御濃茶被下之、

十三日、辛卯、晴、當番、菅谷中務卿・中村帶刀・鈴木求馬・小畑勘ケ由・青水造酒、掃部所労斷、

一、右同斷ニ付、岸紹易・三宅宗仙・中川嘉納へ右同樣
被下之、

十四日、壬辰、晴、夜雨、當番、菅谷中務卿・松井出羽守・木崎主計・松井多門・莊田左衞門・青水造酒、

*豊後金藏院色衣免許につき御禮參上

一、豊後國由原山金藏院豪辨、色衣御免許ニ付、今日御
禮申上ル、於瑞龍殿菅谷法印面會及挨拶、御目見可
被仰付候處、御用之儀被爲有、無其儀、且院家中面
會、令旨可被相渡之處、依所労爲名代菅谷法印相渡、
以後吸もの・御酒被下之、多門及挨拶、尤御目見之
節ハ於南殿橋立之間獻物及披露、名披露アリ、

*色衣著用令旨

一、令旨如左、料紙中鷹カケ紙アリ、

豊後國一宮由原山八幡宮社務金藏院豪辨、木蘭色
衣之事、以先例望申之間、可着用之旨被聽許訖者、
奉座主一品宮鈞命執達如件、

寛政七年八月十四日　大僧都眞應判

金藏院

上包如左、

色衣御免許につき奉書

金藏院　常住金剛院大僧都

一、豐後府内城主松平長門守(近儔)家老へ之奉書、依色衣差出候先例不相見候得共、此度相願候ニ付、奉書相渡也、料紙中奉書箱入也、

其御領地由原山之學頭金藏院豪辨、先例を以任願上、今度木蘭色衣之事、御免許被爲有候、仍此段可得御意如此ニ候、恐々謹言、

八月十四日

松井右衛門大尉永亨判

今小路民部卿行章判

菅谷中務卿寛常判

吉田与八郎殿

須藤八郎右衛門殿

岡本主馬殿

色衣免許の御禮

一、金藏院色衣御禮錄、如左、

一、白銀貳枚　小鷹十帖獻上、

一、方金貳百疋　金剛院大僧都、

一、同百疋宛　菅谷中務卿・今小路民部卿・松井右衛門大尉、

一、和紙貳束宛　小川大藏卿・松井出羽守、

一、銀壹兩　執筆、

十五日、癸巳、雨、當番、菅谷中務卿・中村帶刀・鈴木求馬・小畑勘ケ由・莊田左衛門、民部卿・掃部所勞斷、

一、當日爲御禮參上之輩、山本內藏・三宅宗達・横山左近・市川養元・原田無關、

*御月見開催

一、於生白樓御月見被相催ニ付、被召參上之輩、岸紹易・伴蒿蹊・呉月溪、吸もの・御酒・御湯漬等被下之、

十六日、甲午、雨、當番、菅谷中務卿・松井出羽守・木崎主計・初瀨川采女・松井多門・青水造酒、右衛門大尉・勘ケ由斷、

一、圓山主水(應瑞)へ朦中爲御尋、御菓子一折被下之、表役より手紙ニて遣之、

十七日、乙未、曇、當番、菅谷中務卿・中村帶刀・初瀨川采女・鈴木求馬・莊田左衛門、

*本覺院死去届

一、安祥院(善應)參上、本覺院儀病中之所、不相叶養生、去ル七月廿三日死去仕候ニ付、右御屆申上ル、

十八日、丙申、曇或晴、當番、菅谷中務卿・松井出羽守・木崎主計・小畑勘ケ由・松井多門・青水造酒、

一、閑院宮(美仁)樣へ御使を以、今日御神事ニ付可被爲成之處、此間以來御持病氣ニ被爲有候ニ付、御斷被仰進候事、御使青水造酒、

一、御靈社江御代參被差向、

十九日、丁酉、晴、當番、菅谷中務卿・中村帯刀・初瀬川采女・鈴木求馬・荘田左衛門、

一、和田泰純江御藥取、御容躰書、

御容體書

益御機嫌克被爲成候、去ル九日御容躰之通御同遍
被爲在候、御膳等御相應ニ被召上、御快被爲在候、
其御心得ニ而御藥御調進可被成候事、

八月十九日

一、御世話廣橋前大納言殿(伊光)へ菅谷法印行向、御辭職之儀ニ付、御書付を以及御內談也、

廿日、戊戌、曇或晴、當番、松井右衛門大尉出勤・松井出羽守・木崎主計・小畑勘ケ由・松井多門・青水造酒、

一、花山院大納言殿(愛德)御伺公、於御書院御對面、以後於瑞龍殿御湯漬出之、無程御退出候事、

一、金剛院殿御參殿之事、

廿一日、己亥、曇、當番、菅谷中務卿・中村帯刀・初瀬川采女・友田掃部・鈴木求馬・荘田左衛門、

*裕宮關東御下向につき手紙

一、取次渡邊甲斐守(供信)より來狀、

菅谷中務卿

御用之儀御座候間、只今早々非藏人口へ御參候樣
可申達旨、廣橋殿被仰渡候、仍而申入候、以上、

八月廿一日　　渡邊甲斐守

妙法院宮樣

坊官御中

右承知之旨、及返書、

一、卽刻非藏人口へ菅谷法印行向之處、前大納言殿御面會、昨日被及御內談候御辭職之儀、款狀ニ御口上書被差添、職事へ被附候樣御差圖也、

一、泉涌寺へ御代香、伊丹上總介(宜顯)、

一、藤嶋石見參上、中務卿及面會、

一、香雪庵江被爲成、御止宿之事、

廿二日、庚子、晴、當番、松井右衛門大尉・松井出羽守・木崎主計・小畑勘ケ由・松井多門・青水造酒、民部卿所勞斷、

一、閑院宮樣諸大夫より手紙を以、裕宮樣來月中關東御下向ニ付、來ル廿八日御首途御治定被爲有之旨、御吹聽被仰進候由也、

廿三日、辛丑、曇、當番、松井右衛門大尉・中村帯刀・初瀬川采女・友田掃部・鈴木求馬・荘田左衛門、民部卿斷、

廿四日、壬寅、曇、晝時より雨、當番、菅谷中務卿所勞斷・松井右衛門大尉・松井出羽守・木崎主計・小畑勘ケ由・松井多門・青水造酒、

*禁裏御會始

一、禁裏御所御會始和歌御詠進、尤御參可被爲有之處、依御歡樂御斷之趣、奉行飛鳥井中納言殿迄被仰入候

事、御口上書持參、
御會始和歌御詠進被成候、尤御參可被成之處、依
御歡樂御斷被仰上候、此段宜御沙汰賴思召候、以
上、
八月廿四日　座主宮御使　松井出羽守
右御使非藏人口へ相勤也、

御懺法講につき御吹聽

一、梶井宮(承眞)様より御使を以、來ル十月五日十二日迄、於
宮中後桃園院様・盛化門院(維子)様御年回、兩度之御懺法
講被仰出候ニ付、御吹聽被仰進候事、
廿五日、癸卯、雨、當番、松井右衞門大尉・中村帶刀・初瀨川采女・友田掃部夜斷・鈴木求馬・莊田左衞門、松井出羽守加番、中務卿不參、

天台座主御辭退の口上書

一、職事廣橋頭弁殿江御使を以、天台座主御當職御辭退
之儀ニ付、款狀被差出、御口上書左之通、小奉書四
ツ折也、
御口上覺
當宮天台座主御當職御辭退被仰上候、此旨宜御沙
汰賴思召候、以上、
八月廿五日　妙法院宮御使　松井右衞門大尉
右之趣申入候處、尚可被及御沙汰由也、

*座主職辭退につき青蓮院宮と梶井宮へ仰進

一、廣橋前大納言殿へ、右御辭職之儀今日頭弁殿へ被仰
入候、尚又宜敷御沙汰賴思召候旨被仰遣也、御使右
衞門大尉相勤、

*關東御機嫌窺ひにつき傳奏觸

一、傳奏觸到來、
口上覺
堀田相模守(正順)殿歸京ニ付、關東爲窺御機嫌、來ル廿
八日廿九日巳刻より未刻迄之內御使者被遣候樣ニ
与被存候、此段各方迄可申入旨、兩傳被申付如此
ニ候、以上、
八月廿四日　兩傳奏雜掌
御名前例之通
坊官御衆中
追而、御廻覽之後、勸修寺家へ御返し可被成候、
以上、
一、梶井宮樣へ御使を以、來ル十月後桃園院樣・盛化門
院樣御年回ニ付、於宮中兩度之御懺法講被仰出候由、
昨日御吹聽被仰進、依之御歡被仰進候也、御使初瀨
川采女、
廿六日、甲辰、雨、當番、松井右衞門大尉・松井出羽守・木崎主計・小畑勘ケ由・松井多門・青水造酒、民部卿斷、
一、青蓮院宮(尊眞)樣・梶井宮樣へ御使を以、此御方座主職御

辭退之儀被仰上度、則職事方江右御辭職之儀被仰入候ニ付、此段爲御知被仰進候旨申述也、御使松井出羽守、

一、青門樣御返答ニ、御口上之趣委細御承知被成候、乍然少ゝ御所存も被爲有候由、御不安心ニ思召候ニ付、明日ニ而も此御方へ被爲成、御對顔ニ可被仰入、尤明廿七日廿八日廿九日三ケ日ハ、御手透被爲有候へ共、晦日より來月七日之朝迄者、無御據御指問被爲有候故、此御方御差支不被爲有候ハヽ、明日ニ而も可被爲成思召候旨、隱岐大輔面會及御答也、梶井宮樣御返答御相應也、

座主職辭退につき手紙往返

一、青門樣坊官隱岐大輔迄手紙遣、其云、

以手紙得御意候、然者過刻御使相勤候節、御返答之趣具ニ及言上候、併少ゝ御所存も被爲有候趣被聞召度候ニ付、明日晝後此御方江被爲成度旨、御尤之御事委細承知被成候、右御辭職之儀者、兼而御所表江被仰上置候所、御尤之由御沙汰も被爲有候御事故、御辭職被仰上候御事ニ候、乍然格別御差急之御子細ニも不被爲有候條、遠方被爲成候も御苦勞ニ思召候故、猶四五日中此御方より被爲成候而、委曲御對顔ニ可被仰入思召候、此段宜御沙汰可被成与之御事御座候、以上、

八月廿六日　　松井出羽守

尚〳〵、此御方より被爲成候御事ニ候ハヽ、其以前各方迄前日ニ而も可得御意候、以上、

隱岐大輔樣

右返書、

御手紙致拜見候、先刻ハ爲御使被成御參御苦勞之御事ニ御座候、然者其節此御方御答之趣御言上被成候處、御辭職之御一儀、御所表江兼而被仰上置候上、御尤之由御沙汰も被爲有候故、御辭職被仰上候御事ニ御座候旨、格別御差急之御子細ニも不被爲有候由、御紙上之趣、且明廿七日此御方より被爲成候儀、御苦勞ニ被思召進候段、具ニ申上候、四五日中ニ其御所樣より可被爲成之旨、被爲入御念候御事ニ思召候、格別御差急之御子細ニも不被爲有与之御儀ニ御座候上ハ、明日被爲成候儀ハ御延引可被成候、將又先刻御答ニ被仰入候通、明廿七日廿八日廿九日三ケ日ハ、被得御手透候へ共、

晦日より來月七日之朝迄ハ、無御據御差問御座候故、若哉被爲成被進候とも、晦日より來月七日朝迄之內、御先御斷被仰入度思召候、七日も晝前よりハ最早御平生之通ニ御座候、是ハ各方迄申入置候樣ニとの儀ニ御座候、前段之趣御取繕被成候而、宜御沙汰被成候ニ与之御事ニ御座候、

八月廿六日

尙〻、其御所樣より被爲成被進候砌ハ、其前日ニ而も各方より下拙共迄御案內可有御座之旨御端書之旨、致承知候、

隱岐大輔

松井出羽守

廿七日、乙巳、或晴曇、當番、松井右衞門大尉・中村帶刀・初瀨川采女・友田掃部・鈴木求馬・莊田左衞門、中務卿所労斷、

田安中納言と種姫及び德川刑部卿の各法名につき手紙往返

一、御附武家より來狀、

明和八年六月田安中納言(宗武)殿、寛政五年正月種姫君樣、同年四月德川刑部卿殿、右御方〻逝去之節、御法名各方迄自分共より爲御知之儀無之候哉、尤爲御知申候書留等無之候ニ付、勿論右爲御知者無之儀とハ存候へ共、取調候儀有之候ニ付、爲念承度存候、以上、

八月廿七日

尙〻、若爲御知申候儀有之候ハヽ、其節之月日等承度、且又所司代より右爲御知等者無之候哉、是又其節之有無承り度存候、以上、

石谷肥前守(清茂)
神保紀伊守(長孝)

菅谷中務卿樣
松井西市正(永昌)樣

右返書、

明和八年六月田安中納言(宗武)樣、寛政五年正月種姫君樣、同年四月德川刑部卿(治國)樣、右御方〻御逝去之節、御法名爲御知之儀無之候哉、御承知被成度旨、御紙面之趣致承知候、則相調候處、右爲御知之儀ハ相見へ不申候、仍御報如此御座候、以上、

八月廿七日

尙〻、二條表より爲御知之儀も相見へ不申候、以上、

松井右衞門大尉

石谷肥前守樣

神保紀伊守様

一、梶井宮様より御使を以、此度座主職御辭退之儀ニ付、御使被進候御挨拶被仰進候事、

一、堀田相模守より使者を以、此度關東より上京候ニ付、眞綿三把・昆布一箱進上仕候由也、

廿八日、丙午、雨、當番、松井右衞門大尉・松井出羽守・木崎主計・小畑勘ケ由・松井多門・青水造酒、

一、所司代堀田相模守亭へ御使松井出羽守御口上書持參、

御口上覺

此度御上京ニ付、公方様益御機嫌克被爲成候哉、被聞召度思召候、右爲御見舞御使を以被仰進候、尚又此段關東表江宜御通達賴思召候、以上、

八月廿八日　妙法院宮御使 松井出羽守

裕宮御首途

一、裕宮様今日御首途ニ付、爲御祝儀昆布一折五十本被進之、方御乳人迄表役より文ニて遣之、

一、青門様坊官迄手紙遣、明日快晴ニ候ハヽ、晝後其御方へ被爲成度旨被仰進、何之御差支不被爲有候條、御成被進候様御返答也、

伊勢例幣の傳奏觸

一、傳奏觸到來、

口上覺

就伊勢例幣、禁裏様從來晦日晩御神事、從來月九日晩至十三日朝御潔齋候、仙洞様從來月九日晩至十一日發遣御神事候、中宮様從來晦日晩至來月十三日朝、僧尼重輕服之御方ゝ様御參入可被憚候、爲御心得各方迄可申入旨、兩傳被申付如此候、以上、

八月廿八日　兩傳奏 雜掌

御名前例之通

坊官御衆中

追而、御廻覽之後、勸修寺家へ御返し可被成候、以上、

一、當日御禮參殿之輩、山本內藏・三宅宗達・市川養元・原田無關、

廿九日、丁未、雨、當番、松井右衞門大尉・松井出羽守・中村帶刀・初瀨川采女・友田掃部・鈴木求馬・莊田左衞門、

*呉月溪へ屏風畫御褒美

一、從禁裏御所先達而呉月溪へ御屏風畫被仰付候ニ付、爲御褒美白銀五枚被下之候由、甲斐より文ニて申來ル、則月溪相招、右銀子右衞門大尉出會ニて相渡ス也、

一、小泉陰陽大允江、先達而香雪庵新御茶屋御普請之節勘文差上候ニ付、方金貳百疋被下之、主計より相渡也、

*護淨院弟子少將十八道前行御授御禮

諸役順達

*宮中御懺法講につき梶井宮へ御口上

晦日、戊申、晴、當番、松井右衛門大尉・松井出羽守・木崎主計・小畑勘ケ由・松井多門・青水造酒、

一、護持御本尊御撫物爲申出、北小路極﨟參上、地下役人附添來、於鶴之間右衛門大尉出會、御堂宿普門院を以例之通相渡之、以後極﨟於梅之間御對面也、

一、禁裏御所より御使女房奉書を以、來月御內〻御祈禱御撫物被出、則御返書御請被仰上也、

一、駒井幸之助（應擧）へ、先達而圓山主水死去ニ付、爲御尋餠饅頭壹組被下之、

九月　御用番、菅谷中務卿（寛常）、

朔日、己酉、快晴、當番、松井右衛門大尉（永亨）・中村帶刀（利章）・初瀬川采女・友田掃部・鈴木求馬・莊田左衛門、民部卿所勞斷、

一、仙洞御所（後櫻町）・女院御所（富子）江當日御祝詞被仰上候事、御使伊丹上總介（宜顯）、但、禁裏御所（光格）・中宮御所（欣子）ハ御神事故、無其儀、

一、於梅之間次之間、松井右衛門大尉より左之通申達、

中村帶刀、依不被叶思召、代官役被免候事、

木崎主計、此度代官役被仰付、御修理方免候事、

鈴木求馬、此度御修理方助役被仰付候事、

三谷玄蕃、此度御修理方本役被仰付候事、

右之趣、一統へ順達候也、

一、女院御所江御文ニて松茸一折被進候事、御使青侍中、

一、荒神護淨院參上、弟子少將參殿、於常御殿御對面、於護摩堂弟子少將へ十八道前行御授被下置候事、依之右爲御禮蒸菓子壹箱獻上之、

一、梶井宮（承眞）樣より御使を以、來月盛化門院（維子）樣御年回ニ付、御懺法講被仰出候、依之常住金剛院大僧都（眞應）山門之邊を以右出仕被召加候旨、御案內被仰進候由也、

一、當日御禮參上、山本內藏・三宅宗甫・中嶋織部・市川養元、

一、金剛院殿御參殿之事、

一、堀田相模守（正順）へ御使を以、先達而上京ニ付、御歡井右ニ付目錄之通被上候御挨拶等被仰遣候事、御使友田掃部、

一、入夜堀田相模守より使者を以、御使被差向候御請被申上候事、

一、御領山江御成、

二日、庚戌、快晴、當番、松井右衛門大尉・松井出羽守（永喜）・木崎主計・小畑勘ケ由・松井多門・青水造酒、

一、梶井宮樣へ御使を以、昨日之御挨拶被仰進、御口上書如左、

秋冷之節益御機嫌克被爲成珍重思召候、此御方何之御障りも不被爲有候條、御安慮可被進候、來月三ケ日之間於宮中御懺法講被仰出候ニ付、常住金剛院大僧都出仕被加候旨、昨日以御使御案内被仰進、被爲入御念候儀御承知被成候、尤右出仕之儀兼而被相願度趣ニ候處、此度被召加候段、於此御方も御大慶被成候、尚又宜御取計御頼被仰進候、右御挨拶御使を以被仰進候、以上、

九月二日　座主宮御使　青水造酒

三日、辛亥、快晴、當番、菅谷中務卿・中村帯刀・初瀬川采女・友田掃部・鈴木求馬・莊田左衞門、

一、大聖寺様（永杲）へ御使を以、彼御方今度南都御兼帯所圓照寺御室江被爲成候由、明日御發輿ニ付、御見舞御使被進候事、御使三谷玄蕃、

一、北川恒之進、此度香雪庵御取繕之儀内〻被仰付候ニ付、爲御褒美南鐐三片被下之、監物（山下重好）より相達也、

一、常住金剛院大僧都御參殿之事、

一、藤嶋石見參上、御對面、

四日、壬子、快晴、當番、菅谷中務卿・松井出羽守・木崎主計・小畑勘ケ由・松井多門・青水造酒、

一、於積翠無爲庵正午巡會御茶、市川養元より獻上之、御詰知足庵・坂元清記・三宅宗仙被仰付候事、

*出火類焼の事

一、酉刻頃五條通柳馬場東へ入南側出火、依之五條橋詰町江代官方町役人等同勢召連相詰ル、戌刻頃火靜、凡三軒計類焼之由也、

一、右ニ付、東本願寺門主（達如光朗）へ爲御尋御使被遣候事、御使小畑勘ケ由・安福左馬太、

一、金剛院殿御參、

*閑院宮より和歌御染筆の儀につき御口上

一、閑院宮様（美仁）より御使を以時候御口上、且此御色紙和歌御染筆之儀、御頼被仰入候、何卒一兩日中ニ乍御苦勞御染筆被遊被進度、此段譯而御頼被仰入候由也、委細御領掌被遊候間、明日中ニも御染筆被遊可被進旨之御答也、

五日、癸丑、快晴、當番、今小路民部卿（行章）所勞斷・松井右衞門大尉右同斷・松井出羽守・中村帯刀・初瀬川采女・友田掃部・松井多門・莊田左衞門、

一、閑院宮様へ御使を以、御頼被仰進候御染筆物被進候事、御使初瀬川采女、

一、東本願寺門主より使者を以、昨夜近邊出火ニ付、爲御尋御使被遣候御挨拶被申上候事、

一、閑院宮様へ昨日御頼被仰入候御色紙五枚、今日御染筆被遊被進之、右御色紙壹枚御書損被爲有、御替地之儀被仰進候處、御承知被遊、尚彼御方より可被進

旨御答也、御使初瀨川釆女、

六日、甲寅、曇、當番、松井出羽守・木崎主計・初瀨川釆女・鈴木求馬・小畑勘ケ由、

一、坂元淸記、此度元締方助役被仰付、月番中務卿より申渡也、

一、金剛院殿御參殿之事、

七日、乙卯、晴、當番、菅谷中務卿・中村帯刀・友田掃部・松井多門・青水造酒・莊田左衞門、

一、三上伊賀守(保敎)・中村帯刀・木崎主計・坂元淸記江此度改御取調被仰付、猶又出情可有之旨、中務卿より申渡也、

御茸狩

一、今日御領山御茸狩也、堺山ニおゐて夕御膳・御提重・御吸物・御酒等被召上、右ニ付被召參上之輩、知足庵・蒿蹊・大愚・緒方左衞門・呉月溪等也、

八日、丙辰、晴、當番、菅谷中務卿・松井右衞門大尉・松井出羽守・木崎主計・初瀨川釆女・鈴木求馬・小畑勘ケ由、

一、有栖川宮樣(織仁)より御使を以、御書被進候事、

御容體書

一、和田泰純江御藥取、御容躰書、

益御機嫌克被爲成候、先日御容躰後御同遍被爲在、御膳等御相應ニ被召上、御機嫌克被爲在候事、

九月八日

一、香山文太郎、先達而御家來被召加候ニ付、明日御禮可相勤旨、中嶋織部迄相達也、

重陽、丁巳、曇、申刻前より雨、當番、松井右衞門大尉・中村帯刀・友田掃部・松井多門・青水造酒・莊田左衞門、

一、當日御祝儀如例、

一、仙洞御所・女院御所江當日御祝詞被仰上、御使三上伊賀守、但、禁裏御所・中宮御所御神事ニ付、無其儀、

一、於御白書院坊官以下中奥・隱居・子供・常勤並御家來・無常勤御家來等、御禮申上ル也、

*關東へ飛脚下向につき先觸

一、坂元淸記依願、佐伯彦左衞門關東江爲御飛脚下向、明日發足ニ付大津驛江先觸差出候事、

覺

一、人足　五人　一、輕尻　壹疋

右者就妙法院宮御用、關東江爲御飛脚佐伯彦左衞門被差下候、明十日京都發足候、右之人馬無遲〻差出可給候、以上、

卯九月九日　妙法院宮役人　高木五郎右衞門印

大津より板橋迄

問屋中

肝煎中

上包　木曾路御傳馬宿
問屋中
肝煎中

一、有栖川宮樣へ昨日之御返書被進候事、

一、香山文太郎、今日御禮可申上候處、所勞ニ付延引之段、中嶋織部を以御斷申上ル也、

一、靑門(尊眞)樣より當日御祝詞、御使を以被仰進候事、

一、勝安養院殿(洞海)より使を以、當日御祝詞被申上也、

一、當日御禮參上之輩、山本內藏・三宅宗仙・同宗甫・同宗達・中嶋織部・市川養元・原田無關・橫山左近・岩永大炊、

十日、戊午、曇、當番、菅谷中務卿・松井右衞門大尉・松井出羽守・木崎主計・初瀨川采女・鈴木求馬・小畑勘ケ由、

内田喜間多よりの願書

一、內田喜間多より先達而願書差出候ニ付、記滋(茲)、左之通、

乍恐奉願口上書

私事、從幼稚之砌被召出、不調法者ニ御座候得共、唯今迄も御召使被下候段、難有仕合奉存候、誠ニ先祖源六以來御厚恩之程忘却可仕樣無御座難有奉畏候、然ル上者私御奉公相勵勤務可仕候處、生得柔弱ニ御座候而、相勤候事茂自然懈怠仕、別而去々年以來兎角不快ニ而相勤候事も每々懈怠仕候故、彼是心配仕候へ共、病身之事故自不奉公ニ相成、恐多奉存候、其上當時家族共も相增、暮方ニ親共甚難澁仕、少々之衣躰等も預置候仕合ニ御座候而、平日差支罷在候而、是以殊外心勞仕候、度々所勞之御斷も申上候儀、甚自由ケ間鋪奉恐候ニ付、不得止事何卒常勤無之御家來被爲仰付候樣、御憐愍之段偏奉願候、若御無人之節者、病氣無之候ハヽ何時ニ而も罷出相勤候樣可仕候、此段何卒宜御執成被下置候樣奉願上候、以上、

卯八月　內田喜間多印

菅谷中務卿殿
今小路民部卿殿
松井右衞門大尉殿

一、右依願、今日より常勤御免、以來無常勤御家賴ニ被仰付候也、於御用部屋菅谷法印相達候事、
右之趣、一統へ順達候事、

一、御兼約ニ付、未刻前御出門ニ而先祇園社江御參詣、

夫より有栖川宮様へ被爲成、還御戌刻過、御供出羽守・勇・勘ケ由、御先三人、但、御成ニ付、唐金御花生一ツ箱入被進之、

御取締順達

一、被仰渡趣、左之通、
此度格別之思召を以、表并奥向共嚴敷御取締御省略被仰出候、各堅相守、彌御失墜無之様可被相心得候、若此儀心得違有之候輩者、急度御咎可被仰付候事、
御取締方　三上伊賀守・中村帯刀・木崎主計・坂元清記、
右之通被仰出候事、
右御家來一統へ及順達也、
一、御廣間詰へ被仰渡趣、
一、御殿内禁酒、彌以堅相守可申事、
一、御廣間詰於休所、煮焚堅停止之事、
一、御家頼一統私用ニ下部使候儀、堅停止之事、
但、差掛り候儀者可寄時宜事、
一、御次詰へ被仰渡趣、
一、御殿内禁酒、彌以堅相守可申事、
一、諸色御次番頭より帳面を以、取締方より相渡可申

事、
一、御次詰夜食被下候儀、相止候事、
但、丑刻後ニも相成候ハヽ、白粥ニ而も可被下事、
一、御次ニて自分煮焚堅停止之事、
一、院家衆弁當之事、
但、依仰御相伴之儀者格別之事、
一、御家頼一統私用之節下部つかひ候儀、堅停止之事、
但、差掛り候儀者可寄時宜候事、
一、出家以下青侍へ被仰渡趣、
一、御殿内禁酒、彌以堅相守可申事、
一、御家來一統私用ニ而下部つかひ候儀、堅停止之事、
但、差掛り候儀者可寄時宜候事、

十一日、己未、快晴、當番、菅谷中務卿・中村帯刀・友田掃部・松井多門・青水造酒・莊田左衞門、
一、青門様より御使を以、此間御使被進、明十二日御成可被爲在旨被仰入候處、明十二日者無據御差支可爲(マヽ)有候ニ付、御斷、何卒十四日ニ被爲成候ハヽ、御滿足ニ思召候段被仰進候、即刻申上候處、御承知被遊、十四日ニ御成可被爲有由、及御返答也、
一、左府様(鷹司政熙)より御使を以時節御口上、且御色紙并御繪讃物御染筆御頼被仰入候由、尤四五日之内ニ御領掌ニ

*御觀月

*久我信通薨去につき傳奏觸

おいてハ御染毫被進候樣被成度旨、被仰進候事、
一、香雪庵より御忍ニ而清閑寺幷清水寺邊へ御成之由、
御供香雪庵詰不殘罷出候也、
一、西本願寺門主（文如光暉）へ御使を以、御領山松茸一籠被遣之、
御使坂本清記、
一、莊田左衞門、及老年候ニ付宿番被免候事、
一、圓山右近（應瑞）參上、親共死去之節御使被下置、其後御菓
子等迄頂戴仕候而難有仕合奉存候、今日忌明仕候ニ
付、右御禮申上候也、
十二日、庚申、快晴、當番、松井右衞門大尉・松井出羽守・木崎主計・初瀬川采女・鈴木求馬・小畑勘ケ由、
一、西本願寺門主より使者を以、昨日之御請被申上也、
一、勢州兩宮幷多賀社へ御代參、牛丸九十九今朝發足、
十三日、辛酉、快晴、當番、松井右衞門大尉・中村帶刀・友田掃部・松井多門・青水造酒・莊田左衞門、
一、安樂心院宮（公延）樣より御使今小路大藏卿來、御讃御染筆
之儀御賴被仰進候由也、
一、鷹司左府樣へ御使を以、此間御賴被仰進候御色紙御
短尺御染筆被爲有候ニ付、被進之、
一、閑院宮樣より御使を以、先達而御色紙御染筆御書損
ニ付、御替地之儀被仰入候處、今日被進候由、尙四
五日中御染筆可被進旨也、
一、今晩香雪庵ニ而御觀月被爲有ニ付、依召參上之輩、
緒方左衞門・岸紹易・三宅宗仙・原田無關、
十四日、壬戌、快晴、當番、菅谷中務卿・松井出羽守・木崎主計・初瀬川采女・鈴木求馬・小畑勘ケ由、
一、傳奏觸到來、
口上覺
久我前内府（信通）樣薨去ニ付、從今日至明後十五日三ケ
日之間廢朝候、洞中三ケ日被止物音候、此段爲御
心得各方迄可申入旨、兩傳被申付如斯候、以上、
九月十三日　兩傳奏雜掌
御名前例之通
坊官御衆中
以上、
追而、御廻覽之後、勸修寺家へ御返し可被成候、
一、御附武家より來狀、
相達候儀有之間、各方之内壹人今日中紀伊守御役
宅へ可被相越候、以上、
九月十四日　石谷肥前守（淸茂）
神保紀伊守（長孝）

菅谷中務卿様
松井(永昌)西市正様
右承知之旨、及返書也、
一、神保紀伊守役宅へ三谷玄蕃行向、去月心観院様(倫子)廿五回御忌ニ付、當七月被差出候書付両通共可爲書面之通旨、附札を以相達也、
一、未刻頃御出門、青蓮院宮様へ御成、戌刻過還御、御供出羽守・采女・競、御先三人、
一、西岡御領分爲毛見、松井右衞門大尉・代官方両人出役也、
十五日、癸亥、快晴、當番、松井右衞門大尉・中村帯刀・友田掃部・松井多門・青水造酒・莊田左衞門、

心観院二十五回御忌につき聞繕書

一、御附武家へ御聞繕書差出、
心観院様二十五回御忌ニ付、公方様(家齊)江御機嫌爲御見廻被進物幷御納經、二條表江御使何日頃可被差向候哉、此段宜御聞繕可被進候、以上、
九月十五日　妙――宮御内　菅谷中務卿
右一通、神保紀伊守役宅へ安福左馬太持參、落手也、

*七條袈裟拝借

一、御附武家より來狀、
暑中爲御伺御機嫌、其御方より公方様・若君様(家慶)江

被進物有之候ニ付、御喜色之段相達候間、各方之內壹人明十六日五ツ半時、菅沼下野守(定喜)御役所へ被相越候様可相達旨、町奉行より申越候ニ付、此段相達候、以上、
九月十五日　石谷肥前守
神保紀伊守
菅谷中務卿様
松井西市正様
右承知之旨、及返書、
一、禁裏御所・仙洞御所へ日吉社御祈禱之御卷數幷元慶寺御祈禱之御卷數、御獻上之事、
一、中宮様へ元慶寺御祈禱之御卷數被上之、御使初瀬川采女、
一、閑院宮様へ御使を以、一昨日被仰進候御色紙御染筆ニ付、爲持被進之、
一、青門様より御使を以、昨日御成御挨拶被仰進也、
一、久我殿(通明)へ御使を以、前內府殿薨去ニ付、御悔被仰遣也、
一、金剛院大僧都、先達而被相願候ニ付、七條御袈裟拝借被仰付、幷紋白御袈裟被下之也、此節御懺法講前

ニ付出京之由、仍之家來相招、右衞門大尉相渡也、

香山文太郎参殿元學と改名

一、香山文太郎、此度御家頼被召抱候ニ付、爲御禮中嶋織部同道ニ而參殿、右衞門大尉面會、追而御對面可被仰付旨申達、文太郎此度元學与改名仕、東洞院錦小路上ル町自宅へ引越申度、依之宿所御届之儀奉願候由也、御禮錄、左之通、

一、薄奉書十帖・扇子三本入　獻上、

一、和紙三束ツヽ　金剛院殿 表役三人、

泉涌寺參詣につき傳奏觸

一、傳奏觸到來、

口上覺

泉涌寺破損所假御取繕ニ付、來月御法事前迄之内御參詣之御方ゝ樣、廿一日廿三日廿九日、右日限之内御參詣御座候樣致度旨、泉涌寺より申出候、仍爲御心得各方迄可申入旨、兩傳被申付如此ニ候、以上、

九月十五日　兩傳奏 雜掌

御名前例之通
坊官御衆中

追而、御廻覽之後、勸修寺家へ御返し可被成候、以上、

一、鷹司樣より御使を以、時節御口上、且此間御頼被進候御染筆物早速御認被進、御滿足思召候、依之右御挨拶被仰進候由也、

一、香山文太郎、今般御家來被仰付、爲御禮參上、奉書十帖・扇子三本入壹箱獻上也、

一、岸紹易・知足庵・三宅宗仙、各御對面候事、

一、吳月溪、右同斷、

一、當日御禮參上之輩、山本内藏・市川養元・原田無關、

十六日、甲子、快晴、當番、菅谷中務卿・松井出羽守・木崎主計・初瀬川采女・鈴木求馬・小畑勘ケ由、所勞代造酒、

一、和田泰純參上、拜診、御藥調進之事、

一、金剛院殿御參殿之事、

*山門樹王院執行代假役相勤の手紙往返

一、山門樹王院より手紙到來、如左、

以手紙得御意候、追日秋冷相增候得共、彌御安康珍重奉賀候、然者當院執行代妙觀院病身ニ付、役儀御免被仰付候ニ付、後役被仰出候迄假役拙僧相勤罷在候、此段御序之刻宜預御沙汰奉頼候、右得御意度如斯ニ御座候、以上、

九月十六日　樹王院

菅谷中務卿樣

右返書、

御紙面致拜見候、如來意秋冷之節彌御堅剛珍重奉存候、然者執行代妙觀院病身ニ付、役儀御免被仰付候ニ付、後役被仰出候迄貴院假役御勤被成候旨、御紙面之趣致承知候、依而御報迄如此御座候、以上、

九月十六日　菅谷中務卿

樹王院様

一、菅沼下野守役所へ山下監物(重好)行向候處、爲暑中御見舞公方様へ被進物有之候ニ付、御喜色之段相達候由也、御承知之御使立歸り、例之通相勤也、但昨日御附より之紙面ニ、若君様へも被進物有之候趣ニ候へ共、此儀者間違也、

十七日、乙丑、快晴、當番、松井右衞門大尉・中村帶刀・友田掃部所勞斷・松井多門・青水造酒・莊田左衞門、

一、禁裏御所・中宮御所へ御文を以、御領山松茸一折御獻上也、

一、女院御所へ一昨日之御返書被上候事、御使青侍中、

香山元學宿所屆

一、香山元學宿所屆、

覺

妙法院宮御家頼　文太郎改名
香山元學

右元學儀、是迄建仁寺領八坂塔ノ下星野町自宅住居仕罷在候處、此度東洞院錦小路上ル丁自宅へ引移住居仕候、仍爲御屆如斯御座候、以上、

卯九月　妙――御内
菅谷中務卿印

(經逸)勸修寺前大納言様御内
立入左京亮殿
漢城隼人殿

(有政)千種前中納言様御内
福井壹岐守殿
細谷典膳殿

右一通、千種家へ安福左馬太持參、御落手之由也、

一、禁裏御所より御使女房奉書を以、御月次和歌御題被進候、則御返書御請被仰上也、一通如左、

月次御會和歌前日御詠進之事、奉行藤谷右兵衞督殿、

一、西本願寺門主より使者を以、昨日者顯證寺江御茶被下置、忝仕合奉存候、右御禮被申上、顯證寺ニも難有旨御請申上候由也、

一、岸紹易參上、昨日御禮申上ル、卽御對面、今晚下坂之旨御暇乞申上ル也、

十八日、丙寅、晴、當番、松井右衞門大尉・松井出羽守・木崎主計・初瀨川釆女・鈴木求馬、勘ケ由所勞斷、

甲斐參殿

一、禁中様御内御差甲斐來、先梅之間へ通、先達而貞嚴參ル、□案内ニ而御白書院江通、茶多葉粉盆出、夫より於常御殿御對面、御口祝被下、夕御膳御相伴被仰付、以後御領山へ御成、甲斐御供於堺山御提重・御吸物・御酒等廻ス、暮前還御、後於常御殿三ノ間夜食被下、貞嚴ハ梅之間溜りニ而支度被下之、酉刻過退出、膳部足打通ひ小重方、配膳貞嚴茶臺等用之、供廻りへ一飯被下之、

一、甲斐參殿ニ付、昆布一折三拾本・花瓶一箱獻上之、於御前紗綾壹卷被下之、

一、中宮御所より昨日之御返書被進、

十九日、丁卯、快晴、當番、菅谷中務卿・中村帶刀・友田掃部・松井多門・青水造酒・莊田左衞門、

一、甲斐より使を以、昨日參上御禮申上ル也、

廿日、戊辰、曇、戌刻頃より雨、當番、菅谷中務卿・松井出羽守・木崎主計・初瀬川采女・鈴木求馬・小畑勘ケ由、

一、和田泰純參上、於常御殿拜診、以後御灸治上ル、

一、圓山右近・吳月溪參、於常御殿御席畫被仰付、并御内御囃子被仰付候事、

一、牛丸九十九、勢州御代參相勤、今日上京仕候ニ付、御居申上ル、如例御秡獻上之、

廿一日、己巳、曇、晝後晴、當番、今小路民部卿・中村帶刀・友田掃部・松井多門・青水造酒・莊田左衞門、

一、泉涌寺へ御代參被差向候事、莊田左衞門相勤ル、

廿二日、庚午、晴、當番、今小路民部卿・松井右衞門大尉・松井出羽守・木崎主計・初瀬川采女・鈴木求馬・小畑勘ケ由、

一、開明門院(定子)樣七回御忌ニ付、淨華院へ御代香、葩三十葉被備之、御使惠乘房、

一、護淨院、時節爲伺御機嫌參上、御對面之事、

一、風折左京、右同斷、

廿三日、辛未、快晴、當番、菅谷中務卿・中村帶刀・友田掃部・松井多門・青水造酒・莊田左衞門、

*東福寺へ御成

一、午刻後御忍ニて東福寺へ御成、御供出羽守・監物・采女・掃部・玄蕃・競・唱、御先弐人、

*日蓮宗不受不施につき傳奏觸

一、傳奏觸到來、

上總國下總國村々百姓共、日蓮宗不受不施之傳法を習請、其身ハ勿論人ニすゝめ、重き御仕置ニ相成候ものも有之、近年およひ候而も不受不施之僧俗重科行有之處、右之内ニ者新門徒又者內信心抔之名目を附、前々御仕置ニ相成候不受不施之僧を日蓮同樣ニ尊敬いたし候もの、或者何之弁なく右ニ加り候もの迄も夫々咎請者、畢竟其所之支配人

村役人等心附方不行屆故之儀□(蟲損)、農業を専一ニいとなミ、分限ニ應し先祖之法事追善等執行候者勿論之儀、いとまあるものハ佛道を信し候ハ勝手次第之事ニ候へハ、日蓮宗之内受不受之譯等者百姓共之論すへき事ニあらす、從公儀被立置候宗門之外歸依いたすへき筋ニ無之とのみ相心得候へ者、事足候儀ニ候間、是等之趣も能々相弁、紛敷宗法之持方等いたし申間鋪候、右之通申渡す上者、重而不受不施類之宗門相待もの有之者、當人者不及申、其所之もの迄も嚴科可相行候、且右兩國之外ニ而も不受不施者勿論之儀、都而何宗ニよらす異風なる執行ひ致間敷候、万一申勸候もの於有之者、其所之奉行所幷御代官又者領主地主(マヽ)江早々可申出候、

右之通御料者御代官、私領者領主地頭より不洩樣可申渡候、

右之趣可被相觸候、

　八月

*山本左源太暇願書

口上覺

別紙之通武邊より申來候間、爲御心得各方迄可申入旨、兩傳被申付如此候、以上、

　九月廿三日　　兩傳奏雜掌

　御名前例之通

　　坊官御衆中

追而、御廻覽之後、勸修寺家へ御返し可被成候、以上、

一、御月次奉行藤谷右兵衛督殿へ御使を以、和歌御詠進可被成之處、依御所勞御未進被成候旨、御口上書を以被仰入候也、御使青水造酒、

廿四日、壬申、快晴、當番、松井右衛門大尉・松井出羽守・木崎主計・初瀬川采女・鈴木求馬・小畑勘ケ由、

一、山本左源太より先達而願書差出候所、此度願之通被仰付候事、但、三上伊賀守迄右衛門大尉より申達、願書茲ニ記、如左、

　奉願上

一、私儀、先達而依願御家來被爲召加被下、冥加至極難有仕合奉存候、然ル處近年病身ニ罷成、當春よりハ別而平臥、醫師抔も長病可相成由申候ニ付、御用ニも不相立、長々引籠罷在候儀、甚奉恐入候ニ付、何卒首尾能長之御暇被下置候ハヽ、此上難

有仕合奉存候、宜御沙汰奉願上候、以上、
寛政七年卯九月　　山本左源太印
菅谷中務卿殿
今小路民部卿殿
松井右衞門大尉殿

一、晝後香雪庵へ被爲成、御逗留之事、

廿五日、癸酉、曇、後雨、當番、今小路民部卿・中村帶刀・友田掃部・松井多門・青水造酒・莊田左衞門、

御容體書

一、和田泰純江御藥取、御容躰書、
　　益御機嫌克被爲成候、先日御容躰後御同遍被爲在、
　　御膳等御相應ニ被召上、御機嫌克被爲在候事、
　　　　九月廿五日

一、北野聖廟江御代參、友田掃部、

金剛院權僧正勅許

一、金剛院權僧正(眞應)御參、今度御懺法講依出仕、權官昨夜
勅許ニ付、不取敢御禮被申上候由也、

一、女院御所より御文幷御文匣之内被進之、香雪庵へ民
部卿持參也、

廿六日、甲戌、快晴、當番、松井右衞門大尉・松井出羽守・木崎主計・初瀬川采女・鈴木求馬・小畑勘ケ由、

一、烏丸辨殿(資董)より御里坊使者を以、金剛院殿迄消息を以、

來月護持御勤修之儀被仰出、
　　來月護持可令勤修給之旨被仰下候、以此旨宜令洩
　　申座主宮給候也、恐惶謹言、
　　　　九月廿六日　　　資董
　　常住金剛院權僧正御房　資董

御請文、如左、
　　來月護持、座主宮可有御勤修之旨、則申入候處、
　　御領掌候也、恐ゝ謹言、
　　　　九月廿六日　　　眞應
　　烏丸辨殿　眞應

右御請文、弁殿亭へ安福左馬太持參、

廿七日、乙亥、快晴、當番、今小路民部卿・中村帶刀・友田掃部・松井多門・青水造酒・莊田左衞門、

一、安樂心院宮樣へ御書被進、御里坊迄持參也、御使石
野東大夫、

*薩州下向につき南泉院參殿暇乞

一、薩州南泉院僧正參殿、今度薩州へ下向、來卅日出立
ニ付、御暇乞窺御機嫌旁參上之由、方金百疋獻上之、
御玄關ニて申置也、

廿八日、丙子、晴、當番、松井右衞門大尉・松井出羽守・木崎主計・初瀬川采女・鈴木求馬・小畑勘ケ由、

山門嚴王院大僧都勅許御禮御屆

一、山門嚴王院（慈周）參上、右衞門大尉面會、此度御懺法講出仕ニ付、大僧都蒙勅許難有仕合奉存候、依之御禮御屆申上ル、

大般若轉讀

一、於大佛殿轉讀大般若御執行、出仕之輩左之通、金剛院大僧都・菩提院（志岸）・寶嚴院（覺純）・瑞雲院（貞剛）・嚴王院・本行院・普門院（啓道）・惠乘房（玄隆）、但、宮御方御出仕可被爲在處、依御歡樂無其儀、

一、今日出仕之輩、於梅之間御齋御布施被下之、御所勞ニよつて御對面無之、

一、山門常智院大僧都・金藏院大僧都（圓郁）・慈光院法印・龍珠院法印、各參上、此度御懺法講出仕ニ付、蒙勅許難有仕合奉存候、依之御禮として參殿候事、但御玄關ニ而申置也、

*赤山明神へ御參社

廿九日、丁丑、快晴、當番、今小路民部卿・中村帶刀所勞斷・代主計、友田掃部・松井多門・青水造酒・莊田左衞門、

一、未刻前御出門、御參內、亥刻還御、御供出羽守・掃部・競、御先三人、

一、和田泰純參上、御藥調進、御留守中故申置也、

*宮中御懺法講執行につき來狀

一、裕宮樣今度關東江御下向、來月十六日御發輿御治定之旨、諸大夫より手紙ニて申來也、

三十日、戊寅、快晴、當番、松井右衞門大尉・松井出羽守・木崎主計・初瀨川采女所勞斷・代造酒・鈴木求馬・小畑勘ケ由、

一、護持御本尊御撫物爲申出、北小路極﨟地下役人附添來、於鶴之間右衞門大尉出會、御本尊御撫物、御堂宿惠乘房を以例之通相渡、少ゝ依御違例御對面無之、

一、禁裏御所江御使、當月御內ゝ御祈禱、今日御結願ニ付、御撫物御卷數、御文を以御獻上之事、御使青水造酒、

一、午刻過御忍ニて赤山明神へ御參社、御提重相廻ル、亥刻比香雪庵へ還御、御供出羽守・監物・求馬・玄蕃・勇・競・勘ケ由・右兵衞、御先兩人、

一、八幡新善法寺權僧正より書中を以、當月御祈禱之御卷數獻上之、

一、裕宮樣今度關東へ御下向ニ付、爲御迎常盤殿上京、大佛殿并三十三間堂へ被相越候ニ付、爲案內安福左馬太・町役人等罷出ル、但、常盤殿被相越候由ハ、昨夜方內より御勘定所迄申來候由也、

一、青門樣へ御使を以御書被進、卽御返書來ル也、

一、女院御所より御使、御服紗包御封中を以被進也、

一、禁裏御所より御使女房奉書を以、來月五日より五ケ

*後桃園院御年回につき手紙遣す

*心觀院二十五回御忌につき來狀

山門寶珠院と吉祥院官位勅許御禮參上

御懺法講御參日限之儀

日、十日より三ケ日之間、御懺法講被執行之條、御參可被成旨被仰出候由也、

十月　御用番、今小路民部卿(行章)、

朔日、己卯、晴、亥刻過雨、當番、今小路民部卿・中村帯刀(利章)・松井所労断・友田掃部・多門・青水造酒・莊田左衞門、

一、禁裏御所(光格)へ御使を以、昨日之御請御返書被上候事、御使末吉向、

一、四(マヽ)御所(光格・後櫻町・富子・欣子)江當日御祝詞、御使を以被仰上候事、御使

一、山門寶珠院大僧都(善海)・同吉祥院法印(實運)、此度御懺法講出仕ニ付、官位蒙勅許難有奉存候御禮參上、申置也、

一、於積翠無爲庵御巡會御茶、知足庵より獻上之、御詰宗仙・養元・清記、

一、青門樣(尊眞)より御使を以、此度於宮中御懺法講御執行候ニ付、御聽聞御參日限之儀、殿下樣(一條輝良)より仁門樣(深仁)へ被仰出候由ニて御傳達也、御日限五日六日十二日、

一、巳之刻頃香雪庵ニ而還御、

一、當日御禮參上之輩、横山左近・三宅宗甫・山本內藏・市川養元・三宅宗達・三宅宗仙、

二日、庚辰、曇、當番、松井右衞門大尉(永亨)所労断民部卿・松井出羽守(永喜)・木崎主計・初瀨川采女・鈴木求馬・小畑勘ケ由、

一、有栖川宮樣(織仁)・閑院宮樣(美仁)・仁門樣・青門樣・聖門樣(盈仁)へ手紙遣(マヽ)、

後桃園院樣御年回ニ付、若此御方ニ御立寄之御沙汰被爲有候ハヽ、當月者護持御勤修被爲有候條、御參詣前ニ御立寄被爲有候樣被成度旨申入也、

一、御附武家より一通來狀、

其御方より心觀院樣(倫子)二十五回御忌ニ付、被進物被備物御使、明後四日辰刻、堀田相模守(正順)御役宅江被差出候樣可相達旨、相模守より申越候ニ付、此段相達候、以上、

十月二日　石谷肥前守(淸茂)

神保紀伊守(長孝)

菅谷中務卿樣(寛常)

松井西市正樣(永昌)

右承知之旨、及返書、

一、裕宮樣上﨟あつ事梅町□御乳□三輪山与改名被仰付候由、文を以御吹聽申上候事、

一、惠宅師參殿、御對面之事、

三日、辛巳、曇、子ノ半刻比地震、當番、今小路民部卿・中村帶刀・友田掃部・松井多門・青水造酒・莊田左衞門、

近衞殿御祝儀につき來状

一、近衞樣(經熈)諸大夫より壹通到來、

近衞殿御本殿御普請御出來、來月十六日御引移被成候、仍御吹聽被仰達候、尤右ニ付御祝儀御音物等之儀、兼而御斷被仰入置候通、内外共堅御斷被仰達候、此段各方迄可得御意旨ニ付如斯御座候、以上、

十月三日　　今大路内藏權頭

菊藤宮内少輔

妙法院樣

坊官御中

玄猪につき傳奏觸

一、傳奏觸一通到來、

口上覺

禁裏樣御玄猪、來ル九日者不被出候、仙洞樣御玄猪、來ル廿一日被出之候間、申刻頃御勝手ニ御申出可被成候、右之趣爲御心得各方迄可申入旨、兩傳被申付如斯ニ候、以上、

十月三日　　兩傳奏雜掌

御名前例之通

坊官御衆中

*泉涌寺より參詣者へ口上

又壹通、

口上覺

今般御法事、堂御位牌假御取繕出來仕候、御參詣幷御休息處等、平日之通相整候、

一、大路橋破損、此節假御取繕出來候ニ付、御參詣之御方々へ此段御沙汰之儀宜奉希候、以上、

右之通泉涌寺より申出候間、爲御心得各方迄可申入旨、兩傳被申付如斯ニ候、以上、

十月三日　　兩傳奏雜掌

御名前例之通

坊官御衆中

追而、御覽之後、勸修寺家へ御返し可被成候、以上、

一、護淨院參上、御對面之事、

四日、壬午、曇、晝後晴、當番、今小路民部卿・松井出羽守・木崎主計・初瀨川采女・鈴木求馬・小畑勘ケ由、

*心觀院二十五回御忌につき納經及び進物

一、心觀院樣二十五回御忌ニ付、公方樣(家齊)江御機嫌爲御見舞干菓子一箱被進之、幷御納經囑累品一卷、御靈前江被備之、右二條表迄御使を以被差出候事、御使山下監物(重好)、御進物隨身丸茂彌内、

干菓子外箱上書如左、
　公方様江従妙法院宮御方被進物
　　　　目錄入ト書也、
御納經外箱上書如左、
　心觀院樣御靈前江被備
　御經囑累品一巻　　ト書也、
　但、御納經柳筥タヽミアシ、御下ケ札外箱ニ入、

興正寺門跡遷化の知らせ

一、興正寺（寂聽常順）門跡、先達而より所勞之所、不被叶養生、昨
夜子刻遷化之旨、家司より手紙ニて申來ル也、
五日、癸未、晴、當番、菅谷中務卿・中村帶刀・友田掃部・松井多門・青水造酒・莊田左衞門、

妙觀院死去及び嚴王院大僧都拜任の届

一、山門假執行代樹王院より來狀、
　一翰致啓上候、然者妙觀院儀、先月廿一日致死去
候、
一、嚴王院儀、今般宮中御懺法出勤ニ付、先月廿四
日大僧都拜任仕候、右兩條御届申上候、御序之
節宜預御沙汰候、恐惶謹言、
　　十月五日　　假執行代 樹王院 慧鎧判
　菅谷中務卿殿
右、得其意、尙及言上可申旨返書遣也、但、妙觀院
死去御届之儀者、此度宮中御懺法ニ付、差支之儀有
之候間、當月十四日頃死去之趣ニ御取計可被下旨、
執行代より申越也、

*後桃園院十七回御忌

一、禁裏御所江御使を以、後桃園院尊儀十七回御忌ニ付、
宮中江葩三十葉被備之、幷非藏人口へ御使を以、今
日御懺法講御聽聞御參可被成之處、依御所勞御不參
御斷被仰上候事、衣躰熨斗目御使伊丹上總介（宜顯）、
一、金剛院殿（眞應）御參殿之事、
六日、甲申、晴、當番、今小路民部卿・松井出羽守・木崎主計・初瀨川采女・鈴木求馬・小畑勘ケ由、

*後桃園院十七回御忌

一、後桃園院尊儀十七回御忌ニ付、禁裏御所・仙洞御（後櫻町）
所・女院御所（富子）・中宮御所（欣子）江爲御窺御機嫌、蒸籠五種入
一荷宛御進獻、
一、非藏人口へ御使を以、今日御懺法御聽聞御參可被成
之處、依御所勞御不參御斷被仰上候事、右御使松井
出羽守、衣躰服紗也、
一、此度裕宮樣關東へ御下向ニ付、爲御迎常盤井との上
京、依之逗留中爲御尋、鮎饅頭壹曲被遣之、御使丸
茂彌內、

*越前專照寺につき飛札到來

一、一昨四日關東水口伊織・上田平馬より飛札到來、先
達而越前專照寺一件ニ付、此度坊官壹人・家司壹人
早〻可致出府旨、脇坂淡路守（安董）於役宅被達候由申來、

然ル處此節御無人ニ付、伊織・平馬兩人ニて相濟候樣可取計旨、返答申遣、右之趣、脇坂淡路守へ金剛院殿より書中を以內々賴被遣、各書狀明日差出也、

七日、乙酉、快晴、當番、菅谷中務卿・中村帶刀所勞斷・友田掃部・松井多門・青水造酒所勞斷代勘ケ由・莊田左衞門、

裕宮關東下向につき御餞別

一、裕宮樣、來ル十六日御發輿ニ付、爲御餞別御懸物一箱有丈□也・都名所圖繪一箱被進之、上﨟梅町・三輪山、中﨟やゑ・まさ(マヽ)・こと、小姓みちへ御餞別被下、手扣如左、右御使今小路民部卿、

一、りんす　一巻文匣入
　右、梅町とのへ、
一、さあや　一巻文匣入
　右、三輪山とのへ、
一、きんす　三百疋ツヽ
　右、おやゑとの・おまきとの(マヽ)・おことゝのへ、
一、きんす　貳百疋
　右、おミちとのへ、

一、女院御所へ御使を以、御庭之紅葉御文ニて被上之、
　御使安福左馬太、

*後桃園院年回御見舞箇所
藤崎神護寺より一品宣下御祝獻上

一、肥後國藤崎神護寺使僧觀了房上京、先般一品宣下無御滯被爲濟候ニ付、恐悅申上ル、尤神護寺上京可仕旨、先達而御奉書被成下、旁上京可仕之處、依所勞使僧を以御祝詞申上候旨御斷申上、於瑞龍殿松井多門出會、獻上物及挨拶、御吸物御酒可被下之處、御省略中ニ付御菓子被下之、獻上之品、左之通、

一、奉書紙　一箱三百枚入　一、桑酒　一樽二升入
一、方金　三百疋獻上　一、桑酒　壹樽壹升入
一、方金百疋　金剛院殿へ　一、朝鮮飴　壹曲

一、青門(尊眞)樣より御使を以、後桃園院尊儀十七回御忌ニ付、御見舞被仰進候也、
　金百疋ツヽ　表役三人へ相送候由也

一、平田木工權頭、近々關東へ下向ニ付、爲御暇乞參上、中務卿及面會、

八日、丙戌、晴、當番、今小路民部卿・松井出羽守・木崎主計・初瀨川采女・鈴木求馬・小畑勘ケ由、

一、仙洞御所より御里坊迄女房奉書を以、後桃園院尊儀御年回ニ付、爲御尋御菓子一折十棹御拜領之事、即御返書被上候也、

一、右御請使被仰上候事、御使末吉向、

一、後桃園院尊儀御年回ニ付、御見舞被仰進候ケ所、左之通、御口上計、

*盛化門院十三回御忌御見舞箇所

閑院様・輪門様(公澄)・聖門様・梶門様(承眞)・靈鑑寺様(宗恭)・持(基敎)明院殿、

九日、丁亥、快晴、當番、菅谷中務卿・中村帯刀・友田掃部・松井多門・青水造酒・荘田左衛門、

一、後桃園院尊儀十七回御忌ニ付、泉般兩寺江御代香、三上伊賀守相務、尤御參詣可被爲有之處、當月者護持御勤修被爲在候ニ付、無其儀、御備物如左、

葩五拾葉柳筥乗御下札・方金百疋宛、今日御代香衣躰狩衣、乗輿也、

一、一條關白様(輝良)御違例ニ付、御見舞御使被進候事、御使友田掃部、

十日、戊子、晴、當番、今小路民部卿・松井出羽守・木崎主計・初瀬川采女・鈴木求馬・小畑勘ケ由、

盛化門院十三回御忌につき獻物

一、禁裏御所江御使を以、盛化門院(維子)様十三回御忌ニ付、爲御窺御機嫌蒸籠一荷御獻上、并葩三十葉被備之、

一、中宮様へ御使を以、右同斷ニ付、蒸籠壹荷御進獻之、御使松井出羽守衣躰熨斗目、

一、仙洞御所・女院御所へ右同斷、

一、盛化門院様右御年回ニ付、泉般兩寺へ葩五十葉宛被備之、

明照院百回御忌につき獻物

一、明照院尊儀百回御忌ニ付、泉般兩寺へ葩三十葉宛被備之、御使同人衣躰狩衣、乗輿、

一、盛化門院様十三回御忌ニ付、御見舞被進候ケ所、如左、

近衛様・輪門様・聖門様・梶門様・靈鑑寺様、御口上計、

右同斷ニ付、蒸籠壹組ツヽ、持明院前大僧正・金剛院權僧正へ被遣之、薙髪專稱院との・□(蟲損)春院とのへ蒸籠一組ツヽ被遣之、御使安福左馬太、

一、東町奉行組同心田村此右衛門、依願御立入被仰付爲御禮參上、扇子三本入獻上、於瑞龍殿代官方面會、御菓子被下之、

一、金剛院殿より使僧を以、今日御法事首尾能相勤申候、依之御屆被申上候由也、

一、原田無關・呉月溪・圓山主水、各爲窺參上、御對面被仰付候事、

十一日、己丑、晴、當番、菅谷中務卿・中村帯刀所勞斷・友田掃部・松井多門・青水造酒・荘田左衛門、

一、於積翠無爲庵巡會御茶、菅谷法印より獻上之、御詰清記・知足庵・養元、

一、金剛院權僧正へ御使を以、御懺法講參勤ニ付、爲御尋蒸籠壹組被遣之、御使末吉向、

十二日、庚寅、快晴、當番、今小路民部卿・松井出羽守・木崎主計・初瀬川采女・鈴木求馬・小

畑勘ケ由、

一、盛化門院樣十三回御忌ニ付、禁裏御所江爲御窺御機嫌御使被上候事、井非藏人口へ以御使、今日御懺法講御聽聞御參可被成之處、依御所勞御不參御斷被仰上也、御使松井出羽守、

＊御月次和歌御題御詠進の事

一、中宮樣へ御使を以、右御年回ニ付、御窺被仰上、尤御參御窺可被成之處、御所勞ニよつて御使を以被仰上候旨申述也、御使同人、

十三日、辛卯、曇、晝後晴、當番、菅谷中務卿・友田掃部・松井多門・青水造酒・荘田左衛門、帯刀所勞斷、

権官勅許につき金剛院権僧正御參

一、金剛院權僧正御參、今度御懺法講出仕ニ付、權官勅許、依之爲御禮引合十帖被獻之、於御學問所御口祝被下之、

＊一條輝良薨去の知らせ

一、常盤井とのより使細谷典膳參上、此間ハ御使被成下、殊爲御尋御菓子被下忝難有奉存候、右御禮被申上、且又彼方より爲窺文匣之内被上之、

＊一條輝良薨去につき傳奏觸

十四日、壬辰、今曉地震、晴或曇、巳刻頃雨、當番、今小路民部卿・松井出羽守・木崎主計・初瀬川采女・鈴木求馬・小畑勘ケ由、

權僧正宣下につき金剛院へ御祝儀

一、金剛院殿へ御使を以、今度權僧正被蒙宣下候ニ付、爲御祝儀昆布五拾本被遣之、坊官諸大夫中より昆布五拾本、侍近習中より同五拾本、出家承仕中奥より同三拾本、茶道青侍より同貳拾本進上也、

一、午半刻御出門ニて、女院御所へ被爲成、御花壹筒被上之、夫より閑院宮樣へ被爲成、還御戌刻頃、御供出羽守・采女・右兵衛、御先三人、

一、禁裏御所より御使女房奉書を以、御月次和歌御題被進候、則御返書ニ御請被仰上候也、一通、如左、

月次和歌御會、前日御詠進之事、奉行日野中納言（資矩）殿、

一、一條關白樣御違例御大切ニ付、御見舞被仰進候事、御使末吉向、

十五日、癸巳、晴、當番、菅谷中務卿・中村帯刀・友田掃部・松井多門・青水造酒・荘田左衛門、

一、一條關白樣御違例御大切之處、昨夜亥刻薨去之旨、諸大夫入江式部少輔より手紙ニ而申來也、

一、傳奏觸到來、

口上覺

一條關白樣薨去ニ付、從今日至明後十六日三ケ日之間、廢朝日、洞中三ケ日被止物音候、女院樣三ケ日御愼候、此段爲御心得各方迄可申入旨、兩傳

被申付如斯ニ候、以上、

十月十四日　　兩傳奏雜掌

御名前例之通

坊官御衆中

追而、御廻覽之後、勸修寺家へ御返し可被成候、
以上、

一、裕宮樣、今度關東御下向、明日御發輿之處、御差支ニ付御延引被爲有候旨、平田木工權頭より手紙ニて申來ル、

一、金剛院殿御參殿之事、

一、當日御禮參上之輩、山本內藏・市川養元・三宅宗達、

一、青門樣へ御使を以、御法事之節爲御見舞御使被進候ニ付、今日右御挨拶御使被進候事、御使友田掃部、

十六日、甲午、快晴、當番、今小路民部卿・松井出羽守・木崎主計・初瀨川采女・鈴木求馬・小畑勘ケ由、

一、女院御所へ御使を以、一條殿下樣薨去ニ付、御窺御機嫌被仰上候事、但、關白樣へも御悔可被仰進處、當月護持御勤修ニ付、不被及其儀事、御使伊丹上總介、

一、金剛院殿御參殿之事、

十七日、乙未、快晴、當番、菅谷中務卿・友田掃部・松井多門・青水造酒・莊田左衞門、帶刀所勞斷、

*御容體書

一、和田泰純へ御藥取、御容躰書、

益御機嫌克被爲成候、先日御容躰後御同遍被爲在、御膳等御相應ニ被召上、御機嫌能被爲在候事、

*宗旨改帳差出

一、御家賴宗旨御改帳面、月番勸修寺家へ被差出候事、

御使安福左馬太、

一、內田喜間多門弟召連、於梅之間素謠獻上、

十八日、丙申、晴、當番、今小路民部卿・松井出羽守・木崎主計・初瀨川采女・鈴木求馬・小畑勘ケ由、

*御髪置御規式につき來狀

一、御附武家より來狀、

來月二日、若君樣(家慶)御髪置御規式可有之旨被仰出候、右之趣無急度相達置候樣、堀田相模守より申越候ニ付、此段相達候、以上、

十月十八日　　石谷肥前守

神保紀伊守

菅谷中務卿樣

松井西市正樣

右承知之旨、及返書、

一、裕宮樣御發輿之儀、來ル廿二日御治定之旨、平田木工權頭より手紙ニて申來ル也、

一、東尾殿御參殿之事、
一、岸紹易參上、御對面之事、
一、御囃子被相催候事、廣瀬民矢・山崎才次郎・北脇又吉被召參上、
一、金剛院權僧正御參、
十九日、丁酉、晴、當番、菅谷中務卿・友田掃部・松井多門・青水造酒・莊田左衞門、帶刀所勞斷、
一、戌刻頃、大宮八條邊出火、暫時火靜ル、
二十日、戊戌、晴、當番、今小路民部卿・松井出羽守・木崎主計・初瀬川采女・鈴木求馬・小畑勘ケ由、
二十一日、己亥、晴、當番、菅谷中務卿・友田掃部・松井多門・青水造酒・莊田左衞門、

山門妙観院死去届書

一、兩貫廣橋頭弁殿・正親町頭中將殿へ御届書壹通ツヽ差出、御使石野東大夫、

山門妙觀院大僧都俊榮、當月十四日致死去候、仍御届被仰入候、以上、

卯十一月　　座主宮御内　今小路民部卿

酒造の儀につき傳奏觸

一、傳奏觸到來、

諸國酒造之儀、天明六午年以前迄造來之穀高を以勝手次第酒造可致候、其外隱造者勿論、休株之分酒造之儀、彌以堅可相禁旨、御料ハ其所之奉行御代官、并御預り所・私領者領主地頭より申渡、造

高相改、取締等之儀ハ是迄之通相心得可申付候、
右之趣可被相觸候、

十月

口上覺

別紙之通、武邊より申來候ニ付、爲御心得各迄可申入旨、兩傳被申付如此候、以上、

十月　　兩傳奏雜掌

御名前例之通
坊官御衆中

追而、御廻覽之後、勸修寺家へ御返し可被成候、以上、

一、禁裏御所・仙洞御所江御玄猪被申出候事、御使末吉向、
一、今日香雪庵へ被爲成、御逗留之事、
一、藤嶋石見參上、中務卿及面會、
廿二日、庚子、晴、當番、今小路民部卿・松井出羽守・木崎主計・初瀬川采女・鈴木求馬・小畑勘ケ由、

*裕宮關東下向

一、裕宮樣、此度關東へ御下向、今朝御發輿ニ付、閑院宮樣江御歡被仰進候事、尤大津驛へ御見立御使可被差向之處、御斷ニ付、不被爲及其儀旨申述也、御使

月次和歌御詠進御断

*御神事御潔齋及び火用心の儀等傳奏觸

御髪置御規式につき聞繕書

三上伊賀守、

廿三日、辛丑、晴、當番、菅谷中務卿・中村帶刀所勞斷・友田掃部・松井多門・青水造酒・莊田左衞門、

一、禁裏御所御月次和歌御詠進之處、依御所勞御斷之趣、日野中納言殿迄被仰入候事、御口上書持參、如左、

御使鈴木求馬、

御月次和歌御詠進可被成之處、依御所勞御未進被成候、此段宜御沙汰賴思召候、

十月廿三日　座主宮御使　鈴木求馬

一、上馬町大丸別莊へ、御忍ニて御成、

一、本願寺門主より使者を以時節窺、且昨日裕宮樣御機嫌克御發輿被遊目出度被存候、依之御歡被申上候由也、

廿四日、壬寅、晴、當番、今小路民部卿・松井出羽守・木崎主計・初瀨川采女・鈴木求馬・小畑勘ケ由、

一、御附武家江御聞繕書一通差出、

來月二日、若君樣御髮置御規式被爲有候ニ付、爲御祝儀、公方樣・御臺樣(茂子)江昆布一箱宛、二條表江御使を以被進度思召候、尤御先格者無御座候得共、當時依御由緒如斯御座候、此段堀田相模守殿江宜御聞繕可被進候、以上、

十月廿四日　妙――御内　今小路民部卿

右御聞繕書、石谷肥前守役宅へ石野東大夫持參、落手也、

一、晝後、馬町大丸別莊へ御成之事、

廿五日、癸卯、晴、當番、菅谷中務卿・友田掃部・松井多門・青水造酒・莊田左衞門、帶刀所勞斷、

一、未刻頃、香雪庵より還御、

廿六日、甲辰、晴、當番、今小路民部卿・松井出羽守・木崎主計・初瀨川采女所勞斷代造酒・鈴木求馬・小畑勘ケ由、

一、西本願寺門主(文如光暉)より使者を以、御茶口切ニ付、羊羹一折五棹・御茶一箱被上之也、

一、傳奏觸書一通到來、

就來月一日春日祭同月廿日新嘗祭等、從來廿八日晩御神事、從來月十八日晩至廿一日朝御潔齋候、且御重服幷御法中者、至廿八日朝御參內可被憚候事、

一、從廿日朝六ツ時至廿一日朝六ツ時、御築地之內僧尼法躰幷不淨之輩往反停止之事、

但、其形俗躰ニこしらへ候而、穩便ニ往反候分者可不苦候事、

一、火用心之儀、常〻可被仰付候得共、此節御神事ニ

も相成候間、かたく可被仰付候事、
一、就來月朔日春日祭、從來廿九日晩至來月二日朝、
就來月廿日新嘗祭、仙洞樣御神事候事、
一、中宮樣、自來廿八日晩至廿一日朝、僧尼重輕服御方ゝ樣御參入不可有之候、且於僧尼重服御方ゝ樣者、廿二日朝迄御參入可被憚候、
右之趣爲御心得各方迄可申入旨、兩傳被申付如斯ニ候、以上、

十月廿六日　兩傳奏　雜掌

御名前例之通
坊官御衆中

追而、御廻覽之後、勸修寺家へ御返し可被成候、
以上、

一、金剛院權僧正御參殿之事、

廿七日、乙巳、晴、子刻過より雨、丑刻頃地震、當番、菅谷中務卿・友田掃部・松井多門・青水造酒・莊田左衞門、帶刀斷、

山門大興坊執行代補任

一、山門大興坊參上、此度執行代被仰付候ニ付、爲御禮外良餅一折五棹獻上之、於御廣間中務卿出會、及挨拶也、

山門荘嚴院大僧正御執奏の儀

一、同荘嚴院(光賢)僧正參上、此度中大僧正御執奏之儀相願、即小折紙・例書、上野執當より之奉書等持參、中務卿出會、追而可被及御沙汰旨相達、

依輪王寺宮仰致啓達候、抑山門荘嚴院僧正光賢轉大之事、從座主宮御執奏被成候樣ニ与思召候、此旨宜有御披露候、恐ゝ謹言、

十月十七日　楞伽院 長善判
惠恩院 鈴然同

菅谷中務卿殿
今小路民部卿殿
松井右衞門大尉殿

一、禁裏御所江御文を以、御庭之山茶花被上之、

廿八日、丙午、雨、晝後より晴、當番、今小路民部卿・松井出羽守・木崎主計・初瀬川采女・鈴木求馬・小畑勘ケ由、

*樹下主膳家督相續御祝儀

一、江戸山王樹下主膳、此度家督相續願之通被仰付候ニ付、爲御祝儀先格之通白銀壹枚、書中を以獻上之由也、
右ニ付、表役三人江昆布料金百疋宛相送也、

廿九日、丁未、晴、當番、菅谷中務卿・中村帶刀・友田掃部・鈴木求馬・青水造酒・莊田左衞門、

一、護持御本尊并御撫物爲申出、北小路極﨟參上、地下役人附添來ル、鶴之間おいて民部卿出會、御本尊御撫物等例之通出家を以相渡也、以後於梅之間御對面

之事、
一、金剛院殿御參殿之事、
一、女院御所江御使被進候事、御使青侍中、
一、御鎮守へ御參詣、
一、圓山主水(應瑞)參上、御對面之事、

十一月　御用番、菅谷中務卿(寛常)、

朔日、戊申、晴、入夜曇、當番、今小路民部卿(行章)・松井出羽守(永喜)・木崎主計・初瀨川采女・鈴木求馬・小畑勘ケ由、
一、當日爲御禮參上之輩、中嶋織部・市川養元・三宅宗達・岩永大炊・横山左近・三宅宗甫・三宅宗仙・村若縫殿、
一、入夜和田泰純參上、御對面、已後拜診被仰付、
一、勝安養院殿上京ニ付、被相伺候事、
一、金剛院殿御參殿之事、
二日、己酉、小雨、晝後晴、當番、菅谷中務卿・中村帶刀・友田掃部・松井多門・青水造酒・莊田左衞門、
一、西本願寺門主(文如光暉)より御使を以、先日裕宮樣關東御下向ニ付御歡被申上候、御挨拶被仰遣也、

＊興正寺門跡へ御悔

一、興正寺門跡へ御使を以、先月門主(寂聽常順)遷化ニ付御悔被仰遣、但、先月ハ護持御勤修月ニ付、被及御延引候旨申述也、御使莊田左衞門、
一、山崎才次郎より御囃子獻上候ニ付、於梅之間被仰付候事、
三日、庚戌、晴或曇、初雪、當番、今小路民部卿・松井出羽守・木崎主計・初瀨川采女・鈴木求馬・小畑勘ケ由、

＊一條輝良へ御悔

一、一條前關白樣(輝良)先日薨去ニ付御悔被仰進、尤早速御悔可被仰進之處、先月ハ護持御勤修月ニ付、被及御延引候旨申述也、御使小畑勘ケ由、
一、久世宰相殿(通根)へ御使を以、此節故障ニて被引籠候ニ付、御尋被仰遣也、御使同人、
一、千種家より御里坊迄使を以、被相達候儀有之候間、明朝彼亭へ坊官中壹人可被差出旨申來也、
一、勝安養院殿參殿之事、
一、金剛院殿右同斷、
四日、辛亥、曇、當番、菅谷中務卿・中村帶刀・友田掃部・松井多門・青水造酒・莊田左衞門、

＊高瀨川筋につき切紙寫と承知書

一、昨夜千種家より被相招ニ付、松井出羽守行向候處、先達而被差出候高瀨川筋一件之儀ニ付、所司代切紙寫被達、
妙法院宮御領分高瀨川筋之內、角倉一學支配同樣

二相成候而者差支ニ相成候旨口上書壹通、角倉與一家來差出候證文寫壹通、外ニ書付貳通、右宮坊官差出候之由、先達而御差越致一覽候、則相糺候處、右書付之內、東九條村より高瀨川筋堀浚狼藉致し候段之一條者、當時於町奉行所吟味中ニ付、何れとも難及御挨拶候、破損所取繕等之外品替候儀者、不依何事可相居旨一學申之候之間、其段被成御達候樣ニと存候、

十月

右承知書、如左、

妙法院宮御領分高瀨川筋之內、角倉一學殿支配同樣ニ相成候而ハ差支ニ相成候旨口上書壹通、角倉與一殿家來差出候證文寫壹通、外ニ書付貳通、先達而被差出候處、則二條表江御通達被進、被相糺候處、右書付之內、東九條村より高瀨川筋堀浚狼藉致し候段之一條者、當時於町奉行所御吟味中ニ付、何れとも難被及御挨拶候、破損所取繕等之外品替候儀、不依何事可相居旨一學殿被申之段、堀田(正順)相模守殿御紙面寫御達被進、委細承知仕候、以上、

妙法院宮御內
今小路民部卿

十一月四日

(經逸)勧修寺前大納言樣御內
立入左京亮殿
漢城隼人殿
(有政)千種前中納言樣御內
福井壹岐守殿
細谷典膳殿

右承知書、千種家へ石野東大夫持參、御落手之由也、

一、金剛院殿御參殿之事、

一、原田無關參上、拜診、

五日、壬子、晴、當番、今小路民部卿・松井出羽守・木崎主計・初瀨川采女・鈴木求馬・小畑勘ケ由、

一、千種家より御招ニ付、末吉向罷出候處、關東御代替ニ付、來春御下向否之儀、明後七日迄之內、以御書付可被仰入旨被達候由也、

一、勝安養院殿御參殿之事、

六日、癸丑、晴、當番、菅谷中務卿・中村帶刀・友田掃部・松井多門・青水造酒・莊田左衞門、

一、東尾殿御參殿之事、

＊鷹司政熙關白宣下につき手紙到來

一、鷹司樣諸大夫より手紙を以、左府樣(鷹司政熙)近々關白宣下御拜賀等被爲有候旨、依之御音物御斷之趣申來也、

一、未刻御出門ニて、先閑院樣(美仁)江御成、夫より盧山寺へ御參詣可被爲有之處、此地穢ニ付不被爲成也、還御

戌刻、御供出羽守・掃部・唱、御先三人、

七日、甲寅、快晴、當番、今小路民部卿・松井出羽守・木崎主計・初瀬川采女・鈴木求馬・小畑勘ケ由、

*心觀院五十回忌逮夜法事

關東下向の儀御斷書

一、一昨日千種家より被達候趣壹通、石野東大夫持參、

料紙小奉書四ツ折、

妙法院宮關東江御下向之儀被仰達候趣、被聞召候、
然ル處近年御持病御積氣被爲有候故、長途數日之
御乘輿之儀難被成御難儀之御事ニ御座候間、御下
向之儀御斷被仰入度思召候、此段可然御取計賴思
召候、以上、

十一月七日　妙法院宮御内　菅谷中務卿

勸修寺前大納言樣御内　立入左京亮殿
漢城隼人殿
千種前中納言樣御内　福井壹岐守殿
細谷典膳殿

一、皆川文藏へ奉書被下之、其云、

依仰致啓達候、然者來ル十三日被召候條、御參殿
被成候、此段可申達如此御座候、恐々謹言、

十一月七日　寛常

皆川文藏殿

一、心觀院殿五十回忌御法事、御逮夜於普賢堂常行三昧
御執行、宮御方御出仕、御導師金剛院(眞應)權僧正、菩提(志岸)
院・瑞雲院(貞剛)・護淨院・普門院(啓道)・惠乘房(玄隆)等出仕、各御
非時被下之、

八日、乙卯、快晴、當番、菅谷中務卿・中村帶刀・友田掃部・松井多門・青水造酒・莊田左衞門、

一、鷹司樣諸大夫へ手紙遣、

依仰致啓達候、寒冷相暮候處、其御所樣益御機嫌
克被爲成珍重思召候、此御方何之御障茂不被爲有
候條、御安慮可被進候、然者左府樣近々關白宣下
被爲有候旨被爲聞、目出度思召候、右御歡被仰進
候、尤不被取敢御使を以御歡可被仰進候處、此節
御神事中ニ付、不被爲及其儀候、此段宜御沙汰可
被成旨之御事御座候、已上、

十一月八日　菅谷刑部卿

左府樣
諸大夫御中

*心觀院五十回忌法事

一、心觀院殿五十回忌御法事御當日、於普賢堂胎曼荼羅
供御執行、御導師上東尾權僧正、菩提院・瑞雲院・
護淨院・普門院・惠乘房等出仕、

一、於梅之間小食御齋・御布施等被下之、

*後桃園院十七回忌逮夜法事

一、後桃園院尊儀十七回御忌御逮夜、於梅之間御法事、

法華讀誦御執行、宮御方御出仕、御導師惠宅師、東尾殿・菩提院・瑞雲院・護淨院・普門院・惠乘房等出仕、各御非時被下之、

由原山學頭金藏院豪辨色衣免許につき返書

一、豐後府內城主松平長門守(近儔)家老より先達而之返書到來、

去月廿四日之御書翰相達致拜見候、當領地由原山之學頭金藏院豪辨、以先例奉願候付、今度木蘭色衣蒙御免許候由冥加之至候、依之御紙上之趣被入御念儀奉存候、長門守爲參勤致出府候間、近便可申遣候、恐惶謹言、

九月廿八日　須藤八郎右衞門 一本判
岡本主米 安興判
吉田与八郎 高休判

菅谷中務卿樣
今小路民部卿樣
松井伊豫守樣

*御容體書

一、緒方左衞門、爲同御機嫌參上、御菓子壹箱獻上之、御對面之事、

九日、丙辰、今朝雪、後晴、當番、今小路民部卿・松井出羽守・木崎主計・初瀨川采女・鈴木求馬・小畑勘ケ由、

後桃園院十七回忌法事

一、後桃園院尊儀十七回御忌御當日、於梅之間御法事、

彌陀供御執行、宮御方御出仕、御導師其外出仕之輩御逮夜ニ同し、

一、出仕之輩、於梅之間御小食御齋・御布施等被下之、

一、先達而安樂心院宮樣(公延)より御賴被仰進候御讃之儀、御領掌被進候旨、關東表へ及言上候處、御滿足思召候段、今小路大藏卿より松井出羽守迄手紙ニて申來也、

十日、丁巳、晴時〻小雨、當番、菅谷中務卿・中村帶刀・友田掃部・松井多門・青水造酒・莊田左衞門、

一、來ル十三日皆川文藏被召候旨、此間奉書遣候ニ付、爲御請圓山主水同道ニて參上也、

一、安樂心院宮樣より御書被進、并女院樣(富子)へ之御書、此御方より御達被進候樣御賴被仰進候由也、

十一日、戊午、曇、當番、今小路民部卿・松井出羽守・木崎主計・初瀨川采女・鈴木求馬・小畑勘ケ由、

一、和田泰純江御藥取、御容躰書、

益御機嫌克被爲成候、去ル朔日御窺之後御同遍被爲在、昨日者御灸治被遊、何之御障茂不被爲在、御膳等も御相應ニ被召上、御機嫌克被爲成候事、

霜月十一日

一、菅谷中務卿宅江正午御茶獻上ニ付御成、

右御詰能登勢右近・伴蒿蹊・丸山主水被仰付、御濃茶終テ以後御吸もの・御酒等出之、還御戌之半刻、御供出羽守・求馬・勇・金吾、御先兩人、

十二日、己未、今朝雪、午刻前より晴、當番、菅谷中務卿・中村帶刀・友田掃部・松井多門・青水造酒・莊田左衛門、

一、金剛院權僧正御參、

一、藤嶋石見參上、中務卿面會之事、

十三日、庚申、晴、當番、今小路民部卿・松井出羽守・木崎主計・初瀬川采女・鈴木求馬・小畑勘ヶ由、

一、詩歌御當座之御會被相催候ニ付、參上之輩、如左、

　菩提院・知足庵・伴蒿蹊・大愚・福井嚴助、

*皆川文藏御出入仰付らる

一、皆川文藏此度御出入被仰付、初而御目見、於御書院御口祝被下之、

一、金剛院權僧正御參、緒方左衛門參上、

右御人數江於常御殿御吸もの・御酒被下之、折節圓山主水參合候而席畫被仰付、文藏・嚴助・蒿蹊・左衛門、席書被仰付候事、

一、皆川文藏初而參上ニ付、御目錄白綿被下之、

一、香山元學參上、初而御目見被仰付、御口祝被下、於御廣間御菓子被下之、

*中村屋嘉兵衛家督相續事

一、藤嶋石見より左之通申來、

大行事講之中中村屋嘉兵衛、右離縁ニ相成、嘉七与申者致家督相續、當時嘉兵衛与相改候由申出候、御合印被免候儀、先規之通致連綿候樣仕度候事、

　　十一月十二日

一、一乘院宮樣(尊映)、來月三日南都表へ始而御下向ニ付、御見立御使・御音物等之儀御斷之趣、彼御方御里坊より申來ル、

十四日、辛酉、晴、當番、菅谷中務卿・中村帶刀・友田掃部・松井多門・青水造酒、莊田左衛門、

十五日、壬戌、曇、入夜雨、當番、今小路民部卿・松井出羽守・木崎主計・初瀬川采女・鈴木求馬・小畑勘ヶ由、

一、近衛樣(經熙)へ御使を以、昨日御移徙無御滯被爲濟候ニ付、御歡被仰進候也、御使青水造酒、

一、當日御禮參上、山本內藏・市川養元・原田無關、

十六日、癸亥、晴、未刻頃地震、入夜曇或小雨、當番、菅谷中務卿・中村帶刀・友田掃部・松井多門・青水造酒、

十七日、甲子、晴、當番、今小路民部卿・松井出羽守・木崎主計・初瀬川采女・鈴木求馬・小畑勘ヶ由、

*甲子祭

一、子御祭、

山門大興坊大僧都御執奏の儀

一、於御門前例之通施行米十貳石出ル、

一、女院御所江御文を以、宮重大根二本被進之、御使青侍中、

一、山門大興坊參上、此度中大僧都御執奏之儀奉願候由、小折紙・勘例、上野執當より之奉書持參、民部卿出會、此節御神事中故、尙追而可被及御沙汰旨申達也、

依輪王寺宮(公澄)仰致啓達候、抑山門大興坊諒然申大僧都之事、從座主宮御執奏被成候樣ニ与思召候、此旨宜有御披露候、恐々謹言、

十一月七日　楞伽院長善判
　　　　　　惠恩院鈴然判

菅谷中務卿殿
今小路民部卿殿
松井(永亨)右衞門大尉殿

一、松井(永昌)西市正左丹八十賀ニ付、餅壹重獻上之、

一、金剛院權僧正御參、

十八日、乙丑、晴、當番、菅谷中務卿・中村帶刀・友田掃部・松井多門・青水造酒、左衞門所勞斷、

一、安達大圓參上、少々御口中氣ニ被爲在候ニ付、相窺拜診、御藥調進候事、

一、爲御慰片山九郎右衞門被召、弟子壹人・忰召連參上、於常御殿仕舞被仰付候由也、

一、折節山崎才次郎參り合候ニ付、一調被仰付候事、

一、依召參上、知足庵・蒿蹊・月溪・小泉陰陽大允、

一、岸紹易上京ニ付、御機嫌相伺、

各於常御殿御吸もの・御酒等被下之、

十九日、丙寅、晴、當番、菅谷中務卿・松井出羽守・木崎主計・初瀨川采女・鈴木求馬・小畑勘ケ由、

一、安達大圓參上、拜診、

一、少々御持病氣ニ被爲在候ニ付、原田無關被召參上、拜診、御藥調進候事、

一、入夜和田泰純被召、拜診、御藥調進候也、

廿日、丁卯、晴、當番、菅谷中務卿・中村帶刀・友田掃部・松井多門・青水造酒・莊田左衞門、所勞斷、

一、原田無關參上、拜診、安達大圓右同斷、

一、知足庵・三宅宗甫・緒方左衞門參上、

各御機嫌相伺、御對面之事、

*新嘗會

一、今夜新嘗會之事、

廿一日、戊辰、晴、當番、今小路民部卿・松井右衞門大尉出勤・松井出羽守・木崎主計・初瀨川采女・鈴木求馬・小畑勘ケ由、

一、原田無關・安達大圓參上、

廿二日、己巳、晴、當番、菅谷中務卿・中村帶刀・友田掃部・松井多門・青水造酒・莊田左衞門、所勞斷、

一、安達大圓參上、拜診、御藥調進、

*唯心院隠居の儀

一、原田無關參上、右同斷、止宿被仰付候事、
一、高橋六左衞門より弟子共囃子獻上、於梅之間御覽、
廿三日、庚午、晴、當番、菅谷中務卿・松井右衞門大尉・松井出羽守・木崎主計・初瀬川采女・鈴木求馬・小畑勘ケ由、

御容體書

一、和田泰純江御藥取、御容躰書、
益御機嫌克被爲成候、此間御窺後御容躰御同遍之御事、少々宛御差引被爲有、昨日者折々御積氣、御塞かちニ被爲有候、御膳等も自御不食ニ被爲有、御藥拂底ニ付、猶御考、御調進可被成候事、
一、金剛院殿御參殿之事、

元三會回章叡覽日限の事

一、山門定光院より來狀、
一簡致啓上候、向寒之節、宮樣益御機嫌克被爲成奉恐悦候、然者來正月元三會回章、來月幾日頃ニ被備叡覽可被下哉、追而御日限可被仰下候、右爲御伺如此御座候、恐惶謹言、
十一月廿三日　定光院観光判
菅谷中務卿樣
今小路民部卿樣
松井右衞門大尉樣
別紙半切ニ、
追啓、唯心院儀、近年病身ニ付隠居御免之儀、輪門樣江願上、此度願之通隠居被仰付候、此段御届申上候、以上、
十一月廿三日
右返書、如左、
貴札致拜見候、向寒之節、座主宮倍御機嫌克被爲成候、然者來正月元三會回章、來月何日頃可被備叡覽哉之旨、御窺之趣致承知候、來月十日・十三日之内可被窺思召候間、猶追而御日限御治定之上自是可申達候、仍御報如此御座候、恐々謹言、
十一月廿三日　菅谷中務卿寛常判
定光院樣
別紙ニ、
追而、唯心院儀、近年病身ニ付隠居御免之儀、願之通被仰出候旨、御届之趣致承知候、以上、
十一月廿三日

*裕宮御輿入御結納御婚姻につき手紙到來

一、閑院宮樣諸大夫淺井刑部少輔より手紙到來、
以手紙得御意候、向寒之節、彌御安康可被成御勤珍重奉存候、然者裕宮御方御道中無御滯當月十三日江戸御着、同十八日田安御屋形江御入輿、同廿

*青蓮院宮座主宣下につき手紙到來

一日御結納、同廿七日御婚姻御治定之旨、倍御機嫌克被爲成候段、昨夜武邊より通達有之候、仍爲御知各方迄可得御意旨ニ付如此御座候、以上、

霜月廿一日　淺井刑部少輔

妙法院宮樣

坊官
諸大夫　御中

一、於常御殿御囃子被仰付候事、參上之輩、細谷典膳・大澤忠右衞門・廣瀬民矢・佐々木壽六・山崎才次郎・北脇平右衞門、

廿四日、辛未、快晴、未刻地震、當番、菅谷中務卿・中村帶刀・友田掃部・松井多門・青水造酒・莊田左衞門、

一、坂元清記より先達而及言上候儀相違有之、不届ニ思召候、依之蟄居被仰付、以來一家中通路被差止候事、

右之趣、於梅之間菅谷中務卿・松井右衞門大尉・松井出羽守列座ニて松井出羽守より申渡ス、

一、右之趣、一統順達候事、

一、金剛院殿御參殿之事、

一、岸雅樂助被召、初而參上、於常御殿御席畫被仰付、於梅之間詰所御料理被下之、以後於御書院溜り御吸もの・御酒・御菓子等被下之、當番及挨拶、

一、圓山主水・吳月溪被召參上、原田無關同斷、各於常御殿御吸もの・御酒被下之、

一、金剛院殿御參殿之事、

一、青門(尊眞)樣御內梅嶋織部正より手紙到來、

以手紙得御意候、然者此御方近々座主宣下之御沙汰ニ付、若哉御音物之御沙汰も被爲有候ハヽ、內外共堅御斷被仰入候、此段各方迄可得御意之旨ニ付如此御座候、以上、

十一月廿四日　青蓮院宮御內　梅嶋織部正

妙法院宮樣

坊官
諸大夫　御中

一、青門樣より御使、來ル廿七日座主宣下被蒙仰候ニ付、御吹聽被仰進候由也、

一、閑院宮樣へ御使を以、來ル廿七日裕宮樣御婚姻御治定被爲有候ニ付、右爲御歡御使被進候事、御使初瀬川采女、

廿五日、壬申、晴、或曇雨、當番、今小路民部卿・松井右衞門大尉・松井出羽守・木崎主計・初瀬川采女・鈴木求馬・小畑勘ケ由、

一、青蓮院宮樣へ御使を以、來ル廿七日座主宣下被爲蒙仰候旨、昨日御吹聽被仰進ニ付、不被取敢御歡被仰

進候事、御使小畑勘ケ由、

來月朔日の日蝕につき順達

一、青門樣より一通御順達、

口上覺

來月朔日日蝕ニ付、被止御參候旨、只今於非藏人口甘露寺(篤長)大納言殿被仰達候、尤當門より御一例樣方へ御傳達可被成旨ニ付被仰傳候、御承知之儀者、御方々樣より非藏人口へ被仰入候樣ニ与之御事ニ御座候、此段宜御沙汰可被成候、以上、

十一月廿五日　青蓮院宮御内　大谷宮内卿

妙――　聖――
梶――　一――
坊官御衆中

追而、御廻覽之後、當門へ御返却可被成候、以上、

*座主職辭退の儀勅許

千反樂につき傳奏觸

一、傳奏觸到來、

口上覺

來ル廿八日辰刻、於内侍所前庭就被行千反樂候、從來廿七日晩到廿八日午刻御神事候、仍爲御心得各方迄可申入旨、兩傳被申付如此候、以上、

十一月廿五日　兩傳奏雜掌

御名前例之通
坊官御衆中

追而、御廻覽之後、勸修寺家へ御返し可被成候、以上、

廿六日、癸酉、曇、當番、菅谷中務卿・中村帯刀・松井多門・青水造酒・莊田左衞門、掃部斷、代采女、

一、非藏人口へ御使を以、昨夜青門樣より御順達之趣、御承知之段被仰上也、御使末吉向、

一、廣橋頭弁(胤定)殿より御里坊迄使を以、御用之儀有之候間、明日坊官壹人御里坊迄罷出候旨申來ル也、

一、東尾殿御參殿之事、

一、原田無關・安達大圓參上、拜診、

廿七日、甲戌、晴、丑下刻入寒、當番、今小路民部卿・松井右衞門大尉・木崎主計・初瀬川采女・鈴木求馬・小畑勘ケ由、

一、昨日廣橋頭弁殿より申來候ニ付、今朝御里坊江今小路民部卿罷出見合居候處、追付罷出可申旨申來、卽弁殿里亭江行向、弁殿面會ニ而被達趣、左之通、先達而御願被仰上候座主職御辭退之儀、今日勅許之旨被仰渡也、

一、卽日非藏人口江民部卿參向、座主職御辭退勅許御請被仰上、尤御參内御請可被仰上之處、此節依御所勞御使を以御禮被仰上候旨申述、今出川(實種)大納言殿御承之由、

一、長橋御玄關江御使を以、右同樣被仰上候事、

＊座主職辭退につき未沙汰の儀定光院へ相達

一、殿下樣江御使を以、先達而御願被仰上候座主職御辭退、今日勅許ニ付、御屆被仰入、

一、兩傳奏衆江右同斷、御屆被仰入候事、御使民部卿、

一、輪王寺宮樣(公澄)・青蓮院宮樣・梶井宮樣(承眞)・閑院宮樣江座主職御辭退今日勅許之旨、御吹聽被仰進也、御使末吉向、

青蓮院宮尊眞座主職宣下

一、青蓮院宮樣江御使、今日座主宣下ニ付、爲御祝儀御太刀一腰・昆布一箱・御馬代銀十兩被進之、別段爲御祝儀嶋台壹基被進之、尤今日御成可被爲有之處、依御歡樂御斷被仰進也、御使民部卿、

　但、太刀・馬・昆布ハ素目錄、品ハ入魂也、御使へ御祝御引和紙三束被下之由也、

鷹司政煕關白宣下

一、鷹司殿下樣江御使、今般關白宣下無御滯被爲濟候ニ付、御祝詞被仰上、別段爲御祝儀羊羹一折五棹被進之、尤御當日御祝詞可被仰進之處、御神事中ニ付被及御延引候旨申述也、

＊座主職辭退勅許につき三執行代へ奉書

一、座主職御辭退、御願之通今日勅許之旨、御家賴一統江相達、右ニ付、御家來一統無常勤御家來至迄恐悅申上ル、

一、山門横川院内惣代定光院(觀光)參上、寒中爲窺御機嫌、蜜柑一籠獻上之、於御廣間中務卿面會、乍序相達趣、左之通、

　先達而座主職御辭退御願被仰上候處、今日勅許之旨相達、依之此間被相窺候恒例元三會回章叡覽御日限之儀、并唯心院(充鼎)隱居御屆之儀、未御沙汰ニ不被及旨、青蓮院宮樣へ可申上旨相達、奉畏候由也、

　定光院、御辭退勅許恐悅申上ル、

一、新日吉社江大行事講より供進之御鏡餠一重、石見より獻上之、

一、和田泰純參上、拜診、

一、金剛院權僧正御參、

廿八日、乙亥、快晴、入夜曇、當番、菅谷中務卿・松井出羽守・中村帶刀・友田掃部斷、代勘ケ由・松井多門・青水造酒・莊田左衞門、

一、山門三執行代江奉書遣、

　當御門主座主職、去八月御辭退被仰上候處、昨廿七日勅許ニ候、此旨衆中可有承知之由、一品宮仰ニ候也、

　　十一月廿八日　　菅谷中務卿　寛常判

　三執行代
　　御房

座主職辭退勅許につき日吉社司へ奉書

一、日吉社司中江奉書、

當――――――――――――

此旨社司中可有――――――――――――、

十一月廿八日　　菅谷――

――

日吉社司中

右奉書、今朝飛脚を以差出、

莊嚴院轉大僧正大興坊申大僧都御執奏の儀

一、山門莊嚴院(光贇)僧正・大興坊(諒然)江、相達候儀有之候間、參殿候樣申遣、紙屋藤兵衞方迄手紙差出、

一、青門樣江御使を以、山門莊嚴院僧正申轉大、同大興坊申大僧都御執奏之儀、先達而此御方へ相願候、即可被及御沙汰之處、其節より御神事ニ付未被及其儀、依之上野執當より之奉書・小折紙・勘例等被差出候、從其御方御執奏被成遣候樣思召候旨、申述也、御使松井出羽守、

裕宮御婚禮御祝儀

一、閑院宮樣江御使を以、裕宮樣昨日於關東御婚禮被爲有候ニ付、爲御祝儀昆布一折五拾本被進之、御使同人、

但、裕宮樣へ御祝儀被進物ハ近々可被進、御通達之儀も閑院樣迄御賴可被仰進由、仁門(深仁)樣御聞合之上、右之通御治定也、

一、山門西塔院内惣代大興坊參上、寒中爲窺御機嫌、蜜柑壹籠獻上之、於御廣間中務卿出會、相達趣、座主職御辭退之儀、御願之通昨日勅許ニ付、先達而御執奏相願候申大僧都之事、青門樣へ可願上旨相達、尤其節可被及御沙汰處、御神事中故、未被及其儀、從此御方も右之趣、今日青門樣へ御使を以被仰進候條、左樣可相心得旨申達也、大興坊、御辭職勅許恐悅申上ル、

*清水寺より願書

一、播州清水寺一山惣代知足院參上、爲窺御機嫌蕎麥粉五袋獻上之、同遠成院より同斷三袋書中を以獻上之、知足院より願書一通差出、如左、

乍恐御願申上候

法輪院看坊　小式部善巧

右小式部善巧、年齡相滿候ニ付、住職被爲仰付候樣奉願申上候、以上、

寛政七乙卯年十一月日　　播州御嶽清水寺　行事　知足院印

目代　金性院印

大佛御殿

御坊官中

一、山門莊嚴院僧正參上、寒中相窺御機嫌、於御廣間中

務卿出會、御辭職勅許ニ付、先達而相願候轉大御執奏之儀、靑門樣へ可相願旨、過刻大興坊江相達候、同樣之趣申達、奉畏候由、御辭職勅許恐悅申上ル也、

西塔横川兩院御立入の儀

一、同寶嚴院(覺永)・大仙院(豪觀)參上、於御廣間中務卿出會、御辭職勅許恐悅申上ル、幷寒中相窺御機嫌、兩僧云、先達而當御所幷靑門樣へ御願申上候西・河兩院互ニ御立入之儀、何卒願之通御聞濟被爲有候樣願上候旨、尤靑門樣ニ者願之通被仰出、卽西塔御勝手向へ罷通り候ニ付、當御所ニも御同樣横川御勝手江罷通り候樣仕度旨、猶又宜奉願候由也、

一、山門三執行代江今朝奉書差出候處、三執行代出京ニ付、從跡御請可申上由也、

座主職辭退勅許につき日吉社司御請書

一、日吉社司御請、如左、

貴翰拜見仕候、然者御座主職去八月御辭退被仰上候處、昨廿七日勅許ニ候由、此旨承知可仕旨奉得其意候、恐惶謹言、

十一月廿八日　社司中

菅谷中務卿殿

*座主職辭退勅許につき御請文

一、知足庵參上、御座主職御辭退之儀、無御滯被爲濟候ニ付、恐悅申上ル、

一、市川養元、寒中爲窺御機嫌羊羹三棹獻上、

一、新日吉火燒ニ付、藤嶋石見より鏡餠上ル也、

一、伴蒿蹊、寒中爲御尋羊羹三棹被下之、

一、東尾殿御參殿之事、

廿九日、丙子、曇、當番、今小路民部卿・松井右衞門大尉・木崎主計・初瀨川釆女・鈴木求馬・小畑勘ケ由、

一、御附武家へ御聞繕書、如左、

公方樣(家齊)江寒中御機嫌爲御見舞被進物、二條表江御使何日頃可被差向候哉、此段宜御聞繕可被進候、以上、

十一月廿九日　妙法院宮御内　菅谷中務卿

右一通、神保紀伊守(長孝)役宅へ北川恒之進持參、落手之由也、

一、當九月相願、關東へ爲御飛脚罷下り候佐伯彥左衞門、今日上京之旨、御屆申上ル、

一、金剛院權僧正御參、

一、山本內藏、爲伺御機嫌干菓子貳袋獻上之、尤寒中也、

晦日、丁丑、曇或霙、申刻頃より晴、當番、菅谷中務卿・松井出羽守・中村帶刀・友田掃部・松井多門・靑水造酒・莊田左衞門、

一、山門東塔執行代玉泉院(覺千)參上、此間之御請文持參、且

此度御辭職勅許、一山惣代恐悦申上ル、御請文、如左、

御門主樣座主職、去八月御辭退被仰上候處、昨廿七日勅許ニ候、此旨衆中可有承知之由、仰之趣奉敬承候、恐惶謹言、

十一月廿八日　別當代 觀光判
執行代 諒然判
執行代 覺千判

菅谷中務卿殿

一、女院御所御内梅田より文ニて、彼御所昨夜より御指込、于今御ひらき不被爲有旨申來也、

一、右ニ付御文を以、御容躰御窺被仰上、尤御參可被成之處、此間より御所勞ニ付、先御文を以被仰上候由也、御使靑侍中、

一、同御所江、當月御祈禱之御守、御文を以御進獻也、御使靑侍中、

高瀬川筋の儀につき奉書

一、傳奏月番千種家へ一通、如左、料紙奉書半切、

當宮御領分之内、高瀬川筋角倉一學殿借地之場所、昨寅七月東九條村より多人數入込候而、右川筋掘割狼(藉脱カ)之致共有之候ニ付、一學殿船番所役人相招相尋候處、東九條村より川筋浚候旨、船番所江屆來、依之承屆遣候由申之候、然ル處右川筋之儀、御判物高之内ニ有之、御年貢例年一學殿より直納有之候得共、諸役等之儀者柳原庄より相勤、一學殿儀者通船之外彼方より取計可有之道理無之、且右川筋他村より入込相浚候儀、古來無之、旁以彼方江屆來候迚可被聞屆譯無之筋ニ付、則一學殿役人江右之段申達、右躰之儀彼方江屆來候者、一應御地頭表江被相屆否被及挨拶候上、取計可有之筋之旨申聞候得とも、其段不承知ニ有之、自今九條村より川浚候旨相屆來候者、一應可被屆候へ共、浚候儀差留置、被相屆儀者難被致由ニ付、不被得止事、去ル七月書付を以被仰立候處、堀田相模守(正順)殿より御糺御座候上、破損所取繕之外品替候儀者、不寄何事可被相屆旨、一學殿より被申之候趣、先達而御達被進、御承知之御事ニ御座候、且東九條村より及狼藉候一條者、此節町奉行所ニおゐて御吟味中之儀故、何れ共難被及御挨拶候之旨、是又御承知之御事ニ御座候處、東九條村一件於町奉行所御調之節、各川筋東九條村より浚候先例有之旨、

彼村より申立候由、依之一學殿へ御尋御座候處、先年寅年相屆、浚候例有之旨、被相答候之由相聞候、然處先年明和七寅年之儀者、先達而被仰立候通、其砌同所役人招相尋候處、休船中故、番所江何れも相詰不申、勿論相居來候儀も無之故、九條村より如何躰之儀仕候哉、曾而不存候由ニ御座候、然處此度於町御奉行所被答候儀、先年之趣ニ致齟齬候者如何之儀ニ御座候哉、此一條今一應御糺被進候樣被成度候、先年も狼藉之致方共有之候處、川浚之先例之趣ニ被申答候而者、此上彌御差支之儀共不少相成候間、何分此儀者御糺被進度賴思召候、此段堀田相模守殿江宜御通達可被進賴思召候、以上、

十一月三十日　妙法院宮御内　菅谷中務卿印

勸修寺前大納言樣御内　立入左京亮殿

漢城隼人殿

千種前中納言樣御内　福井壹岐守殿

細谷典膳殿

右一通、安福左馬太持參、御落手也、

一、酉刻過靑門樣より一通御順達、

*女院御所御異例の順達

口上覺

女院御所御異例甚以御勝不被遊候由、依之今日中爲御窺女院御所江御參可被爲有之旨、只今於非藏人口甘露寺大納言殿被仰達候、尤當門より御一例樣方江御傳達可被成旨ニ付、被仰傳候、御承知之儀者、御方〻樣より非藏人口江被仰入候樣ニとの御事ニ御座候、此段宜御沙汰可被成候、以上、

十一月三十日　靑蓮院宮御内　大谷宮內卿

妙〜〜聖〜〜

梶〜〜一〜〜

坊官御衆中

追而、御廻覽之後、當門へ御返し可被成候、以上、

一、非藏人口へ右御承知之段被仰入候事、御使末吉向、

一、女院御所御違例不被遊御勝候ニ付、御窺被仰上、尤御參御窺可被仰上之處、先日已來依御所勞、御不參御斷被仰上也、御使松井出羽守、

一、小松谷正林寺、當月廿三日死去之旨、役者より御屆申上ル、

一、金剛院權僧正御參、

一、西本願寺より使者を以、寒中爲窺蜜柑壹籠被上之、

一、知足庵、寒中御機嫌爲伺蒸菓子一折獻上之、

一、護淨院、右同斷參上、

十二月　御用番　松井右衛門大尉(永亨)、

日蝕

朔日、戊寅、曇、日蝕申三刻一分餘、難見、當番、菅谷中務(寛常)卿・松井右衛門大尉・木崎主計・初瀬川采女・鈴木求馬・小畑勘ケ由、

*女院崩御につき傳奏觸
女院崩御の旨につき順達

一、青門様(尊眞)より御順達書左之通、卯刻頃到來、

口上之覺

女院(富子)御所御違例之處、不被爲叶御養生、今夜亥半刻崩御之旨、右ニ付明日中爲御窺御所方江御參可被成段、只今於非藏人口鷲尾前大納言(隆建)殿被仰渡候、尤御一例様方へ當門より御傳達可被成由ニ付、被仰傳候、御承知之儀者御方々様より非藏人口へ可被仰入様との御事御座候、此段宜敷御沙汰可被成候、已上、

十一月晦日　青宮御内　鳥居小路宰相

妙(眞仁)――　聖(盈仁)――　梶(承眞)――　一(尊映)――　坊官御衆中

追而、御廻覽之後、當門へ御返し可被成候、以上、

一、非藏人口へ右御承知之段被仰入候事、御使末吉向、

*御容體書

一、和田泰純江御藥取、御容躰書、

益御機嫌克被爲成候、過日御窺之後御同遍之內先御快被爲在候、御膳も御常よりハ少々無御少被召上候得共、次第ニ御快御様子ニ被爲在候事、

十二月朔日

一、傳奏觸一通到來、

口上覺

就女院様崩御、自今仙洞(後櫻町)様被停物音候、中宮(欣子)様從今日三十日之間御愼候、仍爲御心得各方迄可申入旨、兩傳被申付如斯ニ候、以上、

十二月晦日(マヽ)　兩傳奏　雜掌

御名前例之通

坊官御衆中

追而、御覽之後、勸修寺家へ御返し可被成候、以上、

一、女院様崩御ニ付、可窺御機嫌旨、御家來一統へ順達候也、

一、禁裏(光格)御所・仙洞御所・中宮御所江御使御口上、

女院御所崩御之旨被爲驚入候、御參御機嫌御窺可被

成之處、此節依御所勞御不參御斷、御使を以御窺被
仰上候旨也、御使松井右衞門大尉、
一、女院御所江御使右御同樣ニ付、御參可被成之處、依
御所勞御不參御斷之旨被仰入、大原刑部卿殿被承之
旨、一條內府(忠良)殿御參之節可被及御沙汰由也、
一、女院御所崩御ニ付、御悔被仰進候ケ所、如左、
閑院(美仁)宮樣・一條樣・安樂心院(公延)宮樣・仁門(深仁)樣・林丘寺(博山元敞)宮樣・靈鑑寺(宗恭)宮樣、御使小畑勘ケ由、

*大會の儀につき圓龍院參上
火用心の儀につき傳奏觸

一、傳奏觸、如左、
口上覺
火用心之儀、常〻被仰付候得共、此節別而可被入
御念候、此段各方迄可申入旨、兩傳被申付如此ニ
候、以上、
十二月朔日　兩傳奏 雜掌
御名前例之通
坊官御衆中
追而、御廻覽之後、勸修寺家へ御返し可被成候、
以上、
一、勝安養院(洞海)殿より使者を以、寒中爲窺蕎麥粉五袋被上
之、

一、女院御所崩御ニ付、爲窺御機嫌參上之輩、
山本內藏・三宅宗仙・岩永大炊・市川養元・横山
道壽・伴蒿蹊・原田無關、
二日、己卯、晴、入夜曇、當番、菅谷中務卿・松井出羽守(永喜)・中村帶刀(利章)・友田掃部・松井多門・青水造酒・莊田左衞門、
一、中宮樣へ御文を以、馬町野大根被進候事、御使青侍
中、
一、山門圓龍院(貫剛)參上、於瑞龍殿中務卿出會、先達而書付
を以申上候來辰年大會之儀、此度御辭職ニ付、御執
奏等之儀相窺、則青門樣へ可相願旨申達也、
一、御附武家より來狀、
其御方より寒中ニ付關東江御見舞御使等、二條表
江被差出候日限御聞繕書、先日被差出候處、女院
御所崩御被爲在候而も、矢張前文御聞繕書之通御
使御差出之事ニ御座候哉、否御報御申聞可有之候、
以上、
十二月二日　石谷肥前守(清茂)
神保紀伊守(長孝)
菅谷中務卿樣
松井西市正(永昌)樣

右返答ニ、猶相調、自是可得御意旨申遣也、
一、入夜、取次土山淡路守(武辰)より來状、
御用之儀御座候間、明三日巳刻、非藏人口江御參候樣可申達旨、坊城殿(俊親)・烏丸殿(光祖)被仰渡候、仍而申入候、以上、
十二月二日　　土山淡路守
妙法院宮樣
坊官御中

一、御世話廣橋家雜掌迄手紙ニて、御所方江寒中御窺被獻物等之儀、此節御指控可被爲有哉、矢張可被獻哉之旨、今朝承合候處、不及其儀由申來也、仍而一統寒中御見舞御使不被差出候事、

*三摩地院宮御正忌法事

一、一乘院(公獻)龜代宮樣、明三日南都へ御下向可被爲有之處、女院御所崩御ニ付御延引之旨、手紙ニて申來也、
一、東尾殿(眞應)御參殿之事、
一、緒方左衞門、寒中爲窺御機嫌參上、蒸菓子壹折獻上之、
三日、庚辰、雨、當番、今小路民部卿(行章)・松井右衞門大尉・木崎主計・初瀨川釆女・鈴木求馬・小畑勘ケ由、

*俊宮一周忌につき御機嫌伺

一、禁裏御所・仙洞御所・中宮御所江御使を以、俊宮樣御一周忌ニ付、御機嫌御伺被仰上候事、但御口上計、

御使菅谷中務卿、

*宰相逝去につき御悔

一、勸修寺前大納言殿(經逸)江御使を以、宰相殿逝去ニ付、御悔被仰遣候事、御使末吉向、
右ニ付、芝山殿(持豐)・無礙光院殿(堯海)・勝安養院殿江御悔被仰遣也、

*四門の額御染毫の儀

一、非藏人口へ今小路民部卿行向之處、坊城殿・烏丸殿立會ニ而、此度御凶事ニ付、四門之額御染毫之儀被仰出候旨御達也、
一、非藏人口へ松井出羽守行向、烏丸弁殿(資董)江面會、過刻被仰出候四門之額御執筆之儀、畏思召候、然ル處先日以來依御所勞、乍御自由御斷被仰入度旨申述、則烏丸弁殿被承之由也、
一、三摩地院宮(堯恭)御正忌御法事、例之通御執行、菩提院・普門院・惠乘房出仕也、
一、金剛院權僧正御參、
一、原田無關參上、拜診、
四日、辛巳、晴、當番、今小路民部卿・松井出羽守・中村帶刀・友田掃部・松井多門・青水造酒・莊田左衞門、

*寒中御見舞進物につき手紙遣す

一、御附武家江手紙遣、
此御方より、寒中ニ付關東江御見舞被進物御使、

二條表江差出候日限御聞繕書、先日被差出候處、女院御所崩御被爲在候而も矢張右御使可被差向哉之趣、卽相調候處、安永八年後桃園院樣崩御之節之御例を以、此度も右御使不被差向候間、宜御取繕可被進候、以上、

十二月四日　松井右衞門大尉

石谷肥前守樣

神保紀伊守樣

右手紙、月番神保へ爲持遣也、

一、三摩地院宮御正忌ニ付、智積院江葩三十葉、例之通被備之、御使靑侍中、

一、右同斷ニ付、惠宅師へ靑物三種・方金百疋被遣之、

一、禁裏御所・中宮御所江、此節爲御窺羊羹一折五棹ツヽ、御進獻也、御使菅谷中務卿、

圓鏡院一周忌

一、圓鏡院(後宮)樣御一周忌ニ付、三御所江御窺被仰上也、

御違例につき御容體書

一、廣橋前大納言(伊光)殿より使者簗山左膳來、御違例ニ付被相窺御機嫌、且委敷被窺度旨ニ付、御容躰書付遣之、民部卿出會、及御返答也、

宮御方、先達而より御持病ニ御積氣被爲在候處、去月十七日頃より御感冒ニ而御動被遊御塞强、其

上御口中氣等ニ而御膳も御むら被爲有、自御通等も御不同ニ而、一昨日より御再感、折節惡寒等被爲在候、併至今朝少ゝ御快方ニ被爲有候、尤御當分之御事ニ者御座候得共、于今御平臥ニ被爲在候事、

御藥、小柴胡湯、原田無關調進也、

一、御附武家より今朝之返書到來、

其御方より寒中爲御見舞被進物御使、二條江御差出日限御聞繕書之儀、女院御所崩御ニ付不被差出之旨、委細被御申聞候御紙面之趣、致承知候、以上、

十二月四日　石谷肥前守

神保紀伊守

松井右衞門大尉樣

一、金剛院權僧正御參、

五日、壬午、曇、當番、今小路民部卿・松井右衞門大尉・木崎主計・初瀨川釆女・鈴木求馬・小畑勘ケ由、

一、岸雅樂助江先日御席畫被仰付候ニ付、方金貳百疋爲御挨拶被下之、

一、仁門樣坊官芝築地中務卿より書中を以、女院樣今夕戌刻御船ニ被爲召候由、御内ゝ御知セ被仰進候事、

女院御所へ御參

一、申刻過御出門、女院御所江御參、還御懸御里坊江被爲入、御夜食被召上、亥刻頃還御、御供右衞門大尉・山下勇・小畑勘ケ由・青水造酒・岡本右兵衞、御先三人、

但、御里坊迄爲窺御機嫌參上之輩、金剛院權僧正・菅谷中務卿・原田無關、

右者、女院御所崩御ニ付、御機嫌相伺候事、

一、山門西塔院内惣代幷一山惣代執行代相兼大興坊參上、

一、爲窺御機嫌參上之輩、惠宅師・知足庵・三宅宗仙・同宗甫・陰陽大允、

六日、癸未、晴、或曇、當番、菅谷中務卿・松井出羽守・中村帶刀・友田掃部・松井多門・青水造酒・莊田左衞門、

自在王院御忌

一、自在王院宮(典仁)樣御忌ニ付、廬山寺江御代香、松井出羽守相勤、

一、女院御所御局女中梅田等江、此節爲御尋御提重餅饅頭壹荷被遣之、梅田まて文ニて遣之、

一、仙洞御所御奏者所より左之通申來、

口述

日吉社幷に元慶寺當月御引替

一、日吉社幷華山元慶寺、當月御引替御撫物御壇料等、來十日被下候旨被仰出候間、巳刻迄ニ御申出可被成候、仍申入候、以上、

十二月十六日　洞中御奏者所
當番

妙法院宮樣
坊官御中

右返書、

御口述致拜見候、然者日吉社幷華山元慶寺當月御引替御撫物御壇料等、來ル十日被下候旨被仰出候間、巳刻迄ニ可爲申出之趣、委細致承知候、元慶寺儀ハ此御方より御下知可被成候得共、日吉社之儀者從座主宮御下知被成候間、青門樣へ被仰出候樣奉存候、仍御報如此御座候、以上、

十二月六日　妙法院宮御内
松井右衞門大尉

仙洞御所御奏者所
御當番御中

一、元慶寺惠宅師江、兩御所御撫物來ル九日迄ニ持參候樣、例之通申遣也、

一、東尾殿御參殿之事、

一、未刻頃より香雪庵江被爲入、

一、原田無關・安達大圓參上、御對面、拜診之事、

一、大愚、寒中爲伺御機嫌參上、南都あられ酒獻上之、於香雪庵御對面、以後御吸もの御酒被下之、

七日、甲申、晴、當番、今小路民部卿・松井右衛門大尉・中村帯刀・初瀬川采女・鈴木求馬・小畑勘ケ由、

恭禮門院崩御につき御見舞

一、殿下様より御使、恭禮門院(富子)様崩御ニ付、御見舞被仰進、且此節御違例御見廻御容躰等、委細被聞召度由、御相應御返答也、

一、知足庵・原田無關・小泉陰陽大允・安達大圓、各爲伺參上、御對面被仰付候事、

一、篠田土佐介・土山淡路守、右寒中爲窺參上、於御廣間申置、

一、御寺御所より御使を以、時節御見廻、此節御違例被爲在候ニ付、爲御見舞御花一筒被進之、

*恭禮門院崩御につき觸穢

内侍所へ付せらる諸方々

一、傳奏觸到來、

花山院(愛德)大納言様・三條西(延季)大納言様・東園(基辰)前中納言様・吉田(良俱)二位様・藤波(季忠)二位様・町尻(量原)三位様・藤波(寛忠)神祇大副様・吉田(良連)侍從三位様・土御門(泰榮)治部卿様・長谷(信昌)三位様・岡崎(國成)三位様・町尻中將様・交野少納言様・白川少將様・今城少將様・野宮少將様・櫻井上野權介様・植松治部大輔様・東園大夫様・野宮大夫様

右之御方〻様、内侍所江被附候、此段爲御心得各迄可申入旨被申付如此候、以上、

*泉涌寺廟所普請中につき傳奏觸

十二月七日　千種家
雑掌

御名前例之通
坊官御衆中

追而、御覽之後、御返し可被成候、以上、

又壹通、

口上覺

恭禮門院様崩御ニ付、從來十三日、禁裏様・仙洞様・中宮様觸穢候、仍爲御心得各迄可申入旨被申付如此候、以上、

十二月七日　千種家
雑掌

御名前例之通
坊官御衆中

追而、御覽之後、御返し可被成候、以上、

八日、乙酉、晴、夜雨、當番、今小路民部卿・松井出羽守・木崎主計・友田掃部・松井多門・青水造酒・莊田左衞門、

一、元慶寺惠宅師より、三御所御祈禱之御卷數御撫物持參、

一、傳奏觸一通到來、

口上覺

泉涌寺御廟所御普請中御參詣之儀、御位牌殿後戸ニ設有之候所ニ而御燒香御遙拜被遊候様ニと被存

候、此段各方迄可申入旨被申付如此ニ候、以上、

十二月八日　　　千種家 雑掌

御名前例之通

追而、御覧之後、御返し可被成候、以上、

一、山門安祥院（善應）、寒中爲窺御機嫌參上、

一、西本願寺門主（文如光暉）より使者を以、寒中御機嫌相窺ル、薫物壹器・御菓子一折被上之、

九日、丙戌、曇、當番、菅谷中務卿・松井右衞門大尉・中村帯刀・初瀬川采女・鈴木求馬・小畑勘ケ由、

一、青門様より御順達書、左之通、

御葬送十二月廿九日酉刻、

御中陰盡七日

初七日　正月八日　　二七日　同十日

三七日　同十一日　　四七日　同十三日

五七日　同十四日　　六七日　同十六日

七七日　同十八日

恭禮門院葬送定日并に中陰日割書

*川浚の儀につき書付寫

口上覺

恭禮門院様御葬送御定日幷御中陰御日割書、別紙之通只今於非藏人口六條中納言（有庸）殿被仰達候、尤御窺御獻物等之儀者、青綺門院様（舍子）之節之御准據御取計可被爲在之旨、猶當門より御一例様方江御傳達可被成旨ニ付被仰傳候、御承知之儀者御方々様より非藏人口へ被仰入候様ニとの御事ニ御座候、此段宜御沙汰可被成候、以上、

十二月九日　　　青蓮院宮御内 梅島織部正

妙―――聖―――

梶―――一―――

坊官御衆中

追而、御廻覧之後、當門へ御返し可被成候、以上、

一、非藏人口へ右御承知之段被仰入候事、御使末吉向、

一、千種家より御招ニ付、末吉向罷出候處、去月三十日被差出候御書付、所司代紙面之寫を以被及御返却候旨被達之、所司代紙面之寫、左之通、

妙法院宮御領分川浚之儀ニ付、右坊官差出候書付致一覽候、則相糺候處、右書面之内東九條村一件於町奉行所調候節、右川筋東九條村より浚候先例有之旨申立候ニ付、角倉一學相尋候之處、先年寅年相屆浚候例有之旨相答候趣相聞候由、然處明和七寅年之儀者、其砌同所役人相尋候之處、休船中故番所江何茂相詰不申、勿論相屆來候儀も無之故、

不存候由ニ有之候處、此度於町奉行所相答候儀、先年之趣齟齬致し候而者如何之儀ニ候哉、此一條今一應糺有之候之様被致度趣有之候、當十月中相達候通柳原庄与東九條村、高瀬川筋堀浚之儀ニ付出入有之、當時吟味中ニ有之候、尤先達而之申立者御領分高瀬川筋之儀ニ付屆茂無之ニ付、一學をも相糺候得共、前書申立者全右出入ニ拘り候事ニ而、縦令一學より先例有之候趣申立候迚、右申候而已を以吟味相決候筋ニ者無之、雙方打合セ、得与吟味相詰候上ならてハ難相分筋ニ有之候間、何れ共難及御挨拶候、依之右被差出候書付致返却候間、其段御達被成候様ニと存候事、

十二月

十日、丁亥、晴、當番、今小路民部卿・松井出羽守・木崎主計・友田掃部・松井多門・青水造酒・莊田左衛門、

川浚の儀につき承知書

一、千種前中納言(有政)殿へ昨日之承知書差出、

妙法院宮御領分川浚之儀ニ付、去月三十日被差出候書付被相糺候處、右書面之内東九條村一件、於町御奉行所被調候節、右川筋東九條村より浚候先例有之旨申立候ニ付、角倉一學殿御尋御座候處、

先年寅年相居浚候例有之旨被相答候趣相聞候、然處明和七寅年之儀者、其砌同所役人相尋候之處、休船中故番所江何茂相詰不申、勿論相居來候儀も無之故、不存候由ニ御座候處、此度於町御奉行所被相答候儀、先年之趣齟齬致し候而者如何之儀ニ候哉、此一條今一應御糺被進候之様被成度趣書付被差出候處、當十月中御達有之候通、柳原庄与東九條村、高瀬川筋堀浚之儀ニ付出入有之、當時御吟味中ニ御座候、尤先達而之被仰立者御領分高瀬川筋之儀ニ付屆も無之、一學殿方ニ而猥之取計無之様之趣ニ而、右出入ニ拘り候筋ニも無之ニ付、一學殿をも御糺有之候得共、前書之趣ニ而ハ全右出入ニ拘り候事ニ而、假令一學殿より先例有之候趣被申立候迚、右被申候而已を以御吟味被相決候筋ニ者無之、雙方打合セ、得与御吟味被相詰候上ならてハ難相分筋ニ候間、何れ共難被及御挨拶由、依之先日被差出候書付被及御返却候旨、堀田相模守殿御紙面寫を以御達被進、慥ニ致落手候、以上、

十二月十日　　妙法院宮御内　松井右衛門大尉

千種前中納言様御内　福井壹岐守殿

細谷典膳殿

右、千種家へ恆之進持參候處、御落手之由也、勸修寺殿ニ者此節故障ニ付、名前相除也、

元慶寺祈禱引替請取書

一、仙洞御所江元慶寺御祈禱之御卷數幷御撫物御獻上、則御引替之御撫物御壇料被出之、御使友田掃部、例之通請取書差出、

覺

一、御撫物　壹封

一、白銀　壹枚

右者、來ル辰年元慶寺爲御祈禱料請取申所如件、

十二月十日　妙法院宮御內　友田掃部

大嶋殿

一、禁裏御所・中宮御所江者、此節御愼中故、觸穢後可被獻之由也、

一、中宮御所御內しけ岡より文ニて、御祈禱料白銀貳枚被進之、則返書遣也、

正月護持勤修につき相談

一、青蓮院宮樣より御使鳥居小路宰相來ル、來正月護持御勤修之儀ニ付、御相談被爲有、於此御方も不被爲能御了簡候間、尙御世話卿へ御相談之儀可然思召旨御返答也、

一、原田無關・安達大圓兩人より、此節爲伺御機嫌蕎麥・御酒肴等獻上之、於御側右兩人幷詰合ニ被下之候事、

十一日、戊子、晴、當番、菅谷中務卿・松井右衞門大尉・中村帶刀・初瀨川采女・鈴木求馬・小畑勘ケ由、

＊山門莊嚴院及び大興坊補任勅許御禮參上

一、山門莊嚴院(光賢)大僧正參上、此度申轉大、昨夜勅許ニ付、御禮御居申上ル、

一、同大興坊(諒然)參上、此度申大僧都、昨夜勅許、今日御禮首尾克相勤候ニ付御禮申上ル、彼是御世話被成下難有奉存候、爲御禮方金百疋獻上之、出羽守出會、及挨拶、且上野執當江之御返書被出候ハヽ、明後日可差下旨相窺、尙相調從是可申入由、相答也、

一、金剛院權僧正御參、

十二日、己丑、晴、當番、今小路民部卿・松井出羽守・木崎主計・友田掃部・松井多門・青水造酒・莊田左衞門、

一、山門大興坊江手紙遣、如左、

以手紙得御意候、彌御堅剛珍重奉存候、然者昨日御參殿之節被示聞候上野江奉書之儀、此御方よりハ不差出候、仍此段可得御意如此御座候、以上、

十二月十二日　松井右衞門大尉

大興坊様

御撫物壇料卷數等の事

一、元慶寺惠宅師より使僧を以、仙洞御所御撫物御壇料爲申出之事、即請書差出、且禁裏御所・中宮御所者御撫物御卷數、觸穢後可被獻由ニ候間、夫まて可被預旨申達也、

一、圓山主水・呉月溪參上、御對面、於御側御吸物・御酒・御湯漬等被下之、

一、依召長澤蘆雪參上、右同斷、御席畫被仰付、

一、緒方左衞門・原田無關參上、拜診、

十三日、庚寅、晴、當番、菅谷中務卿・松井右衞門大尉・中村帶刀・初瀬川采女・鈴木求馬・小畑勘ケ由、

恭禮門院入棺

一、恭禮門院樣、今日御入棺也、

女院御所御參

一、午刻過御出門、女院御所江御參、還御懸御里坊江被爲入、御夜食被召上、亥刻過還御、御供出羽守・掃部・勇・勘ケ由・金吾、御先三人、

但、御里坊迄爲窺菅谷法印・原田無關參上、

入棺前光明供御執行

一、禁裏御所より女房奉書を以、今日御入棺前光明供御執行可被爲在之旨被仰出候由、即御返書ニ御請被仰上候也、

一、知足庵より倉橋大根壹折獻上之、

十四日、辛卯、晴、當番、今小路民部卿・松井出羽守・木崎主計・友田掃部・松井多門・青水造酒・莊田左衞門、

＊御容體書

一、和田泰純江御藥取、御容躰書、

益御機嫌克被爲成候、此間之御容躰書後御同遍之御事、少々宛御快方ニ被爲有候、兎角御塞かちニ被爲有、御膳等も自御不食ニ被爲有、御藥御拂底御拂如此ニ付、猶御勘考御調進可被成事、

十二月廿（マヽ）四日

一、女院御所月洌とのより御ちこまて文ニて、御所より此節拜領之御菓子分被上候由、則春鸝丸殿より返書ニ及也、

一、護淨院、此節爲窺御機嫌參上、御對面、氷豆腐獻上之、

一、瑞雲院（貞剛）右同斷、淺草海苔十枚獻上之、

一、三宅宗仙・市川養元・原田無關・安達大圓、入夜於御側御吸もの・御酒等被下之、

十五日、壬辰、晴、當番、菅谷中務卿・松井右衞門大尉・中村帶刀・初瀬川采女・鈴木求馬・小畑勘ケ由、

一、禁裏御所・中宮御所江御使を以、一昨日恭禮門院樣御入棺被爲濟候ニ付、爲御窺蒸籠五種入一荷宛御進

*泉涌寺門前大路橋懸直しにつき傳奏觸

女院御所御參

獻之事、御使今小路民部卿、

一、西本願寺門主へ御使、御內〻寒中爲御尋干菓子一折・御釜一箱被遣之、御使山下監物、

十六日、癸巳、晴、當番、今小路民部卿・松井出羽守・木崎主計・友田掃部・松井多門・青水造酒・莊田左衛門、

一、西本願寺門主より使者を以、時節被相窺、且昨日者品〻御進物とも被致、畏被存候、依之御禮被申上候由也、

十七日、甲午、曇、晝後雨、當番、今小路民部卿・松井右衛門大尉・中村帯刀・初瀬川采女・鈴木求馬・小畑勘ケ由代造酒、

一、午刻過御出門、女院御所江御參、夫より閑院樣江被爲成、還御懸御里坊ニ而御休息、御本殿江戌刻過還御、但、御里坊へ爲窺民部卿參上、御供出羽守・玄蕃・唱・多門・造酒、御先三人、

十八日、乙未、曇、當番、菅谷中務卿・松井出羽守・木崎主計・友田掃部・松井多門・青水造酒返し勘ケ由、・莊田左衛門、

一、女院御所御局はしめ惣女中方へ、此節之爲御尋蒸籠五組、御使ニて被遣之、御使青侍中、

一、三宅宗仙、於馬町別莊正午御茶獻上之、御詰中務卿・圓山主水・安達大圓、御供監物・掃部・勇・金吾、御先貳人、

一、林泉院方江東涯積翠園記文之寫爲持遣候事、

一、傳奏觸壹通到來、

口上覺

泉涌寺門前大路橋懸直し、明十八日より往來難相成、御用之圖子往來相成候間、武邊より申來候間、爲御心得各方迄可申入旨被申付如此候、以上、

十二月十七日　千種家雜掌

御名前例之通

坊官御衆中

追而、御覽之後、御返し可被成候、以上、

一、御附武家より壹通到來、

於關東當月十日御男子樣被遊御誕生、彌御安泰之御儀御機嫌不斜候旨、堀田相模守申聞候ニ付、此段爲御承知相達候、以上、

十二月十八日　石谷肥前守

神保紀伊守

菅谷中務卿樣

松井西市正樣

右承知之旨、及返書也、

一、角倉一學より爲歳暮之御祝儀、例之通蜜柑一折三百獻上之、

十九日、丙申、曇、當番、菅谷中務卿・松井右衞門大尉・中村帯刀・初瀬川采女・鈴木求馬・小畑勘ケ由、

一、山下監物、此度六位侍御取立御内意被仰出、月番より申渡也、

＊音羽橋掛直しにつき觸

中宮凶服につき順達書

一、青門樣より御順達書、左之通、

口上覺

只今於非藏人口甘露寺大納言殿(篤長)御面會ニ而、來ル廿五日より五ケ日之間中宮樣御凶服被爲有候、右五ケ日之內御機嫌御伺可被仰上之旨、且御獻物等之儀者、青綺門院樣之砌仙洞御所御凶服之節之御准據ニ可被遊候、尤晦日御除服ニ候へ者、來ル廿六日より廿八日迄之內思召次第ニ可被遊候、此段御一例樣方江當門より御傳達可被成候旨ニ付被仰傳候、御承知之儀者御方々樣より非藏人口へ被仰入候樣ニ与之御事ニ御座候、此段宜御沙汰可被成候、以上、

十二月十九日　青蓮院宮御內　大谷宮內卿

妙―樣　聖―樣　一―樣　梶―樣

坊官御衆中

追而、御廻覽之後、當門へ御返却可被成候、以上、

一、千種家より一通到來、

口上覺

伏見海道五條下ル音羽橋掛直し、今十九日より普請相濟候迄往來難相成旨、武邊より申來候間、爲御心得各方迄可申入旨被申付如此候、以上、

十二月十九日　千種家　雜掌

御名前例之通

坊官御衆中

追而、御覽之後、御返し可被成候、以上、

廿日、丁酉、曇、申頃より雨、當番、今小路民部卿・松井出羽守・木崎主計・友田掃部・松井多門・青水造酒・莊田左衞門、

一、市川養元・三宅宗甫・緒方左衞門・伴蒿蹊・安達大圓參上、各御對面被仰付、於御側御吸もの・御酒被下之、

一、中嶋織部、時節御機嫌相伺候事、

一、東尾殿御參殿之事、

廿一日、戊戌、晴、亥刻過より雨、當番、菅谷中務卿・松井右衞門大尉・中村帯刀・初瀬川采女・鈴木求馬・小畑勘ケ由、

用水妨出入の儀

一、千種家より御招ニ付、末吉向罷出候處、町奉行紙面寫一通被達、其云、左之通、

城州愛宕郡大佛柳原庄より同州紀伊郡東九條村相手取候用水妨出入之儀ニ付、妙法院宮御家來江相達候儀有之候間、來廿三日九ツ時右御家來壹人、伊勢守（正子）御役所江被差出候樣御通達可被下候事、

十二月廿日

右承知書、如左、

城州愛宕郡大佛柳原庄より同州紀伊郡東九條村相手取候用水妨出入之儀ニ付、妙法院宮御家賴江被相達候儀有之候間、來廿三日九ツ時右御家賴壹人、伊勢守殿御役所江可被差出之旨、町御奉行紙面之寫御達被進、委細承知仕候、以上、

十二月廿一日　妙法院宮御内　松井右衞門大尉

千種前中納言樣御内　福井壹岐守殿

細谷典膳殿

右一通、末吉向持參、御落手之由也、

佛師定慶參上

一、御佛師東寺定慶參上、例年禁裏御所より御拜領之御星、觸穢中ニ付、御佛師より相納候樣被仰出候由ニ而持參、松井多門面會、受取也、

一、和田泰純參上、拜診之事、

一、岩永大炊、時節爲伺御機嫌參上、大坂饅頭壹折獻上之、

一、林丘寺樣・靈鑑寺樣へ御文匣之内御文ニて被進、尤女院御所迄以御使被進之、御使靑侍中、

一、原田無關・大愚參上、於常御殿御吸もの・御酒被下之、

廿二日、己亥、晴、或曇、當番、菅谷中務卿・松井出羽守・木崎主計・友田掃部・松井多門・靑水造酒・莊田左衞門、

*女院御所御參

一、午刻御出門、女院御所江御參、還御懸御里坊へ被爲入、御夜食被召上、酉刻前還御、御供中務卿・求馬・勇・唱・造酒、御先三人、

一、原田無關、御里坊へ御機嫌相窺也、

一、圓山主水參上、入夜御伽申上ル、於御側御吸物・御酒被下之、

*御臺著帯及び男子御七夜につき來狀と返書

一、御附武家より來狀、

今月十五日、御臺樣御着帯被遊候旨、堀田相模守より申越候ニ付、此段相達候、以上、

十二月廿二日　石谷肥前守

神保紀伊守

菅谷中務卿様
松井西市正様

又壹通、

今月十六日、御男子様御七夜御祝儀首尾克相濟、奉稱(マヽ)松井敬之助殿与、御機嫌不斜候旨、堀田相模守申聞候ニ付、爲御心得此段相達候、以上、

十二月廿二日

宛同前

右兩通、承知之旨及返書、

又壹通、

今度於關東御男子様被遊御誕生候ニ付、御祝詞御使御聞繕書被差出候哉、寛政五年之度ニ者右御聞繕書被差出候得共、此節之御事故不被差出候哉、拙者共心得迄ニ御様子承度存候、否御報被御申聞候様致度存候、以上、

十二月廿二日

宛同前

右者、相調從是可及返答旨申遣也、

御星供申遣す

一、昨日御佛師より持參之御星、惠宅師江例之通御星供相勤候様申遣也、

*青綺門院七回忌御懺法講風聴

一、梶井宮様より御使、來月廿九日青綺門院様七回御忌ニ付、於洞中御懺法講被仰出候、御風聴被仰進候事、

一、東尾殿御參殿之事、

廿三日、庚子、晴、當番、菅谷中務卿・松井右衛門大尉・中村帯刀・初瀬川采女・鈴木求馬・小畑勘ケ由、

*御凶服中獻物の儀

一、中宮様今度御凶服中御窺被獻物等之儀、青綺門院様之御時、仙洞御所御凶服之節之御准據ニ可被遊旨、此間青門様より御順達ニ付、右御例相考候得共、難相分候ニ付、仁門様江承合候處、左之通申來、

御手紙致拜見候、祁寒之節彌御平安御在勤珍重奉存候、然者中宮様御凶服中被獻物之儀、青綺門院様御時、仙洞御所御錫紵之節之御例ニ被從候様、御同様御達之儀ニ付、右御格相考候之所、御錫紵中御窺御獻物者不相見、御送葬被爲濟候ニ付、仙洞様・女院様江御獻物之事相見候、依之今度更ニ右御格を御斟酌被遊、來ル廿九日禁裏様・中宮様江井籠貳組ツヽ、此節御機嫌被相窺候趣之御口上ニ而可被獻候、尤御送葬後再御獻物ニハ被及間敷御治定ニ御座候、

一、御送葬御當日泉涌寺江御參會之事、不被及其御儀、

爲御名代院家之僧正可被差向御治定ニ御座候、右
爲御報如此御座候、以上、

十二月廿三日　芝築地中務卿

松井右衞門大尉樣

一、芝築地より別紙を以、來廿九日女院御所江御參之事、辰刻無御遲〻御參被進候樣、昨日從御本所御賴之御事ニ御座候、仍而此段御傳達被仰入候由也、

一、福井嚴助參上、於生白樓御對面、已後於香雪庵御吸物・御酒・御夜食等被下之、暮過退出、

一、市川養元參上、於御側御酒等被下之、

廿四日、辛丑、晴、當番、今小路民部卿・松井出羽守・木崎主計・友田掃部・松井多門・青水造酒・莊田左衞門、

般舟院泉涌寺参詣につき傳奏觸

一、傳奏觸到來、

口上覺

一、般舟院・泉涌寺御法事中、御勝手次第可被成御參詣候、御備物之儀可被任御先格候、

正月八日・同十日・同十一日・同十三日・同十四日・同十五日・同十八日、

御中陰御法事御日限、右之通ニ候、

一、御法事中火用心之儀、尙以堅可被仰付候事、

一、般舟院・泉涌寺江御參詣之御方〻樣御供之面〻末〻迄、公儀番人差圖之趣不致違背相守之候樣、急度可被仰付之事、

一、御中陰中、般舟院・泉涌寺江御參詣之御方〻樣御供之面〻下〻迄、於御賄所食事之節相愼ミ、高聲放埒無之、諸事穩便ニ有之候樣、急度可被仰付候事、

一、般舟院・泉涌寺江御參詣之御方〻樣、右寺內并道筋ニ而御供之面〻下〻迄、諸事相愼ミ穩便ニ有之候樣、堅可被仰付候事、

右之趣、各方迄可申入之旨被申付如此ニ候、以上、

十二月廿三日　千種家雜掌

御名前例之通

坊官御衆中

追而、御覽之後、御返し可被成候、以上、

*二十六日節分につき觸

又壹通、

來廿六日節分ニ付、豆はやし不苦候得共、穩便ニ有之候樣、爲御心得各方迄可申入旨被申付如此ニ候、以上、

十二月廿三日　千種家雜掌

御名前例之通
坊官御衆中
追而、御廻覽之後、御返し可被成候、以上、
又壹通、

葬送道筋試し牽きの達

口上覺
明廿五日御葬送御道筋幷諸橋等、爲樣牽御屋躰假形爲致、其重目車積いたし、下立賣御門より泉涌寺迄牽セ相樣候、然ル處右御道筋場狹之ケ所町々庇通、且木戸門柱等取拂候場所も御座候ニ付、右樣牽之節宮方堂上方通行も御座候而者差支可申候、併所ニ寄外通無之、小路者格別其外可成たけ此度御葬送之御道筋被相除通行御座候樣致度候、尤右外道無之場所之儀者、若樣車牽懸ケ候節通行も御座候ハヽ、至而貫目重品故、進退自由ニ難成候間、差急キ牽片付等致し候而者、却而混雜も致失禮之儀も可有之候間、右躰之所ニ而者牽通候間、差障ニ不相成場所ニ被見合候樣、向々江御達御座候樣ニ仕度候、
十二月
別紙之通、武邊より申來候、爲御心得各迄可申入

旨被申付如此ニ候、尤差懸り候儀ニ付、早々御傳達可被成候、以上、
十二月廿四日　千種家雜掌
御名前例之通
坊官御衆中
追而、御覽之後、御返し可被成候、以上、
一、知足庵・原田無關爲窺參上、各御對面、
廿五日、壬寅、晴、當番、今小路民部卿・松井出羽守・木崎主計・初瀨川采女・鈴木求馬・小畑勘ケ由、

*廢朝の傳奏觸

一、傳奏觸一通到來、
口上覺
從今廿五日至來廿九日五ケ日間廢朝候、爲御心得各方迄可申入旨被申付如此ニ候、以上、
十二月廿五日　千種家雜掌
御名前例之通
坊官御衆中
追而、御覽之後、御返し可被成候、以上、
一、生源寺內藏頭より以書中、寒中爲伺御機嫌牛房壹把獻上之、且同人より當月御祈禱之卷數者觸穢中故獻上不仕候、歲暮御祝儀昇殿可仕候處、右觸穢中故無據以使札申上候、是等之趣別紙申來ル、

村若縫殿暇願書*

一、安達大圓參上、拜診、且此度每〻相伺候ニ付、於御側白綿壹把被下之、

一、仁門樣江御文并御菓子一箱被進之、御使靑侍中、

一、入夜原田無關・三宅宗甫參上、御對面、於御側御吸もの・御酒被下之、

一、皆川文藏參上、御目錄拜領仕候爲御禮參殿、御對面被仰付候事、

廿六日、癸卯、晴、當番、菅谷中務卿・松井出羽守・木崎主計・友田掃部返し采女、・松井多門・青水造酒・莊田左衞門、

恭禮門院葬送當日事

一、千種家より一通到來、

口上覺

來ル廿九日恭禮門院樣御葬送御當日、御本所御門內混雜ニ付、申刻以後御參被遊候ハヽ、御供侍分之外御門外ニ御殘被遊候樣、爲御心得各方迄可申入旨被申付如此ニ候、以上、

十二月廿六日　千種家　雜掌

妙法院宮樣

坊官御衆中

追而、御覽之後、御返し可被成候、以上、

關東男子誕生につき聞繕書*

一、中山(愛親)前大納言殿より使者を以、此間染筆物御賴被遣候ニ付、今日爲持被上候事、

廿七日、甲辰、晴、當番、菅谷中務卿・松井右衞門大尉・中村帶刀・初瀨川采女・鈴木求馬・小畑勘ケ由、

一、村若縫殿より左之通願書差出ス、

乍恐奉願口上覺

一、私儀、

永〻奉蒙御厚恩、冥加至極難有仕合奉存候、然ル處元來病身ニ御座候而、式日御禮時節伺御機嫌等ニ茂自不參勝ニ相成、殊近來多病ニ而、適〻御用等之節多分不參仕奉恐入候、親共相果候ニ付而者、病身之私家業相續仕候儀ニ御座候得者、此上不行屆儀共御座候而者、重〻恐多儀ニ奉存候、依之何共歎敷奉存候得共、乍恐此度御暇奉願上、心儘保養仕、家業相續仕度奉存候、何卒御憐愍を以願之通首尾能被爲仰付被下置候者難有奉存候、此段偏宜御執成御沙汰被下度奉願候、以上、

卯十一月　村若縫殿判

菅谷中務卿殿

今小路民部卿殿

松井右衞門大尉殿

一、御附武家へ御聞繕書一通被差出候事、其云、如左、

此度關東御男子樣御誕生ニ付、公方樣(家齊)・御臺樣(茂子)・若君樣(家慶)江御祝詞、二條表迄御使被差向度思召候、尤寛政五年度之御例を以如斯御座候、此段堀田相模守殿江宜御聞繕可被進候、以上、

十二月廿七日　妙法院宮御內　松井右衛門大尉

右御聞繕書、月番神保へ被差出候也、御使末吉向、

參內及び女院御所御參

一、午刻後御出門、御參內、夫より女院御所江御參、還御懸御里坊江被爲入、暫御休息被爲在、戌刻還御、但、御里坊へ民部卿・無關相詰ル、御供出羽守・掃部・唱・勘ケ由・金吾、御先三人、

一、山門唯心院(亮鼎)、繼目爲御禮參上、扇子三本入獻上之、御玄關ニ而申置也、

一、岡本右衞門、爲窺御機嫌參上、且此間者御目錄被下置難有仕合奉存候、右御禮申上ル、

一、女院御所より御使を以御文被進候、御留主ニ付、當番之者御預り置、

葬送名代につき手紙差出

一、御葬送之節御名代被差向候ニ付、凶事傳奏坊城中納言殿江壹通被差出、

來廿七日、御葬送之節、泉涌寺江參向、

妙法院宮御名代　常住金剛院權僧正(眞應)

＊女院御所舊殿拜領につき願書

一、今度女院御所崩御ニ付、御舊殿拜領仕度旨、瑞雲院相願、且從此御方茂御殿御拜領被成度ニ付、御世話廣橋(伊光)前大納言殿へ一通被差出、其案左之通、料紙小奉書四ツ折、

御口上之覺

此度女院御所崩御ニ付、若御殿御取拂之御沙汰被爲有之候者、一棟拜領仕度、山門千日滿行瑞雲院貞剛願上候、瑞雲院儀者、當時御領內法住寺舊地御預被成置居住仕候而、去夏女院御所御違例中、御內〻御祈禱勤修仕候者ニ候條、右拜領之儀自此御方御願被成遣度思召候、尤被下置候上者、夫を以法住寺遺跡及破壞有之候堂宇修補之基ニ相成、於宮御方茂深畏思召候、且又當御室始祖惠亮和尚護持本尊大威德明王堂於御寺內御取建被成度、年來御志願被爲在候間、右御舊殿之內不拘多少、此御方江茂御拜領被成、本尊堂御造營之節被加用候者、永〻御供養ニ茂可相成思召候、別而女院御所者先年當御室ニ被爲成候御因緣茂有之、旁重疊之御願ニ相成候段憚思召候得共、兩樣被仰立候、何卒御願之通被仰出候樣、宜御沙汰賴思召候、以上、

*裕宮婚禮祝儀進物

十二月廿七日　妙法院宮御使　今小路民部卿

右壹通、前大納言殿御落手之由也、

廿八日、乙巳、晴、當番、今小路民部卿・松井出羽守・木崎主計・友田掃部・松井多門・青水造酒・莊田左衞門、

村若左門死去届

一、傳奏千種家へ村若左門死去届差出、

覺

妙法院宮御家頼　村若仙治

右仙治儀、是迄上鳥羽村錢屋淺右衞門家借宅仕罷在候處、此度死去仕候、仍爲御届如斯ニ御座候、以上、

卯十二月　妙法院宮御内　松井右衞門大尉　印

千種前中納言樣御内　福井壹岐守樣

細谷典膳樣

右壹通、北川恆之進持參、御落手也、

裕宮結納婚禮等濟む

一、裕宮樣上﨟梅町・三輪山より文を以、寒中御見舞被仰進、并十一月十三日裕宮樣御機嫌克御着、同十八日御屋形江御引移、同廿一日御結納、同廿七日御婚禮御規式万端被爲濟候よし申來、

*葬送見送につき手紙到來

一、梅町・三輪山へ右之返書、并従此御方御歡被仰進候旨、文差出、

右文、閑院樣年寄左兵衞・野澤まて賴遣也、

一、裕宮樣此度御婚禮被爲濟候ニ付、御祝儀被進物、左之通、

田安右衞門督樣江御太刀一腰・御馬代銀拾兩一匹、

御簾中樣江昆布一箱・御樽代金三百疋、

右被進物、閑院宮樣迄賴遣、尤御太刀・昆布者、於關東彼御方在府役人取調可申間、御馬代・御樽代・居臺等御廻し被成、御使之儀も御賴ニ候ハヽ、在府役人之内御一統樣相兼可相勤旨、先達而申來候ニ付、左之通外箱ニ入閑院樣迄相廻ス、友田掃部持參、淺井刑部少輔落手之由也、

一、御馬代銀拾兩　常足包、

一、御樽代金三百疋　居臺折足、

一、太刀目錄并昆布御樽代目錄等也、

右外箱表書、

田安右衞門督樣并御簾中樣江被進物

目錄入ト書也、

一、女院御所へ御文匣被進、綾小路との御落手之由也、

御使北川恆之進、

一、千種家より一通到來、

明廿九日爲御見送御本所江御參之御方〻樣御輿并御供之下部等、御築地內竹柵之外江人留中可被差出置候、此段各方迄可申入旨被申付如此候、以上、

十二月廿八日　千種家 雜掌

妙法院宮樣
坊官御衆中

追而、御覽之後、御返し可被成候、以上、

廿九日、丙午、晴、當番、今小路民部卿・松井右衞門大尉・中村帶刀・初瀨川采女・鈴木求馬・小畑勘ケ由、

恭禮門院御葬送

一、恭禮門院樣、今晚御葬送也、

一、辰刻前御出門ニ而御本所江御參、酉刻御出棺、常御殿階下迄御見送被爲在、此時今小路法橋素絹指貫・布衣壹人相廻ル、戌刻前御退出、夫より御里坊ニ而御休息、御膳等被召上、亥刻頃還御、御供松井出羽守・初瀨川采女・山下勇・三谷玄蕃・青水造酒、御先五人、御挾箱對、其外御供廻り如尋常、

一、原田無關、御里坊へ御機嫌相窺也、

一、禁裏御所・中宮御所江此節爲御窺、蒸籠五種入壹荷御進獻之事、御使今小路民部卿、

般舟院泉涌寺両寺參詣につき傳奏觸

一、傳奏觸到來、

恭禮門院樣御中陰中、兩寺江御參詣之儀、般舟院者万里小路家、泉涌寺者芝山家江、前日午刻迄ニ御書付を以御達可被成候、若右御達之後御延引之儀者、別ニ御達ニ不及候事、

一、於般舟院御供之人數支度之儀、御賄札相渡可申候旨、武邊より申來候間、御供之內より寺門御賄所へ人數書被指出、御賄札御請取可被成候、此段各方迄可申入旨被申付如此ニ候、以上、

十一（マヽ）月廿八日　千種家 雜掌

御名前例之通
坊官御衆中

追而、御覽之後、御返し可被成候、以上、

一、泉涌寺江爲御名代東尾權僧正、

三十日、丁未、晴、當番、菅谷中務卿・松井出羽守・木崎主計・友田掃部・松井多門・青水造酒・莊田左衞門、

一、御附武家より來狀、

老中より之奉書相達可申候間、各方之內壹人只今堀田相模守御役宅へ被相越候樣相達可申旨、相模守より申越候ニ付、此段相達候、以上、

十二月晦日　石谷肥前守
神保紀伊守

菅谷中務卿様
松井西市正様

右承知之旨、及返書也、

女院崩御につき老中より御悔

一、所司代亭江松井出羽守行向候處、今度女院御所崩御ニ付、關東爲御悔老中より之奉書貳通御到來、則用人嶋田文十郎面會ニ而相達也、其文、

女院崩御之段被聞召、妙法院殿可爲御愁傷与被思召候、此由可相達旨、依御諚如此候、右之趣可有洩達候、恐々謹言、

十二月廿二日　安藤對馬守 信成判
戸田采女正 氏教判
松平伊豆守 信明判

菅谷中務卿

女院崩御之段被聞召、妙法院殿可爲御愁傷与被思召候、此由可相達旨、若君樣依御諚如此候、右之趣可有洩達候、恐々謹言、

十二月廿二日　戸田采女正 氏教判

菅谷中務卿

一、傳奏觸一通到來、

口上覺

從今日仙洞樣被發物音候、爲御心得各方迄可申入旨被申付如斯ニ候、以上、

十二月晦日　千種家雜掌

御名前例之通
坊官御衆中

追而、御覽後、御返し可被成候、以上、

寛政七乙卯年日次記大尾

*御臺御著帯及び年始御祝詞聞繕の儀につき來状

寛政八丙辰年日次記

正　月　御用番、今小路民部卿(行章)、

元日、戊申、雨、當番、今小路民部卿・松井右衛門大尉(永亨)・木崎主計・初瀬川采女・鈴木求馬・小畑勘解由、

一、年始御規式、依觸穢中御延引之事、

一、於御學問所大福御雜煮御獻等、御内祝被爲有之、

但、御獻御規式被略之、

一、於同所坊官以下中奥迄御禮申上、衣躰服紗麻上下、

一、常住金剛院(眞應)権僧正御參、

一、原田無關參上、御對面被仰付也、

元二、己酉、晴、當番、今小路民部卿・松井出羽守(永喜)・中村帯刀・友田掃部・松井多門・青水造酒・莊田左衛門、

一、藤嶋石見參上、右衛門大尉面會也、

一、圓山主水・安達大圓參上、御對面被仰付也、

一、鈴木求馬、御用筋ニ付下坂之事、

元三、庚戌、晴、當番、菅谷中務卿(寛常)・松井右衛門大尉・木崎主計・初瀬川采女・鈴木求馬・小畑勘解由、

一、知足庵・伴蒿蹊參上、御對面、

一、山本内藏、此節爲窺御機嫌參上、

一、御附武家より來狀、

此度御臺様(茂子)御着帯ニ付、其御方より二條表迄御使者を以、御祝詞并被進物等之御聞繕被差出候儀ニ御座候哉、將又如例年年始御祝詞御使日限御聞繕も如例年被指出候ハヽ、右兩様共早ゝ否被御申聞候様存候、以上、

正月三日　石谷肥前守(清茂)

神保紀伊守(長孝)

菅谷中務卿様

松井西市正様

右返書ニ、御着帯ニ付御祝儀之儀者、相調候上早ゝ御聞繕書可被差出候、且年始ニ付日限御聞繕之儀者、一兩日中可被差出旨相答也、

四日、辛亥、晴、當番、菅谷中務卿・松井出羽守・中村帯刀・友田掃部・松井多門・青水造酒・莊田左衛門、

一、東尾権僧正(眞應)御參、

一、御附武家江御聞繕書、如左、

公方様(家齊)江年頭御祝儀被進物、二條表江御使何日頃可被差向候哉、此段宜御聞繕可被進候、以上、

青綺門院七回忌御懺法講出仕書付

正月四日

妙法院宮御內
今小路民部卿

一、山門執行代大興坊(諒然)參上、此度參府、來ル十一日發足仕候旨御届申上ル、且三院臈次帖幷御懺法講ニ付出仕書付持參、於御廣間右衞門大尉面會也、

口上覺

正月廿九日青綺門院(舎子)樣御七回忌ニ付、於院御所御懺法講被仰出候、御導師共ニ十口出勤ニ付、山門より三口出勤被召加候、

禪林院(實融)　什善坊(眞超)　一音院(忍衣)

右之通、梶井(承眞)樣より被仰渡候、尤勸賞昇進之儀も被仰立候由ニ御座候、以上、

正月四日

執行代
大興坊

一、原田無關參上、拜診、

一、護淨院參上、御對面之事、

一、入夜緒方左衞門・三宅宗仙參上、御對面之事、

五日、壬子、雨、當番、今小路民部卿・松井右衞門大尉・木崎主計・初瀨川釆女・鈴木求馬・小畑勘ケ由、

一、午刻後、御廟參被爲在候事、

御位次席巡前後の儀につき奉書

一、舊臘恭禮門院(富子)樣御葬送之節、泉涌寺江御名代被差向候處、輪門(公澄)樣御名代与席巡前後ニ付、御世話廣橋前(伊

光)大納言殿江一通被差出、其案、料紙小奉書四ツ折、

舊臘、前恭禮門院樣御葬送之節、泉涌寺江可被爲有御參向處、御所勞ニ付、御名代院家常住金剛院出仕被仰付候、於彼寺進退御同列方御位次相守、被對御上席御失禮無之樣、万事不及乱雜候樣被入御念被差向候處、輪王寺宮樣御名代之人躰、此御方より上席ニ相成、尤龕前堂ニ而者心得違歟、不正席ニ而、其後山頭迄之間、此御方御名代より先江行越候而、上席を奪ひ候樣之振舞、難被得其意候ニ付、思召茂被爲有之候得共、御凶事之節、遮而御趣意被仰立候儀者如何ニ思召候、併御位次之儀、御私之事ニ而御無御座候間、被仰入置候、此段何分宜賴思召候、以上、

正月

妙法院宮御使
今小路民部卿

一、金剛院權僧正御參、

一、安達大圓參上、御對面、

六日、癸丑、曇、當番、今小路民部卿・松井出羽守・中村帶刀・友田掃部・松井多門・青水造酒・莊田左衞門、

一、鈴木求馬、浪花より上京、

一、福井嚴助參上、此節御機嫌相窺、且舊冬御目錄拜領

御請申上候由也、

自在王院御忌

一、自在王院(典仁)宮様御忌ニ付、廬山寺江御代香、松井右衞門大尉相務、

右、御靈前江方金百疋被備之、

一、入夜圓山主水・吳月溪・市川養元參上、御對面、

七日、甲寅、曇、當番、菅谷中務卿・松井右衞門大尉・木崎主計・初瀬川采女・鈴木求馬・小畑勘ケ由、

般舟院泉涌寺両寺參詣につき届書

一、明八日両寺江御參詣ニ付、万里小路家・芝山家へ一通被差出、般舟院者万里小路家、泉涌寺者芝山家也、

料紙小奉書四ツ折、

妙法院宮(眞仁)、明八日般舟院江被爲有御參詣候、仍御届被仰入候、以上、

正月七日　妙法院宮御内　今小路民部卿

右一通、青侍持參也、但、泉涌寺之方芝山家へ持參之處、勸修寺家忌明ニ付、彼方江持參也、

女院御所崩御につき奉書

一、所司代堀田相模守(正順)亭江御使を以、女院(富子)御所崩御ニ付、從關東老中之奉書御到來ニ付、御返翰被差出也、用人出會、相渡也、御使初瀬川采女、

女院崩御、依之御弔儀之趣畏存候、此旨宜令披露給候也、

正月六日　御花押

松平伊豆守(信明)殿

戸田采女正(氏教)殿

安藤對馬守(信成)殿

若君様(家慶)江之御返翰、御文面右同様、宛所戸田采女正壹名也、右御奉書両通共箱入、表書如左、

松――殿

戸――　妙

安――

一、市川養元參上、

八日、乙卯、晴、當番、菅谷中務卿・松井出羽守・中村帶刀・友田掃部・松井多門・青水造酒・莊田左衞門、

*般舟院泉涌寺両寺參詣

一、今日両寺江御參詣也、辰刻過御出門、泉涌寺江御參詣、暫時して還御、夕御膳被召上、夫より般舟院江御參詣、還御懸御里坊江被爲入、御夜食被召上、酉刻前還御、御供松井出羽守・友田掃部・藪澤競・小畑勘ケ由・中村金吾、御先五人、一統熨斗目麻上下、御挾箱對御供頭乘輿、其外御供廻り尋常之ことし、

一、両寺江御納經、法華壹部宛被備之、柳筥乘御下札、

一、田安家御簾中より歳暮御祝儀被仰進、右衞門督殿よ

りも御同様之由、上臈より奉書ニて來ル、
一、原田無關・安達大圓參上、
九日、丙辰、曇、當番、今小路民部卿・松井右衞門大尉・木崎主計・初瀨川采女・鈴木求馬・小畑勘ケ由、
一、金剛院權僧正御參、
一、惠宅師參殿、於常御殿御對面、
一、安樂心院宮樣(公延)江舊臘之御返書被進之、

御臺著帯につき聞繕書

一、御附武家江御聞繕書、如左、
今度御臺樣御着帶ニ付、爲御祝儀、
公方樣・御臺樣江　昆布一箱宛、
若君樣江　御祝詞斗、
右之通、二條表迄御使を以可被進思召候、尤御先格者無御座候得共、當時依御由緒如斯御座候、此段堀田相模守殿江宜御聞繕可被進候、以上、
正月九日　妙法院宮御內　今小路民部卿
右一通、神保紀伊守役宅へ北川恒之進持參、落手之由也、
一、中宮樣(欣子)より御文を以、來ル十七日恭禮門院樣爲御菩提、御本所ニ而御法會被行候ニ付、御聽聞御參被遊候樣被仰進候由、卽御返書被爲有也、

十日、丁巳、晝後時々雪、當番、今小路民部卿・松井出羽守・中村帶刀・友田掃部・松井多門・青水造酒・莊田左衞門、
一、安達大圓參上、御對面、
十一日、戊午、晴、當番、菅谷中務卿・松井右衞門大尉・木崎主計・初瀨川采女・鈴木求馬・小畑勘ケ由、
一、於無爲庵御巡會御茶被催、市川養元獻上也、
一、山門北谷惣代金臺院參上、此節爲窺御機嫌御菓子一箱獻上之、

*菩提所廟所の有無書付差出の申請

一、千種家より御里坊迄使者を以、左之通申來、
宮門跡方菩提所有無、幷菩提所之外ニ廟有之候分、是又委細書付被差出候樣、夫々御達可被下候事、
十二月
右之趣、今明日中、否書付可被差出由也、

*普請手形につき傳奏觸

一、傳奏觸到來、
口上覺
去々寅年大川筋御普請御入用高役銀、村々より懸屋手形ニ納手形被相添、來ル十五日迄之內勸修寺家へ御差出可被成候、此段各方迄可申入旨、兩傳被申付如斯候、以上、
正月十一日　兩傳奏　雜掌

御名前例之通
坊官御衆中

追而、御廻覽之後、勸修寺家へ御返し可被成候、
以上、
追而、御抱寺御兼帶御寺領も御書出可被成候、且
又御院家中江も御傳達可被成候、以上、

十一日

由緒書差出の達

一、入夜勸修寺家より御招ニ付、末吉向罷出候處、御由緒書、昨年之通御帳面當年ニ御引當被成、御張紙被成、且假御帳面一册相添、十五日迄ニ御差出可被成旨被達候由也、

十二日、己未、晴、當番、菅谷中務卿・松井出羽守・中村帶刀・友田掃部・松井多門・青水造酒・莊田左衞門、

菩提所廟所有無の儀につき奉書

一、昨日千種家より御菩提所有無之儀、書付可被差出旨御達ニ付、一通被差出、料紙小奉書四ツ折、
妙法院宮御廟所、御寺内ニ有之候、別ニ御菩提所者無御座候、以上、
正月十二日　妙法院宮御内　今小路民部卿

*由緒書差出

右一通、安福左馬太持參、御落手之由也、

*高役銀書付及び請取手形差出

一、山門東谷惣代安祥院(善應)參上、此節爲窺御機嫌御菓子一折獻上也、
一、同南谷惣代星光院、右同斷御菓子一折獻上也、
一、安達大圓參上、御對面被仰付、

十三日、庚申、晴、當番、今小路民部卿・松井右衞門大尉・木崎主計・初瀨川采女・鈴木求馬・小畑勘ケ由、

一、金剛院權僧正御參、
一、山門南尾惣代本住院、北尾惣代樹王院參上、此節爲窺御機嫌御菓子一折獻上也、
一、知足庵・原田無關・伴蒿蹊・安達大圓參上、各御對面、

十四日、辛酉、晴、當番、今小路民部卿・松井出羽守・中村帶刀・友田掃部・松井多門・青水造酒・莊田左衞門、

一、藤島石見參上、中務卿出會、
一、山本內藏、此節御機嫌相窺也、
一、安達大圓參上、御對面、

十五日、壬戌、雨、當番、菅谷中務卿・松井右衞門大尉・木崎主計・初瀨川采女・鈴木求馬・小畑勘ケ由、

一、此間勸修寺家より被達候御由緒書帳面被相改、外ニ一帳相添、例之通被差出候事、
一、同所江高役銀書付、幷三井三郎助請取手形拾通差出、

覺

一、高九拾五石　山城國愛宕郡之内　鹿ケ谷村
此高役銀拾六匁五分五厘四毛
一、高九拾三石貳斗九升　山城國愛宕郡之内　大原上野村
此高役銀拾六匁貳分五厘六毛
一、高貳百拾四石九斗四升　山城國愛宕郡之内　柳原庄
此高役銀三拾七匁四分五厘三毛
一、高貳百石四斗　山城國葛野郡之内　牛箇瀬村
此高役銀三拾四匁九分貳厘
一、高三百貳拾八石八斗　山城國葛野郡之内　朝原村　千代原村共申候、
此高役銀五拾七匁貳分九厘三毛
一、高五百八拾九石貳斗八升　山城國乙訓郡之内　寺戸村
此高役銀百貳匁六分八厘貳毛
一、高百拾壹石八斗六升　山城國葛野郡之内　東鹽小路村
此高役銀拾九匁四分九厘貳毛
高合千六百三拾三石五斗七升
此高役銀貳百八拾四匁六分五厘
一、高三百三拾八石七斗壹升貳合　大佛廻境内
此高役銀五拾九匁貳厘壹毛

惣高合千九百七拾貳石貳斗八升貳合
惣高役銀三百四拾三匁六分七厘壹毛
但、百石ニ付銀拾七匁四分貳厘五毛
一、御抱高八石四斗　山城國愛宕郡之内　清閑寺村
此高役銀壹匁四分六厘四毛
一、同高貳石五斗　山城國葛野郡之内　谷山田村　下山田村共申候、
此高役銀四分三厘六毛
合拾石九斗
此高役銀壹匁九分
但、百石ニ付銀拾七匁四分貳厘五毛
右者、此度山城木津川・桂川・賀茂川・宇治川、攝津河内淀川・神崎川・中津川・大和川筋御普請ニ付、山城國高役銀、書面之通妙法院御門跡御知行所幷御抱蓮華王院領村々取立之、三井三郎助方江相納申候、以上、
寛政八丙辰年正月（七乙卯　十二）　妙法院御門跡御内　今小路民部卿印
御勘定所
一、追而、勸修寺家より御招ニ付、末吉向罷出候處、右高役書付年月附、卯十二月ニ相改被差出候様御達ニ

付、即相改被差出候事、

泉涌寺般舟院へ參詣*

十六日、癸亥、晴、當番、菅谷中務卿・松井出羽守・中村帯刀・友田掃部・松井多門・青水造酒・莊田左衞門、

樹下主膳家督相續御祝儀

一、江戸山王樹下主膳、昨年家督相續被仰付候ニ付、爲御祝儀白銀壹枚、依先格獻上ニ付、從當御方も右爲御祝儀方金五百疋被下之、表役より奉書ニ而差下也、

一、般舟院・泉涌寺へ明日御參詣被爲在候而も差支無之哉之旨、内ゝ承合候處、差支無之旨也、

般舟院泉涌寺両寺參詣につき届書

一、万里小路家・勸修寺家へ一通差出、但、般舟院者万里小路家、泉涌寺者勸修寺家也、料紙薄奉書四ツ折也、

　妙法院宮、明十七日般舟院江御參詣被成度候、併明日者御法事日ニ者無御座候得共、明後十八日御差支御座候ニ付、如斯御座候、尤般舟院江内ゝ承合候處、差支無之旨ニ御座候、仍爲念御届被仰入候、以上、

　　正月十六日　　妙法院宮御内　今小路民部卿

右御届書、安福左馬太持參、御落手也、

一、岸紹易、爲窺御機嫌參上、御對面被仰付、

一、市川養元同斷、

十七日、甲子、晴、當番、今小路民部卿・松井右衞門大尉・木崎主計・初瀬川采女・鈴木求馬・小畑勘ケ由、

一、辰刻過御出門、泉涌寺江御參詣、夫より御本所江御參、未刻頃御里坊江御退出、暫時して般舟院江御參詣、申半刻頃還御、御供松井出羽守・初瀬川采女・三谷玄蕃・三上唱・青水造酒、御先五人、御里坊へ今小路民部卿・原田無關・小島郡司等相詰ル、一統熨斗目、

一、東尾權僧正御參、

一、伴蒿蹊參上、申置、

一、三宅宗仙・緒方左衞門・安達大圓參上、各御對面、

一、青門(尊眞)様より御使を以、此節御見舞被仰進候事、

十八日、乙丑、晴、當番、今小路民部卿・松井出羽守・中村帯刀・友田掃部・松井多門・青水造酒・莊田左衞門、

一、東尾權僧正御參、

御容體書*

一、和田泰純江御藥取、御容躰書、

　益御機嫌克被爲成候、先日御容躰後御同遍被爲在候、併折ゝ御溜飲御塞被爲在候得共、御膳者御相應ニ被召上、御機嫌克被爲成候事、

　　正月十八日

一、皆川文藏・呉月溪參上、於常御殿御對面、御吸物御

*觸穢日時順達書

*高役書相改差出

*煤拂

酒御夜食等被下之、
一、岸紹易參上、御對面、
一、圓山主水より此節爲窺御機嫌御菓子一折獻上也、月溪よりも同斷獻上也、
十九日、丙寅、晴、當番、菅谷中務卿・松井右衞門大尉・木崎主計・初瀨川釆女所勞、代造酒、・鈴木求馬・小畑勘ケ由、
一、於無爲庵正午巡會御茶、知足庵獻上也、御詰中務卿・宗仙・養元・紹易等也、
一、原田無關參上、御對面、
二十日、丁卯、晴、當番、菅谷中務卿・松井出羽守・中村帶刀・友田掃部・松井多門・青水造酒・莊田左衞門、
一、昨日勸修寺家より御招ニ付、末吉向罷出候處、當十五日被差出候高役書付、年月附卯十二月ニ相改候樣との儀ニ付、卽相改、今日被差出候事、御使安福左馬太、
一、金剛院權僧正御參、
一、安達大圓參上、御對面、
廿一日、戊辰、晴、當番、今小路民部卿・松井右衞門大尉・木崎主計・初瀨川釆女・鈴木求馬・小畑勘ケ由、
一、桃園院尊儀御忌ニ付、泉涌寺江御使を以方金貳百疋被備之、御使小畑勘ケ由、
一、岸紹易參上、
一、青門樣より御順達書來、

口上覺

唯今於非藏人口六條中納言殿(源有庸)御面會ニ而、觸穢來ル廿八日限之段御達御座候、當門より御一列樣方へ御傳達可被成旨ニ付被仰傳候、御承知之儀者御方〻樣より非藏人口江被仰入候樣ニと之御事ニ御座候、此段宜御沙汰可被成候、以上、

正月廿一日　　青蓮院宮御内　大谷宮内卿

妙──樣　聖──樣　梶──樣
一──樣
坊官御衆中

追而、御廻覽之後、當門へ御返却可被成候、以上、
一、非藏人口へ御使を以、右御承知之段、當番之議奏衆迄被仰入、御使末吉向、
廿二日、己巳、晴、當番、今小路民部卿・松井出羽守・中村帶刀・友田掃部・松井多門・青水造酒・莊田左衞門、
一、常御殿・御白書院・御玄關・宸殿・瑞龍殿・梅之間・御持佛堂等、御煤拂之事、
一、金剛院權僧正御參、

一、大愚・安達大圓參上、御對面、於御側御酒被下之、
一、小堀縫殿所勞ニ付、爲御尋蒸菓子一折被下之、御使
友田掃部、
廿三日、庚午、晴或曇、晝前より雨、當番、菅谷中務卿・松井右衞門大尉・木崎主計・初瀬川采女・鈴木求馬・小畑勘ケ由、

觸穢につき傳奏觸

一、傳奏觸到來、
口上覺
來ル廿八日子刻、觸穢限候間、其刻火替被仰付可
然候、此段爲御心得各方迄可申入旨、兩傳被申付
如斯ニ候、以上、
正月廿三日　兩傳奏雜掌
御名前例之通
坊官御衆中
追而、御廻覽之後、勸修寺家へ御返し可被成候、
以上、
廿四日、辛未、曇或風、晝後晴、當番、菅谷中務卿・松井出羽守・中村帶刀・友田掃部・松井多門・青水造酒・莊田左衞門、
一、市川養元參上、明日御茶被下候ニ付、御請申上ル、
一、知足庵・安達大圓參上、同斷御請申上ル、御對面被
仰付也、
一、原田無關參上、拜診被仰付、

廿五日、壬申、曇、當番、今小路民部卿・松井右衞門大尉・木崎主計・初瀬川采女・鈴木求馬・小畑勘ケ由、
一、於香雪庵新御茶席正午巡會御茶被催之、中務卿・知
足庵・養元・大圓等へ御茶被下之、
一、取次土山淡路守(武辰)より手紙來、
御用之儀御座候間、明日午刻非藏人口へ御參候樣
可申達旨、議奏衆被仰渡候、仍申入候、以上、
正月廿五日　土山淡路守
妙法院宮樣
坊官
諸大夫 御中
右承知之旨、及返書也、
廿六日、癸酉、晴或曇、當番、今小路民部卿・松井出羽守・中村帶刀・友田掃部・松井多門・青水造酒・莊田左衞門、
一、取次渡邊河內守より來狀、
御用之儀御座候間、明廿七日午半刻、仙洞御所外
樣口へ御壹人御參候樣可申達旨、梅小路殿被仰渡
候、仍申入候、以上、
正月廿六日　渡邊河內守
妙法院宮樣
坊官
諸大夫 御中

*火替の儀

御參賀御參內につき御達

*御容體書

參院始の儀につき御達

右承知之旨、及返書、

一、非藏人口へ松井出羽守罷出候處、六條中納言殿御面會、來二月十日午刻御參內始被仰出、尤御車寄より御昇降可被爲在由、且二月朔日御參賀ニ不及旨御達之由也、

一、金剛院權僧正御參、

一、知足庵・市川養元・安達大圓參上、昨日御茶被下候御禮申上ル、

一、原田無關參上、拜診、

廿七日、甲戌、曇或晴、當番、菅谷中務卿・松井右衞門大尉・木崎主計・初瀨川采女・鈴木求馬・小畑勘ケ由、

一、洞中外樣口へ御無人ニ付中村帶刀罷出候處、梅小路前宰相(定福)殿御面會、來月十日午刻、御參院始之儀被仰出候由御達也、

一、坂元淸記、先達而蟄居被仰付候處、此度被免候事、

右之趣、於御用部屋中務卿・民部卿列座ニて、競へ申渡也、

一、午刻過御出門、御參內、夫より中宮御所江御參、戌刻還御、御供出羽守・唱・勘ケ由・金吾・造酒、御先三人、

一、明廿八日子刻觸穢限候ニ付、其刻火替之儀、御家來一統へ相觸、

廿八日、乙亥、晴、當番、菅谷中務卿・松井出羽守・中村帶刀・友田掃部・松井多門・青水造酒・莊田左衞門、

一、和田泰純江御藥取、御容躰書、

益御機嫌克被爲成候、此間御容躰之後御同遍被爲在、次第ニ御快方、御膳等も御相應ニ被召上、御機嫌克被爲在候事、

正月廿八日

一、青綺門院樣七回御忌ニ付、禁裏御所・仙洞御所江爲御窺御機嫌、蒸籠五種入壹荷宛御獻上也、御使今小路民部卿、

一、右ニ付、洞中・泉般兩寺江葩三拾葉宛被備也、

一、持明院前大僧正、御懺法講御導師被勤ニ付、爲御尋蒸籠壹組被遣也、右御使末吉向、

一、禁裏御所より御封付御文匣來、則御請被爲有也、

一、三宅宗甫參上、屠蘇白散例之通獻上也、御目錄金百疋被下之、

一、市川養元・原田無關・伴蒿蹊・安達大圓參上、各御對面被仰付、

一、和田泰純參上、拜診、於御側御酒被下之、

廿九日、丙子、晴、當番、今小路民部卿・松井右衞門大尉・木崎主計・初瀨川采女・鈴木求馬・小畑勘ケ由、

一、禁裏御所江藥師供御卷數・昆布一折五拾本・御樽壹荷、例之通被獻也、御使普門院、

一、御所方江歳末御祝儀被獻物之儀者、先達而御世話卿へ御聞合之處、何之御沙汰無之旨ニ付、不被及其儀事、

一、閑院宮(美仁)樣へ歳末御祝儀、并和歌御門弟ニ付御祝儀被進物、例之通、

一、御世話廣橋前大納言殿江歳末御祝儀、例之通被遣也、御使末吉向、

一、小泉陰陽大允へ御方違勘進被仰付候ニ付、方金百疋被下之、

一、禁裏御所より御使女房奉書を以、來月御內々御祈禱被仰出候由ニて、御撫物被出候事、卽御返書ニ御請被仰上也、

一、坊官より御鏡餅・御錫、諸大夫より御錫、例之通獻上也、

一、金剛院權僧正以使者、歳末御祝詞被申上也、

*御方違

*年始御儀式

歳末御祝儀

*藥師供及び不動供御開闢

一、於御白書院坊官以下中奧迄、歳末御禮申上ル、

一、戌刻御方違、積翠園江被爲成、御雜煮御吸物御酒等御祝、例之通、及鷄鳴御吉方御寢所江還御、

二月　御用番、松井右衞門大尉(永亨)、

朔日、丁丑、晴或曇、午刻地震、當番、今小路民部卿(行章)・松井出羽守(永喜)・中村帶刀(利章)・友田掃部・松井多門・青水造酒・莊田左衞門、

一、今日年始御儀式被相催候事、

一、卯刻護摩堂江渡御、月次藥師供、長日不動供御開闢、

一、次御吉書始、

一、次大福・御雜煮等、如御嘉例、

一、次於御白書院御獻、御陪膳東尾(眞應)權僧正、役送今小路法橋、

一、次於同所金剛院(眞應)權僧正江御口祝被下之、

一、次於梅之間御口祝被下之、但、當年一統御盃不被下、坊官衣躰直綴白袴、諸大夫侍熨斗目長上下、以下熨斗目半上下、

菅谷中務卿(寛常)法印・小川大藏卿(純方)法眼・今小路民部卿法橋・松井右衞門大尉・松井出羽守・伊丹上總(宜顯)介・三上伊賀守(保教)・中村帶刀・木崎主計・初瀨川采

女・友田掃部・鈴木求馬・三谷玄蕃・藪澤競・三上唱・小畑勘ケ由・中村金吾・青水造酒・惠乘房・堀部備後・牛丸九十九・莊田左衞門・末吉向・末吉喜齋・丸茂彌内・小島郡司・安福左馬太・石野東太夫・北川恒之進、
但、中奥・茶道・青侍等江ハ御口祝、東尾殿被挾也、山下監物故障、山下勇・松井多門歡樂、
一、次於同所御口祝、
山本内藏・三宅宗仙・三宅宗甫・市川養元・三宅宗達・原田無關、
一、次於同所御口祝、東尾殿被挾也、
内田喜間多・松井左次馬・若山源之進・津田源吾・廣瀬民矢、
一、次御祝儀之松、御嘉例之ことし、
一、次於御白書院御口祝、
松井西市正(永昌)・普門院(啓道)・中嶋織部・岡本右兵衞、
一、次朝御膳、東尾權僧正御相伴、

諸處御參詣

一、次御參詣、御鎭守・大佛殿并荒神・蓮華王院、
東尾權僧正扈從、御供三上伊賀守・友田掃部・三上唱、御先三人、

一、菩提院(志岸)・瑞雲院(貞剛)・緒方左衞門、年始御禮申上ル、各於御書院御口祝被下之、
但、菩提院御菓子獻上、瑞雲院御菓子料銀壹兩獻上、
一、松室上野・武川幸伯、御禮參上、申置也、
二日、戊寅、晴、當番、菅谷中務卿・松井右衞門大尉・木崎主計・初瀬川采女・鈴木求馬・小畑勘ケ由、
一、坊官より獻上之御鏡餅・御錫、諸大夫より獻上之御錫等、如例御祝被爲在、
一、東尾權僧正御參、
一、知足庵御禮申上ル、扇子三本入獻上也、於御書院御口祝被下之、
一、安達大圓右同斷、御齒藥獻上也、
一、細谷典膳御禮申上ル、扇子三本入獻上也、申置、
一、横山左近同斷、申置也、
一、入夜菱花ひら御祝例之通、東尾殿御相伴、坊官・諸大夫同斷、

*關東御聞繕書の儀につき來狀

一、御附武家より來狀、
其御方より寒中ニ付關東江例年御聞繕書之儀、舊臘者女院(富子)崩御ニ付御延引被成候旨、先達而被御申聞候、然ル處右者此程御差出被成候御事ニも候し哉、拙者共爲心得御樣子承度存候、以上、

石谷肥前守(清茂)
神保紀伊守(長孝)

二月二日

菅谷中務卿樣
松井西市正樣

右相調候而、從是及返答可申旨相答也、

一、小泉陰陽大允參上、今晩菱花ひら御祝ニ付、於御側御酒被下也、

三日、己卯、晴、當番、菅谷中務卿・松井出羽守・中村帶刀・友田掃部・松井多門・青水造酒・莊田左衞門、

一、東尾權僧正御參、

御畫始

一、今日御畫始被催ニ付參上之輩、丸山主水・吳月溪・岸雅樂助・皆川文藏・伴蒿蹊・福井嚴助・大愚、各於御白書院御口祝被下之、以後於常御殿御畫始被催、於赤縁吸物・御酒・夜食等被下也、

一、安達大圓・小泉陰陽大允參上、昨夜之御禮申上ル、

官位實名等改につき書付

一、烏丸家より御里坊迄使者を以、書付來ル、

院家・准院家・坊官・侍法師・承仕、御用之儀御座候間、官位・實名・年齡等、當月朔日改ニて被成御書付、來七日迄ニ當家へ御差出可被成候事、

二月　烏丸右少弁(資董)殿使者

勝安養院候人
御用 ——
日嚴院候人
御用 ——

四日、庚辰、晴、當番、今小路民部卿・松井右衞門大尉・木崎主計・初瀬川采女・鈴木求馬・小畑勘ケ由、

一、東尾權僧正御參、

一、澤村伊豫守(壽邦)爲年始御禮參上、於御書院御口祝被下之、

一、護淨院參上、右同斷、

一、日吉社樹下式部太輔(成範)年頭御禮申上ル、於瑞龍殿民部卿面會、御祈禱之御札獻上也、

一、大山崎社司柴崎志摩同斷、御札・神酒等例之通獻上也、於御玄關三ノ間民部卿面會、以後御湯漬被下之、當番之輩及挨拶、御對面無之、

*諸禮參集につき傳奏覺書

一、傳奏衆より一通到來、

口上覺

來十四日、禁裏樣(光格)・仙洞樣(後櫻町)諸禮ニ候間、御院家中其御心得尤候、辰刻可有御參集候、遲參之御衆無御構御禮始り申候、否之御請九日迄ニ勸修寺家へ以書付被仰聞候樣可被成御傳達旨、兩傳被申付候、

以上、

二月三日　兩傳奏雜掌

妙法院宮樣
坊官御衆中

春日祭につき傳奏覺書

*御祈禱品返獻引替等の儀

花會

追而、御覽之後、勸修寺家へ御返し可被成候、以
上、

又壹通、

口上覺

就來ル八日春日祭、禁裏樣從來六日晩至九日朝御
神事候、仙洞樣從來七日晩至九日朝御神事候、中(欣子)
宮樣從來六日晩至九日朝、僧尼重輕服之御方〻樣
御參入可被憚候、爲御心得各方迄可申入旨、兩傳
被申付如是候、以上、

二月四日　兩傳奏　雜掌

御名前例之通
坊官御衆中

追而、御覽之後、勸修寺家へ御返し可被成候、以
上、

五日、辛巳、雨、當番、今小路民部卿・松井出羽守・中村帶刀・友田掃部・松井多門・青水造酒・莊田左衞門、所勞、

一、於赤緣幷御廊下、花御會被催、

一、東尾權僧正御參、

一、圓山主水・市川養元・護淨院・知足庵參上、各御對
面被仰付、

一、東本願寺(文如光暉)門主より使者を以、年始御祝詞被申上、幷
姬君御方御引取相濟候ニ付、御歡被仰遣也、御挨拶
被申上候由也、

一、堀田相模守(正順)使者を以、年始爲御祝儀太刀・馬代獻上
也、

一、花山元慶寺、昨年中禁裏御所御祈禱之御卷數幷御撫
物御返獻等之儀、舊臘觸穢中ニよつて御延引、右御
卷數御撫物何日頃可被獻哉、幷御引替之御撫物御壇
料同日被申出度旨、御世話廣橋前大納言(伊光)殿江御聞合
之處、來ル十日御獻上可被爲有之由也、

一、元慶寺惠宅師江以手紙、禁裏御所昨年中御祈禱之御
卷數幷御撫物御引替之儀被仰出候間、來ル九日迄ニ
此御所へ被獻候樣申遣也、

六日、壬午、晴、當番、菅谷中務卿・松井右衞門大尉・木崎主計・初瀨川采女・鈴木求馬・小畑勘ケ由、

一、自在王院宮(典仁)樣御忌ニ付、廬山寺へ御代香、右衞門大
尉相務、

一、金剛院權僧正御參、

一、山下監物、今日より忌明被仰付候事、

一、安達大圓參上、御對面被仰付、

一、知足庵・宗仙・養元參上、御對面、

一、伴蒿蹊、御畫始之節被召候ニ付、御禮申上ル、

關東御聞繕書につき來狀

一、御附武家より來狀、
關東江寒中ニ付御見舞被仰進候御使日限御聞繕書之儀、去年者觸穢ニ付不被差出、若此節御使御聞繕書被差出候之哉(しカ)、此間及御問合候處、尙御調可被御申聞旨被御申聞候、然ル處聖護院(盈仁)宮御方・林(博山元敞)丘寺宮御方・靈鑑寺(宗恭)宮御方よりハ、此節餘寒御見舞之御聞繕書被差出候、尤右御三方茂舊冬寒氣御見舞御聞繕書不被差出候處、此節被差出候、猶其御方御樣子御治定之所承度存候、以上、

二月六日　石谷肥前守
神保紀伊守

菅谷中務卿樣
松井西市正樣

右返書ニ、承知之旨、此御方ニも右御聞繕書、明日可被差出趣相答也、

七日、癸未、快晴入夜曇、子刻追風雨、當番、菅谷中務卿・松井出羽守・中村帶刀・友田掃部・松井多門・青水造酒、左衞門所勞、

一、鈴木宮內年頭御禮參上、申置也、

一、丸山安養寺宣阿彌・也阿彌・連阿彌・正阿彌、年頭御禮申上ル、獻上物例之通、於梅之間各御口祝被下之、名披露、例年御祝被下候ヘ共、今年ハ不被下旨、當番之輩及挨拶、

一、勝安養院(洞海)權僧正より使を以、年始御祝詞被申上、無(堯海)礙光院前大僧正よりも同樣也、

一、和田泰純、年頭御禮申上ル、於御白書院御口祝被下、後於常御殿拜診、

官位實名等書*

一、烏丸右少弁殿江院家・准院家・御末寺・坊官・承仕・候人、官位・實名・年齡書被差出候事、

妙法院宮

院家
勝安養院
權僧正法印洞海 二十八
常住金剛院
權僧正法印眞應 二十六

准院家
越前國中野專照寺
權僧正法印譽章 五十八
播磨國御嶽山清水寺執行
遠成院
法印大僧都善實 五十一

○茲ニ書加、
伊勢國高田光明王院
○法印大僧都信淳 五十一
右相洩候ニ付、追而書加差出也、

又一通、

妙法院宮

院家隠居
無礙光院
前大僧正法印堯海五十四
上包
妙法院宮
院家・准院家、官位・實名・年齡、

又一通、
妙法院宮
御末寺
肥後國藤崎八幡宮執行神護寺
法印大僧都憲永四十四
上包
妙――
御末寺、官位・實名・年齡、

又一通、
妙法院宮
坊官
菅谷中務卿法印寛常三十八
小川大藏卿法眼純方三十八
今小路民部卿法橋行章二十六
承仕
松井丹波法橋長亨六十六
堀部備後法橋吉當五十七
上包
妙――
坊官・承仕、位階・實名・年齡、

又一通、
勝安養院候人
多喜坊法橋玄意七十七
無礙光院候人隠居
濱崎法眼惟純五十三
上包
妙――
院家候人、位階・實名・年齡、

*御聞繕書

一、御附武家江御聞繕書一通、如左、
公方様江餘寒爲御見舞被進物、二條表江御使何日
頃可被差向候哉、此段宜御聞繕可被進候、以上、
二月七日　妙法院宮御内
松井右衛門大尉
右一通、石谷肥前守役宅へ安福左馬太持參、落手之
由也、

*御祈禱品獻上引替の申達

一、元慶寺惠宅師より、禁裏御所昨年御祈禱之御卷數幷
御撫物、中宮御所江之御卷數等獻上也、右衛門大尉
受取之申候旨相答、且御引替之御撫物御壇料等、來
ル十一日可被出候間、例之通落手書被差出候樣申達
也、
一、柳原弁殿(均光)より左之通申來ル、
諸大夫侍

右官位・年齢・實名等、如例御書付二月一日改ニ
而、來ル十日迄ニ御差出可被成候事、

二月

八日、甲申、晴、當番、今小路民部卿・松井右衞門大尉・木崎主計所勞・初瀬川采女・鈴木求馬・小畑勘ケ由、
一、山門西塔院内惣代觀泉坊(圓海)、年頭御禮參上、扇子十本入獻上也、於御白書院御口祝被下之、名披露、尤御祝可被下處、當年ハ不被下旨、當番之輩及挨拶也、
一、東尾權僧正御參、
一、安井本君御方より年始御祝詞被仰進候也、
一、安達大圓參上、明日御茶御詰被仰付候ニ付、御請申上ル、

九日、乙酉、快晴、當番、今小路民部卿・松井出羽守・中村帶刀所勞・友田掃部・松井多門・青水造酒、左衞門所勞、
一、小堀縫殿、年頭御禮申上ル、太刀・馬代獻上也、
一、惠宅師、年始御禮參殿、柹壹箱獻上也、幷三御所年始御祈禱之御卷數獻上、御日柄ゆへ御對面無之、
一、小泉陰陽大允、於積翠園御茶獻上也、
一、柳原弁殿へ諸大夫・侍、官位・實名・年齢書被差出候事、

*御參內始

諸大夫官位實名等書

妙法院宮

諸大夫

松井　正五位下西市正兼長門守源永昌五十五

松井　從五位上右衞門大尉兼伊豫守源永亨四十四

松井　從五位上出羽守源永喜二十六

侍

伊丹　從六位下上總介賀茂宜顯四十七

三上　從六位下伊賀守源保教七十七

上包　妙法院宮

諸大夫・侍、官位・實名・年齢、

十日、丙戌、雨、當番、菅谷中務卿・松井右衞門大尉・木崎主計・初瀬川采女・鈴木求馬・小畑勘ケ由、
一、今日御參內始也、辰刻過御出門、先上御殿江被爲入、御口祝御雜煮御祝、夕御膳被召上、午刻御參內、次御參院、夫より一條樣(忠良)・近衞樣(經熙)・中宮御所・有栖川樣(織仁)江爲御年賀被爲成、還御懸再御里坊江被爲入、御夜食被召上、酉刻還御、
一、御板輿、御挾箱對、御供松井出羽守衣躰熨斗目長上下・鈴木求馬・藪澤競・中村金吾・青水造酒、御先五人各熨斗目半上下、

一、三御所江年始御祝儀被獻物例之通、御使菅谷中務卿、
一、御局方江被遣物例之ことし、御使安福左馬太、

禁裏御所等へ内々獻物

一、禁裏御所・中宮御所江御内々被獻物、幷御局方江御内々被遣候もの、左之通、中務卿持參也、
一、御讀書檠　一箱
右、禁裏御所江

*御祈禱品御返獻引替の事

一、御花香實袋　貳ツ
右、中宮御所江
一、御多はこ入　三ツ宛
右、大典侍との・權中納言典侍との・新宰相典侍との・督典侍とのへ、新典侍との・長橋との・弁掌侍との・今參とのへ、
一、御せん子　三本宛
右、御兒三人へ
一、御多はこ入　貳ツ宛
右、上野との・河内との・長門との・伊賀とのへ、
一、右同斷　甲斐へ
一、右同斷　右京大夫へ
一、右同斷　表使兩人へ

一、御多はこ入　三ツ宛
右、油小路との・冷泉とのへ、中宮御所女房也、
一、御多はこ入　貳ツ　滋岡へ
一、兩傳奏・廣橋前大納言殿(伊光)・兩御附江年始御祝儀被遣物、例之通、御使三谷玄蕃・末吉向、
一、禁裏御所江、元慶寺卯年御祈禱之卷數幷御撫物御返獻、替之御撫物・御壇料爲申出之事、請取書如左、

覺

一、御撫物　壹對
一、白銀　貳枚
右者、當辰年元慶寺爲御祈禱料請取申所如件、
辰二月十日　妙法院宮御内　三谷玄蕃印
右京大夫殿

一、三御所へ元慶寺年始御祈禱之御卷數御獻上也、御使玄蕃、
一、禁裏御所より女房奉書を以、藥師供御祈禱之御撫物・御壇料白銀拾枚、幷御内々御祈禱御壇料等御拜領、今日ハ御留守故、從跡御請可被仰上旨相答也、
一、小泉陰陽大允參上、昨日之御禮申上ル、
一、原田無關、御里坊へ窺御機嫌、還御後再相窺也、

十一日、丁亥、晴、入夜曇、當番、菅谷中務卿・松井出羽守・中村帯刀所労、・友田掃部・松井多門・青水造酒、左衛門所労、

一、禁裏御所へ昨日之御返書、御壇料御拝領御請被仰上也、御使掃部、

一、元慶寺恵宅師より御撫物・御壇料為申出候事、中務卿相渡也、則例之通請取書差出也、

御會始和歌御題詠進の事

一、禁裏御所より女房奉書を以、御會始和歌御題被進、則御返書ニ御請被仰上也、

　前日御詠進之事　奉行日野中納言殿(資矩)

＊諸處御年賀

一、梶井宮様(盈仁)より御使を以、年始御祝詞被仰進候也、

一、山門寶嚴院(覺永)、年頭御禮申上ル、

一、東尾權僧正御參、

一、鷹司殿下様(政熙)より御使を以、年始御祝詞被仰進、尤御年賀可被爲成之處、此節御用多被爲有候ニ付、先以御使御祝詞被仰進候由、且前關白様(一條輝良)此節御歡樂ニ付、是亦以御使御祝詞被仰進候由也、

＊閑院宮等へ年始進物

一、祇園社務執行寶壽院、年頭御禮參上、於梅之間御對面、御口祝被下、名披露、尤御祝可被下處、當年ハ不被下旨、於瑞龍殿松井多門出會、及挨拶也、

一、岡本右衛門右同斷、於御書院御對面、御口祝被下之、

名披露、

一、安達大圓參上、御對面、

十二日、戊子、雨、當番、今小路民部卿・松井右衛門大尉・木崎主計・初瀬川采女・鈴木求馬・小畑勘ケ由、

一、二條様(治孝)・伏見宮様(邦頼)・仁門様(深仁)・林丘寺宮様(博山元敞)へ年始御祝詞被仰進候事、御使右衛門大尉、

一、鷹司關白様・二條様、去四日従一位宣下被爲濟候ニ付、御歡被仰進也、

十三日、己丑、曇、當番、今小路民部卿・松井出羽守・中村帯刀所労、・友田掃部・松井多門・青水造酒・莊田左衛門、

一、午刻前御出門、先下御靈江御參社、夫より爲御年賀被爲成候御ケ所、左之通、

　鷹司様・九條様(輔嗣)・閑院様(美仁)御通り・入江様・大聖寺様・聖門様・青門様御通り、

酉刻過還御、御供出羽守・采女・玄蕃・唱・造酒、御先五人、

一、閑院宮様へ年始御祝儀御内々被進物、幷御家來へ被下物、如左、

　一、御扇子三本・御烟草入貳

　右、尹宮様へ

一、御人形
右、壽宮樣へ

一、金百疋ツヽ　凉岡院・紫雲院・蓮上院・左兵衞・野澤へ

一、同貳百疋　惣女中へ

一、同百疋　平田木工權頭へ

一、南鐐一片ツヽ　淺井大藏少輔・同刑部少輔・田中大和守へ

一、白銀壹兩ツヽ　倉光日向守・岩田三河守へ

一、金百疋　近習中へ

聖廟御法樂和歌御題詠進の事

一、禁裏御所より女房奉書を以、聖廟御法樂和歌御題被進、御留守故、從御跡御請可被仰上旨、民部卿相答也、一通左之通、奉行冷泉(爲章)前中納言殿、

聖廟御法樂和歌御題、前日晚迄可有御詠進事、

詩歌御會始

一、詩歌御會始ニ付、參上之輩、菩提院・大愚・伴蒿蹊・皆川文藏、各於梅之間御吸物・御酒被下也、

一、輪王寺宮樣(公澄)より御使乙葉淡路守來、年始御祝詞被仰進、昆布壹箱、別段淺草海苔壹箱被進也、安樂心院宮樣よりも御傳言之由也、

御容體書

一、和田泰純へ御藥取、御容躰書、

益御機嫌克被爲成候、此間之御容躰書後御同遍之御事、次第御快方、御膳等も御相應ニ被召上、御機嫌克被爲在候事、

二月十三日

十四日、庚寅、晴、當番、菅谷中務卿・松井右衞門大尉・木崎主計・初瀬川采女・鈴木求馬・小畑勘ケ由、

一、本願寺(達如光朗)門主より使者を以、年始爲御祝儀、昆布一箱・御樽代金三百疋被上也、新門主より同樣ニ付、西條柿一箱被上之候由也、

一、靑門樣(尊眞)より御使を以、昨日御年賀被爲成候御挨拶被仰進候也、

一、伊丹飛驒守(重定)、年頭御禮申上ル、

一、中宮御所より御使を以、年始御祝儀御返として、昆布一折・牛房一折・御樽壹荷被進候事、即日御請被仰上候也、御使末吉向、

一、播ノ清水寺一山惣代金性院・知足院・法輪院上京、年頭御禮明日相勤度旨窺、明日者涅槃會ニ付、御差支被爲有候條、明後日可罷出旨、松井多門出會申達也、

*淑姬君緣組につき武家より達

一、御附武家より一通到來、

今月五日淑姫君樣御事、徳川愷千代殿江御緣組被
仰出候旨、堀田相模守申聞候ニ付、此段爲御承知
相達候、以上、

二月十四日　石谷肥前守
神保紀伊守

菅谷中務卿樣
松井西市正樣

右承知之旨、及返書、

一、禁裏御所江涅槃會御賭杉原十帖、例之通被差出候事、
御使末吉向、

十五日、辛卯、曇或雨、當番、菅谷中務卿所勞代民部卿、・松井出羽守・中村帶刀・友田掃部・松井多門・青水造酒・莊田左衞門、

一、涅槃會御圖、例之通於梅之間被相催候事、

一、柳川了長、年頭御禮申上ル、保中丸獻上也、

一、勝山琢眼、右同斷、

一、金剛院權僧正御參、

一、佛光寺（隨應眞乘）門主より使者を以、年始御祝詞被申上、知足
院宮御方、幷御裏御方よりも御同樣之由也、

一、當月四日久世侍從殿・飛鳥井侍從殿出番、芝山前宰
相殿宿直被免、

一、同月十日廣橋右大弁（胤定）殿・烏丸左少弁殿・石井左京大
夫殿、各被蒙宣下候由ニ付、御歡被仰遣候事、御使
末吉向、

十六日、壬辰、雨、辰刻過晴或曇、當番、今小路民部卿・松井右衞門大尉・木崎主計・初瀨川采女・鈴木求馬・小畑勘ケ由、

一、安達大圓參上、御對面被仰付也、

*播磨清水寺一山物代罷出

一、播州清水寺一山物代金性院・知足院、年頭御禮申上
ル、御祈禱札十帖壹本・扇子五本入・白銀壹枚獻上
也、於梅之間金性院斗御口祝被下、知足院ハ御對面
斗、同所法輪院繼目御禮申上ル、御目見被仰付、各
名披露、繼目爲御禮引合十帖・扇子三本入獻上也、
但、當年ハ御祝ハ不被下旨、松井多門出會、及挨拶
也、

涅槃會御圖

一、禁裏御所より涅槃會御圖之品被進候事、即御請被仰
上也、御使末吉向、

*臨時御神樂及び御神事につき傳奏觸

一、傳奏觸到來、

口上覺

就來ル廿日內侍所臨時御神樂、從來ル十八日晩到
廿一日朝御神事候、中宮樣從來ル十八日晩到廿一
日朝、僧尼重輕服之御方ゝ樣御參入可被憚候、爲

御心得各方迄可申入旨、兩傳被申付如此候、以上、

二月十六日　　兩傳奏　雜掌

御名前例之通

坊官御衆中

追而、御廻覽之後、勸修寺家へ御返却可被成候、

以上、

一、關東使中條山城守(信復)上京ニ付、爲御歡薫物一器例之通被下之、御使初瀬川釆女、

善光寺開帳御參詣

十七日、癸巳、快晴、當番、今小路民部卿・松井出羽守・中村帯刀・友田掃部・松井多門・青水造酒・莊田左衞門、

一、午刻頃御出門、御忍ニ而善光寺開帳江御參詣、先御成懸稲荷藤森江御參社、夫より龍雲寺へ被爲入、暫御休息被爲在、開帳場所へ御成、以後龍雲寺・善光寺別當清淨林院江御目見被仰付、清淨林院より供物獻上、暫時して御發輿、夫より海寶禪寺へ御立寄、御提重・御吸物・御酒・御膳等被召上、戌半刻頃還御、御供民部卿・出羽守・監物・求馬・玄蕃・競・唱・金吾・造酒、茶道喜齋、御先四人、其外普門院・原田無關・圓山主水・安達大圓、御先へ郡司相廻ル也、

一、開帳御奉納金百疋、

一、同百疋ツヽ、清淨林院・龍雲寺へ、

一、海寶寺へ御奉納同百疋、

一、同貳百疋、海寶寺へ御挨拶として被下也、

一、御所御内甲斐より文ニて、年頭御禮申上ル、

一、今朝青門樣御近邊出火ニ付、御使被進候處、御挨拶被仰進候由也、

一、堀田相模守より使を以、年始御祝儀被遣候御請申上候由也、

*御謡始

十八日、甲午、快晴、夕刻曇、戌刻頃より雨、當番、菅谷中務卿所労代民部卿、・松井右衞門大尉・木崎主計・初瀬川釆女・鈴木求馬・小畑勘ケ由、

一、於御書院御謡始御囃子被仰付候事、

御囃子組

高砂　北脇又吉・山下監物　嶋田勝次・三谷玄蕃　　末廣　青水造酒

江口　廣瀬民矢・明田善十郎　　鞍馬參　初瀬川釆女

猩ゝ　又吉・監物　鈴木求馬・玄蕃

後

老松　民矢・監物　山崎才次郎・善十郎　　八句連歌　釆女

盛久　藪澤競・玄蕃　大津忠右衞門　　井杭　造酒

梅枝　又吉・善十郎　忠右衞門　　膏藥練　小嶋郡司

妙法院日次記第二十五　寛政八年二月

玉　葛又吉・玄蕃 才次郎

御乞 自然居士又吉・善十郎 才次郎

祝　言

嵐　山民矢・監物 友田掃部・善十郎

一、原田無關參上、拜診、

＊觀音寺開帳につき屆書

一、安達大圓・小泉陰陽大允、御囃子爲拜見參上、

一、輪王寺宮樣江御使を以、年頭爲御祝儀此間御使被進候ニ付御挨拶、從此御方も年始爲御祝儀昆布一箱、別段煎茶五種入壹箱被進之、安樂心院宮樣(公延)へも御傳言被仰進候也、右御里坊迄、御使伊丹上總介、

牛ケ瀬村觀音寺開帳につき願書

一、御領分牛ケ瀬村より願書差出、

一、先達而御屆御願奉申上候當村觀音寺本尊千手觀音、來ル三月三日より四月三日迄、三十日之間開帳仕度旨、御公儀表江茂御願申上候處、右願之通蒙御免候、依之右開帳中御紋附御幕一張・御紋附御提灯四張、御寄附被爲成下候樣、乍恐奉願上候、先年も御願申上候而、開帳中御寄附被爲成下候間、此度茂何とそ願之通被爲仰付被下候ハヽ、村中一統難有忝可奉存候、以上、

寛政八年辰二月　御領分牛ケ瀬村 庄屋八郎兵衞印

年寄傳右衞門印

御役人中樣

右願之通、御幕・御提灯、開帳中御寄附被成下候旨、代官方より申達也、

一、傳奏衆へ御届書、如左、

覺

妙法院宮御領分 葛野郡牛箇瀬村 觀音寺

右觀音寺本尊、來ル三月三日より四月三日迄、三十日之間致開帳候ニ付、御紋附御幕一張・同御提灯四張、右開帳中御寄附被成候、仍御屆被仰入候、以上、

辰二月　妙法院宮御内 松井右衞門大尉印

勸修寺前大納言樣御内(經逸) 立入左京亮殿

漢城隼人殿

千種前中納言樣御内(有政) 福井壹岐守殿

細谷典膳殿

右御屆書、勸修寺家へ被差出候處、御落手之由也、

御使青侍中、

一、兩傳奏衆江御使を以、此度關東下向明日發駕ニ付、御歡被仰遣也、御使末吉向、

越前専照寺一件につき飛札案

一、御末寺越前國中野専照寺、先達而より一件ニ付、今度呼登候飛札案如左、

以飛札致啓達候、然者急御用之儀有之候間、早〻御上京可被成候、尤末寺惣代壹人・門徒惣代壹人被召連、各印形隨身候而、無遲滯御登京可被成候、若御所勞等之儀も有之候ハヽ、爲名代御新發意御上京可有之候、此旨可申達如此御座候、恐〻謹言、

二月十七日　　松井右衞門大尉 永亨判

今小路民部卿 行章〃

菅谷中務卿 寛常〃

中野

専照寺御房

右飛札、江戸飛脚へ差出也、

十九日、乙未、雨、當番、菅谷中務卿所勞代民部卿、・松井出羽守・中村帶刀・友田掃部・松井多門・青水造酒・莊田左衞門、

一、安達大圓參上、小泉陰陽大允參上、

一、三宅宗仙參上、御對面被仰付、

二十日、丙申、當番、今小路民部卿・松井右衞門大尉・木崎主計・初瀬川采女・鈴木求馬・小畑勘ケ由、

青蓮院宮御年賀御成

一、青蓮院宮樣爲御年賀御成、於御書院御對顏、御口祝被進之、御吸物・御酒・紙敷御積・御祝盃相濟、常御殿江御通、蒸菓子御茶被出也、御寛話被爲在、御夜食御相伴、酉半刻頃還御、御供之坊官隱岐式部卿、於御書院御口祝被下之也、

＊淑姫君御儀につき御聞繕書

一、御附武家江御聞繕書、如左、

今度淑姫君樣御儀、德川愷千代殿江御緣組被仰出候ニ付、公方樣・御臺樣・淑姫君樣江御祝詞、二條表迄以御使被仰入度思召候、尤當時依御由緒如斯ニ御座候、此段堀田（正順）相模守殿江宜御聞繕可被進候、以上、

二月廿日　　妙法院宮御内 松井右衞門大尉

右一通、石谷（清茂）肥前守役宅へ石野東太夫持參、落手也、

一、閑院宮樣へ御詠草被進之、來ル廿三日午刻頃可申出由也、御使東太夫、

＊観音寺開帳儀につき町奉行紙面寫

一、今出川家より御招ニ付、末吉向罷出候處、町奉行紙面寫被達、

城州葛野郡牛ケ瀬村觀音寺儀、來ル三月三日より日數三十日之間、本尊觀世音開帳之儀願出候ニ付差免候、然ル處妙法院宮より菊御紋付水引壹・同幕壹張・同提灯四張、先年御寄附有之候ニ付、是

迄開帳之節相用來候處、幕・提灯ハ破損ニ付、此度水引相用申度旨申出候事、

二月廿日

右承知書、明朝まてニ可差出由也、

一、小泉陰陽大允參上、

廿一日、丁酉、快晴、當番、今小路民部卿・松井出羽守・中村帯刀・友田掃部・松井多門・青水造酒・莊田左衞門、

一、金剛院權僧正御參、

一、小澤蘆庵參上、年頭御禮申上ル、於御書院御口祝被下、名披露、以後於常御殿御咄申上ル、

一、安井御門跡（了寧）へ年頭御祝詞被仰入候事、御使友田掃部、

一、靑門樣へ昨日御成御挨拶被仰進、御使同人、

一、岸紹易・小泉陰陽大允・市川養元參上、御對面被仰付、

*恭禮門院御遺物

一、今出川家へ昨日之承知書可差出之處、牛ケ瀬村より相願候趣と少ゝ相違有之候ニ付、相調候上可被差出旨斷書差出也、料紙奉書半切、

觀音寺開帳儀につき斷書

妙法院宮御領分葛野郡牛箇瀬村觀音寺、本尊開帳中御寄附物有之候ニ付、町御奉行紙面之寫御達被進委細承知仕候、然ル處少ゝ相調候儀有之候ニ付、右承知書及延引可申候、尙相調次第早ゝ差出可申

候、仍爲御斷如斯御座候、以上、

妙法院宮御内
二月廿一日　松井右衞門大尉

今出川大納言樣（實種）
雜掌御中
廣橋前大納言樣
雜掌御中

右一通、北川恆之進持參、御落手之由也、

廿二日、戊戌、晴、當番、菅谷中務卿所勞、・松井右衞門大尉・木崎主計・初瀨川采女・鈴木求馬・小畑勘ケ由、

一、恭禮門院（富子）樣御遺物、兩御局より文ニ而來ル、

あそはし進られ候ゆへ、そなたさまへ御内ゝ
上申候、御もん
いまた揃かたき時氣ニておはしまし候、御おく御
機けんよくならせられ候也、
ちかい御ふしんもあらせられ候半と、右のわ
け申入まいらせ候、
うかゝひ申入度そんし申候、御殿ニも御物靜にあ
らせられ候、此うへなから
何かと〳〵よからぬ御用多あらせられ候御事
ニ御さ候、何も〳〵
忝く參らセ候、

*観音寺開帳儀承知書

*清水寺祇園社御参詣

よろしく御申入下され候、かしく、
此御所様仰おかれ候故、御あら〳〵敷御品なから、御もろくの通り参らせられ候、思召かけなき御品にて候御事とそんし申候、外に此御しとね・御すゝりはこ、御あら〳〵敷御事なから、御内〻にてまいらせられ候、御すゝりはこは、御もんも葵にて候へ共、御内〻の御事、こなた御さなさまの御時分より御所持のゆへ、外さまハいかゝ、常〳〵御しほう申《(マヽ)》候、かしく、

綾小路
おし小路

御ちこ
御中
御申入

右、御返書被爲有也、
御遺物如左、
一、御屏風《セにかた小》　一雙　　一、あられかま《茶》　一箱
一、御《かね》とうろう　一　　一、御花生《竹》　一箱
一、御臺火鉢《七寶ニ紅葉まきゑ》　一箱　　一、金しよく《内手しよく》　一《三本》
一、平《黒ぬり》たはこ盆　一面　　一、御花臺《から桑》　一箱
一、御《からかね》花瓶　一箱　　一、梨子地御硯《御内〻》　一箱

一、御しとね《へりとり》　一
一、靑門様へ御書被進候事、御使靑侍中、
一、今出川家より一昨日被達候町奉行紙面之寫之趣ニ付、牛ケ瀬村庄屋呼寄、代官方相調候處、水引之儀ハ先年より御寄附被爲有候事ニ而、此度相用度旨奉行所へ申出候由ニ付、承知書差出、
妙法院宮御領分葛野郡牛箇瀬村観音寺儀、來ル三月三日より日數三十日之間、本尊観世音開帳之儀願出候ニ付被差免候由、然ル處従當御殿菊御紋附水引一、同幕一張、同提灯四張御寄附有之候、尤右水引者、従先年御寄附有之候儀ニ御座候、因玆此度相用度旨申出候由、町御奉行紙面之寫御達被進、委細承知仕候、以上、
二月廿二日　妙法院宮御内　松井右衛門大尉
今出川大納言様
雜掌御中
廣橋前大納言様
雜掌御中
右一通、末吉向持參、御落手也、
一、未刻頃御出門、清水寺・祇園社へ御参詣、夫より於長樂寺御休息、御弁當被召上、戌刻過還御、御供出

羽守・掃部・玄蕃・競・勘ケ由・金吾・右兵衛・茶道喜齋、御先三人、外ニ養元・蔦蹊、御先へ監物・郡司相廻ル也、

*淑姫君儀御聞繕書相改

一、田安御簾中より年始御祝詞被仰進、右衛門督殿よりも御傳言之由、上臈より文ニて來ル、

山下監物御取立

一、山下監物六位侍御取立、今日表向被仰出候事、

右之趣、於御用部屋月番右衛門大尉より申渡也、

一、山門嚴王院年始御禮申上ル、扇子三本入獻上之、申置也、

廿三日、當番、菅谷中務卿所勞代右衛門尉、夜民部卿、・松井出羽守・中村帶刀・友田掃部・松井多門・青水造酒・莊田左衛門、

一、岸紹易參上、御對面被仰付、

*専照寺一件飛札追狀

一、御附武家より來狀、

此間被差出候御聞繕書之儀ニ付、御談申度儀有之候間、今日中肥前守御役宅へ御越有之候樣致度存候、以上、

二月廿三日　石谷肥前守

神保紀伊守(長孝)

菅谷中務卿樣

松井西市正樣

右承知之旨、及返書、

一、石谷肥前守役宅へ鈴木求馬行向候處、去ル廿日被差出候御聞繕書ニ、御先格ハ無御座候へ共与有之候へ共、先達而徳川五郎太殿之御例有之候、併五郎太殿逝去之事故御例無之旨御書出之儀と存候、左候ハヽ唯依御由緒と計ニ而、御先格ハ無御座と申所ハ御除被成可然旨、用人申候ニ付、相改明朝差出也、

右御聞繕書、去ル廿日之所ニ改記置候ゆへ、略于玆、

一、閑院宮樣へ御詠草爲申出之事、御使青侍中、

廿四日、庚子、晴、當番、今小路民部卿・松井右衛門大尉・木崎主計・初瀬川采女・鈴木求馬・小畑勘ケ由、

一、閑院樣御内藤木掃部、關東より上京ニ付、窺御機嫌淺草海苔一箱獻上也、

一、松室丹後、爲窺御機嫌參上、

一、泉涌寺塔頭觀音寺、年頭御禮申上ル、

一、大河内立成同斷、各申置也、

一、江府水口伊織より、越前専照寺一件ニ付飛札到來、依之専照寺江飛脚を以追狀遣、其案左のことし、

態ゝ以飛札致啓達候、然者急御用之儀有之候條、早ゝ御上京可被成之旨、去ル十七日以飛札申達候通、猶又無遲滯急ゝ御登京可被成候、尤末寺惣代

*山下監物取立につき奉書

壹人、門徒惣代壹人被召連、各印形隨身可有之候、
万一御所勞等之儀も有之候ハヽ、先便ニ申入候通、
爲名代御新發意御上京可有之候、仍亦ゝ可申達如
斯御座候、恐ゝ謹言、

二月廿四日　松井右衞門大尉永亨判
今小路民部卿行章〃
菅谷中務卿寛常〃

中野
専照寺御房

右飛脚、若黨山口伴右衞門、今朝發足也、

一、田安御簾中江年始之返事、右衞門督殿江も御傳言之
趣、上臈まて申入也、

御會始不參斷狀

一、御會始和歌御詠進ニ付、奉行日野中納言殿(資矩)江被附、
尤依御歡樂御不參之旨被仰入、御口上書如左、
御會始和歌御詠進被成候、尤御參可被成之處、依
御歡樂御斷被仰上候、此段宜御沙汰賴思召候、以
上、

二月廿四日　妙法院宮御使 松井出羽守(爲章)

一、聖廟御法樂和歌御詠進、奉行冷泉前中納言殿へ被附
候事、御使末吉向、

*關東年始御祝儀進物につき來狀

廿五日、辛丑、曇或晴、當番、今小路民部卿・松井出羽守・中村帶刀・友田掃部・松井多門・青水造酒・莊田左衞門、

一、北野聖廟江御代參、青水造酒相勤、
一、御世話廣橋前大納言殿江松井出羽守行向、今度山下
監物六位侍御取立ニ付、小折紙・勘例被及御內談候
旨申述、雜掌藤堂飛驒守出會、前大納言殿折節參內
之由、尚歸宅之砌可申入旨也、小折紙・勘例左之通、
料紙小奉書、

（コ、ニ圖アルモ便宜次頁ニ移ス）

廿六日、壬寅、晴、當番、菅谷中務卿所勞、・松井右衞門大尉・木崎主計・初瀨川采女・鈴木求馬・小畑勘ケ由、

一、恭禮門院樣女房より御封付御文匣來、
一、御附武家より來狀、
其御方より關東江年始御祝儀被進物御使者、明廿
七日巳刻堀田相模守御役宅江被差出候樣可相達旨、
相模守より申越候ニ付、此段相達候、以上、

二月廿六日　石谷肥前守
神保紀伊守

菅谷中務卿樣
松井西市正樣

右承知之旨、及返書、

申
従六位下
源重直

申
大和守
源重直

勘例

知恩院宮侍
松室
秦好謙　四十三歳
寛政四年十一月廿三日叙従六位下
同日　任大和守

重直《シケタヽ》

上包ミノカミ

妙法院宮侍
山下
源重直　五十五歳

關東年頭御祝儀進物

*大般若轉讀

一、昨日御世話卿江被及御內談候小折紙・勘例御返答爲
承、出羽守參向之處、前大納言殿無御存寄旨ニ付、
傳奏代今出川大納言殿へ山下監物同道ニ而行向、小
折紙・勘例被及御內談之旨御口上申述、大納言殿委
細被承候由、尙明日可罷出旨也、
一、於香雪庵、松井右衞門大尉御茶獻上之事、
廿七日、癸卯、晴、晝後雨、當番、菅谷中務卿所労代右衞門尉・松井出羽守・中村帶刀・友田掃部・松井多門・青水造酒・莊田左衞門、
一、和田泰純へ御藥取遣候事、
一、關東江依御由緒年頭御祝儀被進物、二條表迄御使被
差向候事、御使中村帶刀、御進物隨身安福左馬太、
被進物如左、
昆布一箱　狗脊一箱　御樽代金五百疋
目錄中鷹二枚重、上包附札等例のことし、
一、於今小路民部卿宅正午御茶獻上候ニ付御成、御詰知
足庵・安達大圓・能登右近へ被仰付、
右御成ニ付、民部卿へ眞綿壹把・竹舟御花入・方金
百疋被下之、御供右衞門大尉・玄蕃・造酒、御先壹人、
一、傳奏代今出川大納言殿江松井出羽守・山下監物同道
ニて行向、昨日被及御內談候小折紙・勘例爲申出候
處、御別條無之、御勝手ニ職事方へ可被附旨ニ付、
直樣廣橋弁殿へ被附候事、
廿八日、甲辰、晴、當番、今小路民部卿・松井右衞門大尉・木崎主計・初瀨川采女・鈴木求馬・小畑勘ケ由、
一、東尾權僧正御參、
一、女院御所取次廣瀬石見より來狀、
以手紙得御意候、然者明廿九日午刻後、此御所御
肝煎御壹人、御宸翰御持參被成候、仍爲御心得如
此御座候、以上、
二月廿八日　廣瀬石見守
妙門樣
坊官御中
一、於大佛殿轉讀大般若御執行、出仕之輩如左、但宮御
方御出仕可被爲在候處、依御歡樂無其儀、
金剛院權僧正・菩提院・瑞雲院・寶嚴院(覺純)・嚴王院(慈周)・
安祥院・普門院(啓道)・惠乘房(玄隆)、
一、右出仕之輩、於梅之間御齋御布施被下之、於常御殿
御對面被仰付也、
一、閑院宮樣江御使を以、先日御賴被仰進候御題始和歌
御詠進之事、御使ハ畑勘ケ由、
一、當日御禮參上之輩、山本內藏・市川養元・三宅宗達・

原田無關、
一、安達大圓、昨日之御禮申上ル、御對面被仰付候也、
廿九日、乙巳、快晴、當番、今小路民部卿・松井出羽守・中村帯刀・友田掃部・松井多門・青水造酒・莊田左衞門、
一、金剛院權僧正御參、
一、今朝三條高倉邊出火ニ付、三角了敬・和田泰純江御使被下也、御使安福左馬太、

女院御所御宸翰相納

一、女院御所御肝煎四條右衞門督殿御伺公、於瑞龍殿茶たはこ盆出、於御書院御對面、御宸翰壹幅被相納候由ニ而御持參、御直ニ御請取被遊、以後於瑞龍殿吸物・御酒・御湯漬出、民部卿及御挨拶也、
一、於積翠園御花見被相催候ニ付、依召參上之輩、緒方左衞門・圓山主水・安達大圓・市川養元、
三十日、丙午、雨、當番、菅谷中務卿・松井右衞門大尉・木崎主計・初瀬川采女所労代造酒・鈴木求馬・小畑勘ケ由、

御祈禱結願

一、禁裏御所江御使、當月御内々御祈禱、今日御結願ニ付、例之通御使を以御撫物御卷數御獻上之事、御使青水造酒、
一、恭禮門院樣御本所へ以御使、昨日四條右衞門督殿を以、御宸翰一幅被相納畏思召候、右御請之儀、兩御局方迄被仰入候旨也、御使末吉向、
一、御同所御肝煎四條右衞門督殿江御使を以、昨日ハ御伺公御苦勞思召候旨御挨拶被仰遣候事、御使造酒、

三　月　御用番、菅谷中務卿(寬常)、

朔日、丁未、晴、當番、菅谷中務卿・松井出羽守(永喜)・中村帯刀(利章)・友田掃部所労代主計・松井多門・青水造酒・莊田左衞門、
一、禁裏(光格)御所・仙洞(後櫻町)御所・中宮(欣子)御所江當日御祝詞被仰上候也、御使菅谷法印、
一、東尾(眞應)權僧正御參、
一、當日御禮參上之輩、山本內藏・市川養元、但、原田無關・横山父子・香山元學斷、
一、安達大圓、當日御禮申上ル、

*観音寺開帳につき御下札幷に御寄附狀

一、牛ケ瀬村観音寺、今度開帳ニ付御紋付御幕・御提灯拜借之儀、願之通被仰出候ニ付御禮申上ル、金百疋獻上、於内玄關可遂披露旨申達、
但、御幕・御提灯ハ於勘定場町役人相渡也、
一、同寺依願御下札・方金百疋幷御寄附狀、於御玄關三ノ間右衞門大尉出會、相渡也、
御下札、妙法院一品宮ト書也、

御寄附狀、如左、
就今度其寺院本尊開帳、御紋附御幕一張、同御提灯四張、當月三日より來月三日迄三十日之間御寄附候、尤麁略ニ不相成樣可仕者也、
寛政八年辰三月　松井右衞門大尉 永亨判
今小路民部卿 行章〃
菅谷中務卿 寛常〃
牛ケ瀨村
觀音寺

山下監物位階勅許

一、入夜廣橋弁殿より御招ニ付、末吉向非藏人口江罷出候處、山下監物從六位下大和守、今日勅許之旨被仰渡、且口宣來ル五日可被相渡由御達也、
二日、戊申、曇、當番、今小路民部卿(行章)・松井右衞門大尉(永亨)・木崎主計・初瀨川釆女・鈴木求馬・小畑勘ケ由、
一、山下監物從六位下大和守、昨日勅許之旨申渡也、
一、廣橋弁殿へ御使を以、右勅許御挨拶、例之通被仰遣也、御使末吉向、
一、福井嚴助參上、御對面被仰付、
一、原田無關參上、拜診被仰付、

*鐘鑄につき御下札拜領

一、越前州中野專照寺役僧菩提寺上京、松井多門出會、此度御用之儀ニ付、專照寺上京候樣被仰下奉畏候、然ル處先達而出府之儀被仰出、近〻下向仕候ニ付、上京難仕、先拙僧上京仕、御用向承知仕候樣、專照寺申付候ニ付、出京仕候由申也、先其許上京之段、坊官共へ可申入間、旅宿へ引取候樣申達也、
上巳、己酉、曇、晝後晴、當番、今小路民部卿・松井出羽守・中村帶刀・友田掃部・松井多門・青水造酒・莊田左衞門、
一、當日御儀式如例、
一、於御白書院坊官以下中奧迄御禮申上ル、
一、於同所御禮、山本內藏・岩永大炊・市川養元・三宅宗達、
一、禁裏御所・仙洞御所・中宮御所江當日御祝詞被仰上候事、御使伊丹上總介、
一、東尾權僧正御參、
一、青門樣(尊眞)江當日御祝詞被仰進、從彼御方も御祝詞被仰進也、
一、伴蒿蹊・安達大圓、當日御禮申上ル、御對面被仰付也、
一、勝安養院(洞海)權僧正使を以、此度鐘鑄ニ付、御下札被相願候處、則被致拜領畏奉存候由、先使者を以御請被申上候旨也、

四日、庚戌、晴、或曇、當番、菅谷中務卿・松井右衛門大尉・木崎主計・初瀬川采女・鈴木求馬・小畑勘ケ由・所労代掃部、

一、金剛院權僧正御參、

一、安達大圓參上、明日御茶獻上御請申上ル、

一、小泉陰陽大允參上、明日御茶御詰被仰付候ニ付、御請申上ル、

一、午刻頃御出門、小澤蘆庵方江御立寄、御吸物・御酒・御菓子等彼方より獻上也、戌刻過還御、御供出羽守・求馬・競・造酒・右兵衛、御先三人、御先廻り大和守・郡司、

一、林丘寺宮様(博山元敞)江御使を以、今朝御近火ニ付、御見舞被仰進候事、御使初瀬川采女、

越前専照寺上京出府の儀

一、昨日越前菩提寺相招、多門出會、上京之段坊官共へ申入候、扨専照寺出府之儀被仰出、近々發足之由、然ル處此間奉書被成下候ニ者、専照寺上京難相成候ハヽ、名代として新發意出京候様被達候、菩提寺云、新發意儀者専照寺所労中ニ候へ者附添出府候様、且重たる末寺・旦徒共遠國他出之儀、従領主被差止候ニ付、出京難仕旨申之ニ付、左候ハヽ右之段書付を以申上候様相達、卽書付差出、先多門預り置候旨ニて差歸ス、又今日菩提寺相招、右書付及披露候、此度専照寺出府ニ付新發意附添下向、且重たる末寺・旦徒遠國他出之儀被差止候由、此儀ハ従關東被仰出候ニ而ハ無之、畢竟領主より被達候儀ニ候ハヽ、此段領主江相願、新發意并役僧・末寺頭・旦徒惣代相揃、各印形随身候而、早々上京候様可相達、尤此度之御用ハ先達而より之一件ニ而、此御所坊官中ニも出府之儀被仰出、來ル廿日頃出立之治定ニ候へハ、夫迄ニ各上京可致旨、早々致歸國可申入相達候處、奉畏候、専照寺當時人少ニ候へハ、拙僧ハ御當地ニ相殘、急々飛脚を以可申達由ニ而引退也、

一、三上唱、大膳与改名之事、

五日、辛亥、晴、當番、菅谷中務卿・松井出羽守・中村帯刀・初瀬川采女・鈴木求馬・青水造酒・莊田左衛門、

*當番決改

一、當番決改之事、

一番、菅谷中務卿・松井出羽守・伊丹上總介(宜顕)・三上伊賀守(保教)・中村帯刀・初瀬川采女・鈴木求馬・山下勇・藪澤競・中村金吾・青水造酒・莊田左衛門、

二番、小川大藏卿(純方)・今小路民部卿・松井右衛門大

尉・山下大和守・木崎主計・友田掃部・三谷
玄蕃・三上大膳・小畑勘ケ由・松井多門、
一、越前専照寺一件ニ付、江府水口伊織江飛札差下、
一、東叡山青龍院・淺草惠明院江年始之返札薫物壹器
ツヽ被下也、

松井西市正位階內談

一、松井西市正(永昌)申從四位下、小折紙可差出旨被仰付候ニ
付、今日小折紙勘例等御世話卿へ御內談之事、御使
山下大和守、
一、於無爲庵正午御茶、安達大圓獻上也、御詰中務卿・
勝次・陰陽大允江被仰付也、
六日、壬子、雨、當番、今小路民部卿・松井右衞門大尉・木崎主計・友田掃部・小畑勘ケ由・松井多門、
一、一昨日小澤蘆庵方江御立寄被爲有候ニ付、爲御挨拶
眞綿貳把・杉原拾帖被下之、月番より手紙ニて遣之
也、

御有卦入につき順達書

一、青門樣より御順達書御到來、
口上覺
禁裏樣・中宮樣御有卦入ニ付、御獻物來十五日、
仙洞樣御有卦入ニ付、御獻物來十三日可被爲有候、
尤御所方江御參賀ニハ不被爲及之旨、唯今非藏人
口ニおゐて今出川大納言殿被仰達候、此段御一列
樣方へ可被及御傳達之旨ニ付被仰傳候、御承知之
儀者、御方々樣より非藏人口へ可被仰上与之御事
ニ御座候、此旨宜御沙汰可被成候、以上、
三月六日　青蓮院宮御內 大谷宮內卿
妙━━樣　聖━━樣
梶━━━樣　一━━━樣
坊官御衆中
追而、御廻覽之後、當門へ御返し可被成候、以上、
一、右御承知之旨、非藏人口へ御使を以被仰上也、御使
末吉向、
一、廬山寺江御代香、山下大和守相務、
一、小泉陰陽大允・安達大圓、昨日之御請申上ル、御對
面被仰付也、
七日、癸丑、快晴、當番、今小路民部卿代中務卿・松井出羽守・中村帶刀・初瀨川采女・鈴木求馬・青水造酒・莊田左衞門、
一、西本願寺門主(文如光暉)へ御使を以、年始爲御答禮昆布一箱・
御樽代金三百疋、新門主(本如光攝)へ右同斷ニ付狗脊一箱被遣
之也、御使初瀨川采女、
一、東本願寺門主(達如光朗)へ右同斷、御口上計、
一、廣橋家より御招ニ付、末吉向罷出候處、一昨日被及
御內談候西市正申從四位下小折紙例書、何之存寄無

之、御勝手ニ傳奏代江御差出可被成旨御達、併隨分
右ニ而宜候へ共、聖護院宮樣諸大夫佐々木備後守五
十歳ニ而申候例有之候間、職事江被差出候例ニハ備
後守之例御加書被成可然との由也、小折紙例書等十
一日之所ニ委し、

八日、甲寅、晴、當番、菅谷中務卿返し民部卿、・松井右衛門大尉・木崎主計所労代帯刀、・友田掃部・小畑勘ケ由・松井多門、

一、小澤蘆庵參上、此間御立寄被爲有候御禮、且右ニ付
拜領物御請申上ル、於常御殿御對面被仰付也、

一、岡本甲斐守(保考)參上、御對面被仰付、西條柿獻上也、

*恭禮門院百ケ日法事

一、傳奏代今出川大納言殿(實種)江御使、松井西市正申從四位
下小折紙・勘例被及御內談、御別條無之候ハヽ、職事
方へ被附度旨申述、先預り被置候由也、御使今小路
民部卿、

九日、乙卯、快晴、當番、菅谷中務卿・松井出羽守・中村帯刀・初瀬川采女・鈴木求馬・青水造酒・莊田左衛門、

恭禮門院百ケ日

一、禁裏御所・中宮御所江御使を以、恭禮門院(富子)樣御百ケ
日ニ付、爲御窺御機嫌蒸籠五種入一荷宛御進獻也、
御使山下大和守、

一、恭禮門院樣御百ケ日ニ付、泉般兩寺江葩三拾葉宛被備

之、御使右同人、

一、今出川家へ西市正小折紙・勘例申出シとして大和守
行向候處、御存寄無之、御勝手ニ職事方江可被附旨
也、

一、午刻御出門御參內、酉刻還御、御供出羽守・采女・
大膳、御先三人、

一、原田無關參上、拜診被仰付也、

一、恭禮門院樣御百ケ日御逮夜ニ付、於御持佛堂御法事
法華讀誦、菩提院・普門院・惠乘房等出仕也、

十日、丙辰、晴、當番、今小路民部卿・松井右衛門大尉・木崎主計・友田掃部・小畑勘ケ由・松井多門、

一、恭禮門院樣御百ケ日御法事、於御持佛堂彌陀供御執
行、出仕之輩御逮夜ニ同し、

一、護淨院、爲窺御機嫌參上、

一、此度九鬼地面、木崎主計江拜領被仰付候事、月番中
務卿より申渡也、

一、取次土山讚岐守より來狀、

御用之儀御座候間、明十一日巳刻非藏人口へ御參
候樣可申達旨、今出川大納言殿被仰渡候、仍申入
候、以上、

三月十日　土山讚岐守

*西本願寺新門主へ婚禮御祝儀

*一乘院龜代宮南都下向

松井西市正位階小折紙勘例

*行眞法皇御正忌御法事

*清閑寺開帳御參詣

妙法院宮様

坊官御中

右承知之旨、及返答也、

一、浪花岸上二三内〻依願、關防御印被下候ニ付、爲御禮茶杓獻上也、

十一日、丁巳、晴、亥刻頃初雷鳴、或雨、當番、今小路民部卿・松井出羽守・中村帯刀・初瀬川釆女・鈴木求馬・青水造酒・荘田左衞門、

一、三角了敬參上、御對面被仰付、

一、非藏人口江松井出羽守行向之處、來ル十五日御有卦入ニ付、舞樂御覽被爲有候條、御參可被成之旨被仰出候由、今出川大納言殿御面會ニ而御達也、

一、職事廣橋弁殿へ御使を以、松井西市正申從四位下小折紙・勘例等被附候事、御使出羽守、小折紙・勘例紋日左之ことし、

（コ、ニ圖アルモ便宜次頁ニ移ス）

一、播州清水寺遠成院(善實)、年頭御禮申上ル、扇子三本入・方金百疋獻上也、於梅之間御口祝被下之、名披露、但例年御祝被下候へ共、當年ハ不被下旨、多門及挨拶也、

一、瑞雲院(貞剛)參上、御對面被仰付也、

十二日、戊午、曇、或雨、當番、菅谷中務卿・松井右衞門大尉・木崎主計・友田掃部・小畑勘ケ由・松井多門、

一、西本願寺新門主へ御使を以、一昨日婚禮相濟候ニ付、爲御祝儀御太刀一腰・昆布一箱・御馬代銀拾兩被遣也、并大門主へ右同様ニ付、昆布一箱、別段御親敷ニ付、新門主へ羊羹一折拾棹被遣之、御使友田掃部、

一、一乘院(公猷)龜代宮様、此度南都へ御下向ニ付、明十三日より來十六日迄此御方御里坊御借用被成度由、御差支も不被爲有候ハヽ、御領掌被進候様御頼ニ付、則御差支不被爲有御領掌被進候也、

十三日、己未、晴、當番、菅谷中務卿・松井出羽守・中村帯刀・初瀬川釆女・鈴木求馬・青水造酒・荘田左衞門、

一、行眞法皇(後白河)御正忌御影御開帳御法事、

宮御方御出仕、其外菩提院・瑞雲院・普門院・惠乘房等出仕也、

一、未刻過清閑寺開帳へ御參詣、御供中務卿・玄蕃・大膳・勘ケ由・右兵衞、御先三人、

一、越前州中野專照寺役僧菩提寺參上、此度依召專照寺名代新發意・末寺頭誓願寺・門徒惣代等、今日上京仕候旨御屆申上ル、松井多門出會、各上京之段承之候、尚從是申入候節各可罷出、先旅宿へ退候様申達也、

申
従四位下

正五位下源永昌

勘例

閑院宮諸大夫
藤原國廣 三十三歳
寶暦九年十二月廿四日敍正五位下
中五年
明和二年九月十九日敍従四位下 三十九歳

聖護院宮諸大夫
源長秀 四十四歳
天明四年正月十五日敍正五位下
寛政二年五月一日敍従四位下 五十歳

敍日

源永昌
寛政二年四月六日敍正五位下 四十九歳
至今年中五年

上包

妙法院宮諸大夫
中五年
正五位下西市正源永昌 五十五歳

御有卦入

一、仙洞御所、今日御有卦入ニ付、爲御祝儀御文匣一二一折御獻上、御使伊丹上總介、
一、御同所女房按察使との・萩原との・小侍従との・下野との有卦入ニ付、御文匣ニ三一おりつゝ被遣也、御使安福左馬太、

*御有卦入

十四日、庚申、晴或曇、當番、今小路民部卿・松井右衞門大尉・木崎主計・友田掃部・小畑勘ケ由・松井多門、

祇園社神能御覧

一、辰刻御出門、御忍ニ而祇園社神能爲御覧御成、先寶光院江被爲入、暫時御休息、無程御覧場所江御成、御吸物御酒御提重被召上、申刻過能畢、再寶光院江被爲入、於彼方寶光院松坊上河原勘ケ由へ御對面被仰付、還御懸安井金毘羅へ御參詣、酉刻御本殿へ還御、御供上總介・求馬・玄蕃・大膳・金吾・造酒・右兵衞、御先三人、其外民部卿・出羽守・緒方左衞門・伴蒿蹊・圓山主水・安達大圓、御先へ競・郡司相廻ル、
一、寶壽院より羊羹一折三棹獻上也、
一、寶光院・竹坊・新坊・松坊、右四人より干菓子一折獻上也、
一、右御覧場所へ原田無關爲窺御機嫌罷出也、

十五日、辛酉、雨、當番、今小路民部卿・松井出羽守・中村帯刀・初瀬川采女・鈴木求馬・青水造酒・荘田左衞門、
一、山本內藏・中嶋織部、當日御禮申上ル、
一、伴蒿蹊・安達大圓、昨日之御禮申上ル、
一、於積翠御茶室正午巡會御茶、市川養元獻上也、
一、禁裏御所今日御有卦入ニ付、爲御祝儀御釜御風爐一箱・昆布一折五拾本被獻之、且今日舞樂御覧被爲有候ニ付、御參可被成之處、依御歡樂御不參御斷被仰上候旨、非藏人口へ御使相勤、右御使松井出羽守、
一、中宮御所、今日御有卦入ニ付、爲御祝儀御硯一箱貳面入御進獻也、御使右同人、
一、禁中樣女房上野との・長門との・伊賀との有卦入ニ付、御文匣ニ三一折ツヽ被下也、
一、中宮樣御內滋岡へ右同斷ニ付、御文匣ニ三被下也、御使青侍中、
一、御有卦入ニ付、御祝詞御口上斗、
伏見宮(邦頼)樣・中山前大納言殿・勸修寺按察使殿・甘露寺大納言殿・鷲尾前大納言殿・石井(行宣)左京大夫殿・千種(有條)三位殿・廣橋(胤定)頭弁殿・中山中將殿・難波少將殿・甘露寺(國長)弁殿・石山大夫殿・大聖寺(天嚴永咬)宮樣・

*越前專照寺一件

松井西市正位階勅許

大覺寺(深眞)御門跡・專修寺(圓遵)門跡、御使末吉向、
一、一乘院龜代宮樣江御使を以、此度南都表へ御下向、
明日御發輿ニ付、御歡御見舞被仰進也、御使同人、
一、青門樣御順達一通御到來、

口上覺

唯今於非藏人口六條中納言(有庸)殿御面會ニ而、今日舞
樂御覽御延引之處、明日天氣能候ハヽ御覽ニ付、
辰半刻御參被仰出候、尤當門より御傳達可被成旨
ニ付被仰傳候、此段宜御沙汰可被成候、以上、

三月十五日　青蓮院宮御内　鳥居小路宰相

妙――樣
聖――樣
坊官御衆中

追而、御廻覽之後、當門へ御返却可被成候、以上、
一、越前專照寺役僧菩提寺相招、多門出會、此度被仰渡
趣有之間、各相揃明十六日巳刻參殿可有之旨相達也、
一、入夜廣橋弁殿より非藏人口へ御招ニ付、末吉向罷出
候處、松井西市正申從四位下、今日勅許之旨被仰渡、
且口宣來ル廿一日可被相渡由御達也、
一、松井西市正申從四位下、今日勅許之旨民部卿申渡也、
十六日、壬戌、曇、當番、菅谷中務卿・松井右衞門大尉・木崎主計・友田掃部・小畑勘ケ由・松井多門、

一、今日舞樂御覽ニ付、御參內可被成之處、依御歡樂御
不參御斷被仰上也、御使松井出羽守、
一、廣橋弁殿江御使を以、松井西市正申從四位下、昨日
勅許ニ付、御挨拶被仰遣也、御使末吉向、
一、原田無關參上、拜診被仰付也、
一、越前國中野專照寺名代新發意不退轉院譽觀、末寺頭
誓願寺役僧菩提寺、門徒惣代中野屋彦左衞門等來、
於瑞龍殿松井多門出會、門徒惣代ハ內玄關ニ控、今度被仰
渡趣、追付坊官共列座ニ而可申達間、暫差控候樣相
達、無程於南殿宮嶋之間、菅谷法印・今小路法橋・
松井右衞門大尉・伊丹上總介・三上伊賀守・木崎主
計各列座、譽觀宮島之間舖居之內江罷出、末寺頭役
僧者花鳥之間へ出、門徒惣代西掾へ出、被仰渡書付、
松井多門讀聞也、

妙法院宮御末寺　越前州中野
專照寺權僧正譽章

寬文九酉年專照寺如善依願、當御室御末寺被召加、
以來於今無相違、殊更至當住譽章得度之砌依願御
剃刀頂戴、無程准院室御取立、從宮御方御願被仰
立、權僧正拜任、猶又依願筋築地拜領、彼是於當
住者別而奉蒙御厚恩、寺格致昇進、勿論御末寺無

＊祝儀御見舞御聞繕書につき來狀と返書

相違印書等數通有之候處、御末寺ニ而無之旨申之、奉對宮御方不顧不敬申爭候ニ付、既ニ公邊迄被懸御苦勞候事ニ相成候、然ル處今般宮御方思召有之、御末寺御支配之名目者公邊ニ而御吟味中故、不被及其沙汰、先達而其方相願候趣意を以御館入被召離、准院室御取上被仰付候間、官位返上可仕、幷筋築地早ゝ取崩返上可仕候、且又向後外御門跡方之御末寺御支配等ニ相成候儀、永御構被仰付候條、其旨可相心得候、

辰三月

右之趣嚴重ニ申渡畢、各退、於瑞龍殿木崎主計・松井多門出會、只今被仰渡之趣早速御請可申上、尤右御請書ニ專照寺譽章始各連印可仕旨相達、新發意云、今日被仰渡候趣、恐入奉敬承候、併先旅宿へ引取、其上御請可申上間、暫御用捨可被成下旨ニて、各退出也、

十七日、癸亥、快晴、當番、菅谷中務卿・松井出羽守・中村帶刀・初瀨川采女・鈴木求馬・青水造酒・莊田左衞門、

一、東尾權僧正御參、

一、伏見宮樣爲御年賀御成、被仰置也、

一、福井嚴助參上、御對面、

一、原田無關參上、

一、御附武家より來狀、

其御方より關東江年始御祝儀幷暑寒之御見舞被進候ニ付、例御聞繕書被差出候儀、若其砌御差支等有之候而不被差出、時節過候而右御聞繕書被差出候御例御座候哉、

一、前條之儀、時節後レニ相成候節ハ御聞繕書も不被差出、右御祝儀御見舞等不被仰進相濟候儀も有之候哉、右之趣御問合申度存候、御例御座候ハヽ、兩樣とも年月日承度存候、否御報被御申聞候樣致度存候、以上、

三月十七日　石谷肥前守(清茂)
神保紀伊守(長孝)

菅谷中務卿樣
松井西市正樣

右返書、如左、

此御方より關東江年始御祝儀幷暑寒御見舞被仰進候ニ付、例御聞繕書被差出候儀、若其砌御差支有之候而不被差出、時節過候而右御聞繕書被差出候

御例御座候哉、御問合之趣委細致承知候、安永八年十一月後桃園院様崩御、翌正月御愼中後、年始御祝儀ニ條表迄被進之、則例之通御祝儀御返シ御座候、尤右崩御之節、寒中御見舞被進物ハ相見へ不申候、乍然此度寒中ニ付被進物之儀者、外様御聞合之上、先達而餘寒爲御見舞被進度趣、御聞繕書被差出候儀ニ御座候而、外ニ御例ハ相見へ不申候、仍御報如此御座候、以上、

三月十七日　菅谷中務卿

石谷肥前守様

神保紀伊守様

清水寺と高臺寺開帳參詣

一、午刻過御出門、御忍ニ而清水寺開帳并高臺寺開帳江御參詣、申刻前還御、

御供上總介・掃部・玄蕃・競・大膳・勘ケ由・金吾・右兵衞、御先三人、

一、越前誓願寺・菩提寺相招、多門出會、昨日被仰渡候趣、今日中御請書可差出相達、兩僧奉畏候、然ル處今日參上御願可申上罷在候處、御使被下候ニ付、卽罷出候、昨日被仰渡候趣、早速御請可申上之處、到而不輕御儀ニ御座候得者、一應國元江も相達候上、

御請可申上奉存、今朝同行惣代中野屋彦左衞門歸國仕候、尤此段御屆申上候而歸國可仕之處、彼是手間取候而ハ御請及延引候ニ付、御屆不申上歸國仕候間、今暫御請延引奉願候由ニ付、然らハ道中上下往來日數之間ハ延引之儀、坊官共承り候、乍然此上及延引候而ハ不相濟候間、尚又其旨可相心得申達也、

十八日、甲子、晴或曇、未刻頃より雨、當番、今小路民部卿・松井右衞門大尉・木崎主計・友田掃部・小畑勘ケ由・松井多門、

*月次和歌御題御詠進

一、禁裏御所より御使女房奉書を以、御月次和歌御題被進之、則御返書ニ御請被仰上、壹通如左、

月次御會和歌、前日御詠進之事、奉行冷泉少將殿、

一、御附武家より來狀、

其御方より關東江餘寒御機嫌御窺聞繕書之儀ニ付、御談申度儀有之候間、各方之內壹人、明日中肥前守御役宅江御越有之候樣致度存候、以上、

三月十八日　石谷肥前守

神保紀伊守

菅谷中務卿様

松井西市正様

右承知之旨、及返書也、

内田喜間多轉居届

金閣寺開帳と北野聖廟參詣

*寒中御見舞につき御附武家へ手紙

一、昨日伏見宮樣爲御年賀被爲成候ニ付、御挨拶被仰進也、御使末吉向、

一、內田喜間多、此度變宅仕候ニ付、御届之儀相願、依之傳奏代今出川家へ御届書差出、

覺

妙法院宮御家頼
內田喜間多

右喜間多儀、是迄大佛下新シ町播磨屋千代野方ニ同居仕罷在候處、此度御境內建仁寺町通石垣町矢嶋屋傳四郎家借宅住居仕候、仍爲御届如斯御座候、以上、

辰三月　妙法院宮御內
菅谷中務卿印

今出川(實種)大納言樣
雜掌御中

廣橋前(伊光)大納言樣
雜掌御中

右一通、安福左馬太持參、落手之由也、

一、小泉陰陽大允參上、

十九日、乙丑、曇、巳刻頃より晴、當番、今小路民部卿・松井出羽守・中村帯刀・初瀬川采女・鈴木求馬・青水造酒・莊田左衞門、

一、辰刻過御出門、御忍ニ而金閣寺開帳江御參詣、御道筋千本稲荷ニ而御小休、夫より東陽坊江御立寄、數寄屋御覽、次北野聖廟江御參詣、次金閣寺石不動・佐ゝ木社江御參詣、夫より福井嚴助方江御立寄、夕御膳御吸物御酒御提重被召上、嚴助より御夜食御吸物御酒獻上也、嚴助悴新九郎御目見被仰付、御休息之間等持院江御成、今日依召呉月渓・皆川文藏(淇園)參上、席書被仰付、亥半刻頃御本殿へ還御、

御供中務卿・求馬・競・大膳・多門・金吾・右兵衞、茶道喜齋、御先三人、御先へ大和守・備後相廻ル也、

御奉納金閣寺へ金百疋、佐ゝ木社へ南鐐壹片、

金閣寺より御菓子獻上ニ付、南鐐壹片被下也、

東陽坊へ數寄屋御覽ニ付、南鐐壹片被下也、

一、昨日石谷肥前守より招ニ付、小畑勘ケ由行向之處、先達而被差出候關東へ爲餘寒御見舞被進物御聞繕書、別紙之御認御差出可然哉之旨ニ付、則案文之通相認、明日差出也、

一、岸紹易、爲窺御機嫌參上、

二十日、丙寅、晴、當番、菅谷中務卿・松井右衞門大尉・木崎主計・友田掃部・小畑勘ケ由・松井多門、

一、御附武家へ一通、如左、

舊冬爲寒中御見舞、公方樣(家齊)江從妙法院宮(眞仁)被進物、二條表迄御使を以可被差出處、恭禮門院樣(富子)御凶事ニ付被成御延引候、此節爲餘寒御見舞寒中之通被進物、二條表迄御使を以被差出度思召候、此段堀田相模守(正順)殿江宜御聞繕可被進候、以上、

二月　　妙法院宮御内 菅谷中務卿

右一通、石谷肥前守役宅へ石野東太夫持參、落手之由也、

宿所屆書

一、東尾權僧正より家來宿所屆之儀被相願、則月番勸修寺家へ御屆書差出、其案左之ことし、

覺

常住金剛院權僧正家頼 川嶋左近

右左近儀、是迄當院長屋ニ致住居罷在候處、此度御境内西門町紀伊國屋喜兵衛家借宅致住居候、仍御屆被申入候、以上、

寛政八年辰三月　常住金剛院權僧正内 植村主水印

菅谷中務卿殿
今小路民部卿殿
松井右衞門大尉殿

覺

常住金剛院權僧正より別紙之通被相屆候、仍爲御屆如斯御座候、以上、

辰三月　妙法院宮御内 菅谷中務卿印

勸修寺前大納言(經逸)樣御内 立入左京亮殿
漢城隼人殿
千種前中納言(有政)樣御内 福井壹岐守殿
細谷典膳殿

右御屆書石野東太夫持參、御落手也、

一、岡本甲斐守より鴨栥莖一重、例之通獻上也、

一、東尾權僧正御參、

一、瑞雲院參上、御對面、

一、福井嚴助・同新九郎參上、昨日ハ御立寄被爲有、御機嫌克還御被爲遊、難有奉存候、御禮申上候由、於常御殿御對面被仰付、於御廣間御湯漬被下也、

一、細谷典膳、此間關東より歸京ニ付、爲窺御機嫌參上、淺草海苔一折獻上也、

廿一日、丁卯、快晴、當番、菅谷中務卿・松井出羽守・中村帶刀・初瀬川采女・鈴木求馬・青水造酒・莊田左衞門、

*御臺様御安産の知らせ

一、皆川文藏參上、於常御殿御對面被仰付、

一、平田木工權頭、從關東上京ニ付、爲窺御機嫌參上、淺草海苔一箱獻上、於常御殿御對面被仰付、於御廣間御湯漬被下也、

一、於新御殿巡會御茶夜會、菅谷法印獻上也、御詰知足庵・宗仙・養元等也、

御有卦入

*西本願寺御婚禮につき御返禮

廿二日、戊辰、快晴、當番、今小路民部卿・松井右衞門大尉・木崎主計・友田掃部・小畑勘ケ由・松井多門、

一、安樂心院宮(公延)樣御有卦入ニ付、爲御祝儀御文匣一二一折被進之、御里坊迄、御使末吉向、

一、西本願寺門主江右同斷ニ付、御花臺一箱被遣也、御使小畑勘ケ由、

月次和歌未進の事

廿三日、己巳、快晴、當番、今小路民部卿・松井出羽守・中村帶刀・初瀨川采女・鈴木求馬・青水造酒・莊田左衞門、

一、御月次和歌御未進ニ付、奉行冷泉少將殿江御使を以被仰入、柳筥御返進也、

御月次和歌御詠進可被成之處、依御所勞御未進被成候、此段宜御沙汰賴思召候、以上、

三月廿三日　　妙法院宮御使　青水造酒

一、御附武家より來狀、

當月十九日御臺(茂子)樣御安產、御男子樣被遊御誕生、彌御安泰之御儀、御機嫌不斜候旨、堀田相模守申聞候ニ付、此段相達候、以上、

三月廿三日　　石谷肥前守

神保紀伊守

菅谷中務卿樣

松井西市正樣

右承知之旨、及返書也、

一、西本願寺門主より使者を以、先般御婚禮ニ付、御祝儀御挨拶、太刀・馬代・昆布壹箱被上也、大門主より昆布一箱・御樽代金三百疋、新門主より別段干菓子一箱被上之、

一、岸紹易參上、明後日御茶獻上ニ付、御禮申上ル、於常御殿御對面、

一、於御書院御囃子被相催候事、

廿四日、庚午、晴、入夜曇、當番、菅谷中務卿・松井右衞門大尉・木崎主計・友田掃部・小畑勘ケ由・松井多門、

一、午刻過御出門、閑院宮樣へ御成、夫より廬山寺へ御參詣、酉刻頃還御、御供大和守・掃部・大膳、御先三人、

一、山門執行代大興坊(諒然)參上、從關東上京ニ付、淺草海苔一箱獻上也、

護持勤修につき消息及び御請文

一、烏丸弁殿(資董)より御里坊迄使を以、金剛院殿へ消息來、

來月護持可令勤修給之旨被仰下候、以此旨宜令洩申妙法院宮給候也、恐惶謹言、

三月廿四日　資董

常住金剛院權僧正御房　資董

右御請文、如左、

來月護持妙法院宮可有御勤修之旨、則申入候處、御領掌候也、恐ゝ謹言、

三月廿四日　眞應

烏丸弁殿　眞應

右御請文、弁殿里亭へ末吉向持參也、

一、越前誓願寺・菩提寺相招、多門出會、去十六日被仰出候趣、其後國許へ相達候上、御請可申上由、未無其儀、如何ニ候哉之旨申達、兩僧云、彼是遠路ニ候へハ未何等之儀不申來、今暫御用捨可被成下樣相願、多門云、段ゝ及延引候事故、追飛脚ニ而も差出、急ゝ御請可申上旨相達也、

廿五日、辛未、曇、當番、菅谷中務卿・松井出羽守・中村帶刀・初瀨川采女・鈴木求馬・青水造酒・莊田左衞門、

一、伊勢兩宮・多賀社江御代參、安福左馬太今朝發足也、

一、三谷玄蕃、伊勢參宮仕度御暇相願、今朝發足也、

一、於積翠御數寄屋午時御茶、岸紹易獻上也、御詰中務卿・知足庵・勝次等也、

*東照宮奉幣發遣の傳奏觸

一、傳奏觸到來、

口上覺

就明後廿七日東照宮奉幣發遣日時定、從明廿六日晩到廿七日午刻御神事候、中宮樣從明廿六日晩到廿七日午刻、僧尼重服之御方ゝ樣御參入可被憚候、爲御心得各方迄可申入旨、兩傳被申付如斯候、以上、

三月廿五日　兩傳奏雜掌

御宛所例之通

坊官御衆中

追而、御覽之後、勸修寺家へ御返却可被成候、以上、

廿六日、壬申、快晴、當番、今小路民部卿・松井右衞門大尉・木崎主計・友田掃部・小畑勘ケ由・松井多門、

一、藤島石見參上、御對面被仰付也、

一、惠宅師參上、御對面、

一、越前州誓願寺・菩提寺來、於瑞龍殿松井多門出會、兩僧云、先達而被仰出候趣、其後國許江申遣候處、昨夕國許より飛脚到來、此度被仰出候趣、至而不容易儀ニ候ヘハ、何れも歸國仕、一統及示談候上御請申上度旨申來候ニ付、新發意始いつれも一先歸國仕度由再三相願、依之來月八日迄御請延引之儀承屆遣、尤此段書付を以可申上、尚又兩僧之內壹人者京都ニ相殘候樣申達、卽來月八日迄ニ否御請可申上旨書付差出、菩提寺儀ハ御當地ニ相殘可申由申也、然らハ勝手ニ可致歸國、若來月八日迄ニ否不申上候ハヽ、今度被仰出之通、准院室被召離、官位返上等之儀、於此御所御取扱被成候條、尚又其旨急度可相心得申達也、

紀伊殿上京大佛殿參詣につき問合せ

一、紀州留守居來、伊丹上總介面會、來月三日紀伊殿上京ニ付、大佛殿江被罷越度候、御差支も不被爲有候哉之旨相窺、卽御差支無之旨相答也、

*御臺樣御安產につき傳奏觸

廿七日、癸酉、快晴、當番、今小路民部卿・松井出羽守・中村帶刀・初瀨川采女・鈴木求馬・青水造酒・莊田左衞門、

遊行上人參殿

一、遊行上人參殿、今度上京ニ付、御機嫌相窺候由、白銀壹枚獻上也、於瑞龍殿民部卿出會、及挨拶、以後退出也、坊官中ヘ白銀貳兩差出、但、別段相願候ヘ者御對面可被仰付由也、

（隨應眞乘）
一、佛光寺門主江御使、先々門主無量覺院殿廿七回忌法事ニ付、爲御尋蒸籠一荷被遣也、且靈前ヘ葩三十葉被備也、御使初瀨川采女、

一、越前專照寺先日以來之一件、關東水口伊織方江飛札を以申遣也、

一、小泉陰陽大允參上、

一、岸紹易參上、明日御茶被下候ニ付、御請申上ル、

廿八日、甲戌、快晴、入夜曇、當番、菅谷中務卿・松井右衞門大尉・木崎主計・友田掃部・小畑勘ヶ由・松井多門、

一、當日御禮參上之輩、山本內藏・三宅宗仙・市川養元・三宅宗達・原田無關、

一、緒方左衞門參上、來ル二日八幡ヘ御供被仰付候ニ付、御請申上ル、

一、傳奏觸到來、

口上覺

當月十九日御臺樣御安產、御男子樣御誕生ニ付、爲御悅堀田相模守殿御役宅江來月朔日二日兩日之內、巳刻より未刻迄之間、以御使者可被仰入候、

此段各方迄可申入旨、兩傳被申付如斯ニ候、以上、

三月廿七日　兩傳奏雜掌

御宛所例之通

坊官御衆中

追而、御覽之後、勸修寺家へ御返し可被成候、以上、

一、於積翠御茶室午時御茶被催、岸紹易・三宅宗仙・圓山主水江御茶被下之、

一、安達大圓、爲窺御機嫌參上、申置也、

石清水八幡宮御參詣

一、來月二日石清水八幡宮江御參詣被遊候ニ付、木村宗右衞門江御船之儀御世話申上候樣、川方役人布施彥左衞門へ代官方より懸合也、

一、烏丸弁殿より御招ニ付、末吉向罷出候處、當二月被差出候御注進書之内、光明王院大僧都無之、如何之儀ニ候哉御尋之由ニ付、准院室列ニ書加間違ニ而相洩候由相斷差出也、委細當二月ニ記置故、玆ニ畧、

廿九日、乙亥、雨、當番、菅谷中務卿・松井出羽守・中村帯刀代主計・初瀬川采女・鈴木求馬・青水造酒・莊田左衞門、

一、護持御本尊御撫物、北小路極﨟隨身地下役人付添來、於鶴之間菅谷法印出會、御堂宿惠乘房を以例之通受取也、以後極﨟於梅之間御對面也、

一、藤島石見參上、御對面、

*新日吉社鳥居額につき御窺

一、廣橋前大納言殿へ石見を以一通被差出、料紙小奉書四ツ折也、

御鎭守新日吉社鳥居額後陽成院宸翰、御先代御拜領被成置被懸候儀、及御延引有之候ニ付、此節被懸度思召候、御拜領後經年序候事故、御差支不被爲有候哉、御内〻御窺被成候、無御差支相調候者、御先代御趣意茂相立、於當宮茂深畏思召候、此段宜賴思召候以上、

三月　妙法院宮御内　菅谷中務卿

四月　御用番、今小路民部卿(行章)、

朔日、丙子、快晴、當番、今小路民部卿・松井(永亨)右衞門大尉・木崎主計・友田掃部・小畑勘ケ由・松井多門、

一、禁裏御所(光格)・仙洞御所(後櫻町)・中宮御所(欣子)江當日御祝詞被仰上也、御使山下大和守、

*御臺樣御安產男子誕生

一、此度御臺樣(茂子)御安產、御男子樣御誕生ニ付、爲御歡二條表迄御使被差向候事、御使右同人、

但、右ハ表向之御使也、

一、遊行上人江御使、此間參殿爲御挨拶小奉書拾帖被遣

也、御使北川恒之進、
一、當日御禮參上之輩、山本内藏・三宅宗仙・同宗甫・市川養元・三宅宗達、
一、一乘院宮樣(尊映)より御里坊迄御使を以、先日南都へ御下向之節、此御方御里坊御借用ニ付、爲御挨拶椎茸一箱被進之、
一、一門樣へ右御挨拶被仰進也、御使末吉向、

松平敬之助殿御養子の事

一、御附武家より來狀、
去月廿三日松平敬之助殿御事、尾張大納言殿(德川宗睦)御養子被仰出候旨、堀田相模守(正順)申聞候ニ付、爲御心得此段相達候、以上、
四月朔日　石谷肥前守(清茂)
神保紀伊守(長孝)
菅谷中務卿(寛常)樣
松井西市正(永昌)樣
右承知之旨、及返書也、
一、佛光寺門主(隨應眞乘)より使者を以、此間先〻門主年回ニ付、爲御尋被遣物幷御備もの等被爲有候ニ付、御挨拶被申上候由也、
二日、丁丑、晴、當番、今小路民部卿・松井出羽守(永喜)・中村帶刀(利章)・初瀨川采女・鈴木求馬・青水造酒・莊田左衞門、

*石清水八幡宮御參社

一、卯半刻御出門、石清水八幡宮江御參社、先藤森ニ而御小休、辰刻過伏見本陣へ被爲入、暫御休息被爲有、巳刻頃御先廻り出舟、續而御乘船、伴船二艘、於舟中御提重・御酒・御菓子等被召上、正午刻八幡松本坊江被爲入、先御茶御多葉粉盆出ル、從松本坊獻上也、夕御膳二汁七菜被召上、蒸菓子御茶等獻上也、以後田中坊法眼松本坊へ御對面被仰付、御口祝被下之、瀧本坊松本坊附弟へ御目見、夫より彼方猩〻翁好於數寄屋茶道知足庵御濃茶奉、畢御參社、御奉納方金百疋、御拜相濟、再松本坊へ被爲入、瀧本坊茶器書畫等御覽、已後御吸物御酒御夜食被召上、松本坊再御對面被仰付、無程還御、申半刻計御乘船、戌刻過伏見本陣江御着、暫御休息被爲有御發輿、子刻頃御本殿へ還御、
御供今小路民部卿・友田掃部・鈴木求馬・三上大膳・後青水造酒・前中村金吾・岡本右兵衞、茶道末吉喜齋、
御先丸茂彌內・北川恒之進・若山源之進・莊田金十郎・牧村造酒、兩人御語合也、
其外菅谷中務卿・木崎主計・能登瀨右近・福井嚴助・

緒方左衞門・知足庵・市川養元・原田無關、
御先廻り伊丹上總介（宜顯）・藪澤競、御臺所方小島郡司、
小頭兵藏罷越、

新日吉社祭禮につき奉書

一、御世話廣橋前大納言殿（伊光）へ藤島石見を以一通被差出、
料紙小奉書四ツ折也、
五月十四日新日吉社祭禮之節、鉾之幟（俗云、吹散）先達從
中宮御所被爲有御寄附候、何卒禁裏・仙洞兩御所
よりも被爲有御寄附候樣被成度思召候、偏宜御取
持被進候樣賴思召候、以上、
四月

*新日吉祭禮御寄附の儀

一、御所取次より來狀、
御用之儀御座候間、今日中御勝手ニ非藏人口へ御
參候樣可申達旨、廣橋前大納言殿被仰渡候、仍申
入候、以上、
四月二日　渡邊甲斐守
妙法院宮樣
坊官御中
右承知之旨、及返書也、

松平敦之助殿御七夜御祝儀につき來狀

一、御附武家より來狀、
御臺樣御安產、幷御男子樣御七夜御祝儀、先月廿
五日首尾克相濟、松平敦之助殿与被稱之候之旨、
堀田相模守申聞候ニ付、爲御心得此段相達候、以上、
四月二日　石谷肥前守
神保紀伊守
菅谷中務卿樣
松井西市正樣
右承知之旨、及返書、
一、非藏人口江松井出羽守行向之處、廣橋前大納言殿御
面會、先達而彼卿を以御內〻御願被成候新日吉祭禮
之節、鉾之幟御寄附之儀被及御沙汰候處、御寄附可
被爲有之由御達、幷御神事之節御代參可被差向旨御
達、且仙洞御所より鉾之幟御寄附之儀、未被窺候へ
共、御同樣之御事ニ可被爲有哉之趣、幷中宮御所よ
り御神事之節御代參之儀、いまた不被相窺候へ共、
是亦禁中御同樣之御事ニ可被爲有哉之旨御達也、
一、御附武家より來狀、
相達候儀有之候間、各方之內壹人、紀伊守御役宅
へ可被相越候、以上、
四月二日　石谷肥前守
神保紀伊守
菅谷中務卿樣

松井西市正様

右承知之旨、及返書也、

若君様髪置御規式につき相達

一、神保紀伊守役宅江小畑勘ケ由行向之處、去年十月御閒繕有之候若君様御髪置御規式被爲有候ニ付、公方（家齊）様・御臺様江御祝儀被進物不及其儀ニ、御祝詞被仰進候様、右御閒繕書ニ附札を以相達也、

*松平敦之助殿誕生につき相達

一、御附武家より來狀、

相達候儀有之候間、各方之內壹人、明日中肥前守御役宅へ被相越候様存候、以上、

四月二日　　石――
　　　　　　神――
菅――
松――

右承知之旨、及返書也、

三日、戊寅、晴、當番、菅谷中務卿・松井右衛門大尉・木崎主計・友田掃部・小畑勘ケ由・松井多門、

新日吉社祭禮御寄附の旨

一、廣橋前大納言殿より御招ニ付、末吉向行向之處、新日吉社御祭禮之節、鉾之幟仙洞御所よりも御寄附被爲有候旨御達也、

一、禁裏御所奏者所江御使を以、新日吉祭禮之節鉾之幟御寄附之旨被仰出、畏思召候、不被取敢右御禮被仰上候事、御使末吉向、

一、仙洞御所江も右御同様御禮被仰上也、

一、廣橋前大納言殿江御使を以、新日吉御神事之節、鉾ノ幟從禁裏御所御寄附被爲有候旨、昨日被仰出候由御達被進、畏思召候、右ニ付段々御取持被進、御滿足思召候、依之不被取敢御挨拶被仰遣、且仙洞御所よりも今日右御同様被仰出候由御達ニ付、是亦御挨拶被仰遣也、

一、石谷肥前守役宅へ松井多門行向之處、書付を以左之通相達、

此度敬〔敦〕之助殿御誕生ニ付、御由緒之宮方其外より自分御役宅江使者を以御祝詞被仰入度由、家司坊官差出候書付被差出、則江戸表江相達候處、公方様・御臺様江斗御祝詞被仰入候様可相達旨、年寄衆より申來候間、可被相達候、

四月　　神保紀伊守

右之趣可相達旨、堀田相模守より申越候ニ付、此段相達候、

四月　　石谷肥前守

紀伊中納言殿大佛殿へ相越

一、紀伊中納言殿上京ニ付、今朝大佛殿江被相越、代官方伊丹上總介・木崎主計罷出、先棲門内際迄出迎、町役人棲門石壇下迄出迎、夫より代官方両人堂内案内、御腹内等拜見、白銀三枚奉納也、被歸候節棲門内際迄見送也、但、堂内ニ休息所設置候へ共、不被用由也、

一、市川養元・福井嚴助、昨日八幡へ御供被仰付候御禮申上ル也、

四日、己卯、快晴、當番、菅谷中務卿・松井出羽守・中村帯刀・初瀬川采女・鈴木求馬・青水造酒・莊田左衞門、

一、藤嶋石見參上、中務卿面會、

一、牛箇瀬村觀音寺、此度開帳無滯相濟候ニ付、御禮申上ル、御札幷御菓子一折獻上也、

若君樣御髮置御規式につき聞繕書

一、御附武家へ一通、左之通り、

若君樣御髮置御規式被爲濟候ニ付、公方樣・御臺樣江御祝詞ニ條表迄御使、何日頃可被差向候哉、此段宜御聞繕可被進候、以上、

四月四日　妙法院宮御内　今小路民部卿

松平敦之助樣誕生につき聞繕書

又一通、

松平敬〔敦〕之助樣御誕生ニ付、公方樣・御臺樣江御祝詞ニ條表迄御使、何日頃可被差向候哉、此段宜御聞繕可被進候、以上、

四月四日　妙―　今―

右両通共、石谷肥前守役宅へ丸茂彌内持參、落手之由也、

*男子御安產御誕生につき聞繕書

又一通、同日石谷役宅へ彌内持參、如左、

此度御臺樣御安產、御男子樣御誕生ニ付、爲御祝儀公方樣・御臺樣・敦之助樣江、

昆布一箱

御樽代金三百疋

宛

若君樣江、

御祝詞御口演

右ニ條表迄御使を以被進度思召候、尤御先格者無御座候得共、當時依御由緒如斯ニ御座候、此段堀田相模守殿江宜御聞繕可被進候、以上、

四月四日　妙―　今―

一、廣橋前大納言殿江御使を以、時節御尋、折節御到來之由ニ而蓮根一折被遣也、御使末吉向、

五日、庚辰、曇、當番、今小路民部卿・松井右衞門大尉・木崎主計・友田掃部・小畑勘ケ由・松井多門、

一、於積翠御茶室巡會正午三宅宗仙獻茶、御詰菅谷法

印・知足庵・市川養元、
一、安達大圓、爲窺御機嫌御菓子一折獻上、申置也、
一、中宮樣より女房奉書を以、御花・御菓子被進、卽御返書、此御方よりも御庭之花被上也、
一、原田無關參上、拜診被仰付、
六日、辛巳、雨、晝後晴或曇、當番、今小路民部卿・松井出羽守・中村帶刀・初瀨川采女・鈴木求馬・青水造酒・莊田左衞門、

石清水八幡宮御參詣につき下され物

一、此間石清水八幡宮江御參詣ニ付、御挨拶被下物如左、
　御使石野東太夫、
一、眞綿三把・金子五百疋、松本坊江、家來へ金百疋、
　下部へ青銅百疋、
一、白銀貳枚、瀧本坊江、茶器御覽ニ付、
一、御口上計、田中善法寺へ、御菓子獻上ニ付、
一、木村宗右衞門江、此間八幡へ御參詣之節、御舩御世話申上候ニ付、爲御挨拶蒸菓子一折杉折二重也被下之、川方役人布施彦左衞門へ金百疋被下之、御使北川恒之進、
一、伏見本陣木津屋与左衞門へ金五百疋被下之、舩賃銀十貳匁遣也、
一、東尾權僧正(眞應)御參、

一、自在王院宮樣(典仁)御忌ニ付、廬山寺へ御代香、山下大和守相務、
一、原田無關參上、拜診被仰付也、
一、小泉陰陽大允(有彝)、爲伺御機嫌參上、
七日、壬午、晴、晝後雨、當番、菅谷中務卿・松井右衞門大尉・木崎主計・友田掃部・小畑勘ケ由・松井多門、
一、安福左馬太、伊勢兩宮・多賀社江御代參相務、今日歸京、御祓・海苔・醒井餠獻上、
一、三谷玄蕃依願參宮、今日上京御届申上ル、御祓・彦根白玉・紙一折獻上也、

*賀茂祭につき傳奏觸

一、傳奏觸到來、

口上覺

就來廿二日賀茂祭、從八日晩御神事、從廿日晩到廿二日晩御潔齋候、仙洞樣從來廿日晩到廿二日晩御神事候、中宮樣從八日晩到廿二日晩、僧尼重輕服之御方〻樣御參入可被憚候、爲御心得各方迄可申入旨、兩傳奏被申付如此候、以上、

四月六日　　兩傳奏雜掌

御宛所例之通
坊官御衆中

追而、御廻覽之後、勸修寺家へ御返し可被成候、

以上、

一、東尾權僧正御參、

八幡社僧參上

一、八幡社僧松本坊初而參上、此間御立寄被爲有候御禮申上ル、蒸菓子壹箱獻上也、於瑞龍殿菅谷中務卿面會、御吸物・御酒被下之、以後於梅之間御對面被仰付也、

一、同瀧本坊代僧を以此間之御禮申上ル、笋壹折獻上也、

一、小泉陰陽大允・安達大圓參上、御對面被仰付、

八日、癸未、晴、當番、菅谷中務卿・松井出羽守・中村帯刀・初瀬川采女・鈴木求馬・青水造酒・莊田左衛門、

灌佛會御參詣

一、灌佛會御參詣、御供出羽守・求馬・金吾、御先三人、

一、金剛院權僧正御參、

中將澄剛得度の事

一、瑞雲院(眞剛)弟子右中將澄剛、依願得度之事、於梅之間作法、左之通、

御戒師宮御方、唄師金剛院權僧正、教授瑞雲院、介錯普門院(啓道)、理髮剃手惠乘房(玄隆)、

得度次第、如左、

得度作法

得度作法

先、和上御入堂御著座、

次、教授著座、

次、和上御著半疊、

次、得度者著座、

次、塗香塗手、

次、和上加持香水洒淨等如例、

次、得度者方拜、

次、和上授偈、

次、得度者入改脫所改著法衣、

次、得度者著座、

次、香水灌頂、

次、讃弟子偈、

次、得度者自說偈、

次、置物具、

次、唄師著座、

次、垂翠簾、坊官役之、

次、理髮分左右髮、此間燃脂燭洗髮、

次、和上加剃刀、其儀、和上起座立、得度者後教授奉剃刀、和上取剃、如此間唄師發音、

次、和上御復座半疊、

次、僧綱賜御剃刀剃之、

次、剃除畢撤物具、
次、授袈裟、其儀、入改脱所取儲袈裟傳教授、教授奉和上、和上唱詞并偈授與之、
次、得度者自說偈、乍持袈裟唱之、偈畢又傳教授、教授奉和上、如此三返畢後令著之、
次、授法名、拜見後懷中、
次、禮師、三反、
次、褰翠簾、坊官役之、
次、得度者退出、
次、唄師退出、
次、和上御復座、
次、教授出堂、
次、和上御出堂、
一、瑞雲院弟子右中將、得度相濟候ニ付、爲御禮方金百疋・御菓子一折獻上也、
一、廣橋前大納言殿より菅谷法印御招ニ付、參向之事、
一、三宅宗仙・小泉陰陽大允、明日御茶御詰被仰付候ニ付、御請申上ル、
一、原田無關參上、拜診、

*御月次和歌御詠進の事

一、禁裏御所より御使女房奉書を以、御月次和歌御題被進之、則御返書ニ御請被仰上、一通如左、
御月次御會和歌前日御詠進之事、奉行飛鳥井中納(雅威)言殿、

*専照寺一件につき名代等参上

一、越前専照寺名代末寺頭誓願寺・同行惣代上京之旨、菩提寺御届申上ル、尤新發意儀、上京可仕之處、先達而道中より所勞ニ付出京難仕、名代誓願寺印形隨身仕候旨御斷申上ル、松井多門出會、明日四時罷出候樣申達也、
九日、甲申、晴、當番、今小路民部卿・松井右衛門大尉・木崎主計・友田掃部・小畑勘ケ由・松井多門、

*松平敬之助様御養子につき聞繕書

一、御附武家へ一通、
松平敬之助樣御事、此度尾張大納言樣江御養子被仰出候ニ付、公方樣・御臺樣・若君樣・淑姬君樣江御祝詞計、敬之助樣江昆布一箱、
右御先格者無御座候得共、當時依御由緒二條表迄御使を以被差向度思召候、此段堀田相模守殿江宜御聞繕可被進候、以上、
四月九日　妙法院宮御內　今小路民部卿
右壹通、石谷肥前守役宅へ石野東太夫持參、落手也、
一、越前州中野専照寺名代誓願寺・役僧菩提寺・同行惣代參上、於瑞龍殿松井多門出會、兩僧云、先達而被

仰渡候一件、於國許早速遂示談候處、不得止事此度御請申上候、乍然以來外御門跡方御末寺御支配等ニ相成候儀永ク御構被遊候旨、此儀於專照寺甚難澁仕候ニ付、此一條ハ御請難申上、强而被仰出候ハヽ、一應關東へ相窺候上、御請可申上、左候ハヽ、彼是隙取可申間、此儀ハ其儘御聞流被成下候樣奉願候由申之、彼是手間取候故、先右一條相除、其餘之處御請書可差出、其上御沙汰も可有之申達候處、奉畏候、先旅宿へ引取、及示談御請可申上由ニ而退、再兩僧來、只今被仰下候通、外御門跡方御末寺御支配等ニ相成候儀、永御構被爲有候旨、此一條相除、其餘御命之趣、御請書連印相調持參仕候由ニ而差出、御請書、如左、

專照寺御請書

*專照寺譽章官位辭退書付

御請書

一、先達而公邊江御達訴之一件、今以御吟味中之處、今般宮樣思召を以、始末不被爲及其御沙汰ニ、御館入被爲召離候旨被仰出、奉畏候、右ニ付先年御免許被成置候准院室筋築地御執揚、幷官位返上可仕旨被仰渡、旁以恐入候御儀ニ御座候得共、何分奉承知候、尓ル上者以後江戸表之不被爲有御苦勞

も候得者、對公邊も一統難有奉存候、仍而右爲御請左ニ連印奉差上候、以上、

寛政八年
辰四月

中野 專照寺㊞
末寺惣代 誓願寺㊞
役寺 菩提寺㊞
同行惣代 上天下村 徳兵衞㊞

菅谷中務卿樣
今小路民部卿樣
松井右衞門大尉樣

右御請書差出、兩僧云、抑專照寺如善以來被下置候御書付、悉返上可仕間、御殿江差上置候書付共御引替ニ被返下候樣申之、多門云、右等之趣尙一兩日中可有御沙汰、先御請書坊官共致落手候條、勝手ニ旅宿へ引取候樣申達、兩僧退也、

一、御世話廣橋前大納言殿へ專照寺官位辭退書付御內談之事、御使小畑勘ケ由、料紙小奉書四ツ折ニ如左、

妙法院宮御末寺 越前州中野
專照寺權僧正法印譽章

右譽章儀、子細依有之、權僧正法印辭退之事、宜被爲賴入候、以上、

辰四月　　妙法院宮御内
　　　　　今小路民部卿

右書付差出候處、前大納言殿參內之由、先雜掌預り置候由也、

一、於香雪庵御茶室午時御茶、嶋田勝次獻上也、知足庵・三宅宗仙・小泉陰陽大允御詰被仰付候事、

一、江府水口伊織江飛札を以、專照寺一件今日御請申上候趣、右ニ付寺社奉行所江御願下ケ之儀、其地之振合も可有之間、可然取計候樣五日切ニ而申遣也、

一、瑞雲院弟子右中將、昨日得度無滯相濟候ニ付、御禮申上ル、

十日、乙酉、晴、當番、今小路民部卿・松井出羽守・中村帶刀・初瀨川采女・鈴木求馬・青水造酒・莊田左衞門、所勞、

*專照寺儀屆書

一、宮御門跡并攝家御門跡方江專照寺一件ニ付、御使被差向、御口上書如左、

專照寺一件につき口上書

妙法院宮御末寺
越前國中野
一向宗
專照寺權僧正譽章

右專照寺儀、從往古當御室御末寺ニ而准院室ニ御座候處、子細有之、此度御末寺被召離候、因茲以來若其御室江御末寺御支配御館入等相願候共、不被爲有御許容候樣被成度思召候、此段兼而御賴被仰入置候、

四月

右御使御ケ所如左、御使青水造酒・末吉向、

輪(公澄)門樣・青(尊眞)門樣・聖(盈仁)門樣・梶(承眞)門樣・竹門樣・實相院樣・圓滿院樣、

一、仁(深仁)門樣・一(尊映)門樣・知(尊超)門樣・勸(濟範)門樣・大(深眞)覺寺樣・大(隆遍)乘院樣・三寶院樣・隨心院樣・蓮華光院樣、

右九ケ所へハ御宗旨も違候得共、爲念被仰入置候旨演說也、

一、池尻家へ一通、如左、

妙――御末寺
越――中野
專――譽章

右專照寺儀、從往古當御室御末寺ニ而准院室ニ候處、子細有之、此度御末寺并准院室被召離候、仍御屆被仰入候、已上、

辰四月　　妙法院宮御内
　　　　　今小路民部卿

右一通、丸茂彌內持參也、

一、和田泰純江御藥取、丸茂彌內行向也、

十一日、丙戌、晴、或曇、申刻頃より雨、當番、菅谷中務卿・松井右衞門大尉・木崎主計・友田掃部・小畑勘ケ由・松井多門、

一、仙洞御所江御書を以、蓮華王院池杜若一筒被獻也、
御使安福左馬太、

備中上願寺より末寺松井寺圓敬儀につき返書

一、備中國上高田村上願寺より、去寅十二月差出候返書來、

一簡致啓上候、然者去ゝ年十二月二日之御書簡致拜見候、當寺末寺河原村松井寺當住圓敬儀、從來其御殿江御立入仕來候處、於藥師如來寶前爲御祈禱法華讀誦被仰付、依之御戸帳幷御紋附御挑灯御寄附被遊候旨被仰下、御紙面之通承知仕候、早速御報可得御意候處、右之趣大本寺備前遍照院江相達、彼是隙取御報延引ニ罷成候、此段坊官衆迄宜御達可被下候、右可得御意如此御座候、恐惶謹言、

二月廿五日　　上願寺澄海判

伊丹上總介樣
三上大膳樣

十二日、丁亥、雨、當番、菅谷中務卿・松井出羽守・中村帶刀・初瀨川采女・鈴木求馬・青水造酒、左衞門所勞、

一、藤島石見參上、中務卿面會、

十三日、戊子、快晴、當番、今小路民部卿・松井右衞門大尉・木崎主計・友田掃部・小畑勘ケ由・松井多門、

一、一條樣（忠良）より御使を以、御染筆物御賴被仰進候事、

一、和田泰純參上、拜診被仰付也、

*越前菩提寺准院室官位返上の儀につき來る

一、越前菩提寺來、多門出會、菩提寺云、此間相願置候儀、一兩日中御沙汰も可被爲有由被仰達候、未御沙汰不被爲有候哉、彌相願候通御聞濟も被爲有候ハヽ、早ゝ歸國仕度旨相窺、多門云、未何之御沙汰も無之、尤此度准院室被召離、官位返上之儀御所へ被仰上候へ共、此節御神事中故難被及御沙汰由ニ候、何れ勅許之御沙汰有之候迄ハ壹人被差留候旨申達、然らハ誓願寺・同行惣代ハ一兩日中ニ歸國可仕、菩提寺儀ハ御當地ニ相殘可申由也、

*越前專照寺儀につき竹門より御使

一、竹門樣より御里坊迄以御使、此間被仰入候御返答被仰進、

此間者御使を以被仰進候其御所樣御末寺越前國中野一向宗專照寺權僧正譽章、右專照寺儀、從往古其御所樣御末寺ニ而准院室ニ御座候處、子細有之、此度御末寺被召離候旨、因茲以來若此御室へ御末寺御支配御館入等相願候共、不被爲有御許容候樣被成度思召候旨、此段兼而被仰入置候段被仰進、於御門室御承知被成候儀ニ御座候、以上、

四月

竹内御門跡御使
小畠主水

十四日、己丑、快晴、當番、今小路民部卿・松井出羽守・中村帯刀・初瀬川采女・鈴木求馬・青水造酒、左衞門所勞、

專照寺一件

一、青門樣より御使、此間專照寺一件ニ付御使を以被仰進候趣、委細御承知被成候旨被仰進候由也、御使藤木左衞門、

十五日、庚寅、曇、巳刻過より雨、當番、菅谷中務卿・松井右衞門大尉・木崎主計・友田掃部・小畑勘ケ由・松井多門、

一、當日御禮參上之輩、山本內藏・市川養元・三宅宗達・橫山左近・原田無關、

一、八幡田中坊參上、於瑞龍殿民部卿面會、先日御使被下候御禮申上候由也、

一、入夜小泉陰陽大允・三宅宗甫參上、御伽申上ル、

十六日、辛卯、雨、當番、菅谷中務卿・松井出羽守・中村帯刀・初瀬川采女・鈴木求馬・青水造酒、左衞門所勞、

御鎭守御額拜領の事

一、廣橋前大納言殿江菅谷法印行向、一通持參、

御鎭守御額、慶長十三年三月御內々御願被成、被爲有御拜領候事、

四月　　妙法院宮御內
菅谷中務卿

*靈鑑寺宮樣へ御出門
金剛院權僧正護持僧の儀

右之趣申入候處、雜掌面會、御預申置候由、且先達而被仰入置候金剛院權僧正護持僧之儀、尙又宜賴思召候旨申述也、

一、同所へ蓮華王院之杜若一筒被遣之也、

一、閑院（美仁）宮樣へ杜若被進之、諸大夫迄手紙ニて遣也、

一、菩提院參上、民部卿面會、

一、大愚、爲窺御機嫌參上、

十七日、壬辰、雨、晝後晴、當番、今小路民部卿・松井右衞門大尉・木崎主計・友田掃部・小畑勘ケ由・松井多門、

一、原田無關參上、拜診、

一、岸紹易參上、窺御機嫌申置也、

十八日、癸巳、快晴、當番、今小路民部卿・松井出羽守・中村帯刀・初瀬川采女・鈴木求馬・青水造酒、左衞門所勞、

一、小澤蘆庵參上、於常御殿御對面被仰付也、

一、於御白書院月次御囃子被催候事、

一、市川養元・小泉陰陽大允・安達大圓、依召參上、

十九日、甲午、晴、當番、菅谷中務卿・松井右衞門大尉・木崎主計・友田掃部・小畑勘ケ由・松井多門、

一、市川養元・小泉陰陽大允、昨日被召候御禮申上ル、

一、未刻前御出門、靈鑑寺宮樣へ被爲成、酉刻前還御、

御供大和守・玄蕃・勘ケ由、御先三人、

舊宅地面返下替地につき申渡

一、小川大藏卿(純方)・中村帯刀・木崎主計・初瀬川采女・三谷玄蕃・藪澤競・小畑勘ケ由・青水造酒江被仰渡趣、先達而舊宅地面其儘被返下候様相願候處、御差支有之候ニ付、右爲替地此度家中地尻藪地面被下之候旨、於御用部屋ニ月番民部卿申渡也、

越前専照寺儀につき御口上

一、三寳院御門跡より御里坊迄、御使座田多門、御口上如左、

越前國中野
専照寺権僧正譽章

右専照寺儀、子細有之、此度御末寺被召離候由、因茲以來若當方江御末寺御支配御立入等相願候共、不被成御許容候様被仰進候趣、被成御承知候、依之以御使被仰進候、

四月十九日

二十日、乙未、晴、當番、菅谷中務卿・松井出羽守・中村帯刀・初瀬川采女・鈴木求馬・青水造酒、左衞門所労、

一、安達大圓参上、明日御茶御詰被仰付候ニ付、御請申上ル、

一、伴蒿蹊参上、御對面被仰付也、

一、藤島石見参上、同斷、

廿一日、丙申、晴、當番、今小路民部卿・松井右衞門大尉・木崎主計・友田掃部・小畑勘ケ由・松井多門、

一、午刻前御鎭守江御参社、

一、於香雪庵御茶室午時巡會御茶、知足庵獻上也、御詰菅谷法印・市川養元・安達大圓・嶋田勝次(公延)等也、

*御染筆物安樂心院宮へ進めらる

一、輪門様御里坊迄御使を以、先達而安樂心院宮様より御頼被進候御染筆物、此節御出來ニ付被進候事、御使小畑勘ケ由、

一、愛宕山威徳院、日光御門主より住職被仰付候ニ付、爲御禮扇子五本入獻上也、

*大念佛寺鐘鑄につき備物

一、勝安養院(洞海)権僧正より使を以、此度大念佛寺鐘鑄ニ付、御下ケ札御備もの被爲有、難有被存候、依之羊羹一折被上之候由也、

*越前専照寺につき口上書

一、大乗院御門跡より御里坊迄以御使、先日之御返答被仰進、御口上書如左、

越前中野専照寺、今度御末寺被召離候ニ付、以來當御室江御末寺御支配御立入等相願候共、御許容無御座様被成度思召之旨被仰進、委細御承知被成候、此段御返答被仰進候、

大乗院殿御使
神足掃部

廿二日、丁酉、晴、當番、今小路民部卿・松井出羽守・中村帯刀・初瀬川采女・鈴木求馬・青水造酒、

一、一條樣江御使、先日御頼被進候御染筆物御出來ニ付、爲持被進也、御使采女、

一、安達大圓參上、御對面、

松平敬之助御養子につき來狀

一、御附武家より來狀、

松平敬之助殿御事、今度尾張殿江御養子被仰出候ニ付、御祝詞被仰進度旨、此間御聞繕書被差出候、右御文面之内、敬之助殿江も被進物被爲有度旨御座候、尤右者御先格者無御座候得共、當時依御由緒被進度旨御聞繕之趣致承知候、然ル處御三家方江被成御出候御方江御進物之儀ハ、淑姫君樣江德川五郎太殿より御結納御座候節等之御見合之御心取ニ而も御座候哉、右之所内々承置度存候、猶御報被御申聞候樣致度存候、以上、

四月廿二日　石谷肥前守

菅谷中務卿樣

松井西市正樣

右返書、

松平敬之助樣御事、今度尾張大納言樣江御養子被仰出候ニ付、御祝詞被仰進度旨此間差出候御聞繕書文面之内、敬之助樣江も被進物被爲有之度旨、尤御先格者無御座候得共、當時依御由緒被進度御聞繕之趣ニ御座候、然ル處御三家方江被成御出候御方江御進物之儀者、淑姫君樣江德川五郎太樣より御結納御座候節等之見合ニ而も御座候哉、右之所内々御承知被成度趣委細致承知候、

右淑姫君樣江被進物御座候得共、其節ハ被進物品相違候事故、此度者仁門樣被准御振合、御聞繕書差出候儀ニ御座候、仍御報如斯ニ御座候、以上、

四月廿二日　今小路民部卿

石谷肥前守樣

廿三日、戊戌、晴、當番、菅谷中務卿・松井右衞門大尉・木崎主計・友田掃部・小畑勘ケ由・松井多門、

*月次和歌未進の事

一、御月次和歌御未進之旨、奉行飛鳥井中納言殿へ被仰入、

御月次和歌御詠進可被成之處、依御所勞御未進被成候、此段宜御沙汰賴思召候、以上、

四月廿三日　妙法院宮御使　友田掃部

一、小泉陰陽大允參上、御對面被仰付也、

*無上心院宮二十五回御忌につき御見舞

一、梶井宮樣江御使、無上心院宮(常仁)樣廿五回御忌ニ付、御見舞被仰進、御靈前江葩三拾葉被備之、御使普門院、

廿四日、己亥、晴、當番、菅谷中務卿・松井出羽守・中村帯刀・初瀬川采女・鈴木求馬・青水造酒、左衞門所勞、

一、二條樣江御使を以、左大臣御奏慶ニ付御歡被仰進也、御使山下大和守、衣躰狩衣、

一、大炊御門殿江御使、右大臣御奏慶ニ付御歡被仰入、御使末吉向、

御容體書

一、和田泰純江御藥取、御容躰書、

益御機嫌克被爲成候、先達而御容躰後御同遍被爲在候、一兩日ハ少〻御心下ニ御聚被爲在候、乍然御膳等も御相應ニ被召上、御機嫌克被爲成候事、

四月廿四日

*越前専照寺官位辞退の事

一、藤島石見參上、中務卿面會、

一、原田無關參上、御對面被仰付、

一、靑門樣より御順達一通御到來、

口上覺

來ル廿七日巳刻、能書方被聞食候間、安永四年之御例之通御取計被爲在候段、唯今於非藏人口ニ廣橋前大納言殿被仰渡候、此段御一列樣方江御傳達可被成之旨ニ付被仰傳候、御承知之儀ハ御方〻樣より非藏人口へ被仰入候樣ニ与之御事ニ御座候、

此段宜御沙汰可被成候、以上、

四月廿四日　青蓮院宮御內　大谷宮內卿

妙〻——宮樣　聖〻——宮樣　梶〻——宮樣　一〻——宮樣

坊官御衆中

追而、御廻覽之後、當門へ御返却可被成候、以上、

一、右御承知之旨、非藏人口へ以御使被仰上、六條前中(源有庸)納言殿被承候由也、御使初瀬(川脱カ)采女、

一、正親町頭中將殿より御招ニ付、末吉向罷出候處、先日被仰入候越前國中野専照寺權僧正法印官位辭退之事、今日被聞召届候旨御達、

右之趣御留守居向より申越也、然ル處去ル九日右官位辭退之儀ニ付、兩貫首江被差出候書付、御世話卿へ被及御內談候處、其節ハ御神事中ニ付御返答無之、依而正親町頭中將殿へ被差出候一通ハ、右御世話卿へ御內談之節小畑勘ケ由御里坊迄持參、御世話卿御返答之上、正親町家へ持參候樣御留守居ニ申含候由ニ候へ共、如何相心得候哉、右御返答無之內正親町家へ向持參之由、依之官位辭退之儀、今日被聞召届候旨、從正親町家被達、

右ニ付、勘ケ由・向兩人共無念によつて、差控被
仰付候事、
但、以來御届書等ハ兩貫首へ被差出候事ハ格別、
右躰御披露御賴之節者職事方計ニ而可然由、追而
見合ニも可相成ヤ、玆ニ云々、

*越前専照寺官位辭退の儀

一、正親町頭中將殿江以御使、專照寺官位辭退之儀、被
聞召屆候旨御達ニ付、右御挨拶被仰遣也、御使近習
中、

越前専照寺儀御届書

一、傳奏月番千種家へ一通如左、料紙奉書半切、
妙法院宮御末寺
准院室
越前國中野
專照寺權僧正法印譽章
右專照寺儀、子細依有之、權僧正法印辭退之事、
職事方江被仰入候、仍爲御屆如斯御座候、以上、
四月廿三日
妙法院宮御内
今小路民部卿
勸修寺前大納言樣御内
立入左京亮殿
漢城隼人殿
千種前中納言樣御内
福井壹岐守殿
細谷典膳殿

*越前専照寺一件落著

右一通、丸茂彌内持參、尤昨日可被差出之處、御使
之もの心得違之儀有之、今日ニ相成候、昨日被差出
候振合ニ而致取計呉候樣、取次迄及入魂也、
一、末吉向差控被仰付候ニ付、暫之內御里坊詰牛丸九十
九へ被仰付也、
廿五日、（マヽ）當番、今小路民部卿・松井右衞門大尉・木崎主計・友田掃部・松井多門、
一、廣橋前大納言江松井右衞門大尉行向、越前專照寺官
位辭退之儀ニ付、先日書付を以被及御內談候處、其
節小畑勘ケ由・末吉向兩人之者心得違之儀有之、何
之御返答も無之內、正親町家へ右書付致持參、則被
及御沙汰候由、昨日被聞召被爲驚入候、彼是間違候
段、於拙者共も不行屆段恐入候、依之右兩人之者差
控被仰付候、仍而爲御斷永亨被差向候旨申述候處、
前大納言殿只今用向ニ被取懸候由、藤堂飛驒守面會、
只今御演說之趣前大納言殿委細被承、御丁寧之御儀
ニ被存候、右兩人差控被仰付候儀ハ、宮樣思召を以
被仰付候儀ニ候ハヽ格別、對前大納言殿へ候而之儀
ニ候ハヽ、甚以氣毒ニ被存候間、早々被免候樣被致
度旨御返答也、
一、越前州中野專照寺役寺菩提寺相招、松井多門出會、
專照寺官位辭退之儀、正親町頭中將殿を以被及御披
露候處、昨日宣下之旨被仰達候、仍而相達候、右ニ

＊専照寺儀につき届書

付領主江通達幷筋築地取崩見居等、近〻御家來可被差下、且又外御門跡方御末寺御支配等ニ相成候事、永御構被成候旨、此一條御用捨可被成下由、先日相願候得共、彼是不敬之儀有之候ニ付、難被聞召居、依之彌永御構被爲有候旨申達、幷専照寺如善以來御殿江差上置候書付可被返下段申出候へ共、右書付先達而關東表へ被差下候ニ付、尙返り次第可被差返候、扨又専照寺一件落着之上ハ、關東寺社奉行所へ御願下ケ之儀被仰入候間、其方よりも早〻願下ケ致候樣申達、菩提寺云、奉畏候、最早御用之儀も無之候ハヽ歸國仕度旨申也、勝手ニ可致歸國相達也、

専照寺官位辭退宣下届書

一、千種家へ、専照寺官位辭退宣下ニ付一通被差出、料紙奉書半切也、

妙法院宮御末寺
越前國中野
専照寺權僧正譽章

右専照寺儀、從往古當御室御末寺ニ而准院室ニ御座候處、此度御末寺幷准院室被召離候、仍御届被仰入候、以上、

四月廿五日　妙法院宮御内
今小路民部卿

勸修寺前大納言樣御内
立入左京亮殿

漢城隼人殿

千種前中納言樣御内
福井壹岐守殿

細谷典膳殿

右一通、牛丸九十九持參、御落手之由也、

一、兩貫首正親町頭中將殿・柳原頭弁殿へ一通ツヽ、如左、料紙薄奉書四ツ折、

妙法院宮御末寺
准院室
越前州中野
専照寺權僧正法印譽章

右専照寺儀、官位辭退之事、無滯被聞召居候、因茲准院室被召離候、仍御届被仰入候、以上、

辰四月　妙法院宮御内
今小路民部卿

右御届書、丸茂彌内持參、御落手之由也、

一、江府水口伊織江、今日専照寺江申渡候趣、飛札を以申遣也、

一、梶井永宮(承眞)樣より御使、此間無上心院宮樣御年回ニ付、御見舞御備物等被爲有候ニ付、御挨拶被仰進候由也、

一、西本願寺(文如光暉)門主より使者、時節被相窺飯須之壹曲被上之也、

廿六日、辛丑、快晴、當番、今小路民部卿・松井出羽守・中村帯刀・初瀬川采女所勞代掃部・鈴

木求馬・青水造酒、左衞門所勞、

岡本家相續の願書

一、伊丹上總介より先達而差出候願書、左之通、

奉願口上覺

一、先年御奉公仕罷在候私弟故内匠幸顯儀者、先達而茂御願奉申上候通、去ル明和二年酉十月岡本家御取立相續被爲仰付、冥加至極難有仕合奉存候、首尾能相勤罷在候處、安永六年酉八月病死仕候儀ニ御座候、然ル處其砌申置候儀も御座候ニ付、私幷同苗飛驒守兩人より幸顯跡目相續之儀御願奉申上候、尤其節者内ゝ實子も罷在候處、未御沙汰無御座候中、右小兒も早逝仕候ニ付、自然御沙汰も御座候者、親族共之内より相應之小兒ニ而も養育仕候而、相續之儀御願申上度奉存候得共、御用多御時節度ゝ御願申上候儀も恐多差控罷在候、然ルニ私母次第ニ及老年候ニ付、毎ゝ申聞候者、右之通ニ而差控罷在候而ハ幸顯菩提所も疎略に相成、自然与墳墓も無緣ニ成行可申候哉与是而已悲歎仕候、依之此度同性甲斐守保考悴松千代當年十三才ニ相成候者養育仕、何卒家名相續之儀御願申上、安心爲致度奉存候、此上之御慈悲ニ人躰ニ御差支之儀も無御座候者、先年御願申上候通幸顯跡目相續仕、出勤被爲仰付被下候者、生ゝ世ゝ之御高恩、故幸顯儀ハ不及申、親族共一統何程難有仕合ニ可奉存候、右願之通御聞届被成下候樣偏ニ奉願上候、以上、

寛政六年寅六月　　伊丹上總介印

菅谷中務卿殿
今小路民部卿殿
松井右衞門大尉殿

右、願之通御聞届被成下候者、於私共茂難有仕合ニ可奉存候、以上、

伊丹飛驒守印

右、願之通今日被仰付候旨、於御用部屋月番民部卿申渡也、

若君御髪置御祝儀につき相達*

一、御附武家より一通到來、

其御方より若君樣御髪置御祝儀之御使者、來ル廿八日巳刻堀田相模守御役宅江被差出候樣可相達旨、相模守より申越候ニ付、此段相達候、以上、

四月廿五日　　石谷肥前守

神保紀伊守

菅谷中務卿様
松井西市正様

敦之助誕生につき相達

又一通、
其御方より敬〔敦〕之助殿御誕生ニ付御祝儀之御使者、
來ル廿八日巳刻堀田相模守御役宅江被差出候様可
相達旨、相模守より申越候ニ付、此段相達候、以上、

四月廿五日　石―――
神―――

宛同所

右両通共承知之旨、及返書也、

關東奥君御違例逝去來狀

一、鷹司様諸大夫より來狀、
以手紙得御意候、然者於關東奥君御方御產後御違
例之所、御養生不被爲叶、去ル十七日御逝去之段
告來候、依之前關白殿・關白殿御常式之御忌服被
爲請候、仍而此段爲御知如斯御座候、以上、

四月廿六日　小林治部少輔

妙法院宮様
坊官御中

新日吉社祭禮の手覺書

一、月番千種家へ手覺書一通持參上、左之ことし、料紙
奉書半切也、御使鈴木求馬、

一、新日吉社祭禮、昨年之通五月十四日被執行候ニ付、
長橋御局を以御奏聞之儀、來ル廿八日三十日兩日
之内御窺被成度事、

四月廿六日

右之趣申入候處、前中納言殿參内之由、明後廿八日
窺罷出候様取次申也、

一、廣橋前大納言殿へ求馬行向、此度能書方被聞食候ニ
付、御所方江御祝儀、安永四年之節者御祝詞計御使
を以被仰上候、此度も御先例之通可被爲有との御事
ニ候へ共、爲念一應御聞合被成候趣申述候處、前大
納言殿今日ハ他行之由、尙歸館之砌可申入旨取次相
答也、

右之趣、隨分御先例之通りニ而可然由、御里坊迄使
者を以被申上也、

一、安達大圓參上、御對面被仰付也、

一、廣橋前大納言殿より使者築山左膳來、民部卿面會、
専照寺官位辭退之儀ニ付御使之もの心得違有之、兩
人共差控被仰付候由、昨日以御使被仰下候段、御丁
寧之御儀畏被存候、何卒右兩人之もの早ゝ被免候様
被致度旨申述、委細被聞召、入御念候儀思召候、尙

能書方御傳授

兩人之もの可被免由御返答也、

廿七日、壬寅、雨、未刻過より晴或曇、當番、菅谷中務卿・松井右衞門大尉・木崎主計・友田掃部・松井多門、日之内助番釆女、

一、安樂心院宮樣江、時節爲御見舞浮麩粉壹箱十袋入被進也、御里坊迄手紙ニて遣(マヽ)也、

一、禁裏御所江御使を以、今日能書方被聞召候ニ付、御歡被仰上、

一、仙洞御所・中宮御所江も、右ニ付御歡被仰上也、御使松井出羽守、

一、万里小路前大納言(政房)殿江御使を以、今日能書方御傳授被申上候ニ付、御歡被仰遣也、御使友田掃部、

一、鷹司兩御所(輔平・政煕)樣へ御使を以、於關東奥君樣御逝去ニ付、御悔被仰進候也、御使同人、

一、御附武家より來狀、

相達候儀有之候間、各方之内壹人、今明日中肥前守御役宅へ御越可有之候、以上、

四月廿七日　石谷肥前守

神保紀伊守

菅谷中務卿樣

松井西市正樣

右承知之旨、及返書也、

一、千種家より御招ニ付、牛丸九十九罷出候處、新日吉社祭禮御奏聞之儀、明廿八日被仰出候由御達也、

一、万里小路前大納言殿より、此度能書方御傳授被申上候ニ付、書中を以御吹聽被申上候由也、

一、岡本甲斐守參上、於常御殿御對面、於御前認物被仰付、以後御吸物御酒御夜食御相伴被仰付也、

一、故岡本内匠幸顯養子主稅、岡本家相續願之通被仰付候ニ付、御禮申上ル、於常御殿御目見被仰付也、

一、越前菩提寺來、多門面會、此間御暇申上候後早速歸國可仕之處、召連候僕病氣ニ付及延引候、依之若近〻越前表へ御家來被差下候ハヽ、暫御延引被成下樣相願、多門云、明日役人共可被差下御治定ニ候へハ如何可有ヤニ候へ共、先坊官共へ可申入間、後刻罷出候樣申達、再菩提寺來、先刻相願候儀、難被承屆筋ニ候へ共、僕病氣之儀ニ付、無據相願候事故、來ル朔日迄御延引可被成下間、其旨可相心得申達、奉畏候、夫迄ニ全快不仕候とも何れ成といたし歸國可仕旨申之、退也、

一、越前專照寺筋築地取崩見屆、石野忠三郎へ被仰付、

明日發足之處、菩提寺より相願候儀ニ付、明日延引、
來ル朔日發足候樣申渡也、

一、近衞樣江御使を以、今般正三位御昇進ニ付、御歡被仰進也、御使出羽守、

位階昇進につき御歡仰遣す

一、日野(資矩)權大納言殿・葉室(頼熙)權大納言殿・梅小路(定福)權中納言殿・石山(基陳)參議殿・廣橋(胤定)左大弁殿・六條侍從殿・柳原藏人頭殿・烏丸右衞門權佐殿・甘露寺補藏人敍五位上、難波左近中將殿・甘露寺殿本座御免、
右、各御昇進ニ付、御歡被仰遣候事、御使牛丸九十九、

廿八日、癸卯、晴、當番、菅谷中務卿・松井出羽守・中村帯刀・初瀨川采女・鈴木求馬・青水造酒、左衞門所勞、

一、禁裏御所江御使を以、新日吉社祭禮來月十四日被執行度旨、長橋御局迄御書を以御奏聞被爲有、則御返書來也、御使初瀨川采女、

恭禮門院御凶事につき相達

一、御附武家より昨日達之趣ニ付、石谷肥前守役宅へ初瀨川采女行向之處、左之通相達、
舊冬恭禮門院(富子)御凶事ニ付、寒中伺御機嫌之使者不被差出候處、餘寒爲伺御機嫌自分御役宅江使者被獻物被致度旨、家司差出候書付被差出、則江戸表江相達候處、伺之通被獻物有之候樣可相達旨、年寄衆より申來候間、可被相達候、
四月
右之趣可相達旨、堀田相模守より申越候ニ付、此段相達候、
四月　石谷肥前守
神保紀伊守

一、藤島石見參上、中務卿面會、來月十四日御神事長橋御局へ御奏聞之儀、今日被爲濟候旨相達、以後御對面也、

*御髪置御規式并に御誕生御歡御口上

一、先般若君樣御髪置御規式被爲濟候ニ付、公方樣・御臺樣江御歡被仰進、并先般松平(敦)敬之助殿御誕生ニ付、公方樣御臺樣江御歡被仰進、右ニ條表迄御使御口上計、伊丹上總介相勤也、

*岡本主税相續の儀及び專照寺の一件順達

一、岡本主税儀、故岡本内匠養子相續之儀願之通被仰付候ニ付、御家來へ順達、并越前中野專照寺子細有之、御末寺并准院室被召離、官位御取上之事、一統へ及順達也、

一、田安右衞門督殿より先達而御婚禮被爲濟候爲御返禮、御太刀一腰・御馬代銀壹枚并附臺目錄居臺、御廉中

*新日吉社祭禮につき相觸

より右同斷爲御返禮、昆布一箱・御樽代金三百疋并居臺目錄居臺、後藤縫殿助より相納之也、

一、當日御禮參上之輩、山本內藏・市川養元・三宅宗達・横山左近・原田無關、

一、大愚・吳月溪、爲伺御機嫌參上、御對面被仰付、

御鎭守御額拜領の子細書付

一、先日廣橋前大納言殿へ、御鎭守御額御拜領之年月書被差出候處、御拜領之子細書付可被差出旨ニ付、左之通書付、藤島石見迄差遣、

御鎭守御額、慶長十三年三月御內〻御願被成被爲有御拜領候趣、御筆記ニ相見申候、其外御記錄等御吟味被成候得共、慶長頃之御日次脫漏多ク候而難相分候、且其頃者御鎭守御殿內ニ有之、明暦元年當時之地江被移、其以後鳥居不被建、漸享保十六年二月十九日鳥居被取建候、早速可被懸處、御社頭并御祭禮等之儀、且改而御願茂被成候儀ニ付、彼是与被及御延引候御事ニ御座候事、

*御參內

一、多喜坊參上、民部卿面會、

*伏見龍雲寺御禮參殿

廿九日、甲辰、午刻過雷鳴、氷降掛目七八分、白雨、未刻過より晴、當番、今小路民部卿・松井右衞門大尉・木崎主計・友田掃部・小畑勘ケ由・松井多門、

一、小畑勘ケ由・末吉向、差控被免候事、

一、御鎭守新日吉社御祭禮、昨年之通被執行候樣從禁裏御所被仰出候、其旨相心得可申事、

右之趣御境內江相觸也、但今年より每年相觸候事、

一、中宮御所より女房奉書を以御文匣之內御拜領、則御返書被爲有也、

三十日、乙巳、快晴、當番、今小路民部卿・松井出羽守・中村帶刀・初瀨川采女・鈴木求馬・青水造酒、左衞門所勞、

一、新日吉社、今日御出御神事也、

一、護持御本尊御撫物爲申出、北小路極﨟參上、地下役人付添來、於鶴之間民部卿面會、御本尊御撫物、御堂宿惠乘(玄隆)房を以相渡也、以後退出、御對面無之、

一、午刻過御出門、御參內、酉刻還御、御供大和守・采女・大膳、御先三人、

一、禁裏御所より御使女房奉書を以、來月御內〻御祈禱被仰出候由ニ而、御撫物被出也、御留守中ニ付、民部卿預り置候旨相答也、

一、伏見桃山龍雲寺來、先達而開帳之節被爲有御立寄、難有仕合奉存候、其節ハ御目錄拜領仕候ニ付、乍延引御禮參殿之由、中官香壹包獻上也、

一、三宅宗仙參上、

一、藤島石見參上、民部卿面會、

一、入夜禁裏御所より御使を以、今日御參內之節御拜領之品被進也、

一、原田無關參上、拜胗被仰付、

一、越前中野專照寺筋築地取崩爲見屆、石野忠三郎明日發足ニ付、印鑑幷福井家老江之奉書出、

越前專照寺一件につき福井家老へ奉書

一筆致啓達候、然者其御領內中野專照寺儀、去ル子年以來心得違之儀申募候ニ付、無據從宮御方公邊江被仰立、則當時御吟味中ニ御座候得共、今般宮御方思召有之、尤公儀御吟味中故、御末寺御支配等之名目者不被及沙汰、先達而專照寺より願出候趣意を以御館入被召離候、依之准院室御取上、官位返上、幷筋築地早々取崩返上可仕之旨被仰付候處、則御請書差上候ニ付、官位返上之儀、正親町頭中將殿を以御奏聞被成候處、官位返上之儀當月廿四日宣下ニ候間、以來其表御取扱之儀御勝手次第可被成候、且又對宮御方江彼是不敬之儀有之候ニ付、向後外御門跡方之御末寺御支配御館入等ニ相成候儀、永御構被仰付候條、是亦爲御心得可申達如斯御座候、恐々謹言、

四月廿八日　松井右衞門大尉

今小路民部卿

菅谷中務卿

本多內藏介樣

岡部左膳樣

酒井主水樣

狛　帶刀樣

右料紙奉書半切、箱入也、

五　月

御用番、松井右衞門大尉(永亨)、

朔日、丙午、快晴、當番、菅谷中務卿(寛常)・松井右衞門大尉・木崎主計・友田掃部・小畑勘ケ由・松井多門、

一、禁裏(光格)御所・仙洞(後櫻町)御所・中宮(欣子)御所江當日御祝詞被仰上候事、御使山下大和守、

一、禁裏御所へ御使を以、昨日御內々御祈禱被仰出候ニ付、御請御返書被上候也、御使末吉向、

一、東尾(眞應)權僧正所勞ニ付、使を以當日御祝詞被申上候由也、

一、當日御禮參上之輩、山本內藏・三宅宗甫・市川養元・三宅宗達・原田無關、

二日、丁未、曇或晴、當番、菅谷中務卿・松井出羽守・中村帯刀・初瀬川采女・鈴木求馬・青水造酒、左衞門所勞、

一、藤嶋石見參上、御對面、

一、緒方左衞門御機嫌相窺、御對面、

一、圓山主水同斷、於御側御酒被下也、

三日、戊申、晴、當番、今小路民部卿・松井右衞門大尉・木崎主計・友田掃部・小畑勘ケ由・松井多門、

一、原田無關參上、拜診、

一、無礙光院(堯海)前大僧正上京ニ付、爲同御機嫌御參、煎茶壹箱被上也、於常御殿御對面、

福井嚴助同新九郎へ御拜領物

一、先達而金閣寺江御參詣之節、等持院村福井嚴助方江御立寄被爲有候ニ付、爲御挨拶杉原拾帖・御懸物一箱壹幅被下之、同苗新九郎へ金貳百疋被下之、從表役手紙ニて遣也、

四日、己酉、曇、晝後雨、當番、今小路民部卿・松井出羽守・中村帯刀・初瀬川采女・鈴木求馬・青水造酒、左衞門所勞、

一、藤島石見參上、民部卿面會、

端午御儀式

端午、庚戌、晴、當番、菅谷中務卿・松井右衞門大尉・木崎主計・友田掃部・小畑勘ケ由・松井多門、

一、當日御儀式如例、

一、於御白書院坊官・諸大夫・侍・近習・出家・中奥・隱居等御禮申上、

一、於同所山本内藏・三宅宗甫・市川養元・三宅宗達御禮申上、

一、東尾權僧正より使を以、參殿御禮可被申上候處、所勞ニ付御斷被申上候由也、

一、禁裏御所・仙洞御所・中宮御所江當日御祝詞被仰上候事、御使菅谷法印、

一、青門樣(尊眞)より御使を以、當日御祝詞被仰進也、此御方よりも御祝詞被仰進也、御使采女、

一、梶井宮樣(承眞)より右同斷、

一、勝安養院(洞海)權僧正より使を以、當日御祝詞被申上也、

一、松室上野・伴蒿蹊、當日御禮申上ル、

一、福井嚴助・同新九郎參上、當日御禮申上ル、且一昨日御拜領物御請申上ル、於常御殿御對面被仰付、

一、安達大圓、當日御禮申上ル、御對面被仰付、

一、菩提院(志岸)、右同斷、

六日、辛亥、雨、當番、菅谷中務卿・松井出羽守・中村帯刀・初瀬川采女・鈴木求馬・青水造酒、

一、廬山寺江御代香、伊丹上總介(宜顯)相務、

一、閑院宮(美仁)樣諸大夫迄以手紙、來ル十四日御神事ニ付、被遊御揃目出度御成被進候樣被仰進候處、來ル十四日五日之内御樂始被催候由ニ付、乍御殘念御斷被仰

進候旨也、

入梅

七日、壬子、入梅、快晴、晝後雷鳴白雨、暫時して晴、當番、今小路民部卿・松井右衞門大尉・木崎主計・友田掃部・小畑勘ケ由・松井多門、

一、勝安養院權僧正上京ニ付、爲窺御機嫌御參、御菓子一箱被上之、

一、未刻過中山新大納言殿(忠尹)御伺公、於瑞龍殿右衞門大尉面會、以後於常御殿御對面、御寛話被爲有、御吸物御酒御夜食御相伴、戌刻頃御退出也、

山門瑞雲院佛告院と改名屆

一、山門瑞雲院(貞剛)、此度隱居被仰付、佛告院与相改候旨、御届申上ル、

一、瑞雲院住職繼目御禮申上ル、扇子三本入獻上也、内〻ニ而方金百疋獻上之由也、

八日、癸丑、快晴、當番、今小路民部卿・松井出羽守・中村帶刀・初瀬川采女・鈴木求馬・青水造酒、代勘ケ由、

一、禁裏御所より御里坊迄御使女房奉書を以、御匂袋例之通御拜領被爲有候事、右御返書御請被仰上候事、御使末吉向、

新日吉社へ犀鉾等御寄附御奉納

一、廣橋前大納言殿(伊光)より非藏人口へ御招ニ付、末吉向罷出候處、新日吉社御奉納之ヒレ鉾ノ幟之由、御申出可被成旨御達、勿論奏者所へ御申出可被成由也、

一、閑院宮樣より御使を以、此度新日吉社江犀鉾緞子吹散御寄附、并方金貳百疋御奉納被爲有、於御廣間御使倉光大炊江民部卿面會、以後御對面被仰付也、

*犀鉾從者帶刀の儀

一、藤島石見より犀鉾從役上下着之者、帶刀之儀相願候ニ付、則御聞濟被爲有候旨、民部卿相達、尤右帶刀之もの、大行事講中之もの之内より三人爲相勤度由也、

一、元慶寺惠宅師より、禁裏御所・仙洞御所・中宮御所江當月御祈禱之卷數獻上也、

一、小泉陰陽大允參上、

一、伊丹飛驒守(重定)參上、此度故内匠養子之儀、願之通被仰付候ニ付、御禮申上候由也、

九日、甲寅、晴、當番、菅谷中務卿・松井右衞門大尉・木崎主計・友田掃部・小畑勘ケ由・松井多門、

一、於無爲庵正午巡會御茶、市川養元獻上也、中務卿・右衞門大尉・知足庵御詰也、

一、藤島石見江御出、御神事御湯井馬場御供調進料白銀壹枚、例之通爲持遣也、

一、小泉陰陽大允・安達大圓參上、御對面被仰付也、

十日、乙卯、曇或雨、當番、菅谷中務卿・松井出羽守・中村帶刀・初瀬川采女・鈴木求馬・青水造酒・莊田左衞門、

鉾ノ幟の事

一、禁裏御所奏者所江御使を以、鉾ノ幟被申出候事、御使鈴木求馬、則日右御請被仰上也、御使同人、但右申出候御使坊官可相勤處、御無人ニ付求馬相勤也、

一、廣橋前大納言殿江御使を以、禁裏御所より御寄附之鉾ノ幟、今日被申出、畏思召候、右ニ付段々御世話被進、厚御満足思召候、右御挨拶被仰入候旨申述候處、藤堂飛驒守出會、前大納言殿御答御丁寧之儀畏被存候由、且飛驒守云、只今御里坊御留守居御招被申候處、不快之由ニ而暫遅參之趣申來候、幸御使御出被成候事故、直様御達被申候、仙洞御所より御寄附之鉾ノ幟、明日被出候間、御申出可被成旨被達、求馬云、委細承知仕候、罷帰早速言上可仕旨ニて退也、

*中野専照寺筋築地取拂

一、廣橋左大弁殿(胤定)、今日奏慶被催候ニ付、爲御祝儀昆布一箱被遣也、前大納言殿へも右ニ付御歡被仰遣也、

一、三御所江元慶寺御祈禱之御卷數被獻候事、

鉾幟寄附及び御初穂奉納

一、閑院宮様へ御使、一昨日犀鉾幟御寄附、幷御初穂御奉納被爲有、則神前へ御奉納被成、御満足思召候、右御挨拶被仰進也、

一、松平讃岐守(頼豊)江御使を以、先達而圓坐御無心ニ付、爲御挨拶三部抄冷泉爲綱卿筆被遣也、右御使岡本覺之進宅へ相勤也、各御使鈴木求馬相勤、

一、藤島石見參上、菅谷法印出會、

十一日、丙辰、曇、當番、今小路民部卿・松井右衞門大尉・木崎主計・友田掃部・小畑勘ケ由・松井多門、

一、仙洞御所奏者所江鉾ノ幟爲申出、今小路法橋參向、則幟幷方金百疋御社納之由ニ而出ル、直様御請使同人相勤也、

一、廣橋前大納言殿江民部卿行向、今日ハ従仙洞御所御寄附之幟被出、畏思召候、右ニ付彼是御世話被成進、厚御満足思召候、仍御挨拶被仰入候旨申述也、

一、藤嶋石見來、御對面、兩御所より御寄附之幟拜見被仰付、従仙洞御所御社納之方金、民部卿相渡也、

一、當朔日出立ニ而越前州へ被差向候石野忠三郎、今日上京、福井家老江之書狀、彼方寺社役所迄差出候處、尙評定之上返書可差出由ニ付、則寺社役小林又右衞門より落手書受取也、中野専照寺筋築地者、當五日ニ取拂、六日ニ見分相濟候由、則日領主へ右筋築地取拂見分相濟候段相届候旨也、

十二日、丁巳、快晴、當番、今小路民部卿・松井出羽守・中村帯刀・初瀬川采女・鈴木求馬・青

水造酒・莊田左衞門、

一、西本願寺門主(文如光暉)江御使を以、時節爲御尋御後園之笋一折五本被遣之、御使采女、

一、廬山寺江御代香、山下大和守相務、

一、藤島石見參上、民部卿面會、

十三日、戊午、快晴、當番、菅谷中務卿・松井右衞門大尉・木崎主計・友田掃部・小畑勘ケ由・松井多門、

一、岡本甲斐守(保考)參上、於常御殿御對面被仰付也、

一、中宮御所より御文を以、御花被進也、則御返書ニ御請被仰上也、

一、伴蒿蹊參上、御對面被仰付也、

關東へ餘寒御伺進物につき相達

一、御附武家より來狀、

其御方より關東江餘寒爲御伺被進物、明後十五日辰刻堀田相模守(正順)御役宅江被差出候樣可相達旨申來候間、此段相達候、以上、

五月十三日　石谷肥前守

神保紀伊守

菅谷中務卿樣

松井西市正樣

右承知之旨、及返書也、

*生源寺內藏頭參勤

一、日吉社司生源寺內藏頭(希行)、御神事ニ付參勤、例之通御祈禱之御札并一品獻上也、右衞門大尉及面會、

一、禁裏御所より御使女房奉書を以、御月次御題被進之、則御返書ニ御請被仰上也、

御月次和歌前日御詠進之事、奉行日野大納言殿(資矩)、

十四日、己未、快晴、當番、菅谷中務卿・松井出羽守・中村帶刀・初瀨川采女代掃部・鈴木求馬・青水造酒・莊田左衞門、

*新日吉社御神祭

一、新日吉社御神祭如例、

*御參社御神事

一、辰刻過御參社、生源寺內藏頭奉幣、御供今小路法橋・初瀨川采女・中村金吾、御先三人、但、東尾權僧正扈從可有之處、依歡樂御斷被申上候由也、

一、東尾權僧正歡樂ニ付、使を以當日御祝詞被申上候事、

一、當日爲御祝詞參上之輩、山本內藏・三宅宗達・原田無關、

一、御神事ニ付被召參上之輩、福井嚴助・伴蒿蹊・緒方左衞門・吳月溪・和田泰純・大愚・皆川文藏、

各於梅之間溜御祝御料理被下也、以後四脚御門ニ而御吸物御酒御相伴被仰付、入夜常御殿ニて御吸物御酒被下也、

一、戌刻頃還幸、於新穴御門御拜、藤島下總奉幣、此時

巻簾衣躰狩衣松井永亨・同松井永喜役也、近習四人、青侍兩人下役等警固ニ出ル、

新日吉社祭禮相濟御奏聞

一、非藏人口江今小路民部卿參向、今日御神事無滯相濟候旨、議奏衆迄御奏聞之事、一通持參、左之通、料紙薄奉書四ツ折也、

新日吉社祭禮、今日無滯被遂行候、仍此段御奏聞被成候事、

五月十四日　　　妙法院宮御使
今小路民部卿

禁裏より新日吉社へ初穂社納

一、今日禁裏御所より新日吉社江爲御最花青銅百疋、中宮御所より方金百疋御社納、兩御所共御使番參向、乍御內〻御代參之由也、

一、入夜藤嶋下總參上、還幸無滯被爲濟候ニ付、御届申上ル、

十五日、庚申、晴、當番、今小路民部卿・松井右衛門大尉・木崎主計・友田掃部・小畑勘ケ由・松井多門、

餘寒御見舞

一、公方様(家齊)江餘寒爲御見舞、干菓子壹箱、二條表へ以御使被進之、

尤、舊冬寒中ニ付可被進之處、恭禮門院(富子)様御凶事中ニ付御延引、今日被差向也、御使山下大和守、御進物隨身北川恆之進、

一、生源寺內藏頭御暇申上ル、右衛門大尉面會、奉幣料白銀壹枚、例之通被下之、御對面可被爲有之處、御用被爲有候ニ付、無其儀、

一、當日爲御禮參上之輩、山本內藏・原田無關・香山元學、

一、金剛院權僧正より使を以、御神事無御滯被爲濟候ニ付、恐悅被申上候由也、

一、藤嶋石見參上、右同斷恐悅申上ル、御對面被仰付也、

一、依召參上之輩、市川養元・小泉陰陽大允・圓山主水・安達大圓、於御側御吸物御酒被下也、

十六日、辛酉、晴、晝後雨、當番、今小路民部卿・松井出羽守・中村帶刀・初瀨川采女・鈴木求馬・青水造酒・莊田左衛門、

*御容體書

*今朝腹瀉

一、和田泰純江御藥取、御容躰書、

益御機嫌能被爲成候、今朝御腹瀉被爲有、四五度も被爲成候得共、御快通不被爲遊候、尤御熱之氣味者不被爲有候、此段御考被成、御藥御調進可被成候、

五月十六日　　　御使安福左馬太

右之趣申遣候處、此節之雨濕ニ而流行之由、前法ニ御加減之御藥調進也、

腹瀉流行

*御容體書

一、原田無關、依召參上、拜診、今晩宿直也、
一、亥半刻計、依召和田泰純拜診之處、全雨濕を御含被遊候儀ニ而、此節世上右之御容躰流行、至而輕キ御痢疾立ニ相窺候由、御藥調進、苓桂朮甘湯ニ厚朴乾姜加味、
一、金剛院權僧正御參、
十七日、壬戌、曇或雨、當番、菅谷中務卿・松井右衞門大尉・木崎主計・友田掃部・小畑勘ケ由・松井多門、
一、御違例ニ付、爲窺御機嫌參上之輩、藤島石見・知足庵・緒方左衞門・三宅宗仙・原田無關宿直也、
一、入夜和田泰純參上、拜診、御藥調進也、
十八日、癸亥、雨、當番、菅谷中務卿・松井出羽守・中村帶刀・初瀨川采女・鈴木求馬・青水造酒・莊田左衞門、
一、御容躰御同遍、
一、御違例爲窺御機嫌參上之輩、三宅宗仙・市川養元・安達大圓・三宅宗甫・原田無關宿直・緒方左衞門・山本內藏・横山左近、
一、入夜和田泰純參上、拜診、御藥調進、
一、山門密嚴院住職繼目御禮申上ル、扇子三本入獻上也、
一、無礙光院(堯海)前大僧正より使來、民部卿面會也、

一、東尾權僧正御參、
十九日、甲子、晴、當番、今小路民部卿・松井右衞門大尉・木崎主計・友田掃部・小畑勘ケ由・松井多門、
一、和田泰純江御藥取、御容躰書、
　　益御機嫌能被爲成候、昨日御窺之後、兩度計御熟睡御發汗被爲有、昨日御容躰御同遍之內、御機嫌克方ニ被爲在候、御上り物御通等之儀、別紙之通ニ御座候、此段御考被成、御藥御調進可被成候、
　　　五月十九日　　御使青士中
　御上りもの御通等、別紙ニ認遣也、
一、和田泰純江此間より度〻相窺、太義と思召候、次第ニ御機嫌克方ニ被爲在、御滿足思召候、隨而爲御尋須(マヽ)之饅頭壹曲被下之、尙明日相窺、御禮等可申上由也、御使安福左馬太、
一、閑院宮樣より御違例御見舞被仰進、諸大夫より書中ニて來、則御容躰書遣也、
一、凉岡院より文ニて御機嫌相窺也、
一、西本願寺門主より、此間御後園之笋被遣候ニ付御禮、并御違例御見舞被申上也、
一、東尾權僧正御參、今晩宿直、

*専照寺筋築地取拂
火事出火につき御見舞差向

一、今日爲窺參上之輩、佛告院・山本內藏・三宅宗仙・三宅宗達・小泉陰陽大允・伴蒿蹊・安達大圓、袋中庵切漬一曲獻上也、
一、原田無關宿直、
一、緒方左衞門・圓山主水・吳月溪、爲窺御機嫌參上、於御前御夜食、以後御吸物御酒被下也、
一、藤島石見、以書中御容躰相窺、
二十日、乙丑、快晴、當番、今小路民部卿・松井出羽守・中村帯刀・初瀨川采女・鈴木求馬・青水造酒・莊田左衞門、
一、今曉寅下刻出火、木屋町三條上ル邊也、
右ニ付、御見舞御使被差向御ケ所、
　禁裏御所・仙洞御所・中宮御所・閑院宮樣・廣橋殿・高田門跡(圓遵)・角倉、御使小畑勘ケ由・安福左馬太、
一、辰刻過和田泰純參上、拜診、追〻御機嫌克御容躰ニ相窺、難有、尙明後廿一(マヽ)日可奉伺旨、且又昨日ハ爲御尋御菓子拜領仕、難有仕合奉存候御禮申上候由也、
一、閑院宮樣江御後園之笋被進、諸大夫迄手紙ニて遣、
一、廣橋前大納言殿へ右同斷、雜掌まて手紙ニて遣、
一、金剛院權僧正、今晚宿直也、

一、爲窺御機嫌參上之輩、山本內藏・市川養元・香山元學・三宅宗甫・知足庵・岸紹易・小泉陰陽大允、
一、秋川日向・藤島讃岐、爲窺御機嫌參上、民部卿面會、
一、皆川文藏同斷、御對面被仰付、於御前知足庵・文藏兩人へ御夜食被下也、
一、緒方左衞門より爲窺御機嫌擡〔提カ〕重獻上、并茶飯にしめ御詰之ものへ差出也、
一、原田無關、今晚宿直、
一、江府水口伊織江以飛札、專照寺筋築地取拂爲見分石野忠三郎被差向候處、早速筋築地取拂、當六日見分相濟候旨、并領主家老江之書狀等差下候段、申遣也、
廿一日、丙寅、快晴、當番、菅谷中務卿・松井右衞門大尉・木崎主計・友田掃部・小畑勘ケ由・松井多門、
一、西本願寺門主より使者を以、御違例御見舞被申上、
一、閑院宮樣老女野澤來、御違例御容躰被聞召度趣、卽刻御對面、從尹宮樣爲御見舞御蓋もの被進、野澤より干菓子一袋獻上、於梅之間御湯漬御菓子被下也、
一、三宅宗仙・安達大圓止宿、・市川養元・緒方左衞門・小泉陰陽大允・原田無關參上、各於御側蕎麥吸物御酒被下也、

御容體書

一、小泉大允より爲窺御機嫌、花數種獻上也、御詰之ものへ米饅頭差出也、

一、和田泰純江御藥取、御容躰書、

益御機嫌克被爲成候、昨日御窺後、追々御快方ニ被爲在、御熱茂解、至今朝次第ニ御機嫌克被爲成候、御上り物御通等、別紙之通ニ御座候、此段御考之上、御藥御調進可被成候、

五月廿一日　御使青士

御上り物御通等、別紙ニ認遣也、

一、金剛院權僧正御參、

一、護淨院、爲窺御機嫌參上、御對面被仰付、

一、河野伊豫守來、中務卿面會、

廿二日、丁卯、曇或雨、當番、菅谷中務卿・松井出羽守・中村帶刀・初瀬川采女・鈴木求馬・青水造酒・莊田左衞門、

一、東尾權僧正御參、今晩宿直、

一、山本内藏・三宅宗仙・同宗達・安達大圓・小泉陰陽大允、相窺、

一、原田無關、參宿、

一、福井嚴助、爲窺御機嫌參上、御對面、

一、圓山主水・呉月溪より、爲伺御機嫌求肥・昆布五枚

獻上也、

一、木崎主計より、爲伺御機嫌御提重獻上也、

一、入夜和田泰純參上、拜診、

廿三日、戊辰、曇、當番、今小路民部卿・松井右衞門大尉不參・木崎主計・友田掃部・小畑勘ケ由・松井多門、

一、御月次和歌御未進ニ付、奉行日野大納言殿(資矩)へ御使を以被仰入、

御月次和歌御詠進可被成之處、依御所勞御未進被成候、此段宜御沙汰賴思召候、以上、

五月廿三日　妙法院宮御使　初瀬川采女

一、金剛院權僧正御參、

一、惠宅師、爲伺御機嫌參殿、御對面、

一、三宅宗仙・市川養元・緒方左衞門參上、拜診、

一、原田無關、今晩參宿、爲伺御機嫌五種味噌一曲獻上也、

一、内田喜間多・廣瀬民矢・山崎才二郎來、爲御慰御囃子被仰付、

一、菅谷法印、窺御機嫌として蒸菓子一折獻上也、

一、今日相伺候面々江於御側御酒被下、

一、三宅宗仙より、御詰之ものへ茶飯煮染差出也、

廿四日、己巳、晴或小雨、當番、今小路民部卿・松井出羽守・中村帯刀所労代主計・初瀬川采女・鈴木求馬・青水造酒・荘田左衞門、
一、東尾權僧正御參、
一、知足庵參上、御對面、
一、小泉大允・安達大圓・三宅宗甫來、御對面、於御側夜食被下也、
一、御冨世話方より金米糖壹曲獻上也、
一、爲窺御機嫌、三上伊賀守より干菓子貳袋、山下大和守より蒸菓子一折獻上也、

*來月朔日日蝕につき御參賀停止の順達書

廿五日、庚午、晴、當番、菅谷中務卿・松井右衞門大尉不參・木崎主計・友田掃部・小畑勘ケ由・松井多門、

御容體書

一、和田泰純江御藥取、御容躰書、
益御機嫌克被爲成候、去ル廿二日御窺之後、追ゝ御快方ニ被爲在、御膳も大方御平生之通り被召上候、御通茂此間御窺後、廿三日ハ晝夜ニ四度御小水壹度、廿四日晝夜ニ壹度御小水三度被爲成候、此段御考之上、御藥御調進可被成候、
一、追ゝ御熱も解、次第ニ御機嫌克、大方御平生之通ニ被爲在候、併快晴ニも相成候へ者御逆上被遊、御氣分も惡敷思召候ニ付、不苦候ハヽ御剃髪被遊度思召候、是等之趣御考之上、御答ニ可被申上候、
五月廿五日　　御使青士
一、万里小路前(政房)大納言殿御伺公、久ゝ御無沙汰被申候ニ付、御機嫌被相窺之由、且先達而能書方被聞召畏奉存候、乍延引御禮被申上候由、於瑞龍殿中務卿出會、御對面可被爲有之處、此節御違例中ニ付、無其儀旨及御挨拶也、
一、青門樣より御使を以、御順達書御到來、
口上覺
就來月朔日日蝕、御參賀被止候由、唯今於非藏人口甘露寺前(篤長)大納言殿被仰達候、尤御一列樣へ從當門御傳達可有之旨ニ付被仰傳候、猶御承知之儀者、御方ゝ樣より非藏人口へ被仰入候樣ニとの御事ニ御座候、此段宜可被成御沙汰候、以上、
五月廿五日　　青蓮院宮御内　大谷宮內卿
妙─樣　聖─樣
梶─樣　一─樣
坊官御衆中
追而、御廻覽之後、當門へ可被成御返却候、以上、
一、右御承知之旨、非藏人口へ御使を以被仰上、六條前(有

元慶寺令旨

庸)中納言殿被承候由也、御使青水造酒、
一、金剛院權僧正御參、
一、佛告院參上、御對面、
一、爲伺御機嫌參上之輩、緒方左衞門・圓山主水・吳月溪・小泉陰陽大允・大愚花一筒獻上也、各於御側御吸物御酒被下也、
一、北野聖廟江御代參、友田掃部相務、
一、今度山科元慶寺、永ゝ依舊制可爲兼學有部律旨被仰出候ニ付、令旨被成下、其案如左、料紙中鷹紙、

元慶寺者、依貞觀帝勅願令創建焉、置每歲三人度者、令修學顯密兩業、且依僧正遍照奏表爲傳法灌頂道場、仁和元年僧正奏牒偁、當寺年分僧等縱雖年臈已滿、而未受菩薩大戒者、須先令受天台大乘戒、而後經階業、但不遷本寺、此寺年分僧未有本寺、冀隨其意業〔藥カ〕、入延暦寺及七大寺、以兼學諸宗三乘教化、謹請處分、至是官判依請、夫山家大乘戒者、傳教大師弘仁制式、專依梵綱〔網カ〕大僧戒、得業之後令假受小律儀、遍照奏牒全須睿祖大師式者也、但如兼學小律、有顯者、高祖龍樹尊者及天台智者大師、有密者、三藏善無畏金剛智不空等、皆以有部而爲依律、抑其寺以爲弘顯傳密舊跡、宜須睿祖大師兩業式、奉開祖僧正遺訓、初受大乘戒修學顯密兩業、後兼學有部律行三乘利他道者、右奉一品法親王令命傳諭、後來其寺脩學僧徒立爲永式宜奉行之、

寛政八年五月廿五日　權僧正眞應花押

元慶寺

上包 元慶寺常住金剛院權僧正ト書也、

右令旨、今日惠宅師參殿之節、於御廣間東尾權僧正御面會ニ而被相渡也、

廿六日、辛未、曇或小雨、當番、菅谷中務卿・松井出羽守・中村帶刀・初瀨川采女・鈴木求馬・青水造酒・莊田左衞門、
一、金剛院權僧正御參、
一、市川養元、此節爲伺御機嫌羊羹一折・花一筒獻上也、
一、伴蒿蹊參上、
一、原田無關參上、拜診、
一、廣橋前大納言殿より使者を以、御違例被窺御容躰候事、
一、御附武家より來狀、
其御方江從關東年始爲御祝儀被進物相達候間、明

廿七日巳刻堀田相模守御役宅へ各方之内壹人被相越候之様、相模守より申越候ニ付、此段相達候、以上、

　五月廿六日　石谷肥前守
　　　　　　　神保紀伊守

菅谷中務卿様
松井西市正様

右承知之旨、及返書也、

御床拂*

廿七日、壬申、曇、巳刻前より雨、當番、今小路民部卿・松井右衞門大尉・木崎主計・友田掃部・小畑勘ケ由・松井多門、

年始御祝儀

一、所司代亭江松井出羽守行向之處、公方樣より爲年始御祝儀、昆布壹箱・白銀三拾枚被進之由、目録を以例之通被達也、

一、小堀縫殿（邦明）より使濱善藏來、小畑勘ケ由出會、從關東年頭爲御祝儀被進候白銀三拾枚持參、例之通落手書遣也、

覺

一、白銀　三拾枚

右者、從公方樣宮御方江被進之、慥致落手候畢、

　辰五月廿七日　妙法院宮御内　小畑勘解由印

　小堀縫殿殿

一、西本願寺門主より使者を以、御違例爲御見舞御菓子一折被上也、

一、岡本甲斐守來、御違例御機嫌相伺、御對面被仰付、於御側御吸物御酒御夜食御相伴被仰付、

一、安達大圓・小泉大允參上、御對面、

廿八日、癸酉、晴或曇、入夜小雨、當番、今小路民部卿・松井出羽守・中村帶刀・初瀬川采女・鈴木求馬・青水造酒・莊田左衞門、

一、今日御床拂ニ付、御祝被爲有也、

一、於御廣間御家頼一統江御祝酒被下之、

一、御床拂ニ付、依召參上之輩、和田泰純・緒方左衞門・安達大圓・小泉陰陽大允・圓山主水・呉月溪、各於梅之間次御吸物御酒御料理被下之、以後於御側御吸物御酒被下也、

一、知足庵・市川養元・原田無關、依召參上、於御廣間御祝酒被下之、三宅宗仙御斷申上ル、

一、御床拂ニ付、爲御祝儀御目録被下、泰純江金三百疋、無關へ貳百疋、左衞門・大圓・小泉・宗仙・養元へ百疋ツヽ被下也、

大般若轉讀*

一、於大佛殿轉讀大般若御執行、金剛院權僧正・菩提院・

佛告院（慈周）・嚴王院（啓道）・普門院（玄隆）・惠乘房出仕也、
但、宮御方御出仕可被爲在候處、依御歡樂無其儀、右出仕之輩、於梅之間御齋御布施被下之、御對面無之、
一、無常勤御家來一統より爲窺御機嫌、水仙粽一折拾五把獻上也、爲惣代山本内藏持參也、
一、香山元學、當日御禮申上ル、
一、八幡新善法寺權僧正より書中を以、當月御祈禱之御巻數獻上也、則月番より及返書也、

伊勢物語御傳授吹聽

一、閑院宮樣より御里坊迄以御使、當秋從仙洞御所伊勢物語御傳授被爲有候旨、御吹聽被仰進候由也、
一、御同所より、壽宮樣今日御誕生日ニ付、爲御祝儀小戴壹蓋被進也、
一、西本願寺門主へ御使を以、昨日御違例爲御見廻御菓子被上候御挨拶、且從此御方も時節爲御尋、水仙粽一折十五把被遣之、御使鈴木求馬、

鮎漁停止の傳奏觸

一、傳奏觸到來、
禁裏御所〻御用之鮎不漁ニ付、安永五申年より加茂川筋川上八瀨高野より川下之分も小枝橋迄、且高瀨川筋伏見迄之内、年〻二月より八月中、都而漁釣網之類令停止候段、加茂川筋在町江觸置候處、近比右川筋之内釣網等漁いたし候もの有之趣相聞候間、以來素人共右場所之内ニ而漁いたし候者とも有之候ハヽ、町奉行組之もの見掛次第人躰を不論召捕候樣申付置候間、心得違無之樣可相心得候、
右之趣、加茂川筋村〻町〻、其外洛中洛外不洩樣可相觸もの也、
辰五月

口上覺
別紙之通、武邊より申來候、尤御堂上樣方へも申上候樣申來候ニ付、御一統江被相觸候間、爲御心得各方迄可申入旨、兩傳被申付如是ニ候、以上、
五月廿八日　兩傳奏　雜掌
御名前例之通
坊官御衆中
追而、御廻覽之後、勸修寺家へ御返却可被成候、以上、

廿九日、甲戌、雨、申刻前晴、當番、菅谷中務卿・松井右衞門大尉・木崎主計・友田掃部・小畑勘ケ由・松井多門、

一、小泉陰陽大允・安達大圓・市川養元・原田無關來、昨日御祝酒被下、并拜領物被仰付候ニ付、御禮申上ル、

一、岸紹易參上、昨日御床拂被爲在候恐悦申上ル、小倉野一箱獻上也、御對面被仰付也、

一、禁裏御所江御使、當月御內〻御祈禱之御卷數并御撫物、例之通御書を以御獻上也、御使初瀨川采女、

伊勢物語御傳授吹聽御歡

一、閑院宮樣江御使、當秋從仙洞御所伊勢物語御傳授被爲有候旨、昨日御吹聽被仰進候ニ付、不被取敢御歡被仰進也、御使同人、

一、御同所壽宮樣、昨日御誕生日ニ付、小戴被進候、右御挨拶被仰進、御口上計、

一、万里小路前大納言殿江御使を以、先日御伺公御挨拶被仰遣也、御使同人、

一、廣橋前大納言殿江御使、宮御方御違例ニ付、度〻被相窺候、依之御挨拶被仰遣、

一、久世侍從殿(通根)へ御使、今般御近習被仰出候ニ付、御歡被仰遣也、御使同人、

六月　御用番、菅谷中務卿(寛常)、

*日蝕七分卯刻

朔日、乙亥、曇、日蝕七分卯初刻、當番、菅谷中務卿・松井出羽守(永喜)・中村帯刀(利章)・初瀨川采女・鈴木求馬・青水造酒・莊田左衞門、

一、今日蝕ニ付、御所方江御使不被差向候事、

一、東尾權僧正(眞應)御參、爲窺御機嫌御提重被獻之、

一、當日御禮參上之輩、山本內藏・三宅宗甫・市川養元・三宅宗達・香山元學、

一、緒方左衞門參上、當日御禮申上ル、并一昨日御祝酒拜領物等仕候ニ付御禮申上候由、

二日、丙子、辰刻前雨、以後或晴曇、當番、今小路民部卿(行章)・松井右衞門(永亨)大尉・木崎主計・友田掃部・小畑勘ケ由・松井多門、

*御容體書

一、和田泰純江御藥取、御容躰書、

益御機嫌克被爲成候、此間御窺後追日被爲有御復常、御膳等茂御相應ニ被召上、御機嫌克被爲在候、御藥昨夜迄ニ上切候條、御調進可被成候、

六月二日　御使青士

一、八幡松本坊來、爲窺御機嫌蒸菓子一折獻上也、御玄關ニて申置、

一、原田無關參上、拜診被仰付、

三日、丁丑、曇或雨、當番、今小路民部卿・松井出羽守・中村帯刀・初瀨川采女・鈴木求馬・青水造酒・莊田左衞門、

一、一條様(輝良)より御使岡本右衞門來、先達而御染筆物御賴被仰進候處、早速御認被進忝思召候、右御挨拶被仰進候由也、且先頃右衞門舍弟主税儀、願之通被仰付難有仕合奉存候、自分御禮申上候由也、

一、護淨院爲窺御機嫌參上、於常御殿御對面被仰付也、

四日、戊寅、曇或晴、當番、菅谷中務卿・松井右衞門大尉・木崎主計・友田掃部・小畑勘ケ由・松井多門、

一、東尾權僧正より使を以、所勞ニ付不參御斷被申上候由也、

一、入夜圓山主水參上、於常御殿御對面被仰付、

五日、己卯、晴、當番、菅谷中務卿・松井出羽守・中村帶刀・初瀨川采女・鈴木求馬・青水造酒・莊田左衞門、

一、佛告院(貞剛)參上、御對面、

一、小泉陰陽大允(有彝)・安達大圓・市川養元參上、御對面、

*眞仁法親王御誕生日

六日、庚辰、雨、當番、今小路民部卿・松井右衞門大尉・木崎主計・友田掃部・小畑勘ケ由・松井多門、

廬山寺參詣

一、午刻過御出門ニ而廬山寺江御參詣、夫より閑院宮(美仁)様御成、酉刻頃還御、御供松井右衞門大尉・三上大膳・松井多門、御供三人、

*將軍家齊女淑姫一橋愷千代との縁組に對する御祝詞

一、御附武家より來狀、

相達候儀有之候間、各方之內壹人明七日肥前守御役宅江可被相越候、以上、

六月六日　石谷肥前守(清茂)
神保紀伊守(長孝)

菅谷中務卿様
松井西市正(永昌)様

右承知之旨、及返書也、

一、西本願寺門主(文如光暉)より使者を以、先日時候爲御尋御菓子被遣候ニ付、御禮被仰上候由也、

七日、辛巳、晴、當番、今小路民部卿・松井出羽守・中村帶刀・初瀨川采女・鈴木求馬・青水造酒・莊田左衞門、

一、今日御誕生日也、

一、禁裏御所(光格)江御使を以、御誕生日爲御祝儀銚子一枝・小頂百枚御獻上也、但、御獻物品者先達而凉岡院へ相賴、御內儀へ廻り有之也、御使山下大和守、

一、閑院宮様江、御誕生日爲御祝儀小頂壹蓋被進之、御使小畑勘ケ由、

一、下御靈社淸荒神江御代參、同人相務、

一、石谷肥前守役宅へ小畑勘ケ由行向之處、當二月廿日被差出候淑姫君様(家齊女)御儀、德川(一橋)愷千代殿江御縁組被仰出候ニ付、公方様(家齊)・御臺様(茂子)・淑姫君様江御祝詞被仰

入度旨、御聞繕書關東へ相達候處、淑姫君樣江御祝詞ニ者不及候、其外伺之通たるへく候段、右被差出候御聞繕書ニ付札を以相達也、

泉涌寺御修復

一、傳奏觸到來、

口上覺

泉涌寺御修復ニ付、御參詣之御方々樣、九日十二日廿一日廿三日廿九日卅日、右日限之內御參詣御座候樣致度由、泉涌寺より申出候、仍爲御心得各方迄可申入旨、兩傳被申付如此候、以上、

六月六日　　　　兩傳奏 雜掌

御宛名例之通
　坊官御衆中

追而、御廻覽之後、勸修寺(經逸)家へ御返却可被成候、以上、

禁裏より月次和歌御題及び聖廟御法樂和歌御題出さる

一、禁裏御所より御使女房奉書を以、御月次和歌御題被進之、并女房奉書を以、聖廟御法樂和歌御題被進之、兩樣共則御返書ニ御請被仰上也、但、聖廟御法樂和歌御題ハ勅題之由也、

一通持參、左之通、

月次御會和歌、前日御詠進之事、

*小泉陰陽大允の巡會獻茶

御月次奉行中山新大納言(忠尹)殿、

一、東尾權僧正より使を以、御誕生日ニ付恐悅被申上、且先日より所勞之處、少々快候ニ付、今日他出被致度由御屆被申上也、

一、岡本甲斐守(保考)參上、於常御殿御對面被仰付、

八日、壬午、晴、當番、菅谷中務卿・松井右衞門大尉・木崎主計・友田掃部・小畑勘ケ由・松井多門、

一、御附武家江一通、如左、

淑姫君樣御儀、德川愷千代樣江御緣組被仰出候ニ付、公方樣・御臺樣江御祝詞、二條表江御使何日頃可被差向候哉、此段宜御聞繕可被進候、以上、

六月八日　　　妙法院宮御內 菅谷中務卿

右一通、石谷肥前守役宅へ丸茂彌內持參、

一、知足庵參上、明九日小泉陰陽大允御茶獻上ニ付、御詰被仰付難有奉存候、右御請申上候由也、

一、千種(有政)家より御留守居御招、委細十日ニ記アリ、

九日、癸未、雨、當番、菅谷中務卿・松井出羽守・中村帶刀・初瀨川采女・鈴木求馬・青水造酒・莊田左衞門、

一、於無爲庵小泉陰陽大允正午巡會獻茶、中務卿・知足庵・市川養元御詰被仰付也、

一、原田無關・安達大圓參上、御對面、

*浪花岸上の狂言御覽

關東御代替につき當秋妙門主御參向の可否問合せ

*專照寺儀口上書

*三宅宗仙不敬の儀にて出殿及び他出差止

柳原莊と東九條村水論

一、和田泰純へ御藥取、青士中、隨分御機嫌克被爲成候趣申遣也、

十日、甲申、曇、當番、今小路民部卿・松井右衞門大尉・木崎主計・友田掃部・小畑勘ケ由・松井多門、

一、一昨日千種家より御留守居御招ニ而、關東御代替ニ付、當秋御參向之儀被達、尤否御書付今日迄ニ可被差出由ニ付、左之通書付を以被仰入、料紙小奉書四ツ折也、

妙法院宮關東江御下向之儀、被仰達候趣被聞召候、然ル處近年御持病御積氣被爲有候故、長途數日之御乘輿之儀難被成、御難儀之御事ニ御座候間、御下向之儀御斷被仰入度思召候、此段可然御取計賴思召候、以上、

六月十日　妙法院宮御內　菅谷中務卿

勸修寺前大納言樣御內　立入左京亮殿

漢城隼人殿

千種前中納言樣御內　福井壹岐守殿

細谷典膳殿

右一通、千種家へ北川恆之進持參、御落手之由也、

一、御領分柳原庄与東九條村水論之儀ニ付、小堀縫殿(邦明)役宅江木崎主計行向、委細勘定所記錄ニアリ、

一、浪花岸上二三狂言獻上、於南殿御覽、

一、依召參上之輩、知足庵・市川養元・安達大圓・伴蒿蹊・小泉大允・同大屬、

一、安樂心院宮(公延)樣より御里坊迄以御使、先達而御賴被仰進候御贊御染筆被進、不淺御滿足思召候、右爲御挨拶越後縮貳反被進之候由也、右御使今小路大藏卿來ル、

一、輪王寺宮(公澄)樣より御使、御口上書如左、

輪王寺宮御使　杁村右門

越前州中野　御末寺　專照寺權僧正譽章

右專照寺儀、子細有之御末寺被相離、因茲已來若此御方江御支配御舘入等相願候共、不被爲在御許容候樣、御使を以被仰進、委細御承知被遊候、右御返答御使を以被仰進候事、

六月十日

右御使御里坊迄來ル也、

一、三宅宗仙儀、不敬之儀依有之、出殿幷他出之儀御差止之事、

右之趣、宗甫相招、於御用部屋中務卿申達也、

一、東尾權僧正御參、

十一日、乙酉、曇或雨、當番、今小路民部卿・松井出羽守・中村帯刀・初瀬川采女・鈴木求馬・青水造酒・莊田左衞門、

一、小泉陰陽大允・市川養元來、昨日之御禮申上ル、

一、護淨院參上、民部卿面會、

十二日、丙戌、曇、當番、菅谷中務卿・松井右衞門大尉・木崎主計・友田掃部・小畑勘ケ由・松井多門、

一、和田泰純參上、於常御殿拜診、御藥調進也、

一、紀伊殿(重倫)より御里坊迄使者を以、當四月歸國之節大佛殿へ被立寄候砌、御家來御差出掃除等万事被爲入御念候儀忝被存候、右御挨拶被申上候由也、

十三日、丁亥、曇、當番、菅谷中務卿・松井出羽守不參・中村帯刀・初瀬川采女・鈴木求馬・青水造酒・莊田左衞門、

一、中宮(欣子)御所より以御使、嘉祥御祝儀被進候事、則日御請使末吉向相勤也、

一、藝州孚希宮樣(織子)、來ル二日御逝去ニ付、有栖川宮樣(織仁)・房君樣(鷹司輔平女)・鷹司兩御所樣(輔平・政熙)・梶井永宮樣(承眞)へ御悔被仰進候事、御使初瀬川采女、

一、伴蒿蹊參上、此間者御狂言拜見被仰付、難有奉存候御禮申上候由也、

十四日、戊子、晴或曇或雨、入土用戌五刻、當番、今小路民部卿・松井右衞門大尉・木崎主計・友田掃部・小畑勘ケ由・松井多門、

一、東尾權僧正御參、

一、小泉陰陽大允來、此間御狂言拜見被仰付難有奉存候、乍延引御禮申上候由也、

十五日、己丑、晴或曇、夕方小雨、當番、今小路民部卿・松井出羽守不參・中村帯刀・初瀬川采女・鈴木求馬・青水造酒・莊田左衞門、

一、東尾權僧正御參、

一、當月御禮參上之輩、山本內藏・市川養元・三宅宗達、原田無關拜診、横山父子・香山元學不參御斷申上ル、

一、佛告院參上、

一、御附武家江一通、如左、

公方樣江爲暑中御見舞被進物、二條表江御使何日頃可被差向候哉、此段宜御聞繕可被進候、以上、

六月十五日　妙法院宮御內　菅谷中務卿

右一通、石谷肥前守役宅へ北川恒之進持參、落手之由也、

一、播州清水寺一山惣代明靜院、暑中爲伺御機嫌索麵一折獻上也、同遠成院より索麵一折、書中を以獻上也、

一、明靜院より願書一通差出、如左、

法曼院受者願

*越前専照寺の一件

*専照寺の件につき寺社奉行所への御口上書

御願申上候

雙照院看坊
右中辨善達

右之者、此度於山門法曼院受者相務度奉願上候、乍恐御添翰被爲成下候様御願申上候、以上、

寛政八丙辰年　播州御嶽山清水寺
行事明静院印
六月　日
目代潮音院印

大佛御殿
御坊官中

十六日、庚寅、晴、未刻過雨、當番、菅谷中務卿・松井右衛門大尉・木崎主計・友田掃部・小畑勘ケ由・松井多門、

一、禁裏御所・仙洞御所(後櫻町)・中宮御所江、嘉祥之御祝儀例之通御獻上也、御使山下大和守、

一、禁裏御所・仙洞御所江、暑中爲御窺御機嫌甜瓜壹籠宛御獻上也、中宮御所江右御同様、御口上計、御使同人、

一、勝安養院(洞海)權僧正より使を以、暑中被相伺御機嫌、寒晒粉五袋被獻也、

一、山門東谷惣代安詳院(善應)・同南谷惣代行榮院、爲伺暑中參上也、

一、禁裏御所より女房奉書を以、嘉祥之御祝儀御拜領、則御返書被爲有也、

一、仙洞御所より御里坊迄御使女房奉書を以、同斷御祝儀御拜領、則御返書被上、右兩御所へ御請被仰上候事、御使末吉向、

一、江府水口伊織より飛札を以、越前専照寺一件ニ付、寺社奉行所江御吟味下ケ之儀、當月三日脇坂淡路守(安董)へ御口上書を以申入候由、案文差登、幷専照寺名代専光寺役寺菩提寺五月廿二日ニ出府、専照寺よりも願下ケ之儀書付、脇坂へ差出候由、其後何之沙汰も無之候へ共、先右之趣申登候旨也、御吟味下ケ御口上書案、左之ことし、

御口上覺

一、先達而被仰立候越前國中野専照寺一件ニ付、坊官壹人・家司壹人被差出候様被仰渡候處、彼是御差支之儀有之、出府延引仕候ニ付、猶又當二月六日再往被仰渡候趣、宮御方御承知被成候、且右一件者先達而追々被仰立候通、毎度宮御方江差出候書面ニ者御本寺与宛所相認印形等茂有之、御末寺相違茂無之候處、公邊又ハ領主江書上候節者無本寺与相認來候由、然上者自己之任勝手一事兩様ニ認來候哉与相聞候、然處今般人別帳ニ至公邊江差出

＊専照寺の件につき口上書

候帳面寫を差出候様、宮御方より被仰渡候故、無據無本寺与相認候寫差出、右本紙帳面御奉行所江無滞御落手被成候を證據ニ申立、彼是相争候ニ而、年來兩様ニ認來候哉之趣相顯申候、乍然是迄之儀者過去候儀ニ付、强而御穿鑿不被及候、將又御先〻代より之御末寺を當宮御代ニ至被召離候儀、如何ニ茂思召候得共、專照寺者從往古之御末寺ニ而茂無之、畢竟中古以來之儀、殊更前文之通兩様紛敷筋ニ申成來候趣相聞候上者、此以後迚茂遠國故如何様之間違可有之茂難相知、御不安心ニ思召候間、一向離末可被成思召候、然處此度之儀者、一旦公邊迄被仰立、當時論中ニ茂御座候、其上御末寺ニ而無之趣申募居候ニ付、離末被仰渡候ハヽ屈伏仕間敷、先達而專照寺より御舘入与申名目申立候故、此度も其通被仰渡候ハヽ、於宮御方者離末ニ相當候間、今般御舘入被召離候旨被仰渡、右ニ付准院家御取上、官位返上被仰付、筋築地御取上被仰付候處、同寺儀屈伏仕、御請書差上、右一件不殘相濟、向後專照寺儀ニおゐて宮御方江抱候儀無之、尤此以後外御門跡方御末寺御支配等ニ相成候儀、永御構被仰付、事濟仕候間、先達而被仰立候一件御吟味下被成進候様被成度、此段被仰立候、以上、

辰六月　妙法院宮御使　水口伊織

寺社御奉行所

一、專照寺一件ニ付、五月廿五日上野へ御使水口伊織相勤候、御口上書如左、

越前國福井領中野　一向宗專照寺

右者、當御室御末寺ニ而准院室ニ御座候處、子細有之、此度御末寺被召離候間、此以後若其御室江御末寺又者御支配御舘入等相願候共、御許容不被爲在候様被成度、此段兼而御賴被仰入置候、

右之趣上野御殿へ御使伊織相勤候處、輪門様日光ニ被爲成候ニ付、彼地へ申上、追而御返答可被仰進旨ニ而、六月三日輪門様御使僧禪那院伊織旅宿へ來ル、先日被仰進候專照寺之儀、御口上之趣御承知被成候旨被仰進候由也、

一、山門滋賀院御留守居眞覺(孝覺)院、暑中爲窺御機嫌索麵一箱獻上也、

一、市川養元參上、右同斷ニ付外良粽五把獻上也、於常

御殿御對面、

十七日、辛卯、晴、當番、菅谷中務卿・中村帶刀・初瀬川采女・鈴木求馬・青水造酒・莊田左衞門、出羽守不參、

一、閑院宮樣より御里坊迄御使を以、御色紙文匣被進、御口上書如左、

就自在王院宮(典仁)三回御忌、和歌御勸進被遊候、當月中御詠出被進候樣被遊度候、

出題飛鳥井(雅威)中納言殿

閑院宮御使　倉光日向守

一、右之趣、則御領掌被成候旨、御使を以被仰進也、御使末吉向、

一、護淨院參上、於常御殿御對面被仰付、

一、本願寺門主より使者を以、暑中御見舞被申上、砂糖一曲被上也、

一、暑中爲窺御機嫌參上之輩、岩永大炊羊羹粽三把獻上、原田無關外良粽三把獻上、御對面、伴蒿蹊煎茶二袋獻上、御對面、

十八日、壬辰、曇或晴、當番、今小路民部卿・松井右衞門大尉・木崎主計所労代帶刀・友田掃部・小畑勘ケ由・松井多門、

一、東本願寺門主(達如光朗)より使者を以、暑中御見舞被申上、

一、堀田相模守(正順)より使を以、爲伺暑中葛粉壹箱獻上也、

一、安達大圓、暑中御機嫌相窺、御對面被仰付、

一、於香雪庵御茶室正午御茶、今小路法橋(行章)獻上也、大和守・勝次・養元御詰、

一、山本内藏、暑中爲伺御機嫌水仙粽三把獻上也、

一、山門北谷惣代金臺院、暑中爲伺御機嫌參上、申置、

一、武川幸伯參上、右同斷、

十九日、癸巳、晴、當番、今小路民部卿・中村帶刀・初瀬川采女・鈴木求馬・青水造酒・莊田左衞門、

一、禁裏御所より御使を以、壹通來、

聖廟御法樂前日晩迄御詠進之事、

奉行日野大納言(資矩)殿、

*大行事講中缺員についての願書

一、藤島石見より一通差出、

大行事講之中中筒屋市兵衞、去寅年病死、内記屋藤助、去卯年病死、右兩人悴致連綿講中之列ニ相加り度存心ニ罷在候得共、病身ニ而不能其儀候ニ付、先達而被免候御合印返上仕候、右替追而信仰之人躰加入仕候節、御合印被免候儀可申上、其節御許容候樣仕度候事、

辰六月

右、御許容之旨申渡、石見へも御許容之旨相達也、

一、禁裏御所より御里坊迄御使女房奉書を以、暑中爲御尋糒一折拾袋御拜領、則御返書被上候事、右御請使末吉向相勤也、
一、市川養元、昨日御茶御詰被仰付候御禮申上也、
一、三宅宗甫、暑中爲伺御機嫌外良粽五把獻上也、
一、惠宅師、爲窺暑中參殿、御對面被仰付、
一、皆川豐藏、暑中御機嫌相窺、御對面被仰付、
一、山門莊嚴院（光賢）大僧正、爲伺暑中參殿、申置、
一、松井出羽守母病氣之處、不相叶養生、死去之旨御届申上ル、依之五旬之御暇相願、則御聞濟、且西市正儀、忌服廿日、九十日可憚旨被仰出候也、
一、諸向へ暑中ニ付御使被差向候事、御使初瀨川采女、
二十日、甲午、快晴、當番、菅谷中務卿・松井右衞門大尉・木崎主計・友田掃部・小畑勘ケ由・松井多門、
一、岡本主税・木崎鋼之助、出勤被仰付、但、兩人共日之內御次へ相詰候事、
一、松井丹波（長亨）、香雪庵御留守居被仰付候事、右之趣、於御用部屋月番中務卿申渡也、
一、八幡山松本坊、暑中爲窺御機嫌參上、於御白書院御對面被仰付、

一、少〻御熱被爲在候ニ付、原田無關被召參上、拜診、御藥調進也、

*越前福井家老より中野專照寺一件についての返書

一、越前福井家老より先達而之返書來ル、
御札致拜見候、然者當領中野專照寺心得違申募候由ニ付、無御餘儀公邊江被仰立、則當時御吟味中ニ御座候得共、今般宮樣思召被成御座、公儀御吟味中故御末寺御支配等之名目不被及御沙汰候、先達而專照寺より願出候趣意を以御舘入被召離候、依之官位返上及夫〻被仰付有之候處、則御請書指上候條、於當方も同趣專照寺より相達事ニ候、右御始末去ル四月廿四日宣下御取扱相濟候ニ付、以來取扱之儀可致勝手次第旨、且又彼是不敬之儀有之ニ付、向後者外御門跡方御末寺御支配御舘入ニ相成候儀、永く被成御構候間、爲心得御紙面之趣ニ付、早速可及御報候得共、先頃より專照寺代僧江戸表江罷出居、未彼御地模樣も難計、歸寺之上先年より之運ひ、當時江戸表振合等取調候上、委細御報可得御意哉ニ存候得共、左候而ハ餘り延引ニ相成候故、先ツ一通り相心得罷在候段及御報候、猶相替候子細も御座候ハヽ從是可得御意候、長〻

御苦勞ニ罷成、彼是御心配之程察入申候、恐惶謹言、

六月十七日　稻葉右近

酒井主水

狛　帶刀

岡部左膳

本多內藏助

菅谷中務卿樣

今小路民部卿樣

松井右衞門大尉樣

廿一日、乙未、晴、當番、菅谷中務卿・中村帶刀・初瀨川采女・鈴木求馬・靑水造酒・莊田左衞門、

今日より蟲拂

一、從今日於南殿御蟲拂、一切經、

一、藤嶋石見參上、中務卿面會、

一、大覺寺（深眞）御門跡より御使を以、暑中御見舞被仰進也、

一、蓮花光院本君御方より御使を以、右同斷、

一、護淨院來、於常御殿御對面被仰付、

一、岸紹易、暑中爲伺御機嫌參上、御對面、

一、原田無關來、拜診、御藥調進也、

一、大愚來、昨日ハ爲暑中御尋拜領物難有奉存候御請申上候由、

一、木崎鋼之助、木工与改名之事、

廿二日、丙申、快晴、當番、今小路民部卿・松井右衞門大尉・木崎主計・友田掃部・小畑勘ケ由・松井多門、

一、御蟲拂、一切經・佛書、

一、東尾權僧正御參、

一、小泉陰陽大允・同大屬、爲伺御機嫌參上、

一、岸紹易、昨日拜領物仕難有奉存候御禮として參上、

一、山門嚴王院、暑中爲窺御機嫌參上、申置、

一、原田無關參上、拜診、御藥調進也、

廿三日、丁酉、晴、當番、今小路民部卿・中村帶刀・初瀨川采女・鈴木求馬・靑水造酒・莊田左衞門、

一、御蟲拂、佛書、

一、東尾權僧正御參、

一、香山元學、暑中爲伺御機嫌外良粽五把獻上也、所勞ニ付手紙ニて來、

一、三宅宗達參上、右同斷、外良粽五把獻上也、

一、緒方左衞門來、於常御殿御對面被仰付、

一、小堀縫殿より暑中爲伺御機嫌甜瓜壹籠獻上也、

一、御月次和歌御詠進、奉行中山新大納言殿へ被附候事、

御使鈴木求馬、

淑姫君御祝儀の事

一、御附武家より來狀、
淑姫君樣御事、德川愷千代殿江御緣組被仰出候、
御祝儀之御使者明後廿五日辰刻堀田相模守御役宅
江被差出候樣可相達旨、相模守より申越候ニ付、
此段相達候、以上、
六月廿三日　石谷肥前守(清茂)
神保紀伊守(長孝)
菅谷中務卿樣
松井西市正樣
又一通、
其御方より公方樣江暑中爲御伺被進物御使、明後
廿五日辰刻堀田相模守御役宅へ被差出候樣可相達
旨、相模守より申越候ニ付、此段相達候、以上、
六月廿三日
宛同前
右兩通とも承知之旨、及返書也、

來月護持につき消息往返

一、烏丸弁殿(資董)より御里坊迄使を以、金剛院殿(眞應)江消息來、
來月護持可令勤修給之旨被仰下候、以此旨宜令洩
申妙法院宮給候也、恐惶謹言、
六月廿三日　資董
常住金剛院權僧正御房
右、例之通御請可被仰上候處、來月自在王院宮樣三
回御忌ニ付、御斷被仰上度旨、金剛院殿より烏丸殿
迄內〻被申入、其云、
大暑之節彌御安全珍重存候、然者來月護持宮可有
御勤修之旨、則申入候處、來月者自在王院宮三回
御忌ニ付、御廟參も被成度候條、不苦候者來月ハ
御斷被仰上度思召候、乍然外ニ御勤之方も無之候
ハヽ、御勤修可被成候得共、右之儀上ニ茂兼而被知
召候御事故、先此段被仰入候、此等之趣野院より
內〻可申入御沙汰ニ付、如茲ニ候、謹言、
六月廿三日　眞應
烏丸辨殿
追而、本文之趣ニ付、御請文者暫及延引候也、
右一通、弁殿亭へ末吉向持參、
廿四日、戊戌、晴、當番、菅谷中務卿・松井右衞門大尉・木崎主計・友田掃部・小畑勘ケ由・松井多門、
一、東尾權僧正御參、
一、福井嚴助、暑中爲伺御機嫌參上、
一、鈴木宮內、右同斷、

一、原田無關參上、拜診、

一、青門様(尊眞)・安井御門跡(了尊)へ暑中御見舞被仰進、御使友田掃部、

聖廟御法樂和歌御詠進

一、聖廟御法樂和歌御詠進、奉行日野大納言殿へ被附候事、御使初瀬川采女、

一、花山院大納言殿(愛德)江暑中爲御尋甜瓜壹籠被遣也、御使同人、

一、仙洞御所より御里坊迄御使女房奉書を以、暑中爲御尋夏切壹箱御拜領、則御返書被上御請使被上也、御使末吉向、

廿五日、己亥、快晴、當番、菅谷中務卿・中村帯刀・初瀬川采女・鈴木求馬・青水造酒・莊田左衛門、

縁組祝詞口演の覺

一、所司代亭江御使山下大和守被差向、先般淑姫君様御事徳川愷千代殿へ御縁組被仰出候ニ付、公方様・御臺様へ御祝詞被仰入、幷公方様へ暑中爲御見舞索麵一箱例之通被進之、御進物隨身丸茂彌内、手覺書、如左

御口演之覺

公方様・御臺様江、先般淑姫君様御事、徳川愷千代様江御縁組被仰出、目出度思召候、因玆御祝詞

被仰入候、此段關東表江宜御通達頼思召候、以上、

六月廿五日　妙法院宮御使　山下大和守

又一通、

御口演之覺

一、索麵一箱

右、公方様江暑中爲御見舞被進之候、此段關東表江宜御通達頼思召候、以上、

六月廿五日　妙━━御使　山━━━

一、中宮御所より御使女房奉書を以、暑中爲御尋水玉三本御内々御拜領、則御返書ニ御請被仰上候事、

*手嶋右衛門御立入許され御禮參上

一、手嶋郷右衛門依願、此度御立入被仰付候ニ付、爲御禮參上、於瑞龍殿菅谷法印代官方及面會、御菓子被下也、

一、烏丸弁殿江一昨日金剛院權僧正より被申入候趣被承候旨、今日返書來也、

一、松室上野、暑中爲窺御機嫌參上、

一、横山左近、右同斷、外良粽五把獻上也、

一、金剛院權僧正御參、

一、松井出羽守母死去ニ付、爲香奠白銀壹枚被下之、御使惠乘房(玄隆)、

廿六日、庚子、晴、當番、今小路民部卿・松井右衞門大尉・木崎主計・友田掃部・小畑勘ケ由・松井多門、

東本願寺内出火民家四五軒焼失

一、今曉丑刻過東本願寺寺内出火、民家四五軒燒失、依之兩本願寺・興正寺へ爲御尋御使被遣候事、御使初瀬川采女、

一、花山院大納言殿、暑中被相窺御安否、并一昨日暑中爲御尋一品被遣候爲御禮御伺公、先瑞龍殿へ被通、以後於御白書院御對面、暫御話被爲有、退出也、

一、東尾權僧正御參、

一、堀田相模守江暑中爲御尋甜瓜一籠被遣也、御使小畑勘ケ由、

一、小堀縫殿江右同斷ニ付、索麵一箱被下也、御使同人、

一、祓川日向、暑中爲窺御機嫌參上、

一、土山淡路守、右同斷、於常御殿御對面被仰付、以後於御廣間湯漬被下也、

一、西本願寺門主より、今曉近火ニ付御使被遣候御挨拶被申上候由也、

廿七日、辛丑、快晴、當番、今小路民部卿・中村帶刀・初瀬川采女・鈴木求馬・青水造酒・荘田左衞門、

裝束の蟲拂

一、御蟲拂、太閤御裝束・御手道具・韓人裝束、

一、東尾權僧正御參、

一、圓山主水・吳月溪、今日御蟲拂依願拜見、關東畫工谷文五郎召連參上、於御白書院文五郎へ御席畫被仰付、以後於梅之間次御酒湯漬被下也、

一、和田泰純參上、御對面、拜診、御藥調進也、

一、柚木太淳、暑中爲伺御機嫌參上也、

廿八日、壬寅、快晴、入夜曇或小雨、當番、菅谷中務卿・松井右衞門大尉・木崎主計・友田掃部・小畑勘ケ由・松井多門、

*七夕御會和歌御詠進

一、禁裏御所より御使女房奉書を以、七夕和歌御題被進、則御返書ニ御請被仰上、一通持參、如左、

七夕御會和歌、前日御詠進之事、奉行冷泉少將殿、

一、東尾權僧正御參、

一、當日爲御禮參上之輩、山本內藏・横山左近・市川養元・三宅宗達・原田無關、

一、西本願寺門主江暑中爲御尋糒一折五袋被遣之、御使友田掃部、

一、東本願寺門主へ右同斷、御口上計、御使同人、

廿九日、癸卯、晴、當番、菅谷中務卿所勞代民部卿・中村帶刀・初瀬川采女・鈴木求馬・青水造酒・荘田左衞門、

一、東尾權僧正御參、
一、篠田土佐介、暑中爲伺御機嫌參上、
一、澤村伊豫守、右同斷、
一、安達大圓參上、御對面被仰付、

自在王院宮三回御忌につき御追善御樂催さるる通知

一、閑院宮樣より御里坊迄御使を以、來月六日自在王院宮樣三回御忌ニ付、來ル二日爲御追善御樂被催候ニ付、御知らセ被仰進、并來ル六日御非時被進候樣被遊度思召候、大暑之節御苦勞ニ思召候へ共、何卒御成被進候樣被仰進候事、右御承知被遊候旨、以御使被仰進也、御使末吉向、

七月　御用番、今小路民部卿（行章）、

朔日、甲辰、快晴、當番、今小路民部卿・松井右衞門大尉（永亨）・木崎主計・友田掃部・小畑勘ケ由・松井多門、
一、三御所（光格・後櫻町・欣子）江當日御祝詞被仰上候事、御使山下大和守、
一、當日御禮參上之輩、山本內藏・市川養元・三宅宗達・橫山左近、
一、金剛院（眞應）權僧正御參、
一、閑院宮（美仁）樣江御詠草爲申出之事、御使靑士中、

洛中洛外諸寺院傳奏觸

一、傳奏觸到來、如左、

近來諸寺院之僧侶一躰風俗不宜候哉、道德殊勝之聞へ有之輩稀ニ而、不律不如法之沙汰而已間〻相聞へ候、都而諸宗之僧徒夫〻作法も可有之處、畢竟本寺又者役寺觸頭等しめし方等閑成故之儀ニ而可有之候、以來本寺役寺觸頭等ニ而常〻無油斷心を付、宗旨得達之僧侶を相すゝませ、聊も不如法成ものハ夫〻科メ等も有之、配下之示教行屆候樣專一ニ爲致可申候、尤本寺役寺觸頭等之內ニも万一不律不如法之聞へ有之者勿論之儀、或者利欲等ニ耽、寺務之實意疎なる歟、又者一躰其器ニ不當輩等者、假令大地本山之寺院たりといふとも、聊無容赦嚴重ニ其沙汰可有之事候、

右之御沙汰ニ候間、得与申談、夫〻行屆不取〆ニ無之樣ニ可被致候、

十一月

右御書付江戶表より到來ニ付、相達候間、自省候而聊之儀をも速ニ相改、享保七寅年七月被仰出候御條目者勿論、追〻觸置候趣堅相守、銘〻宗門之規則不相亂、外飾を棄、學業を勵シ、名利ニ隨ひ、

清白無慙之意を不失様ニ、急度可相愼儀専要之事
ニ候、
右等之趣令忘却、聊も不如法之儀於有之者、寺格
之無容赦、遂吟味可加刑律候、然ル時者一宗之瑕
瑾、後〻迄も可恥之至ニ候之條、銘〻相勵、本寺
役寺等より嚴重ニ相糺、末〻迄しめし方相洩さす
行届候様可致候、
右之趣夫〻本寺江申渡候間、無本寺之寺院ニ而者
此觸を以致承知、心得違無之様可致候、町在之も
の共も右等之趣得与相弁、不如法之筋ニ携候儀堅
致間敷候、若不相守もの有之候ハヽ所之ものより
無遠慮可申出候、

二月

右之通、寛政元酉年二月洛中洛外寺社在町江觸書
差出、尚亦翌戌年九月、寺院之内前〻より有來ル
妻帯地之外ニ親族たり共寺内ニ女尼差置間敷、又
者雇置、町方ニ借宅等いたさせ置候ハヽ、見逢次
第召捕、本人者重キ御仕置申付、本山幷所之もの
共迄も越度可申付、僧侶等猥ニ在家ニ旅宿不致様

兼〻本山より申付、若不相守僧徒有之候ハヽ召捕、
嚴敷御仕置可申付候間、塔頭末寺所化之輩、本山
より可相改旨前〻觸書差出置候處、去ル申年大火
後知音之寺院ニ致寄宿、又者同居いたし候ものも
有之、自然与相ゆるミ寺院之法儀をおろそかにい
たし、夫無之女、或者尼等寄宿いたさせ候儀等相
聞不埒ニ付、尼たり共婦人斗明キ寺院ニ候とも寄
宿いたさせ間敷旨觸書差出置候處、今以不埒不如
法之寺院も有之、外名前を以町家借宅ニ女を差置、
殊更寺柄之出家之内ニも愼方不宜ものも有之哉ニ
相聞、別而不束之至ニ候、此上若右躰之風聞有之
候ハヽ、寺格身柄等之無差別、無容赦召捕、吟味
之上急度御仕置可申付候間、本山本寺者勿論、塔
頭末寺無本寺之寺院所化之僧侶ニ至まて急度相守、
不埒不如法無之様可相愼候、在家之ものとも猥ニ
出家立入らせ、寄宿等いたさせ間敷候、尤借屋等
ニ外名前を以女を差置、僧侶等立入不申候様入念
可相改候、若右躰之儀有之候ハヽ、家主町役ニ至
迄急度可申付候、
右之通、洛中洛外寺院在町とも不洩様可相觸者也、

辰五月廿九日

口上覺

別紙之通武邊より申來候間、爲御心得各方迄可申
入旨、兩傳被申付如此候、以上、

六月廿九日　兩傳奏雜掌

御名前例之通
坊官御衆中

追而、御廻覽之後、勸修寺家へ御返却可被成候、
以上、

二日、乙巳、快晴、當番、今小路民部卿・中村帶刀（利章）・初瀬川采女・鈴木求馬・青水造酒・莊田左衛門、

自在王院宮三回御忌につき閑院宮へ御使

一、閑院宮樣江御使を以、自在王院宮（典仁）樣三回御忌ニ付、
御勸進之和歌御詠進、且今日ハ爲御追善御樂被催候
由、此間御知らせ被仰進候得共、此間より少々御時
氣被爲中候ニ付、乍御殘念御斷被仰進、井來六日ニ
ハ御非時可被進候間、被爲成候樣被仰進、御滿足思
召候、何卒六日ニハ可被爲成、尚其節御對顏ニ可被
仰入旨申述也、御使松井右衛門大尉、

*今日より蟲拂

一、藤嶋石見・同讃岐、暑中爲窺御機嫌參上、

*自在王院宮三回御忌御逮夜

一、廣橋前大納言（伊光）殿より使者を以、自在王院宮樣三回御

忌ニ付、御機嫌被相伺、靑物五種被上也、

三日、丙午、曇或小雨、當番、菅谷中務卿（寛常）所労・松井右衛門大尉・木崎主計・友田掃部・小畑勘ケ由・松井多門、

一、閑院宮樣江御詠草爲持被進候事、御使安福左馬太、

一、東尾權僧正御參、

一、細谷典膳、暑中爲窺御機嫌參上、

一、安達大圓・小泉陰陽大允（有彝）、爲伺御機嫌參上、御對面
被仰付、

一、佛告院（貞剛）參上、御對面、

一、勝安養院（洞海）權僧正・金剛院權僧正へ暑中爲御尋一品宛
被遣也、御使造酒、

一、皆川文藏、爲伺御機嫌參上、

一、三角了敬、暑中爲窺御機嫌參上、申置也、

四日、丁未、晴、當番、菅谷中務卿所労、代日ノ内民部卿、夜右衛門尉・中村帶刀同斷・初瀬川采女・鈴木求馬・青水造酒・莊田左衛門、

一、今日より於御白書院御蟲拂、宸翰・御影類、

一、東尾權僧正御參、

一、市川養元來、御對面、

一、自在王院宮樣三回御忌御逮夜、於護摩堂御法事、法
華六ノ卷御執行、

自在王院宮三回御忌彌陀供執行

*七夕和歌詠進

*廬山寺へ參詣

宮御方御出仕、御導師金剛院權僧正、菩提院(志岸)・普門(啓道)
院・惠乘房(玄隆)出仕、
五日、戊申、晴、當番、今小路民部卿・松井右衞門大尉・木崎主計・友田掃部・小畑勘ケ由・松井多門、
一、自在王院宮様三回御忌ニ付、於護摩堂御法事、彌陀
供御執行、
宮御方御出仕、御導師惠宅師、其外出仕之輩御逮夜
ニ同し、
一、御法事出仕之輩御齋・御布施被下、金百疋御導師、
南鐐一片東尾殿、銀壹兩菩提院、同斷出家兩人、貳
匁五分承仕、
一、禁裏御所江御使を以、自在王院宮様三回御忌ニ付、
爲御窺御機嫌蒸籠五種入一荷御進獻也、御使山下大
和守、
一、同御所江右御同様ニ付、羊羹一折五棹御內々御文を
以被獻之、御使末吉向、
一、閑院宮様江御使を以、自在王院宮様三回御忌ニ付、
爲御見舞羊羹一折五棹被進也、御靈前江御花壹筒被
備之、御使同人、
一、廬山寺江御花壹筒、方金三百疋被備之、御使大和守
狩衣、

一、仁門様(深仁)・聖門様(盈仁)江、自在王院宮様御年回ニ付、御見
舞被仰進候事、
一、尹宮様(美仁)より右御年回ニ付、爲御見舞蒸籠壹組被進之、
但年寄左兵衞・野澤より文ニて來也、
一、東本願寺門主(達如光朗)より使者を以、右同斷ニ付御見舞被申
上也、
一、閑院宮様江御詠草申出候事、御使北川恒之進、
一、七夕和歌御詠進、奉行冷泉少將殿江被附、尤明六日
可被附之處、自在王院宮様三回御忌ニ付、明日ハ御
廟參も被遊度、旁以今日御詠出被成候、宜賴思召候
旨申演、少將殿御落手之由也、御使松井多門、
六日、己酉、快晴、當番、今小路民部卿・中村帶刀・初瀬川采女・鈴木求馬・青水造酒・莊田左衞門、
一、自在王院宮様三回御忌ニ付、御家賴一統窺御機嫌候
事、
一、常勤並御家賴・無常勤御家賴等、御機嫌相窺也、
一、今朝御家賴一統江御齋被下也、
一、辰半刻御出門、廬山寺江御參詣、夫より閑院宮様江
御成、酉刻前還御、御供山下大和守狩衣、・初瀬川采
女・三谷玄蕃・中村金吾・青水造酒、御先五人、御

挾箱對、

一、禁裏御所より御使女房奉書を以、自在王院宮様三回御忌ニ付、爲御尋棹菓子一折＋御拜領、今日ハ御留守ニ付、從御跡御請可被仰上、先民部卿預り置候旨申也、還御後右御返書被上、幷御請被仰上也、御使末吉向、

一、大典侍との・長橋との・上野・甲斐より右同斷ニ付、爲窺御機嫌蒸籠一荷御里坊迄使を以被上也、

一、青蓮院宮(尊眞)様・梶井永宮(承眞)様より御使を以、右同斷ニ付、御見舞被仰進、

一、西本願寺門主(文如光暉)より使を以、右同斷、御見舞被申上也、

一、三條右大將(實起)殿より使者を以、右同斷、中納言殿よりも被窺候由也、

集古帖を皆川文藏持參

一、皆川文藏來、集古帖七本持參、御留守故差置也、

一、還御後、原田無關相窺、

七夕、庚戌、快晴、當番、菅谷中務卿・松井右衞門大尉・木崎主計・友田掃部・小畑勘ケ由・松井多門、

七夕御儀式

一、當日御儀式、例之通、

一、於御白書院坊官・諸大夫・侍・近習・出家・承仕・中奧御禮申上ル、

一、於同所岡本主稅・木崎木工、無常勤御家來御禮申上ル、

一、禁裏御所・仙洞御所・中宮御所江御使を以、當日御祝詞被仰上也、御使伊丹上總介、

一、金剛院權僧正御參、

一、菩提院、當日御祝詞申上ル、

一、松室上野・安達大圓、右同斷、

一、岸紹易右同斷、御菓子壹箱獻上也、御對面被仰付也、

一、青門様・安井(了尊)御門跡へ當日御祝詞被仰進、彼御方よりも御祝詞被仰進也、

一、勝安養院權僧正より使を以、當日御祝詞被申上也、

一、大山崎社司松田雅樂來、爲中元御祝儀胡麻油壹樽、例之通獻上也、於御玄關湯漬被下、當番之輩及挨拶也、

一、三宅宗仙、先達而不敬之儀有之、御咎メ被仰付候處、今日被免、御禮申上ル也、

一、東本願寺寺内出火ニ付、爲御尋御使被遣也、御使小畑勘ケ由、

八日、辛亥、快晴、當番、菅谷中務卿・中村帶刀所勞・初瀨川采女・鈴木求馬・青水造酒・莊田左衞門、

一、東尾權僧正御參、

一、藤島石見來、民部卿面會、

英彦山座主より年始祝儀獻上

*御盃祝儀

一、英彦山座主權僧正より、爲年始御祝儀滋飴壹壺、例之通以書中獻上也、

九日、壬子、快晴、當番、今小路民部卿・松井右衞門大尉・木崎主計・友田掃部・小畑勘ケ由・松井多門、

一、泉涌寺江御代香、今小路法橋被差向、

桃園院尊儀江　御水向方金貳百疋

後桃園院尊儀江　御花壹筒　被備之、

一、三宅宗仙參上、爲窺御機嫌御菓子壹箱獻上也、

一、原田無關參上、拜診、

十日、癸丑、快晴、當番、今小路民部卿・中村帶刀・初瀬川釆女・鈴木求馬・青水造酒・莊田左衞門、

一、東尾權僧正御參、

一、佛告院參上、御對面、

一、英彦山座主權僧正旅宿へ御使を以、此間之返書、并爲年始御祝儀索麵壹箱被遣之、御使石野東太夫、

十一日、甲寅、快晴、當番、菅谷中務卿・松井右衞門大尉・木崎主計・友田掃部・小畑勘ケ由・松井多門、

一、廬山寺江御代香、菅谷法印相勤、

自在王院宮樣（壽宮成子）・成菩提院宮樣江、御水向方金百疋宛被備之、

一、東尾權僧正御參、

一、禁裏御所より御里坊迄御使女房奉書を以、來ル十三日目出度御盃參り候ニ付、御參被成候樣との御事、然ル處無御據御法用ニ付、御斷被仰上度趣御返書被爲有也、右御返書末吉向持參也、

十二日、乙卯、快晴、當番、菅谷中務卿・中村帶刀・初瀬川釆女・鈴木求馬・青水造酒・莊田左衞門、

一、兩本願寺門主江御使を以、先日自在王院宮樣御年回ニ付、御見舞被申上候御挨拶被仰遣也、御使造酒、

一、田安御簾中より暑中御見舞、并自在王院宮樣御年回ニ付爲御見舞御菓子料金貳百疋、且中元御祝詞被仰進、右衞門督殿よりも御傳言之由、

一、裕宮樣御下向之節被進物御禮被仰進、外ニ御菓子料金百疋被進之、各梅町・三輪山より文ニて來也、

十三日、丙辰、快晴、當番、今小路民部卿・松井右衞門大尉・木崎主計・友田掃部・小畑勘ケ由・松井多門、

一、禁裏御所江御使を以、今日目出度御盃ニ付、爲御祝儀昆布一折五拾本例之通御進獻、尤御參賀可被爲在候處、此間被仰上候通無御據御法用ニ付、御不參御斷被仰上候事、御使山下大和守、

一、金剛院權僧正御參、
十四日、丁巳、快晴、當番、今小路民部卿・中村帶刀・初瀨川采女・鈴木求馬・青水造酒・莊田左衞門、
一、禁裏御所より御使女房奉書を以、御內〻御祈禱之御壇料御拜領、則御返書被爲有之、則日右御請被仰上也、御使末吉向、
一、同御所より御使女房奉書を以、御月次和歌御題被進之、則御返書ニ御請被仰上也、一通如左、
月次御會和歌前日御詠進之事、奉行中山大納言殿、
一、東尾權僧正御參、
一、小泉陰陽大屬、中元御禮申上ル、
一、夕刻、於御白書院御禮申上ル輩、
鈴木求馬・三谷玄蕃・山下勇・藪澤競・松井多門・
中村金吾・青水造酒・岡本主稅・木崎木工、

盂蘭盆供執行

一、晩來於御持佛堂、盂蘭盆供御執行之事、
中元、戊午、快晴、當番、菅谷中務卿・松井右衞門大尉・木崎主計・友田掃部・小畑勘ケ由・松井多門、

盂蘭盆會執行

一、於御持佛堂、盂蘭盆會御執行、
一、當日御規式、如御嘉例、
一、於御白書院、坊官以下中奥迄御禮申上ル、
一、當日御禮參上之輩、知足庵・山本內藏・三宅宗仙・

同宗甫・市川養元・三宅宗達・原田無關・横山左近、
各於御白書院御禮申上ル、
但、中嶋織部・横山道壽・香山元學不參、
一、禁裏御所・仙洞御所・中宮御所江中元御祝儀御獻物、例之通、御使松井右衞門大尉、
一、御攝家方・宮方江中元御祝詞被仰進、御使初瀨川采女、
一、御世話廣橋前大納言殿江、中元爲御祝儀晒布壹疋・御樽代金三百疋被遣也、御使同人、
一、青門樣・蓮華光院御門跡へ中元御祝詞被仰進、御使小畑勘ケ由、
但、彼御方よりも御祝詞被仰進也、
一、金剛院權僧正御參、
一、菩提院、中元御禮參殿、
一、伴蒿蹊・吳月溪・圓山主水、中元御禮參上、各於常御殿御對面被仰付也、
一、松室上野・祓川日向、中元御禮申上ル、
十六日、己未、快晴、午刻頃地震、申刻前白雨、以後晴、當番、菅谷中務卿・中村帶刀・初瀨川采女・鈴木求馬・青水造酒・莊田左衞門、
一、東尾權僧正御參、

今年より法皇堂施餓鬼執行

一、細谷典膳、中元御禮參上、
一、從今年於法皇堂、施餓鬼御執行之事、午刻過、宮御方御出仕、御導師上、金權僧正・佛告院・普門院・惠乘房等出仕、承仕堀部備後(吉富)、未刻過還御、御供伊丹上總介(宣顕)・藪澤競・青水造酒、御先三人、
一、御附武家より來狀、
相達候儀有之候間、各方之內壹人、今夕七時過紀伊守御役宅へ可被相越候、以上、
七月十六日　石谷肥前守(清茂)
神保紀伊守(長孝)
菅谷中務卿樣

*送り火御覽

松井西市正(永昌)樣
右承知之旨、及返書也、
一、神保紀伊守役宅江鈴木求馬行向之處、一通相達、如左、

尾張殿御養子御祝儀

敬之助殿事、尾張殿(德川宗睦)御養子被仰出候、爲御祝儀御祝詞被進物之儀ニ付、坊官差出候書付江戸表江相達候處、妙法院宮(眞仁)より公方樣(家齊)・御臺樣(茂子)江御祝詞計、

*松平敬之助御養子につき聞繕書

右之通可相達旨、
一、若君樣(家慶)・淑姫君樣江御祝詞之儀者、不及其儀候、
一、敬之助殿江御歡品之儀者、尾張殿江常々御贈答有之候ハヽ勿論、敬之助殿江御由緒有之候ハヽ、勝手次第、尾張殿江可被仰入候、
右之通可相達旨、年寄衆より申來候間、可被相達候、
七月
右之段可相達旨、堀田相模守(正順)申聞候ニ付、此段相達候、以上、
七月十六日　石谷肥前守
神保紀伊守
一、夕刻、送り火爲御覽大佛殿樓門江御成、夫より於回廊御提重御吸物御酒被召上、戌刻過還御、御供中務卿・勇・競・多門・金吾・造酒・主税・木工・右兵衛・左衞門・茶道喜齋、御先貳人、外ニ、緒方左衞門・安達大圓・市川養元依召參上、
十七日、庚申、快晴、當番、今小路民部卿・松井右衞門大尉・木崎主計・友田掃部・小畑勘ケ由・松井多門、
一、御附武家江御聞繕書一通、如左、

松平敬之助様御事、尾張大納言様江御養子被仰出
候ニ付、公方様・御臺様江御祝詞ニ條表江御使、
何日頃可被差向候哉、此段宜御聞繕可被進候、以
上、
　　七月十七日　　妙法院宮御内
　　　　　　　　　今小路民部卿
右一通、神保紀伊守役宅へ安福左馬太持參、落手之
由也、
一、佛告院來、於常御殿御對面、御菓子料金百疋獻上也、
一、小澤蘆庵、中元爲御禮參上、於同所御對面被仰付、
一、福井嚴助參上、右同斷、
一、市川養元、昨晩之御禮參上、

＊蟲拂裝束類

十八日、辛酉、快晴、申刻頃白雨、以後晴、當番、今小路民部卿・中村帶刀・初瀬川采女・鈴木求馬・青水造酒・莊田左衞門、
一、金剛院權僧正御參、
一、岡本甲斐守(保考)參上、於常御殿御對面、
一、三宅宗仙參上、
一、安達大圓參上、一昨夜之御禮申上ル、御對面被仰付
也、
一、御附武家より來狀、
　於關東當月十一日姬君様被遊御誕生、彌御安泰之

御儀御機嫌不斜候旨、堀田相模守申聞候ニ付、此
段爲御承知相達候、以上、
　　七月十八日　　石谷肥前守
　　　　　　　　　神保紀伊守
　　菅谷中務卿様
　　松井西市正様
右承知之旨、及返書、
一、安樂心院宮様(公延)より、御紙包之内御紙入御きせる被進
也、紫金院より文ニて來也、
十九日、壬戌、快晴、當番、菅谷中務卿・松井右衞門大尉・木崎主計・友田掃部・小畑勘ケ由・松井多門、
一、於御白書院蟲拂、御裝束類、
二十日、癸亥、曇、當番、菅谷中務卿・中村帶刀・初瀬川采女・鈴木求馬・青水造酒・莊田左衞門、
一、松井西市正、今日忌明ニ付御禮申上ル、
一、藤嶋石見參上、中務卿及面會、
一、原田無關參上、拜診、
一、禁中様御內甲斐より文を以、中元之御祝儀申上ル、
廿一日、甲子、快晴、當番、小川大藏卿日ノ内出勤・今小路民部卿所勞代中務卿・松井右衞門大尉・木崎主計・友田掃部・小畑勘ケ由・松井多門、
一、東尾權僧正御參、

一、三宅宗仙、爲窺御機嫌參上、申置、
一、小佐次右衞門尉、時節爲伺御機嫌參上、申置、
一、原田無關參上、拜診、

泉涌寺參詣

一、申刻御出門、桃園院尊儀御正忌ニ付、泉涌寺江御參詣、酉刻前還御、御花一筒被備也、御供伊丹上總介・三谷玄蕃・松井多門、御先三人、
廿二日、乙丑、快晴、當番、今小路民部卿所勞代中務卿・中村帯刀・初瀬川采女同斷掃部・鈴木求馬・青水造酒・荘田左衞門、

蟲拂御判物

一、於御白書院蟲拂、御判物、
一、皆川文藏參上、於常御殿御對面、
一、金剛院權僧正より使來、上總介及面會、
一、田安上﨟江先日之返書、御里左兵衞・野澤迄賴遣也、
廿三日、丙寅、晴、申刻過白雨、當番、菅谷中務卿・小川大藏卿・松井右衞門大尉・木崎主計・友田掃部・小畑勘ケ由・松井多門、
一、御月次和歌御未進ニ付、奉行中山大納言(忠尹)殿江書付を以被仰入、料紙奉書半切、
御月次和歌可被成御詠進之處、依御所勞被成御未進候、此段宜御沙汰賴思召候、以上、
七月廿三日　妙法院宮御使　友田掃部

＊蘇香合傳授につき手紙

一、(盈仁)聖護院宮樣坊官より來狀、
以手紙得御意候、然者來ル廿六日山井大炊權助より蘇香合御傳授被爲有候ニ付、御吹聽被仰入候、尤右ニ付御祝儀御音物等之儀者兼而御斷之通、內外ともかたく御斷被仰入候、右之段各方迄得御意置候樣ニとの旨ニ付、如此御座候、以上、
七月廿三日　小野澤按察使
妙門樣
坊官
諸大夫　御中
一、原田無關參上、拜診、御藥調進、
廿四日、丁卯、晴、當番、菅谷中務卿・中村帯刀・初瀬川采女・鈴木求馬・青水造酒・荘田左衞門、
廿五日、戊辰、晴、當番、小川大藏卿・今小路民部卿・松井右衞門大尉・木崎主計・友田掃部・小畑勘ケ由・松井多門、

＊綾姫御七夜

一、御附武家より來狀、
今月十八日姫君樣御七夜御祝儀首尾好相濟、綾姫君樣与被稱之、御機嫌不斜候旨、堀田相模守申聞候ニ付、此段爲御承知相達候、以上、
七月廿五日　石谷肥前守
神保紀伊守
菅谷中務卿樣

松井西市正樣

右承知之旨、及返書、

廿六日、己巳、晴、當番、今小路民部卿・中村帶刀・初瀨川采女・鈴木求馬・青水造酒・莊田左衞門、

一、藤島石見參上、民部卿面會、

蘇香合傳授

一、聖護院宮樣江御使を以、今日山井大炊權助より蘇香合御傳授ニ付、御歡被仰入也、御使鈴木求馬、

一、金剛院權僧正より使者を以、昨日下山ニ付今日可被致參殿之處、少ゝ不快ニ付御斷被申上候由也、

一、三宅宗仙參上、

廿七日、庚午、晴、當番、菅谷中務卿・小川大藏卿・松井右衞門大尉・木崎主計・友田掃部・小畑勘ケ由・松井多門、

一、藤島石見參上、民部卿面會、

一、山門清泉院繼目御禮申上ル、扇子三本入獻上之、尤清泉院此節在府ニ付、代僧を以申上候由也、

一、金剛院權僧正御參、

一、岸紹易參上、於常御殿御對面被仰付、

一、伴蒿蹊參上、同斷、

一、烏丸辨殿(資董)より御里坊迄以使、金剛院殿へ消息來、

來月護持可令勤修給之旨、被仰下候、以此旨宜令洩申于妙法院宮給候也、恐惶謹言、

七月廿七日　資董

常住金剛院權僧正御房

右御請文、例之通金剛院殿より被差出、則辨殿里亭へ末吉向持參也、

來月護持、妙法院宮可有御勤修之旨、則申入候處、御領掌候也、恐ゝ謹言、

七月廿七日　眞應

烏丸辨殿

廿八日、辛未、晴、入夜白雨、當番、菅谷中務卿・中村帶刀・初瀨川采女・鈴木求馬・青水造酒・莊田左衞門、

一、金剛院權僧正御參、

一、佛告院參上、中務卿面會、

一、當日御禮參上之輩、山本內藏・市川養元・横山左近、

一、靈鑑寺(宗恭)宮樣家司田原攝津守より以手紙、彼御方御里坊、恭禮門院(富子)樣上﨟綾小路殿へ暫之內御貸被成候間、御通路之儀、前ゝ之通御本坊江御通達被進候樣申來也、

一、御附武家より來狀、

此度姫君樣御誕生ニ付、御聞繕書不被差出候之哉(マヽ)、

外御由緒ノ方ゝ者相揃候ニ付、此段得御意候、以
上、
七月廿八日　石谷肥前守
神保紀伊守
菅谷中務卿様
松井西市正様
右返書、如左、
此度姫君様御誕生ニ付、御聞繕書不被差出候之哉、
外御由緒之方ゝ者相揃候之由、御紙面之趣委細致
承知候、尚否一両日中從是可得御意候、以上、
七月廿八日　菅谷中務卿
石谷肥前守様
神保紀伊守様
一、安達大圓・小泉陰陽大允、爲伺御機嫌參上、御對面
被仰付也、
廿九日、壬申、晴、當番、小川大藏卿・今小路民部卿・松井右衛門大尉・木崎主計・友田掃部・小畑勘ケ由・松井多門、

薙髪の御戒師勤修

一、恭禮門院様年寄梅田・表使津川、此度薙髪被仰付候
ニ付、御戒師之儀先達而兩御局より文を以被相願、
則御領掌之旨御直ニ御返書被爲有、今日辰刻梅田・
津川來ル、先於常御殿御對面、於御書院休息、辰刻
過於梅之間薙髪作法畢、再於常御殿御對面、以後於
御書院留御吸物御酒三種積御料理二汁五菜、薄茶惣
菓子被下之、膳部梅田足打通ひ小重方、津川平折敷、取
持として貞巖被召來、配膳等役之、

*薙髪儀配役

一、薙髪配役、
宮御方御戒師、教授金剛院權僧正、介錯普門院、
但、津川薙髪、教授惠乘房、介錯普門院役之也、
一、次第、如左、

*薙髪作法

薙髪之作法
先、和上登座、
次、塗香塗手、先自身、次授得度者、
(右二行ノ上ニ貼紙)「先、和上登座、
次、教授著座、
次、薙髪者著座、
次、塗香塗手、」
次、加持香水、
次、洒水、自身、殿内、得度者、
次、禮拜、國王・父母・師、
次、懺悔偈、無始輪回等、

次、師教頌曰、
流轉三界中、恩愛不能斷、
弃恩入無爲、眞實報恩者、
次、脱二俗服一、随時宜、
次、置二物具一、随時宜、
次、以二香水一灌レ頂、三反、
次、讃曰、
善哉善女人、能了世無常、
捨俗趣泥洹、希有難思議、
次、理髮、随時宜、
次、和上以二剃刀一當二頂髮一、三反、
薙髮畢、著座、
次、和上唱曰、
善哉、已薙髮畢《玉フ》、自レ今所二從事一皆無レ非二三寶
事一、宜《ク》下歸二依三寶一生《シ玉フ》中其信根上故、今當《ニ》レ授二
與三歸戒一、
次、三歸戒、
歸依佛兩足尊、歸依法離欲尊、歸依僧衆中尊、
如來至眞等正覺是我世尊、三反、
歸依佛竟、歸依法竟、歸依僧竟、

如來至眞等正覺是我世尊、三反、
既歸二依三寶境界一畢、從二今身一盡二未來際一不
レ得レ犯、
此三皈依乃是一切善根之基、阿耨菩提之首也、
世間出世之善願無レ不《ト云事》二由レ之滿足一、當《ニ》二謹奉
行《シ玉フ》一、
次、薙髮者禮師、
次、授二法名一、
次、作法畢、退出、
一、梅田江被下院號、獻珠院覺蓮、津川事實成、
右院號・法名共、御染筆也、
一、梅田・津川より獻上物、左之通、
一、薙髮前獻上物、梅田より昆布一折貳拾本、津川より
御菓子貳袋、
一、薙髮後獻上物、梅田より左之通、
一、御本尊江金百疋、
一、御開山江同百疋、
一、宮御方江金貳百疋、
一、教授金剛院殿江銀貳兩・延紙三束、
一、介錯出家へ延紙三束、

一、承仕へ延紙三束、但、兩人より相兼、
一、薙髮後、津川より左之通、
一、御本尊・御開山江相兼、白銀壹封、
一、宮御方江文匣一、
一、金剛院殿へ延紙三束、
一、教授出家へ同貳束、
右一件、先達而より梅田より中務卿江往反有之也、
一、御附武家へ御聞繕書一通、如左、
此度姫君樣御誕生ニ付、公方樣・御臺樣・若君樣
江御祝詞、當時依御由緒二條表迄以御使可被仰入
思召候、此段堀田相模守殿江宜御聞繕可被進候、
以上、
七月廿九日　妙法院宮御内
今小路民部卿
右壹通、神保紀伊守役宅へ安福左馬太持參、尤右御
聞繕書早ゝ可差出之處、間違及延引候段、御斷申入
候樣坊官共申付候旨申述候處、入御念候儀慥ニ落手
之由也、

御鎭守へ參詣

一、申刻頃御鎭守江御參詣、
一、三宅宗仙參上、御對面被仰付、
三十日、癸酉、晴、二百十日、當番、今小路民部卿・中村帶刀・初瀨川采女・鈴木求馬・青水造酒・莊田左衞門、
一、獻珠院より文を以、昨日薙髮無滯相濟候御禮申上ル
也、
一、護持御本尊御撫物、北小路極﨟隨身地下役人附添來、
於鶴之間民部卿出會、御同宿普門院例之通受取也、
御對面可被爲有之處、御法用ニ付無其儀、退去也、
一、禁裏御所より御使女房奉書を以、來月御內ゝ御祈禱
被仰出候由ニ而、御撫もの被出候事、則御返書ニ御
請被仰上也、
一、御附武家より來狀、
敬之助殿事、尾張殿御養子被仰出候御祝儀之御使
者、來月二日辰刻堀田相模守御役宅江被差出候樣
可相達旨、相模守より申越候ニ付、此段相達候、
以上、
七月晦日　石谷肥前守
神保紀伊守
菅谷中務卿樣
松井西市正樣
右承知之旨、及返書、
一、大愚、爲伺御機嫌參上、御對面被仰付也、

八月

御用番、松井右衛門大尉(永亨)、

朔日、甲戌、晴、當番、菅谷中務卿(寛常)・小川大藏卿(純方)・松井右衛門大尉・木崎主計・友田掃部・小畑勘ケ由・松井多門、

一、當日御規式、如例、

一、於御白書院、坊官以下中奥迄御禮申上ル、

一、當日御禮參上之輩、知足庵・山本內藏・三宅宗仙・同宗甫・岩永大炊・市川養元・三宅宗達・原田無關・中嶋織部、各御書院ニおゐて御禮申上ル、

一、禁裏(光格)御所江當日御祝儀、小鷹二拾帖、仙洞御所江方金三百疋、中宮(欣子)御所江昆布一折百本、例之通御獻上、御使小川大藏卿、

一、閑院宮(美仁)樣へ當日御祝儀、昆布一箱被進也、但、御進物入魂也、

一、御同所へ和歌御門弟ニ付、昆布一箱・御樽代金貳百疋被進之、御使小畑勘ケ由、

一、青門(尊眞)樣・安井御門跡(了尊)へ當日御祝儀被仰入、御使同人、彼御方よりも御祝詞被仰進也、

一、東尾權僧正(眞應)御參、

一、菩提院(志岸)・護淨院・伴蒿蹊、當日御禮申上ル、

一、禁中樣より御里坊迄以御使、當日御祝儀御返し、眞綿拾把御拜領、

一、仙洞(後櫻町)樣より御返し、方金五百疋、今日未刻頃申出之事、御使末吉向、

一、中宮樣より御使を以御返し、昆布一折百本被進之、各御請被仰上、御使向、

一、宮方・御攝家方江當日御祝詞被仰進候事、御使同人、

二日、乙亥、晴、當番、菅谷中務卿・中村帶刀(利章)・初瀬川采女・鈴木求馬・青水造酒・莊田左衛門、

*松平敬之助の徳川宗睦養子につき祝詞

一、松平敬之助殿、此度尾張大納言殿(徳川宗睦)江御養子被仰出候ニ付、公方(家齊)樣・御臺(茂子)樣江御祝詞、二條表迄御使を以被仰入候事、御口上手覺書如左、

御口演手覺

公方樣・御臺樣江、今度松平敬之助樣御事、尾張大納言樣江御養子被仰出目出度思召候、右御祝詞被仰入候、此段關東表江宜御通達賴思召候、以上、

八月二日　妙法院宮御使　山下大和守

三日、丙子、晴、當番、小川大藏卿・今小路民部卿(行章)・松井右衛門大尉・木崎主計・友田掃部・小畑勘ケ由・松井多門、

*備前光乘院大會竪者相勤願書

一、備前國御末寺光乘院(祖榮)、今年大會ニ付、竪者相勤度先達而相願、今日案內として名代惠乘房(玄隆)登山、依之例

之通會行事江添簡遣、料紙奉書横折也、

一筆致啓上候、然者當門ニ相勤候光乘院、就今年大會、竪者相勤申度願上候ニ付、則爲案内今日爲致登山候、宜御差圖賴入存候、恐惶謹言、

八月三日　　松井右衛門大尉
　　　　　　　　　永亨判

圓龍院（貫宴）様

但、金剛院殿（眞應）并護淨院より、當御所御内ニ而竪者相勤度僧有之由、先達而願ニ申候へ共、追而登山之由、今日ハ先光乘院計、仍而金剛院殿・護淨院より相願候僧名前書、爲心得會行事へ差出置也、

四日、丁丑、晴、當番、今小路民部卿・中村帯刀・初瀬川采女・鈴木求馬・青水造酒・莊田左衞門、

一、藤島石見參上、民部卿面會、先達而御境内八王寺町・日吉町鉾再興ニ付、額御染筆之儀、石見より相願、則御染筆被成下候ニ付、爲御禮鳥子紙一本・煎茶三種獻上也、

鉾再興につき額御染筆

五日、戊寅、晴或曇、晝後小雨、當番、菅谷中務卿・小川大藏卿・松井右衛門大尉・木崎主計・友田掃部・小畑勘ケ由・松井多門、

一、於積翠御茶室巡會正午御茶、菅谷法印獻上也、御詰、知足庵・三宅宗仙・市川養元・小泉陰陽大允被仰付也、

一、夕刻、圓山主水・皆川文藏、爲伺御機嫌參上、御對面被仰付、於御側御酒被下也、

六日、己卯、曇、巳刻頃白雨、當番、菅谷中務卿・中村帯刀・初瀬川采女・鈴木求馬・青水造酒・莊田左衞門、

一、東尾權僧正御參、

一、盧山寺江御代香、伊丹上總介（宜顯）相務、

一、小泉陰陽大允參上、昨日ハ御茶御詰被仰付難有奉存候、御禮申上候也、

一、尾州留守居屋敷江御使を以、此度敬之助殿事、大納言殿江御養子被仰出候ニ付、御歡被仰遣候事、御使鈴木求馬、

*蓮華樹院宮五十回忌につき法事執行日限引上

一、青蓮院宮様坊官大谷宮内卿より手紙を以、來月十六日蓮華樹院宮様五十回御忌御相當ニ付、當月十六日御引上御法事御執行被爲有候旨申來也、

七日、庚辰、曇或雨、當番、小川大藏卿・今小路民部卿・松井右衛門大尉・木崎主計・友田掃部・小畑勘ケ由・松井多門、

*閑院宮へ中元祝儀進物

一、閑院宮様江御使、爲中元御祝儀御内々被進物、例年御成之節可被進之處、御成彼是御延引ニ相成候ニ付、先以御使被進候旨也、御進物如左、御使友田掃部、

一、御多葉粉入　貳　　御扇子　三本、

右、尹宮樣江、
一、御扇子　三本、
　右、壽宮樣江、
女中江被下物、左之通、
一、御せんす　三本　上﨟へ、
一、金百疋ツヽ　涼岡院・紫雲院・蓮上院・左兵衞・野澤へ、
一、同貳百疋　惣女中へ、
諸大夫以下被下物、左之通、
一、金百疋　本田木工權頭へ、
一、南鐐一片宛　淺井大藏少輔・淺井刑部少輔・田中大和守へ、
一、白銀壹兩宛　倉光日向守・岩田三河守へ、
一、金百疋　御近習中へ、

*仙洞唐門修復につき傳奏觸

石清水放生會につき傳奏觸

一、傳奏觸到來、
　口上覺
就石清水放生會、禁裏樣從來十三日晩至十六日朝御神事候、仙洞樣從來十四日晩至十六日朝御神事候、中宮樣從來十三日晩到十六日朝、僧尼重輕服之御方〻樣御參入可被憚候、爲御心得各方迄可申入旨、兩傳被申付如此候、以上、
　八月七日　　兩傳奏雜掌
御宛所例之通
　坊官御衆中
追而、御覽之後、勸修寺家へ御返可被成候、以上、
又壹通、
　口上覺
仙洞樣御唐門之透垣御修復ニ付、從來十日御臺所門より御出入可被遊候、御修復相濟候ハヽ、猶又可被申入候、爲御心得各方迄可申入旨、兩傳被申付如此候、以上、
　八月七日　　兩傳奏雜掌
御宛所例之通
　坊官御衆中
追而、御廻覽之後、勸修寺家へ御返し可被成候、以上、

*越前專照寺一件につき水口伊織より飛札

八日、辛巳、（マヽ）當番、今小路民部卿・中村帶刀・初瀨川采女・鈴木求馬・青水造酒・莊田左衞門、
一、東尾權僧正御參、
一、江府水口伊織より越前專照寺一件ニ付飛札到來、
七月四日脇坂殿（安董）より被呼出、左之通被相尋候、
越前國中野專照寺一件內濟相整候ニ付、吟味下被

妙法院日次記第二十五　寛政八年八月

成度段被仰立候、然ル處、右一件者御本末之譯聢与相立候上ニ而、御離末被成候哉、否相分り不申候而者、於奉行所難承居候、乍然其儀聢と被仰達候而ハ、專照寺屈伏難仕候ニ付、御舘入被召離候旨被仰渡、則御離末ニ相當候旨、御口上書ニ有之候、右ニ付而者、若被仰立候通吟味下相成候上者、寛文九年如善より差上置候御末寺御請之書付、幷其後度〻差上候御末寺證據之書付類、不殘同寺江御下ケ被遣候儀ハ勿論之儀ニ奉存候、尤專照寺より此度差出候口上書ニも、右御證據之書付類御下ケ被下、同寺よりも古キ書付類返上仕候御約束之趣書上ケ候得共、宮樣より之御口上書ニ其儀相見へ不申候ニ付、爲念御尋被申候、右書付類不殘御下ケ被遣候思召ニ候ハヽ、於奉行所も無子細可被承居哉ニ御座候、万一右書付類ハ御下ケ不被遣候思召ニ候ハヽ、又〻雙方呼出之上、吟味ニ相成可申ニ而御座候、

右之通、寺社役より申聞候ニ付、一應其御地江相伺候上相答可申ニ而御座候得共、左樣仕候而者、却而此御方御意地有之躰ニ而、奉行之思惑如何敷御座候

故、即座ニ相答申候、左候ハヽ書付にて差出候樣、寺社役申候ニ付、翌五日左之通書付差出申候、

越前國中野專照寺一件内濟仕候ニ付、今般被仰立候通、御吟味下被成進候ハヽ、寛文九年以來專照寺より差上置候御末寺證據之書付、不殘同寺江御下ケ被遣候思召ニ御座候、此儀兼而宮御方思召伺相濟有之候、御尋御座候ニ付、此段申上候、以上、

辰七月　妙法院宮御使　水口伊織

寺社
御奉行所

一、其後今以吟味下被仰渡も無之候、此御方ニ者私儀在府ニ而御使相勤候ニ付、少も御差支無御座候得共、專照寺よりハ兩人爲名代今度出府仕候ニ付、御吟味下相願候而さへケ程日數相懸候与申事、見セ付候ため暫ク御引張有之候儀と相見申候、越前家ニ而も如何と相氣遣居申候由ニ相聞申候、乍然最早近〻之内ニハ相濟可申与奉存候、

右之段爲可申上如此御座候、以上、

七月十六日　水口伊織

菅谷中務卿樣

＊結縁灌頂出仕要請

＊御月見開催

今小路民部卿様

松井右衛門大尉様

九日、壬午、快晴、當番、菅谷中務卿・小川大藏卿・松井右衛門大尉・木崎主計・友田掃部・小畑勘ケ由・松井多門、

一、午刻過御出門、御參內、還御戌刻頃、御供山下大和守・小畑勘ケ由・岡本右兵衛、御先三人、

一、原田無關參上、

一、三宅宗仙參上、中務卿面會、

一、松井出羽守（永喜）、今日忌明ニ付御禮申上ル、

十日、癸未、晴、入夜雨、當番、菅谷中務卿・中村帯刀・初瀬川采女・鈴木求馬・青水造酒・莊田左衛門、

一、香山元學參上、

一、禁裏御所より御使女房奉書を以、御月次和歌御題被進之、則例之通御返書ニ御請被仰上也、壹通如左、

前日御詠進之事、　奉行日野大納言殿（資矩）、

十一日、甲申、雨、當番、小川大藏卿・今小路民部卿・松井右衛門大尉・木崎主計・友田掃部・小畑勘ケ由代采女、・松井多門代求馬、

一、原田無關參上、拜診、

一、入夜、三宅宗仙・安達大圓參上、御對面被仰付、

十二日、乙酉、卯刻前風雨、晝後晴、當番、今小路民部卿・松井出羽守・中

村帯刀・初瀬川采女・鈴木求馬・青水造酒・莊田左衛門、

一、來月結縁灌頂被相催候ニ付、惠宅師・菩提院・佛告（貞剛）院・護淨院江出仕之儀被仰遣、各御請申上ル也、

十三日、丙戌、快晴、當番、菅谷中務卿・小川大藏卿・松井右衛門大尉・木崎主計・友田掃部・小畑勘ケ由・松井多門、

一、備前光乘院書中を以、暑中御機嫌相窺也、

十四日、丁亥、曇或雨、當番、菅谷中務卿・松井出羽守・中村帯刀・初瀬川采女・鈴木求馬・青水造酒・莊田左衛門、

一、護淨院參上、御對面被仰付、

十五日、戊子、晴、當番、小川大藏卿・今小路民部卿・松井右衛門大尉・木崎主計・友田掃部・小畑勘ケ由・松井多門、

一、當日御禮參上之輩、山本內藏・市川養元・三宅宗達・原田無關・香山元學、

一、岩永大炊當日御禮申上ル、蠟石筆洗獻上、且來廿日頃下坂仕候ニ付、御届申上候由也、

一、今夕於生白樓、御月見被相催、石井三位殿御伺公、御吸物・御酒・御膳等御相伴、御當座被催也、岡本甲斐守（保孝）・圓山主水・伴蒿蹊・皆川文藏依召參上、

十六日、己丑、晴、當番、今小路民部卿・松井出羽守・中村帯刀・初瀬川采女・鈴木求馬・青水造酒・莊田左衛門、

越前専照寺一件につき水口伊織より飛札

一、江府水口伊織より飛札到來、
一筆啓上仕候、残暑强御座候得共、各様彌御勇健御座被成珍重御儀奉存候、然者去ル四日脇坂殿より呼出ニ而罷出候處、専照寺代専光寺・菩提寺も同時被呼出、先頃被仰立候一件、御吟味下之儀被承屆候間、此旨宮様江申上候様、淡路守殿被仰渡候、右ニ付、先達而證據之ため差出候書付類都合六通被差戻候間、則爲登申候、且又右吟味下被仰渡候ニ付、請書之儀、常躰ニ御座候へハ、相手方連印ニ而差出候振合ニ御座候へ共、宮様之御儀故、別々ニ差出候之様、寺社役より申聞候間、別紙之通相認則日差出相濟申候、先便申上候通、此證據書付六通共、専照寺へ御下ケ被遣、彼方よりも古キ書付共不殘返上仕候様可然奉存候、右之段早速可申上候處、去ル四日脇坂殿より罷歸候以後、私儀中暑ニ而以之外相勝不申候ニ付、延引仕候段、御免可被成下候、此段可申上如此御座候、以上、

八月八日　水口伊織

菅谷中務卿様

今小路民部卿様

松井右衞門大尉様

去ル四日、脇坂淡路守殿へ差出請書案、

御請書

越前國中野専照寺儀、寛文九年以來妙法院宮御末寺相違無之、當住譽章ニ至、依願准院家御取立被成、權僧正拜任、且筋築地是又依願拜領被仰付候處、御末寺ニ而無之旨申爭候ニ付、無據右御吟味之儀、去ル子六月御願被仰立候、依之宮御方より坊官家司被差出候様、先達而被仰渡、専照寺儀も御呼出之上、御吟味可被遂之處、今般宮御方思召を以、離末可被仰付ニ而御座候得共、同寺儀無本寺之由申爭罷在候故、離末与被仰渡候而者屈伏仕間敷与思召候間、御立入被召離候旨被仰付候得者、於宮御方者離末ニ相當候間、今般御立入被召離、准院家御取上、官位返上被仰付、筋築地取拂返上仕候様被仰付候處、御請申上候ニ付内濟仕、尤向後外御門跡方之御末寺、又者御支配等相成候儀、永御構被仰付、右一件不殘相濟、向後於専照寺儀、宮御方江少茂拘り候儀無之候間、御吟味下被成進候様被仰立候處、御聞濟被成進候旨、今日被仰渡

奉承知候、仍爲御請如此御座候、以上、

辰八月四日　妙法院宮御使 水口伊織

寺社
　御奉行所

一、右一件ニ付、去ル子六月寺社奉行所へ差出候書付、此度御吟味下ニ付、當月四日脇坂より差戻候由也、

一、肥後神護寺、暑中御機嫌爲窺星原茶一箱、書中を以獻上也、

十七日、庚寅、雨、當番、菅谷中務卿・小川大藏卿・松井右衞門大尉・木崎主計所勞代帶刀・友田掃部・小畑勘ケ由・松井多門、

一、靑門樣より御使、蓮華樹院宮樣御年回ニ付、御見舞御備もの等被爲有候御挨拶被仰進候由也、

十八日、辛卯、快晴、當番、菅谷中務卿・松井出羽守・中村帶刀・初瀨川釆女・鈴木求馬・靑水造酒・莊田左衞門、

*仙洞中宮閑院各所へ御參

一、東尾權僧正御參、

一、菩提院・佛告院來、御對面、

豐臣秀吉正忌千巻心經執行

一、國泰院殿(豐臣秀吉)御正忌ニ付、於樹下社千巻心經御執行、宮御方御出仕、東尾權僧正・菩提院・佛告院・普門院(啓道)・惠乘房等出仕也、

一、閑院宮樣江御使を以、今日依御神事、兼而御成被爲有候樣被仰進候ニ付、可被爲成候處、俄ニ御法用被爲有候ニ付、御斷被仰進候也、御使鈴木求馬、

一、下御靈江御代參、同人相勤也、

一、原田無關參上、拜診被仰付也、

十九日、壬辰、雨晝後晴、當番、小川大藏卿・今小路民部卿・松井右衞門大尉・友田掃部・小畑勘ケ由・松井多門、主計所勞、

一、原田無關參上、拜診、御藥調進也、

一、入夜、三宅宗仙參上、御對面、

二十日、癸巳、快晴、當番、今小路民部卿・松井出羽守・中村帶刀・初瀨川釆女・鈴木求馬・靑水造酒・莊田左衞門、

一、佛告院參上、御對面、

一、午刻過御出門、仙洞御所江御參、次中宮御所へ御參、夫より閑院宮樣へ御成、戌刻還御、御供松井出羽守・初瀨川釆女・山下勇、御先三人、

廿一日、甲午、快晴、當番、菅谷中務卿・小川大藏卿・松井右衞門大尉・友田掃部・小畑勘ケ由・松井多門、主計所勞、

一、金剛院權僧正御參、

一、佛告院參上、御對面、

一、原田無關參上、拜診、御藥調進、

一、西本願寺門主(文如光暉)江御使を以、先日信行院殿遷化ニ付、

御悔被仰遣也、御使友田掃部、

廿二日、乙未、晴申刻頃より雨、當番、菅谷中務卿・松井出羽守・中村帶刀・初瀬川采女・鈴木求馬・青水造酒・莊田左衞門、

大會につき竪者相勤願ひ添簡一通

一、今年大會ニ付、覺行房・十乘房与申もの、當御殿御内ニて竪者相勤度旨、從金剛院殿被相願、幷法輪房・松雲房与申もの、右同斷、護淨院より相願、各御聞濟、明廿三日爲案内登山ニ付、金剛院殿同宿諦靜房江添簡一通相渡、

一筆致啓上候、然者當門ニ相勤候覺行房・十乘房・法輪房・松雲房、就今年大會竪者相勤申度旨願上候ニ付、則爲案内今日爲致登山候、宜御指圖賴入存候、恐惶謹言、

八月廿三日　松井右衞門大尉判

圓龍院様

一、江府水口伊織江此間之返書遣、

廿三日、丙申、雨、當番、小川大藏卿・今小路民部卿・松井右衞門大尉・友田掃部・小畑勘ケ由・松井多門、主計所勞、

一、御月次和歌御詠進、奉行日野大納言（資矩）殿へ被附候事、

御使松井多門、

*仙洞唐門修復の傳奏觸

一、佛告院・安達大圓來、御對面被仰付、

廿四日、丁酉、晴或曇、當番、今小路民部卿・松井出羽守・中村帶刀・初瀬川采女・鈴木求馬・青水造酒・莊田左衞門、

一、東尾權僧正御參、

一、佛告院參上、御對面、

一、和田泰純參上、拜診、御藥調進也、

一、山門會行事圓龍院より先日之返書來ル、

貴簡致拜見候、然者其御殿ニ相勤候光乘院、就今年大會竪者相勤申度旨願上候ニ付、爲案内今日被致登山候、宜可致差圖之旨奉得其意候、恐惶謹言、

八月三日　圓龍院貫豪判

松井右衞門大尉様

一、横山道壽、先達而より病氣之處、不叶養生死去仕候旨、山本内藏より御屆申上ル、右ニ付同苗左近儀、五旬之御暇相願候由也、

廿五日、戊戌、晴、當番、菅谷中務卿・小川大藏卿・松井右衞門大尉・友田掃部・小畑勘ケ由・松井多門、主計所勞、

一、岸紹易、爲窺御機嫌參上、

一、原田無關參上、申置、

一、傳奏觸到來、

口上覺

*伊勢例幣につき禁裏仙洞御神事の傳奏觸

仙洞様御唐門之透垣御修復相濟候ニ付、従明廿六日御唐門御出入可被遊候、此段爲御心得各方迄可申入旨、兩傳被申付如此、以上、

八月廿五日　兩傳奏雜掌

御名前例之通

坊官御衆中

追而、御廻覽之後、勸修寺家へ御返却可被成候、以上、

廿六日、己亥、晴、當番、菅谷中務卿・松井出羽守・中村帶刀・初瀬川采女・鈴木求馬・青水造酒・莊田左衞門、

一、金剛院權僧正御參、

一、西本願寺門主より使者を以、先達而信行院殿遷化ニ付、御悔被仰遣候御禮被申上候由也、

一、三宅宗仙參上、中務卿（マヽ）、

廿七日、庚子、晴、當番、小川大藏卿・今小路民部卿・松井右衞門大尉・友田掃部・小畑勘ケ由・松井多門、主計所勞、

一、原田無關參上、拜診、

一、市川養元參上、御對面、

廿八日、辛丑、晴、當番、今小路民部卿・松井出羽守・中村帶刀・初瀬川采女・鈴木求馬・青水造酒・莊田左衞門、

一、東尾權僧正御參、

一、山本內藏・市川養元、當日御禮申上ル、

一、菩提院參上、御對面、

一、伴蒿蹊參上、御對面、

一、入夜傳奏觸到來、

口上覺

就伊勢例幣、従明廿九日晩　禁裏様御神事、従來月九日晩至十三日朝御潔齋候、従來月九日晩至十一日發遣仙洞様御神事候、中宮様従明廿九日晩至來月十三日朝、僧尼重輕服之御方ゝ様御參入可被憚候、爲御心得各方迄可申入旨、兩傳被申付如此候、以上、

八月廿八日　兩傳奏雜掌

御名前例之通

坊官御衆中

追而、御覽之後、勸修寺家へ御返し可被成候、以上、

廿九日、壬寅、晴、當番、菅谷中務卿・小川大藏卿・松井右衞門大尉・友田掃部・小畑勘ケ由・松井多門、主計所勞、

一、當月御內ゝ御祈禱之御卷數幷御撫物、例之通長橋御局迄御書を以御獻上也、御使小畑勘ケ由、

*栂尾高山寺諸堂修復につき勸化狀の傳奏觸

別當代跡役横川一音院御禮參上

一、護持御本尊御撫物爲請取、北小路極﨟參上、地下役人附添來、於鶴之間小川法眼出會、御同宿普門院を以例之通相渡、以後於梅之間御對面、

一、於積翠無爲庵巡會正午御茶、三宅宗仙獻上也、御詰菅谷法印・知足庵・市川養元・小泉陰陽大允、

一、福井嚴助、爲窺御機嫌參上、於常御殿御對面、折節參殿ニ付、御茶御詰被仰付也、

一、山門横河一音院(忍衣)參上、別當代定光院(觀光)役儀御免ニ付、跡役一音院江被仰付候由御禮申上ル、外良餅一折五棹獻上也、於御書院御對面名披露、以後退出、

一、傳奏觸到來、

口上覺

中宮樣江院家方ハ從御車寄、諸寺醫師等者奏者所江參上可有之旨、先達而被仰出被相觸候得共、以來者諸寺醫師等入埒重門諸大夫間代江可有參上旨、此度更被仰出候、仍爲御心得各方迄可申入旨、兩傳被申付如此候、以上、

八月廿八日　兩傳奏雜掌

御名前例之通
坊官御衆中

追而、御廻覽之後、勸修寺へ御返し可被成候、以上、

又壹通、

城州栂尾山
高山寺

山城國

右、諸堂修復爲助成勸化御免、寺社奉行連印之勸化狀持參、役僧共當辰九月より來ル巳八月迄、御料私領寺社領在町可致巡行候間、志之輩者物之多少ニよらす可致寄進旨、御料者御代官、私領者領主地頭より可被申渡候、

辰七月

口上覺

別紙之通、武邊より申來候間、爲御心得各方迄可申入旨、兩傳被申付如此候、以上、

八月廿九日　兩傳奏雜掌

御名前例之通
坊官御衆中

追而、御廻覽之後、勸修寺家へ御返却可被成候、以上、

九月

御用番、菅谷中務卿(寛常)、

朔日、癸卯、快晴、當番、菅谷中務卿・松井出羽守(永喜)・中村帯刀(利章)・初瀬川采女・鈴木求馬・青水造酒・莊田左衞門、

一、仙洞(後櫻町)御所江御使を以當日御祝詞被仰上、御使松井出羽守、
　禁裏(光格)御所・中宮(欣子)御所者御神事ニ付、無其儀、

一、當日御禮參上之輩、山本内藏・中嶋織部・三宅宗仙・同宗甫・市川養元・原田無關、

一、岸紹易參上、申置、

一、惠宅師參殿、御對面、

一、菩提院(志岸)參上、右同斷、

一、小泉陰陽大允參上、右同斷、

二日、甲辰、快晴、當番、小川大藏卿(純方)・今小路民部卿(行章)・松井右衞門大尉(永亨)・友田掃部・小畑勘ケ由・松井多門、主計所勞、

*大會竪者相勤願の返書

一、會行事圓龍院(貫豪)より去月廿三日之返書來ル、

貴簡致拜見候、然者其御殿ニ被相勤候覺行房・十乘房・法輪房・松雲房、就今年大會竪者相勤申度旨願上候ニ付、則爲案内今日被致登山候、宜致差圖之旨得其意候、恐惶謹言、

八月廿六日　圓龍院
　　　　　　貫豪判
松井右衞門大尉様

一、東尾權僧正(眞應)御參、

一、惠宅師參殿、

一、原田無關參上、拜診、御藥調進也、

一、安達大圓參上、民部卿面會、

三日、乙巳、晴、當番、今小路民部卿・松井出羽守・中村帯刀・初瀬川采女所勞代、晝ノ内掃部、夜勘ケ由、・鈴木求馬・青水造酒・莊田左衞門、

*自在王院宮と三摩地院宮御忌につき灌頂執行

一、當七月自在王院宮(典仁)様三回御忌、井來十二月三摩地院宮三十三回御忌ニ付、爲御追福御灌頂御執行、今日御開闢、從明四日三箇日之間結縁灌頂御執行之事、

右ニ付、參勤之輩如左、

金剛院(眞應)權僧正・惠宅師・菩提院・佛告院(貞剛)・惠敦・智寶・西山妙行院同弟子貳人・普門院(啓道)・惠乘房(玄隆)・光禪房・心淨房・惠宅師弟子四人、

一、今夕御家來一統、家中・家内等御灌頂打、

一、伴蒿蹊、爲窺御機嫌參上也、

四日、丙午、快晴、當番、菅谷中務卿・小川大藏卿・松井右衞門大尉・友田掃部・小畑勘ケ由・松井多門、主計所勞、

*卜治

一、知足庵、御灌頂ニ付爲窺御機嫌松茸卜治初茸獻上也、

*灌頂結願
*參勤僧侶への
御布施

結緣灌頂參詣
者

*酒井紹慶家頼
召加願書

一、無常勤御家來爲惣代三宅宗仙參上、右同斷ニ付、小倉野一折獻上也、
一、岸紹易・岩永大炊、御機嫌相窺也、
五日、丁未、晴、當番、菅谷中務卿・松井出羽守・中村帶刀・初瀬川采女所勞代、畫勘ケ由、夜掃部、・鈴木求馬・青水造酒・莊田左衞門、
一、閑院宮(美仁)樣年寄涼岡院・紫雲院・蓮上院・常住院、其外女中三人結緣灌頂參詣也、御書院溜りニおゐて赤飯・湯漬等被下也、方金百疋涼岡院、同百疋紫雲院・蓮上院、線香壹包常住院より備之、爲窺御機嫌松葉干菓子三袋、右四人より獻上也、
一、千種(有條)三位殿、右同斷ニ付御參詣、於瑞龍殿民部卿面會也、
一、御灌頂ニ付爲伺御機嫌參上之輩、中島織部・三宅宗甫・原田無關・伴蒿蹊・安達大圓・岸紹易、求肥壹箱獻上也、
六日、戊申、曇、當番、小川大藏卿・今小路民部卿・松井出羽守・友田掃部・小畑勘ケ由・松井多門、主計所勞、
一、廬山寺江御代香、小川大藏卿相務、
一、藤島石見・同讃岐、御灌頂ニ付御機嫌相窺也、
一、閑院樣より女中兩人參詣、於瑞龍殿民部卿面會、赤飯出ス、
一、酉刻、御灌頂御結願、御家來一統恐悅申上ル、
一、於野牛之間參勤之僧侶へ民部卿面會、御布施被下、左之通、
一、金貳百疋、金剛院殿、
一、同三百疋、外ニ菓子料百疋、惠宅師、
一、同貳百疋宛、惠教・菩提院・佛告院・妙行院・同弟子少將・同民部、
一、同百疋宛、護淨院・同弟子普門院・惠乘房・光禪房・心淨房・惠宅師弟子四人・智寶、
一、青銅五十疋、承仕堀部備後、
七日、己酉、雨、當番、今小路民部卿・松井出羽守・中村帶刀・初瀬川采女・鈴木求馬・青水造酒・莊田左衞門、
一、東尾權僧正御參、
一、惠宅師參殿、御對面、
八日、庚戌、曇、當番、菅谷中務卿・小川大藏卿・松井右衞門大尉・友田掃部・小畑勘ケ由・松井多門、主計所勞、
一、藪澤競より酒井紹慶与申者御家來ニ被召加度旨、願書差出、

奉願口上覺

酒井紹慶

右紹慶儀、可被爲成御儀ニ御座候者、御家賴ニ被爲召抱被下度御願奉申上候、尤身元相糺候處、當時業躰茶道ニ御座候、則別紙親類書差上申候、他之故障茂勿論無御座候、何卒願之通被仰付被下候者難有奉存候、以上、

辰九月　　藪澤　競印

菅谷中務卿殿
今小路民部卿殿
松井右衞門大尉殿

親類書、如左、

親類書

一、養父　堺組与力岸一九郎同家　岸　紹易
一、養母　西本願寺内　松川幾馬
一、甥　堺町奉行成瀬因幡守組与力　岸　一九郎
一、實母　松平左兵衞佐内勘定奉行　三輪忠右衞門娘
一、實弟　同家中用人役　齊藤森衞

右之外、忌掛存命之親類無御座候、以上、

寛政八年辰九月　　當辰卅八歲　酒井紹慶印

妙法院宮樣
御坊官中樣

一、酒井紹慶、願之通今日御家賴被仰付候旨、於御用部屋月番中務卿より願取次藪澤競へ申渡也、

一、西山妙行院來、中務卿面會、昨年今年御灌頂ニ付參殿ニよつて御對面被仰付、弟子少將・民部卿、右同斷、各於御白書院御口祝被下也、爲御禮昆布五拾本獻上也、

*伊勢物語傳授日限治定

一、閑院宮樣より御里坊迄御使を以、來十六日、從仙洞(後櫻町)樣尹宮樣へ伊勢物語被爲有御傳授之旨、御日限御治定ニ付、御吹聽被仰進候由也、

重陽、辛亥、快晴、當番、菅谷中務卿・松井出羽守・中村帶刀・初瀨川采女・鈴木求馬・青水造酒・莊田左衞門、

一、當日御祝儀、如例、

一、東尾權僧正御參、

一、於御白書院坊官以下中奧、次隱居・子供等御禮申上ル、

一、當日御禮參上之輩、三宅宗仙・岩永大炊・市川養元・三宅宗達・香山元學、

*酒井紹慶家來仰付御禮錄

一、酒井紹慶、今度御家來被仰付候ニ付御禮申上ル、於

御白書院御對面、御口祝被下之名披露、御禮錄物左
之通、
一、白銀三枚
奉書拾帖代金貳百疋、入魂之由也、　獻上、
一、金貳百疋　金剛院殿、
一、同三百疋ツヽ　表役三人、
一、同百疋ツヽ　大藏卿・出羽守、
一、同三百疋　惣御家來、
一、菩提院・緒方左衞門・安達大圓、御禮申上ル、御對
面被仰付也、
一、仙洞御所江當日御祝詞被仰上候事、御使山下大和守、
但、禁裡御所・中宮樣者御神事也、
一、青門樣（尊眞）・安井御門跡（了尊）へ、當日御祝詞被仰進、彼御方
よりも御祝詞被仰進也、
一、勝安養院（洞海）權僧正より使を以、當日御禮被申上、無礙（堯海）
光院前大僧正よりも同樣之由也、

十日、壬子、晴、當番、小川大藏卿・今小路民部卿・松井右衞門大尉・友田掃部・小畑勘ケ由・松井多門、主計所勞、

忌佛作法及び大般若轉讀執行依頼

一、惠宅師江御使を以、忌佛作法被相勤候樣被仰遣、依
之方金百疋・御菓子一折被下之、且正五九月、於大
佛殿轉讀大般若御執行之節、惠宅師・惠教・沙彌三
人出仕有之候樣被仰遣也、御使惠乘房、
一、少々御腫物氣之由ニ付、岩永大炊被召相窺、御膏藥
調進也、

*三部鈔傳授につき傳奏觸

一、傳奏觸到來、
口上覺
就來十四日禁裏樣江從仙洞樣三部鈔御傳授、禁裏
樣・仙洞樣從來十三日晩至十四日酉刻御神事候、
中宮樣從來十三日晩至十四日酉刻、僧尼重輕服之
御方々樣御參入可被憚候、爲御心得各方迄可申入
旨、兩傳被申付如此候、以上、
九月十日　兩傳奏雜掌
御名前例之通
坊官御衆中
追而、御廻覽之後、勸修寺家へ御返却可被成候、
以上、

十一日、癸丑、雨、當番、今小路民部卿・松井出羽守・中村帶刀・初瀬川采女・鈴木求馬・青水造酒・莊田左衞門、
一、金剛院權僧正御參、
一、原田無關參上、御對面、

難波屋太助御用達赦免願書

一、大坂堂嶋新地難波屋太助、願書差出、

乍恐口上

一、私儀、九ケ年以前申三月、御殿御立入之儀御願奉申上候處、御聞濟之上御立入被仰付候上、御用達被仰付、難有奉存相勤罷在候處、近年商賣方打任セ置申候手代共無之様相成、私自分商賣方相勤罷在候上、一昨年より町内年寄役被仰付、公用繁務ニ罷成甚手支申候處、去年以來家内用向相勤候者も無之様相成候而、當時ニ而者公私内外用向甚繁多之處、私壹人ニ而相勤申候事故、至而難澁仕罷在候御儀ニ御座候、依之何卒追而手代り之もの出來候迄之内、御殿御用達幷御立入之儀、暫御赦免被爲成下度奉願上候、此段御聞濟被爲成下候ハヽ難有可奉存候、右之段御願奉申上度、乍恐以書付奉申上候、以上、

寛政八辰年八月　　難波屋
　　　　　　　　　　太助印

大佛御殿元〆御役所
　御役人中様

右願之通承届候旨、申渡也、

難波屋太助御用達免職届

一、難波屋太助御用達、願之通御免ニ付、傳奏衆へ届書、左之通、

覺

大坂堂嶋新地貳丁目
　難波屋太助

右之者、天明八年申三月御買物御用達被仰付候旨御届被仰入候處、此度依願右御用達被免候、仍御届被仰入候、此段大坂町御奉行所江宜御通達可被進候、以上、

辰九月　　妙法院宮御内
　　　　　　菅谷中務卿印

勧修寺前大納言(經逸)様御内
　立入左京亮殿
千種前中納言(有政)様御内
　漢城隼人殿
　福井壹岐守殿
　細谷典膳殿

＊横山道壽死去届

一、横山道壽死去届、如左、

覺

妙法院宮御家賴
　横山道壽
　横山左近

右兩人儀、是迄大佛本町七丁目自宅住居仕罷在候處、道壽儀、去月死去仕候、尤左近儀者其儘住居仕候、仍爲御届如斯御座候、以上、

辰九月　　妙――
　　　　　菅――印

宛同前

右両通、月番勸修寺家へ丸茂彌内持參之處、御落手
之由也、
十二日、甲寅、晴、當番、菅谷中務卿・小川大藏卿・松井右衛門大尉・友田掃部・小畑勘ケ由・松井多門、主計所勞、
一、岩永大炊相窺、

伊勢物語と三部鈔傳授につき傳奏觸

一、傳奏觸到來、
口上覺
就來十六日從仙洞樣閑院宮樣江伊勢物語御傳授、
從十五日晩至十六日未刻、仙洞樣御神事候、就來
廿二日從仙洞樣烏丸前大納言(光祖)樣江三部鈔御傳授、
從廿一日晩至廿二日未刻、仙洞樣御神事候、仍爲
御心得各方迄可申入旨、兩傳被申付如此候、以上、
九月十二日　兩傳奏雜掌
御名前例之通
坊官御衆中
追而、御廻覽之後、勸修寺家へ御返し可被成候、
以上、
口上覺
就來十六日從仙洞樣閑院宮樣江伊勢物語御傳授、
翌十七日仙洞樣江御參賀可被遊候、就來廿二日從
仙洞樣烏丸前大納言樣江三部鈔御傳授、廿四日仙
洞樣江御參賀可被遊候、右之趣各方迄可申入旨、
兩傳被申付如此候、以上、
九月十二日　兩傳奏雜掌
御名前例之通
坊官御衆中
追而、御覽之後、勸修寺家へ御返却可被成候、以
上、
一、入夜安達大圓參上、御對面、
十三日、乙卯、晴或曇、當番、菅谷中務卿・松井出羽守・中村帶刀・初瀬川采女不參・鈴木求馬・青水造酒・莊田左衛門、

*御月見開催

一、今夕於新御殿御二階、御月見被相催、依召知足庵・福井嚴助・吳月溪參上、御吸物・御酒被下之、

*奉行所呼出等につき傳奏觸

一、傳奏觸到來、
攝家宮方幷堂上方家司・家來等、町奉行所より呼
出し有之節ゝ、病氣等申立致延引候面ゝ茂有之趣
相聞、如何成事ニ付、病氣等候ハヽ、以來容躰書
爲差出、品ニ寄町奉行所より見届も可差遣候間、
向ゝ江可被成御達候、一旦呼出し請候上、出奔等
も有之候ハヽ、重役人等閑之儀ニ付、聢と御達有

*三部鈔傳授につき御祝儀

*越前専照寺書付返書の件

之候樣ニ存候、若以後不取締之儀も有之候者、急度可被及御沙汰候、且右家司・家來等市中借地借宅被差置候者、万一如何敷風說等も有之節者、町奉行組之者、廻り懸り直ニ罷越相尋候筋も可有之候、其期度〻達シ有之間敷候間、其段御達被置候樣存候事、

　九月

口上覺

別紙之通、武邊より申來候間、各方迄可申入旨、兩傳被申付如此候、以上、

　九月十三日　　　兩傳奏雜掌

　御名前例之通
　　坊官御衆中

追而、御廻覽之後、勸修寺家へ御返し可被成候、以上、

十四日、丙辰、晴、當番、小川大藏卿・今小路民部卿・松井右衛門大尉・木崎主計・友田掃部代造酒・小畑勘ケ由・松井多門、

十五日、丁巳、快晴、當番、今小路民部卿・松井出羽守所勞・中村帶刀・初瀨川采女・鈴木求馬・青水造酒・莊田左衞門、

一、昨日禁裏御所江從仙洞御所三部鈔御傳授ニ付、爲御祝儀兩御所江昆布一折五拾本宛御獻上、中宮御所江御同樣、御口上計、御使小川大藏卿、

一、當日御禮參上之輩、市川養元・三宅宗達・原田無關、

一、岩永大炊參上、御對面、

十六日、戊午、晴、當番、菅谷中務卿・小川大藏卿・松井右衛門大尉・木崎主計・友田掃部不參・小畑勘ケ由・松井多門、

一、禁裏御所より御使女房奉書を以、御月次和歌御題被進之、則御返書ニ御請被仰上也、
　壹通持參、
　月次御會和歌前日御詠進之事、奉行中山(忠尹)大納言殿、

一、禁裏御所江御書を以、御領山之松茸一折御獻上也、御使北川恒之進、

一、中宮御所へ御書を以、御菓子一折御進獻也、御使同人、

一、廣橋前大納言(伊光)殿へ、御領山之松茸一籠被遣之、雜掌迄手紙ニて遣也、

一、御所甲斐へ松茸一籠、中務卿より文ニて遣也、

一、備前光乘院、此度大會竪者相勤候ニ付上京、御機嫌相窺也、

一、越前中野専照寺役寺菩提寺より松井多門迄以飛札、

先達而より之一件、當八月四日於關東御聞濟御座候
ニ付、先年より差上置候書付、被返下候樣奉願候、尤
專照寺へ被下置候書付返上可仕候條、何日頃上京可
仕哉相窺候由也、勝手ニ上京可有之旨、及返書也、
一、閑院宮樣より御里坊迄以御使、今日從仙洞御所伊勢
物語御傳授ニ付、爲御祝儀赤飯一蓋被進也、
十七日、己未、雨、當番、菅谷中務卿・松井出羽守所勞・中村帶刀・初瀬川采女・鈴木求馬・青水造酒・莊田左衞門、
一、昨日從仙洞御所閑院宮樣江伊勢物語御傳授ニ付、爲
御祝儀仙洞御所江昆布一折五拾本御獻上、尤御參賀
可被爲在候處、依御歡樂御不參御斷被仰上也、
一、閑院宮樣へ右御同樣ニ付、昆布一折五拾本被進之、但、
御進物入魂也、御使山下大和守、

御臺樣著帶につき手紙到來

一、御附神保紀伊守より手紙到來、如左、
相達候儀有之候間、各方之内壹人、今明日中拙者
御役宅江可被相越候、

*千巻心經執行

一、寶暦之度、御臺樣御着帶ニ付、其御方より御祝儀
被仰進候砌、關東より之御返物有無之儀致承知度
儀有之候間、御調被御申聞候樣致度候、尤寶暦兩
度之御例とも御申越可被下候、以上、

九月十七日　神保(長孝)紀伊守
菅谷中務卿樣
松井(永昌)西市正樣

右返書、
御達之儀有之候間、拙者共之内壹人、今明日中御
役宅江罷出候樣致承知候、
一、寶暦之度、御臺樣御着帶ニ付、此御方より御祝儀
被仰進候砌、關東より之御返物有無之儀、尤寶暦
兩度之御例共御承知被成度段、是又致承知候、尚
相調候而自是可得御意候、以上、
九月十七日　菅谷中務卿
神保紀伊守樣

十八日、庚申、快晴、當番、小川大藏卿・今小路民部卿・松井右衞門大尉・木崎主計・友田掃部返采女・小畑勘ケ由・松井多門、
一、原田無關參上、拜診、
一、於御鎭守樹下社千巻心經御執行、金剛院權僧正・菩
提院・佛告院・普門院・惠乘房出仕也、
一、中宮御所江御領山之松茸一折、御書を以御進獻也、
御使末吉向、
一、閑院宮樣へ同斷、壹籠被進之、諸大夫迄手紙ニて參

ル、
一、同御內凉岡院・紫雲院・蓮上院・左兵衛・野澤江同
斷、壹籠被下之、月番より文ニて遣也、
一、未刻前御出門、御參院、次御參內、夫より閑院宮樣
江御成、戌半刻還御、
御供松井右衛門大尉・三上大膳・松井多門、御
先三人、
一、八幡新善法寺權僧正より書中を以、當月御祈禱之卷
數獻上也、
一、岩永大炊參上、御膏藥調進也、

御臺樣著帯につき御祝儀進物贈答の儀

一、神保紀伊守より昨日申來候趣ニ付、初瀨川采女行向、
當正月九日被差出候御臺樣(茂子)御着帯ニ付、公方樣(家齊)・御
臺樣江御祝儀被進物、并若君樣(家慶)へ御祝詞被仰入度旨
御聞繕之處、公方樣・御臺樣江被進物ニ不及御祝詞
可被仰入、若君樣へハ御祝詞ニ不及旨、右御聞繕書
ニ附札を以相達也、
一、紀伊守より昨日聞合之趣ニ付、手覺書一通、同人持
參、
一、寶暦年中御臺樣御着帯ニ付、御祝儀被進、關東よ
り之御返物之儀、御日記相調候處、寶暦六年・同
十二年御誕生被爲在候趣相見へ候得共、御着帯ニ
付御祝儀御增(贈)答之儀相見へ不申候、尤其節者御由
緒無御座故之儀哉与存候、
右之趣申入、尙又其御役宅ニ御當りも有之候ハヽ、年
月可被申聞、其上ニて今一應相調可申旨申述候處、
今日ハ紀伊守役用ニ而他出ニ付、歸宅之砌可申聞由
也、
一、日光宮樣(公澄)より御使上京ニ付、被爲任御便、安樂心院(公延)
宮樣より御反物被進之候由ニて、御里紫雲院より申
來ル也、
十九日、辛酉、快晴、當番、今小路民部卿・松井出羽守・中村帶刀・初瀨川采女・鈴木求馬・青水造酒・莊田左衛門、
一、香雪庵江御成、
一、安達大圓參上、
一、中宮御所より御使を以、御封中にて御文匣之內被進
之、則御返書被爲在也、
一、岸紹易來、中務卿面會、
一、岡本甲斐守(保考)・吳月溪來、於香雪庵御對面、
一、御附神保紀伊守役宅へ一通、如左、
御臺樣御着帯ニ付、公方樣・御臺樣江御祝詞、二

條表江御使何日比可被差向候哉、此段宜御聞繕可
被進候、以上、

九月十九日　　妙法院宮御内　菅谷中務卿

右壹通、丸茂彌内持參、落手之由也、

千代原村寺戸村毛見

一、千代原村・寺戸村爲毛見、今小路法橋、代官方伊丹
(宜顯)上總介・木崎主計、町役人等罷越也、

二十日、壬戌、快晴、當番、菅谷中務卿・小川大藏卿・松井右衞門大尉・木崎主計・友田掃部・小畑勘ケ由・松井多門、

一、金剛院權僧正御參、

大會竪者二名斷りの書狀

一、先達而金剛院殿より被相願候大會ニ付竪者相勤候兩
僧覺行房・十乘房病氣ニ付、今年者得相勤不申由、
依之會行事江書狀遣之、

一筆致啓上候、然者當門ニ相勤罷在候御同宿四人、
就今年大會竪者相勤度旨願上候ニ付、先日御案内
申候處、右之內覺行房・十乘房兩僧病氣ニ付、今
年者相勤不申候、仍爲御斷如茲御座候、恐惶謹言、

九月廿日　　菅谷中務卿 寛常判

圓龍院樣

廿一日、癸亥、快晴、當番、菅谷中務卿・松井出羽守・中村帶刀・初瀨川采女・鈴木求馬・青水造酒・莊田左衞門、

一、泉涌寺江御代香、山下大和守相務、

一、(文如光暉)西本願寺門主江以御使、御領山之松茸壹折御內々被
遣也、御使鈴木求馬、

一、閑院宮樣より御里坊迄以御使、此度伊勢物語御傳授
ニ付、和歌御勸進被成候間、御詠御賴被仰進候由、
則御題被進、尤來ル廿八日御取重ニ候間、御詠草來
ル廿六日迄ニ御窺被進候樣被成度旨、被仰進候由也、

一、岩永大炊參上、

*西本願寺門主下坂につき家來假足の儀相願

一、西本願寺內平井帶刀來、於瑞龍殿菅谷法印面會、來
月上旬門主下坂ニ付、御家來三宅宗仙・岩永大炊兩
人假足之儀被相願候由、則被聞召候旨、及御返答也、

*朱及び朱墨の商賣につき傳奏觸

一、傳奏觸到來、

朱幷朱墨共、朱座之外脇々より紛敷品商賣致間敷
旨、前々より相觸置候處、此度江戸・京・大坂・
奈良・堺江仲買之者共申付候、尤朱座ニ而も是迄
之通賣捌、仲買之者共者掛ケ札爲致候筈ニ候間、
朱座幷右仲買共之內より勝手次第買請候樣可致候、
勿論小賣致候ものハ、江戸・京・大坂朱座之內よ
り鑑札請取、朱幷朱墨共買請、朱者朱座包之儘ニ
而賣渡、職人共遣殘之分も右包之儘同職之者江讓

渡候儀ハ不苦候、若此上出所紛敷品内〻賣買致候
趣於相聞者、吟味之上急度咎可申付候、
右之趣、御料私領寺社領共在町不洩様可被相觸候、

辰八月

口上覺

別紙之通武邊より申來候間、爲御心得各方迄可申
入旨、兩傳被申付如此候、以上、

九月廿一日　兩傳奏　雜掌

御名前例之通
坊官御衆中

追而、御廻覽之後、勸修寺家へ御返し可被成候、
以上、

*播州淸水寺雙照院善達登山

廿二日、甲子、雨、當番、小川大藏卿・今小路民部卿・松井右衛門大尉・木崎主計・友田掃部・小畑勘ケ由返し采女・松井多門、
一、本願寺門主より以使者、昨日松茸被遣候御禮被申上候由也、
一、禁裏御所江御書を以、御文匣之內被上之、御使安福左馬太、
一、閑院宮樣へ御詠草爲持被進候事、御使同人、

一、本願寺門主より昨日被相願候三宅宗仙・岩永大炊假足之儀、被聞召候ニ付、門主より被達候ハヽ、御請可申上旨、宗仙・大炊へ申達也、
廿三日、乙丑、晴、當番、今小路民部卿・松井出羽守・中村帶刀・初瀨川采女・鈴木求馬・青水造酒、左衞門所勞、
一、閑院宮樣へ御詠草爲申出之事、
一、岡本甲斐守・伴蒿蹊參上、御對面、於御側御酒被下之、
一、緒方左衞門、此度養子仕候ニ付、爲御祝儀撞〔衝〕重蒸もの等獻上之由也、
一、御月次和歌御詠進、奉行中山大納言殿へ被附候事、御使初瀨川采女、
一、安達大圓參上、
一、播州淸水寺雙照院看坊右中弁善達上京、此度於山門法曇院受者相勤申候ニ付、先達而御添簡之儀願上ル、明日登山仕度間、御添簡被下置候様相願候ニ付、則御添簡被下也、其云、料紙中奉書横折也、

當宮御末寺播州淸水寺右中辨善達、今度於其寺院受者相勤候、無滯相濟候様取計可被申之旨、宜申達由仰ニ候也、

九月廿三日　菅谷中務卿 寛常判

法曇院

＊三部鈔傳授につき祝儀獻上木崎主計儀届書

一、木崎主計、此度御長屋江引取候ニ付、傳奏衆へ届書一通、如左、

覺

妙法院宮御家頼 木崎主計

右主計儀、是迄大佛上馬町自宅住居仕罷在候處、此度御長屋江引取候、仍爲御届如斯御座候、以上、

辰九月　妙法院宮御内 菅谷中務卿印

勧修寺前大納言樣御内 立入左京亮殿

漢城隼人殿

千種前中納言樣御内 福井壹岐守殿

細谷典膳殿

右一通勧修寺家へ差出、御落手之由也、

廿四日、丙寅、晴、當番、菅谷中務卿・小川大藏卿・松井右衞門大尉・木崎主計・友田掃部・小畑勘ケ由所勞代造酒・松井多門、

御領山茸狩

一、御領山御茸狩、於堺山夕御膳、御吸物・御酒・御提重等被召上、依召參上之輩左之通、

知足庵・伴蒿蹊・緒方左衞門・圓山主水・呉月溪、

一、緒方左衞門、此度養子仕候ニ付、御祝儀獻上、依之御目錄方金貳百疋被下之也、中務卿へ相達也、

一、一昨日從仙洞御所烏丸前大納言殿江三部鈔御傳授ニ付、仙洞御所江爲御祝儀昆布一折五拾本御進獻、尤御參賀可被爲有之處、依御歡樂御不參御斷被仰上也、御使今小路法橋、

一、烏丸前大納言殿江右同斷ニ付、御祝詞被仰遣也、御使末吉向、

廿五日、丁卯、快晴、當番、菅谷中務卿・松井出羽守・中村帶刀・初瀬川釆女・鈴木求馬・青水造酒・莊田左衞門、

一、禁裏御所・仙洞御所・中宮御所江花山元慶寺御祈禱之卷數御進獻也、御使青水造酒、

一、北野聖廟江御代參、造酒相勤也、

一、於積翠御茶室正午御茶、安達大圓獻上、御詰菅谷法印・坂元清記・小泉陰陽大允・知足庵、

一、伴蒿蹊參上、昨日之御禮申上ル、御菓子一折獻上也、

一、岩永大炊參上、御對面被仰付、

廿六日、戊辰、快晴、當番、小川大藏卿・今小路民部卿・松井右衞門大尉・木崎主計・友田掃部・小畑勘ケ由所勞代釆女・松井多門、

一、安達大圓參上、御對面、

廿七日、己巳、晴、當番、今小路民部卿・松井出羽守・中村帶刀・初瀨川采女・鈴木求馬・青水造酒、

一、東尾權僧正御參、

一、佛告院參上、御對面、

廿八日、庚午、曇、入夜雨、當番、菅谷中務卿・小川大藏卿・松井右衞門大尉・木崎主計・友田掃部・松井多門、勘ケ由所勞ニ付、左衞門暫今日之番へ加也、

*伏見宮染筆依頼
大般若轉讀執行

一、於大佛殿轉讀大般若御執行、東尾權僧正・惠宅師・菩提院・惠敎・普門院・惠乘房・惠宅師弟子三人出仕也、

但、宮御方御出仕無之、

一、今日出仕之輩へ御齋・御布施被下之、

*月僊へ書院畫の褒美

一、閑院宮樣江御使を以、先日被仰進候御勸進之和歌御詠出之事、御使友田掃部、

一、當日御禮參上之輩、山本內藏・岩永大炊・市川養元・原田無關、

寂照寺月僊上京參上次之間畫仰付

一、勢州寂照寺月僊、此度上京ニ付參上、於御白書院御對面被仰付、御菓子一折獻上也、御書院次之間畫被仰付、於御側御菓子、於梅之間□□等被下也、但、吳月溪同道ニ而來ル、明日も罷出候由也、

一、緒方左衞門・皆川文藏參上、

廿九日、辛未、曇夕刻雨、當番、菅谷中務卿・松井出羽守・中村帶刀・初瀨川采女・鈴木求馬・青水造酒、

一、西本願寺門主江御使を以、來月上旬門主下坂ニ付、御尋爲御餞別、手爐壹箱・羊羹一折五棹被遣也、御使鈴木求馬、

一、伏見宮(邦頼)樣より御使を以、御染筆物御頼被仰進、尤來月六日七日頃迄ニ御染毫被進候樣、御頼被仰進候由也、

一、月僊・月溪同道ニ而來、月僊江昨今御書院畫被仰付候ニ付、爲御褒美白銀三枚・眞綿三把被下也、月溪昨今罷出候ニ付、眞綿壹把被下也、中務卿面會相達也、

三十日、壬申、曇、巳刻頃雨、以後晴、當番、小川大藏卿・今小路民部卿・松井右衞門大尉・木崎主計・友田掃部・松井多門・莊田左衞門、

一、吳月溪來、昨日之御請申上ル、御對面、月僊より御菓子壹箱獻上也、

一、菩提院參殿、御講釋奉、

一、三宅宗仙參上、明日下坂ニ付御屆申上ル、

一、惠宅師參殿、民部卿面會、

一、原田無關參上、拜診、

一、本願寺門主より使者を以、此度門主下坂ニ付、昨日

御目錄之通被遣候ニ付御禮被申上、井岩永大炊、下坂ニ付得意之儀被相願候處、御領掌被爲有忝被存候由、御禮被申上候也、

越前專照寺一件につき役寺菩提寺上京

一、越前專照寺役寺菩提寺上京、松井多門出會、先達而より之一件、當八月於關東無滯相濟候ニ付、前以願上候通、專照寺より差上置候書付、被返下候樣奉願候由、尚明日可罷出旨也、

*越前專照寺一件書付返獻返下の目錄

十月　御用番、今小路民部卿(行章)、

朔日、癸酉、晴、當番、今小路民部卿・松井出羽守(永喜)・中村帶刀(利章)・初瀨川采女・鈴木求馬・青水造酒、

一、禁裏(光格)御所・仙洞(後櫻町)御所・中宮(欣子)御所江當日御祝詞被仰上候事、御使山下大和守、

一、石井三位殿(行宣)御領山へ參入之儀、兼而被相願、今日被參候ニ付、餅饅頭一折被遣也、

栂尾高山寺勸化巡行につき依賴狀

一、仁門樣(深仁)坊官より來狀、

以手紙得御意候、冷氣相成候得共、彌御安康可被成御勤珍重奉存候、然者當御所御寺務所、栂尾山高山寺、今般山城國壹ケ年之間勸化巡行從關東蒙御免候、依之其御境內町々江彼山役僧共可致巡行候間、信仰之輩ハ勝手ニ寄附いたし候樣厚御取計被遣度候、尤町方御掛り役も可有御座候間、其御役方へも宜被仰達可被下候、右爲御賴如此御座候、以上、

十月朔日　大橋大藏卿

　　　　　長尾宮內卿

妙法院宮樣

　坊官

　諸大夫御中

右承知之旨、及返書也、

一、越前州專照寺役寺菩提寺來、松井多門出會、此度專照寺一件相濟候ニ付、先年より專照寺江被下置候書付四通、目錄を以返獻、

覺

一、口宣壹通、權僧正拜任譽章、　一、宣旨壹通、右同斷、

一、院宣御令旨壹通、　一、御筋築地御免狀壹通、

右之通四通返納仕候、尤此外所持無御座候、以上、

辰九月　菩提寺

右之通返上ニ付、當御殿へ差上置候書付六通被返下、則以目錄相渡、

覺

一、御末寺ニ被召加候節請書壹通、

一、御觸之書籍之儀ニ付差上候壹通、
一、泉般両寺燒香之儀ニ付願書壹通、
一、本末帳壹册、
一、筋築地御免之節請書壹通、
一、申權僧正願書壹通、
　都合六通、
右之通被返下候事、
　　辰十月

一、當日御禮參上之輩、山本内藏・三宅宗甫・市川養元・香山元學、
一、東尾權僧正（眞應）より使を以、今日可被致參殿之處、所勞ニ付御斷被申上候由也、
一、鷹司關白樣（政熙）より御使を以、御染毫物御賴被仰進候由、尤四五日中ニ被進候樣御賴被仰進、則御領掌之旨、民部卿御返答申述也、

*當月山門大會

二日、甲戌、曇、午刻後より雨、當番、菅谷中務卿（寛常）・小川大藏卿（純方）・松井右衞門大尉（永亨）・木崎主計・友田掃部・松井多門・莊田左衞門、
一、佛告院（貞剛）參上、御對面、
一、菩提院（志岸）參殿、御講釋奉、

播州清水寺雙照院善達法曼院受者相勤御禮及び法曼院詮榮返書

一、播州清水寺雙照院看坊右中弁、此度於山門法曼院受者相務候ニ付、御添簡相願、先日登山之處無滯相務、昨日下山仕候ニ付御禮申上ル、法曼院より之返書持參、

御門主樣御末寺播州清水寺右中弁善達、今般於當室受者相勤候、無滯相濟候樣取計可申旨、御令旨之趣承知仕候、恐惶謹言、
　　九月廿八日　　法曼院
　　　　　　　　　　詮榮判
　菅谷中務卿殿

三日、乙亥、晴、當番、菅谷中務卿・松井出羽守・中村帶刀・初瀨川采女・鈴木求馬・青水造酒、
一、禁裏御所江御玄猪爲申出之事、御使末吉向、
一、藤島石見參上、御對面、
四日、丙子、晴、當番、小川大藏卿・今小路民部卿・松井右衞門大尉・木崎主計・友田掃部・松井多門・莊田左衞門、
一、菩提院參殿、御講釋奉、
一、當月就大會山門江御使被遣、題者惠心院（良諶）前大僧正・正覺院（豪靖）前大僧正・正觀院（堯端）前大僧正・莊嚴院（光賢）僧正江昆布一折五拾本宛、新題者覺王院（順性）權僧正・已講行光坊（恭副）江昆布一折五拾本・方金百疋宛、擬講鷄足院（亮周）江昆布一折五拾本被下之、并勅使烏丸弁殿（資董）江例之通御尋御口上計、右御使安福左馬太、

備前光乘院大會竪者遂業屆

一、備前光乘院（祖榮）、大會竪者無滯相勤、今日下山仕候旨御屆申上ル、幷御目見之儀相願候由、來八日御目見可被仰付間、出殿可有之相達也、

五日、丁丑、晴、當番、今小路民部卿・松井出羽守・中村帶刀・初瀨川采女・鈴木求馬・青水造酒、

一、菩提院參上、

一、中宮樣より御使御文を以、大菊壹筒被進也、則御返書被爲有也、

六日、戊寅、晴、當番、菅谷中務卿・小川大藏卿・松井右衞門大尉・木崎主計・友田掃部・松井多門・莊田左衞門、

一、菩提院參上、御講釋奉、

御室傳法の筥御開見につき順達

一、明後八日御室御傳法之御筥御開見被爲濟候ニ付、御家來一統恐悅可申上、幷御祝酒被下候條、出殿可有之旨及順達也、無常勤御家來へも同樣及順達也、

御染筆物依頼

一、青門樣（尊眞）・聖門樣（盈仁）・有栖川宮樣（織仁）・一條樣（忠良）・仁門樣・大（家孝）炊御門殿江御使を以御染筆物御賴被仰進、來ル廿日頃迄ニ御賴被仰進候旨申述、御使小川大藏卿、

但、青門樣ニハ此節御實母御太切之由ニ付、彼是御取込被爲有候故、無據御斷之趣御返答也、

一、關白樣・伏見宮樣（邦頼）江、先日御賴被仰進候御染筆物御出來ニ付、被進候事、御使同人、

一、廬山寺江御代香、小川法眼相務、

一、伴蒿蹊、明後八日御祝酒被下候旨被仰下候ニ付、御禮として參上、幷先達而愛宕林泉院江被仰付候畫贊相認候ニ付、蒿蹊を以差上候由也、

七日、己卯、晴、當番、菅谷中務卿・松井出羽守・中村帶刀・初瀨川采女・鈴木求馬・青水造酒、

一、圓山主水參上、先日御茸狩之節被召難有奉存候、乍延引御禮申上候由、御對面被仰付、

一、伏見宮樣より御使を以、先日御賴被仰進候御染筆物、早速御染毫被成進御滿足思召候旨、御挨拶被仰進候由也、

八日、庚辰、晴、當番、小川大藏卿・今小路民部卿・松井右衞門大尉・木崎主計・友田掃部・松井多門・莊田左衞門、

*月次和歌詠進の事

一、禁裏御所より御使女房奉書を以、御月次和歌御題被進也、則御返書ニ御請被仰上也、一通左之通、

月次御會和歌前日御詠進之事、　奉行冷泉前中納（爲章）言殿、

*御室傳法の御筥開見

一、御室御傳法之御筥、今日御開見被爲濟候ニ付、坊官以下中奥迄於御白書院恐悅申上ル、幷御家來一統於御廣間御祝酒被下之、

但、故宮之節者、私記御頂戴之節御祝酒被下候ニ

付、御開見之節者不被下、當御代者御灌頂ニ續私記御頂戴被爲有候故、其節者御祝酒不被下、此度御開見被爲濟候ニ付、一統恐悅申上、御祝酒被下候事、

一、知足庵・中嶋織部・山本內藏・三宅宗甫・市川養元・三宅宗達・原田無關・香山元學、於御白書院恐悅申上ル、於御廣間御祝酒被下也、

一、菩提院・佛告院・藤島石見・伴蒿蹊依召參上、御祝酒被下也、佛告院昆布貳拾本獻上也、

一、(眞應)金剛院權僧正より使を以、今日參殿恐悅可被申上候處、所勞未被相勝由ニ付、使を以恐悅被申上候旨也、

一、於御白書院御囃子被仰付候事、

備前光乘院竪義遂業御禮

一、御末寺備前光乘院、此度大會竪者無滯相勤、難有奉存候御禮申上ル、於梅之間御目見被仰付、爲御禮蒸菓子一折獻上也、

一、小泉陰陽大允(有彝)、折節參上ニ付、御祝酒被下也、

一、(美仁)閑院宮樣諸太夫より手紙を以、御勝手向御不如意ニ付、當辰十月より未九月迄三ケ年之間嚴敷御省略被仰出候ニ付、不寄何事御增[贈]答之儀御內外共堅御斷被仰入候旨申來ル也、

九日、辛巳、快晴、當番、今小路民部卿代中務卿・松井出羽守・中村帶刀・初瀨川采女・鈴木求馬・青水造酒、

一、一條內府樣より御里坊迄御使を以、此間御賴被仰進候御染筆物御出來ニ付、被進候旨也、

一、內府樣へ右御挨拶被仰進候事、御使末吉向、

一、於積翠園御數寄屋正午御茶、坂元清記獻上也、御詰菅谷法印・知足庵・市川養元、

一、小泉陰陽大允、昨日之御禮申上ル、

十日、壬午、晴、當番、菅谷中務卿・小川大藏卿・松井右衞門大尉・木崎主計・友田掃部・松井多門・莊田左衞門、

*安井本君より御入室得度の御吹聽

一、(了章)安井本君樣より御使を以、來ル廿七日御入室御得度被相催候ニ付、御吹聽被仰進、幷御音物御使等堅御斷被仰進候由也、

一、伴蒿蹊參上、一昨日之御禮申上ル、

十一日、癸未、晴、當番、菅谷中務卿返民部卿、・松井出羽守・中村帶刀・初瀨川采女・鈴木求馬・青水造酒返掃部、

一、安井本君樣へ御使を以、御入室御得度被催候ニ付、昨日御吹聽被仰進候、依之不被取敢御歡被仰入候事、御使友田掃部、

一、小澤蘆庵參上、御對面被仰付、

*西本願寺門主より口切につき御茶獻上

前關白輝良一周忌御見舞

御臺樣著帶御祝儀につき達狀

*山門正覺院大會御禮參殿

一、閑院宮樣より此度御傳法御皆傳被爲濟候ニ付、爲御歡昆布一折三拾本被進也、尤左兵衞・野澤より中務卿迄文ニて來ル也、

十二日、甲申、快晴、當番、小川大藏卿・今小路民部卿・松井右衞門大尉・木崎主計・友田掃部・松井多門・莊田左衞門、

十三日、乙酉、曇、未刻頃雨、當番、今小路民部卿・松井出羽守・中村帶刀・初瀨川采女・鈴木求馬・青水造酒、

一、於積翠園御數寄屋正午御茶被相催、菅谷法印・知足庵・市川養元・大愚江御茶被下之也、

一、一條樣へ御使を以、故前關白(一條輝良)樣御一周忌ニ付、御見舞被仰進候事、御使末吉向、

一、御附武家より來狀、

其御方より御臺樣御着帶爲御祝儀、御使者明後十五日辰刻、堀田相模守(正順)御役宅江被差出候樣可相達旨、相模守より申越候ニ付、此段相達候、以上、

十月十三日　石谷肥前守(清茂)
神保紀伊守(長孝)

菅谷中務卿樣
松井西市正(永昌)樣

右承知之旨、及返書也、

十四日、丙戌、晴、當番、菅谷中務卿・小川大藏卿・松井右衞門大尉・木崎主計・友田掃部・小畑勘ケ由・松井多門、

一、大炊御門殿より使者を以、先頃御賴被遣候御染筆物出來ニ付被上也、

一、西本願寺(文如光暉)門主より使者を以、口切ニ付御茶壹壺・羊羹一折五棹被上也、

一、知足庵參上、昨日御茶被下候御禮申上ル、

一、横山左近、忌明ニ付御禮申上ル、

十五日、丁亥、曇、當番、菅谷中務卿・松井出羽守・中村帶刀・初瀨川采女・鈴木求馬・青水造酒・莊田左衞門、

一、御臺樣(茂子)御着帶ニ付、公方樣(家齊)・御臺樣江御祝詞御使、二條表迄被差向候事、御使松井右衞門大尉、

一、禁裏御所・仙洞御所江御玄猪爲申出候事、御使初瀨川采女、

一、大炊御門殿江御使を以、昨日御染筆物被上候ニ付、御挨拶被仰遣也、御使右同人、

一、於積翠園御茶室正午御茶被相催、緒方左衞門・圓山主水・坂元清記へ御茶被下也、

一、山本內藏・市川養元、當日御禮申上ル、

一、山門正覺院前大僧正參殿、此度大會ニ付拜領物仕、

難有奉存候爲御禮御菓子一折獻上也、

十六日、戊子、雨、當番、小川大藏卿・今小路民部卿・松井右衞門大尉・木崎主計・友田掃部・小畑勘ケ由・松井多門、

一、伴蒿蹊、明日御茶被下候ニ付御請申上ル、

一、三谷玄蕃妹死去ニ付、地穢之間御暇之儀相願候事、

十七日、己丑、雨、當番、今小路民部卿・松井出羽守・中村帶刀・初瀨川釆女・鈴木求馬・青水造酒・莊田左衞門、

一、於積翠園御數寄屋正午御茶被催、今小路法橋・伴蒿蹊・呉月溪へ御茶被下之、

十八日、庚寅、晴、當番、菅谷中務卿・小川大藏卿・松井右衞門大尉・木崎主計・友田掃部・小畑勘ケ由・松井多門、

一、禁裏御所江御文匣御花壹箱御封中を以被獻也、御使北川恒之進、

青蓮院宮實母逝去の知らせ

一、青蓮院宮樣(尊眞)坊官大谷宮内卿より以手紙、彼御方御實母去ル十六日被成御逝去候旨申來ル也、

山門惠心院と鷄足院大會御禮參殿

一、山門惠心院前大僧正・鷄足院來、今度大會ニ付拜領物仕、難有奉存候爲御禮、惠心院より御菓子一折、鷄足院より外郎餠一折五棹獻上也、

一、御境内金光院(清林)、入院ニ付御禮申上ル、扇子三本入獻上也、

十九日、辛卯、快晴、當番、菅谷中務卿・松井出羽守・中村帶刀・初瀨川釆女・鈴木求馬・青水造酒・莊田左衞門、

*山門習禪院望擬講仰出につき御禮參上

一、山門習禪院(韶胤)參上、於瑞龍殿菅谷法印面會、先達而望擬講被仰出候ニ付、御禮御居旁來由、扇子三本入獻上也、

一、有栖川宮樣より御里坊迄御使を以、先達而御賴被仰進候御染筆物御認可被進之處、御痛所被爲在候ニ付難被遊、無據御斷被仰進候由、依之御料紙御返進也、

*家頼宗旨改帳差出す

一、傳奏月番千種前中納言殿(有政)江、御家賴宗旨御改帳面壹册、例年之通被差出也、御使石野東太夫、御落手之由也、

一、禁裏御所より御使女房奉書を以、御茶器五品御拜領被成候事、則御返書ニ御請被仰上也、

一、聖門樣江御使を以、先達而御賴被仰進候御染筆もの、此間被進候ニ付御挨拶被仰進也、

一、青門樣江御使を以、去ル十六日御實母御逝去ニ付、御悔被仰進候事、

一、西本願寺門主へ御使を以、此間口切ニ付御茶御菓子等被上候ニ付、御挨拶被仰遣也、右御使初瀨川釆女、

一、伴蒿蹊來、一昨日ハ御茶被下難有奉存候御禮申上ル、

山門荘嚴院大會御禮參殿

一、山門荘嚴院僧正參殿、大會之節拜領物仕難有奉存候
御禮申上ル、御菓子一折獻上也、
一、牛丸九十九、是迄香雪庵ニ相詰候處、此度御廣間詰
被仰付、尤無據用向ニ而當番差替之節者、荘田左衞
門与申合可相勤旨、於御用部屋今小路民部卿申渡也、
二十日、壬辰、曇、當番、小川大藏卿・松井右衞門大尉・木崎主計・友田掃部・小畑勘ケ由・松井多門・牛丸九十九、
一、原田無關參上、拜診、御藥調進、
一、知足庵參上、御對面、
一、有栖川宮樣諸大夫より來狀、以手紙得御意候、然者
勸修寺殿(經逸)より諸大夫被相招、左之通被申渡候、

入木道傳來の書付差出につき來狀

入木道御傳來御書付御差出可被成候、
仁和寺宮樣(深仁)　妙法院宮樣(眞仁)　萬里小路前大納言樣(政房)
廣橋前大納言樣(伊光)　甘露寺前大納言樣(篤長)
右、皆御同統之儀故、御一所ニ御書付御差出可被
成候、尤内々從武邊申來候事、
右、此御方より御達申、一兩日中被取集、御一所
ニ被差出候樣ニ与之儀ニ御座候間、右御調被成、
御傳之御書付急々御差出可被成候、仍早々如此御
座候、以上、
十月十九日　粟津圖書頭
妙法院宮樣
坊官御中
右承知之旨、及返書也、
一、有栖川宮樣江御使を以、壹通被差出、其案、料紙小
奉書四ツ折也、
寛政五年二月廿一日、從書博士岡本甲斐守(保考)入木道
被成御傳授候事、
右壹通、小畑勘ケ由持參之處、御留守之由、差置也、
廿一日、癸巳、晴或曇、當番、今小路民部卿・松井出羽守・中村帶刀・初瀬川采女・鈴木求馬・青水造酒・荘田左衞門、
一、廣橋前大納言殿御伺公、於常御殿御對面、御茶たは
粉盆出、御對話、以後御吸物御酒出、暫時して御退
出也、
一、藤島石見來、民部卿面會、
廿二日、甲午、晴、當番、菅谷中務卿・小川大藏卿・松井右衞門大尉・木崎主計・友田掃部・小畑勘ケ由・松井多門・牛丸九十九、
一、金剛院權僧正御參、
一、三宅宗仙、浪花より歸京ニ付御届申上ル、爲窺御機
嫌饅頭壹折獻上也、

一、岩永大炊右同斷、饅頭壹折・花形鹽壹箱獻上也、

一、山門覺王院權僧正參殿、此度大會ニ付拜領物仕、難有奉存候御禮申上ル、御菓子一折獻上也、

三摩地院宮三十三回忌につき法華經書寫仰付

一、來十二月三摩地院宮(堯恭)三十三回御忌ニ付、御家來一統江法華經書寫被仰付候事、

無礙光院(堯海)前大僧正江普門品一品、勝安養院(洞海)權僧正へ陀羅尼品一品、金剛院權僧正へ八册、坊官諸大夫へ七册ツヽ、侍近習へ五册ツヽ、出家承仕中奥へ四册ツヽ、茶道青侍へ三册ツヽ、

一、山門正觀院前大僧正代僧を以、大會之節拜領物御禮申上ル、外良餅一折五棹獻上也、

柿本社假殿遷宮につき傳奏觸

一、傳奏觸到來、

口上覺

就明後廿四日柿本社假殿遷宮、從明廿三日晩至廿五日朝仙洞樣御神事候、爲御心得各方迄可申入旨、兩傳被申付如此候、以上、

十月廿二日　兩傳奏
雜掌

御名前例之通
坊官御衆中

追而、御廻覽之後、勸修寺家へ御返し可被成候、

以上、

廿三日、乙未、曇、申刻過より雨、當番、菅谷中務卿・松井出羽守・中村帶刀・初瀨川釆女・鈴木求馬・青水造酒・莊田左衞門、

一、御月次和歌御詠進、奉行冷泉前中納言(爲章)殿へ被附候事、

御使青水造酒、

*姬君御誕生の知らせ

一、御附武家より來狀、左之通、

於關東當月十五日姬君樣被遊御誕生、彌御安泰之御儀、御機嫌不斜之旨、堀田相模守申聞候ニ付、此段爲御承知相達候、以上、

十月廿三日　石谷肥前守
神保紀伊守

菅谷中務卿樣
松井西市正樣

右承知之旨、及返書也、

廿四日、丙申、晴、當番、小川大藏卿不參・今小路民部卿・松井右衞門大尉・木崎主計・友田掃部・小畑勘ケ由不參・松井多門・牛丸九十九、

一、御附武家へ聞繕書、如左、

此度姬君樣御誕生ニ付、公方樣・御臺樣・若君樣江御祝詞、當時依御由緒ニ條表迄以御使可被仰入思召候、此段堀田相模守殿江宜御聞繕可被進候、

以上、

十月廿四日　妙法院宮御内　今小路民部卿

右壹通、石谷肥前守役宅へ石野東太夫持參、落手之由也、

小松谷御忌參詣

一、小松谷御忌參詣、爲御覽上馬町三井抱屋鋪江御成、御吸もの御酒御膳等相廻也、

一、金剛院權僧正御參、佛告院・三宅宗仙參上也、

一、惠宅師參殿、此頃高雄山江參詣ニ付、三絶鐘銘獻上之由、申置也、

廿五日、丁酉、晴、當番、今小路民部卿所勞代・松井出羽守・中村帶刀・初瀬川采女・鈴木求馬・青水造酒・莊田左衞門、

一、於香雪庵御茶室巡會午時御茶、市川養元獻上也、御詰菅谷法印・坂元清記・知足庵・三宅宗仙、

廿六日、戊戌、晴、當番、菅谷中務卿・小川大藏卿不參・松井右衞門大尉・木崎主計・友田掃部・小畑勘ケ由同斷・松井多門・牛丸九十九、

一、烏丸弁殿より金剛院權僧正江消息を以、來月護持被仰出候、其云、

來月護持可令勤修給之旨、被仰下候、以此旨宜令洩申妙法院宮給候也、恐惶謹言、

十月廿六日　資董

上書　常住金剛院權僧正御房　資董

御請文、如左、

來月護持妙法院宮可有御勤修之旨、則申入候處、御領掌候也、恐々謹言、

十月廿六日　眞應

上書　烏丸辨殿　眞應

右御請文、弁殿里亭へ末吉向持參也、

*盧山寺元三大師御開帳につき御届

一、於盧山寺來巳年三月三日より五十日之間、元三大師(良源)開帳仕候旨、御里坊まて御届申上候由也、

一、山門行光坊參上、大會之節拜領物御禮申上ル、求肥一箱獻上也、

一、東尾權僧正御參、

廿七日、巳亥、雨、當番、菅谷中務卿・松井出羽守・中村帶刀・初瀬川采女・鈴木求馬・青水造酒・莊田左衞門、

一、禁裏御所江御玄猪爲申出候事、御使末吉向、

一、西本願寺門主より使者を以、此間浪花より門主御歸京ニ付、爲御土產松白炭壹箱・花鹽壹箱被上之也、

*安井本君御入室得度御祝詞

一、安井本君樣、今日御入室御得度ニ付、御祝詞被仰入候事、

一、鷹司樣江右御同樣御歡被仰進也、御使松井出羽守、

春日祭新嘗祭につき傳奏觸

一、傳奏觸到來、
口上覺
就來月七日春日祭、同月十四日新嘗祭等、從來廿九日晩御神事、從來月十二日晩至十五日朝御潔齋候、且御重服幷御法中者至十六日朝御參內可被憚候事、
一、從十三日暮六ツ時至十五日朝五ツ時、佛事類之鐘停止之事、
一、從十四日朝六ツ時至十五日朝六ツ時、御築地之內僧尼法躰幷不淨之輩往反停止之事、
但、其形俗躰ニこしらへ候而穩便ニ往來候分者不可苦候事、
一、火之用心之儀常々可被仰付候得共、此節御神事ニ茂相成候間、かたく可被仰付候事、
一、就來月七日春日祭、從同月六日晩至八日朝、
就來月十四日新嘗祭、從同月十二日晩至十五日朝、
右、仙洞樣御神事候事、
一、中宮樣、從來廿九日晩至來月十五日朝、僧尼重輕服御方々樣御參入可〔マヽ〕可有之候、且僧尼重服御方々樣者十六日朝迄御參入可被憚候、

右之趣爲御心得各方迄可申入旨、兩傳被申付如此候、以上、
十月廿七日　兩傳奏
雜掌
御名前例之通
坊官御衆中
追而、御廻覽之後、勸修寺家へ御返し可被成候、以上、
一、禁裏御所より御使を以御文來、則御返書被爲有候也、
一、緒方左衞門參上、中務卿面會、
廿八日、庚子、曇或雨、酉刻前雷鳴、當番、松井右衞門大尉・木崎主計・友田掃部・松井多門・牛丸九十九、大藏卿・勘ケ由不參、
一、金剛院權僧正御參、
一、山本內藏、當日御禮申上ル、原田無關同斷、拜診、
一、今小路民部卿儀、御調之儀有之候ニ付、表役幷元〆方退役遠慮被仰付候事、
一、嶋田勝次、依病身願永御暇被下候事、
右之趣菅谷法印申渡也、
廿九日、辛丑、雨、當番、菅谷中務卿・中村帶刀・初瀨川采女・鈴木求馬・青水造酒・莊田左衞門、出羽守所勞、
一、金剛院權僧正御參、

*總姫君御七夜御祝儀につき達狀

一、護持御本尊御撫物、北小路極﨟隨身地下役人附添來、於鶴之間松井右衞門尉面會、御同宿普門院(啓道)を以例之通請取也、尤御對面可被爲有之處、御參內前ニて無其儀、

一、午刻前御出門、御參內、申刻過御退出、夫より御里坊江被爲入、暫時御休息被爲在、酉刻還御、御供伊丹上總介・初瀨川采女・山下勇、御先三人、

一、原田無關參上、御里坊へ御機嫌相窺也、

一、禁裏御所より御使女房奉書を以、來月御內々御祈禱被仰出候由、御撫物被出也、

但、御留守中ニ付當番之もの預り置也、

十一月　御用番、松井右衞門大尉(永亨)、

朔日、壬寅、晴、當番、小川大藏卿(純方)・松井右衞門大尉・木崎主計・友田掃部・小畑勘ケ由・松井多門・牛丸九十九、

一、仙洞御所(後櫻町)江當日御祝詞被仰上候事、御使山下大和守、

但、禁裏御所(光格)・中宮御所(欣子)者御神事也、

一、當日御禮參上之輩、山本內藏・三宅宗甫・三宅宗達・橫山左近・原田無關、

一、伴蒿蹊參上、御對面、皆川文藏參上、申置、

一、安樂心院(公延)宮樣御里坊迄以御使、時節爲御見舞花形鹽壹箱被進之、御使初瀨川采女、

一、西本願寺門主(文如光暉)江、此間浪花より歸京ニ付土產被上候御挨拶被仰遣也、御使友田掃部、

一、御附武家より來狀、

去月廿三日、姫君樣御七夜御祝儀首尾好相濟、總姫君樣与被稱之、御機嫌不斜候旨、堀田相模守(正順)申聞候ニ付、此段爲御承知相達候、以上、

十一月朔日　石谷肥前守(清茂)
神保紀伊守(長孝)

菅谷中務卿(寬常)樣
松井西市正(永昌)樣

右承知之旨、及返書也、

一、八幡松本坊來、明日御茶被下候ニ付御禮申上ル、

二日、癸卯、晴、當番、菅谷中務卿・中村帶刀(利章)・初瀨川采女・鈴木求馬・青水造酒・莊田左衞門、

一、金剛院權僧正(眞應)御參、

一、於積翠御數寄屋正午御茶被相催、松本坊・東尾權僧正(眞應)・菅谷法印・知足庵へ御茶被下也、

三日、甲辰、晴、當番、小川大藏卿・松井右衞門大尉・木崎主計・友田掃部・小畑勘ケ由・松井多門・牛丸九十九、

一、東尾權僧正御參、

一、八幡松本坊來、昨日御茶被下候御禮申上ル、

當月護持御祈禱につき仁門樣へ依賴手覺書及び返答

一、當月御內〻御祈禱被仰出候處、護持御勤修、且藥師供等ニて御繁多ニ被爲有候ニ付、仁門樣(深仁)江來月与御振替之儀御賴被仰進、手覺書持參、御使安福左馬太、

覺

寒冷之節益御機嫌克被爲成、目出度思召候、抑去ル廿九日御內〻御祈禱被仰出、御撫物被出之候處、折節御參內御留守中ニ御座候、還御夜ニ入候ニ付、最早御神事ニ相成、御返書も不被成候、然ル處當月護持御勤修有之、且御月次藥師供等ニ而甚御繁多ニ御座候、右ニ付何卒乍御苦勞、其御所樣又者眞光院殿ニ而も、來月与御振替御勤被進候樣御賴被仰入度候、依之御祈禱御撫物爲持被進候事、

十一月三日

右御返答、如左、

當月御內〻御祈禱御撫物被出候處、折節御參內、夜ニ入還御被遊、最早御神事ニ相成候故、御返書も不被遊候由、然ル處當月護持御勤修、且御月次藥師供等甚御繁多ニ被爲在候ニ付、宮御方又者眞光院法務ニ而も、來月与御振替被爲在候樣被遊度之旨被仰進、御承知被遊候、宮御方・法務被仰合、御勤修可被遊候、乍去廿九日御撫物被出、當朔日より今三日迄之所者其御所樣ニ而御勤修被遊候事と思召候、御撫物御返獻之節、卷數御認方も御座候ニ付、御尋被仰入候、且御撫物被入候御文匣者、其御所樣御文匣与思召候、從禁中被進候御文匣、此御返答被仰進候節御一緒ニ被進候樣被遊度候、否御返答此御殿迄今一應被爲聞□度御座候御事、

十一月三日

一、原田無關參上、拜診、御藥調進也、

一、三宅宗仙參上、御對面、

四日、乙巳、曇、酉刻過氷降、當番、菅谷中務卿(永喜)・松井出羽守・中村帶刀・初瀨川采女・鈴木求馬・青水造酒・莊田左衞門、

一、東尾權僧正御參、

*御祈禱勤修につき仁門樣へ手覺書

一、仁門樣へ昨日之御再答被仰進、手覺書一通持參、御使北川恆之進、

覺

益御機嫌克被爲成珍重思召候、昨日者御內〻御祈禱御勤修、來月御振替之儀御賴被仰進候處、則御

御容體書*

天王講相務

領掌被進、忝思召候、
一、御修法之御本尊御相違も有之候事故、此御方御勤修之分御卷數、此御方より御注進可被成与思召候、乍然從其御所樣御獻上之儀御勝手ニ被爲有候ハヽ、御卷數之御樣子可被仰進候條、今一應御返答ニ被仰進候樣思召候、
一、御所より之御文匣御文箱、則爲持被進之候、
十一月四日
五日、丙午、初雪、晝前より晴、當番、小川大藏卿・松井右衞門大尉・木崎主計・友田掃部・小畑勘ケ由・松井多門・牛丸九十九、
一、金剛院權僧正御參、
一、天王講恒例之通相務候ニ付、今村忠右衞門より蒸籠壹組獻上也、
一、安井（了尊）御門跡より御使を以、此間御入室御得度之節、御歡被仰進候ニ付、御挨拶被仰進候由也、
六日、丁未、曇或晴、當番、菅谷中務卿・松井出羽守・中村帶刀・初瀨川釆女・鈴木求馬・青水造酒・莊田左衞門、
一、東尾權僧正御參、
一、岸紹易來、中務卿面會、
一、於積翠御茶室正午御茶、知足庵獻上也、御詰菅谷法印・坂元清記・三宅宗仙・市川養元、
一、原田無關參上、拜診、
七日、戊申、晴、當番、小川大藏卿・松井右衞門大尉・木崎主計・友田掃部・小畑勘ケ由・松井多門・牛丸九十九、
一、和田泰純江御藥取、御容躰書、
益御機嫌克被爲成候、昨朝より寒氣故歟、少ゝ御塞之御氣味ニ而御逆上被爲在候、其御加減ニて御藥御調進可被成候、隨分御機嫌克被爲成候事、
十一月七日
一、東尾權僧正御參、
一、千種家より御招ニ付、末吉向罷出候處、關東御代替ニ付、來春御下向之儀被達、否之儀書付、明後日迄ニ可被差出由也、
八日、己酉、晴、當番、菅谷中務卿・松井出羽守・中村帶刀・初瀨川釆女・鈴木求馬・青水造酒・莊田左衞門、
一、東尾權僧正御參、
一、岸紹易、爲窺御機嫌參上、御對面、
一、原田無關參上、拜診、
一、千種家より昨日被達候趣ニ付、一通差出、料紙小奉書四ツ折、

關東下向の儀につき書付一通

妙法院宮關東江御下向之儀、被仰達候趣被聞召候、然ル處近年御持病御積氣被爲有候故、長途數日之御乗輿之儀難被成、御難儀之御事ニ御座候間、御下向之儀御斷被仰入度思召候、此段可然御取斗賴思召候、以上、

十一月八日　妙法院宮御内　松井右衞門大尉

勸修寺（經逸）前大納言樣御内　立入左京亮殿

漢城隼人殿

千種（有政）前中納言樣御内　福井壹岐守殿

細谷典膳故障ニ付除之、

右壹通、安福左馬太持參、御落手之由也、

九日、庚戌、晴、當番、小川大藏卿・松井右衞門大尉・木崎主計・友田掃部・小畑勘ケ由・松井多門・牛丸九十九、

一、後桃園院尊儀御正忌ニ付、泉涌寺江御代香、山下大和守被差向、

一、金剛院權僧正御參、

一、皆川文藏、爲伺御機嫌參上、先達而被仰付候贊相認候ニ付持參、申置也、

十日、辛亥、晴或曇、當番、菅谷中務卿・松井出羽守・中村帶刀・初瀬川采女・鈴木求馬・青水造酒・莊田左衞門、

一、東尾權僧正御參、

一、酒井紹慶、爲伺御機嫌參上、

十一日、壬子、晴、當番、小川大藏卿・松井右衞門大尉・木崎主計・友田掃部・小畑勘ケ由・松井多門・牛丸九十九、

一、東尾權僧正御參、

一、佛告院（貞剛）江御用之儀有之候間、明日四時參殿候樣、中務卿より申遣也、

十二日、癸丑、晴或曇、酉刻頃小雨、當番、菅谷中務卿・松井出羽守・中村帶刀・初瀬川采女・鈴木求馬・青水造酒・莊田左衞門、

一、東尾權僧正御參、

＊住侶取立につき佛告院參上

一、佛告院參上、此度依願住侶御取立、院室明禪院御預ケ之事、

右之趣、於梅ノ間金剛院權僧正被申渡也、

一、岡本甲斐守（保考）、爲伺御機嫌參上、御對面、

一、小澤蘆庵來、先達而御菓子拜領仕、難有奉存候御禮申上候由、申置也、

十三日、甲寅、晴、當番、小川大藏卿・松井右衞門大尉・木崎主計・友田掃部・小畑勘ケ由・松井多門・牛丸九十九、

一、東尾權僧正御參、

一、岸紹易、爲伺御機嫌參上、御對面、

十四日、乙卯、晴、當番、菅谷中務卿・松井出羽守・中村帶刀・初瀬川采女・鈴木求馬・青水造酒・莊

新嘗祭

田左衞門、

一、今日、新嘗祭御當日也、

一、東尾權僧正御參殿、

一、入夜知足庵・市川養元依召參上、於御側御酒蕎麥被下之、

一、原田無關參上、拜診、

十五日、丙辰、晴、當番、小川大藏卿・松井右衞門大尉・木崎主計・友田掃部・小畑勘ケ由・松井多門・牛丸九十九、

*壽宮様深曾木御祝儀

一、當日御禮參上之輩、山本内藏・三宅宗仙・市川養元・香山元學、

一、大愚參上、御對面、

一、岸紹易參上、中務卿面會、

諸堂修復勸化の儀につき高山寺役僧來る

一、栂尾山高山寺役僧來、諸堂修復爲助成勸化之儀相願候由、寺社奉行連名之勸化帳持參、於御玄關友田掃部面會、近日伺ニ可罷出旨申達、

*東寺御參詣及び西本願寺庭御覽

三摩地院宮三十三回忌につき和歌勸進の口上書

一、來月三摩地院宮(堯恭)御年回ニ付、閑院宮様(美仁)・有栖川宮様(織仁)江和歌御勸進ニ付、御詠出之儀御賴被仰入、御口上書如左、

就三摩地院故一品宮三十三回御忌、和歌御勸進被成候、當月中御詠出被進候様御賴被仰入候、

十一月十五日

妙法院宮御使
山下大和守

一、右同斷、萬里小路前大納言殿(政房)・廣橋前大納言殿(伊光)・日野一位殿(資枝)・烏丸前大納言殿(光祖)・石山宰相殿(基陳)・難波前大納言殿(宗城)・芝山前宰相殿(持豐)江御賴被仰遣、御口上書同様也、

但、右之方〻江者明後日御使被遣之、

一、勝安養院權僧正(洞海)より使を以、今般末派加行ニ付、餅壹箱被獻之、

一、閑院宮様より壽宮様(孝仁)御深曾木爲御祝儀、赤飯壹蓋被進之、

十六日、丁巳、晴、當番、菅谷中務卿・松井出羽守・中村帶刀・初瀬川采女・鈴木求馬・青水造酒・莊田左衞門、

一、東尾權僧正御參、

一、惠宅師、爲窺御機嫌參殿、

一、閑院宮様へ御使を以、昨日壽宮様御深曾木爲御祝儀赤飯壹飯被進候ニ付、御挨拶爲御祝儀昆布一折三拾本被進之、御使末吉向、

一、午刻前御出門、東寺江御參詣、還御懸西本願寺庭爲御覽御立寄、從門主御茶被上之、御供菅谷法印御詰被仰付、先達而岸紹易門前へ御出迎御案内申上ル、戌刻頃還御、但、右御立寄之儀、途中より紹易を以

及案内也、
御供菅谷中務卿・山下勇・藪澤競・三上大膳・松
井多門、御先三人、衣躰各羽織袴、

*月次和歌詠進の事

一、本願寺門主（達如光朗）より使者を以、今日ハ東寺へ御參詣ニ付、
御立寄被爲在畏被存候、不取敢御挨拶被申上候由也、

多武峯社正遷宮につき傳奏觸

一、入夜傳奏觸到來、
口上覺
就來廿日多武峯社正遷宮、從十八日晩至廿一日朝
御神事候、中宮樣從十八日晩至廿一日朝、僧尼重
輕服之御方樣御參入可被憚候、此段爲御心得各方
迄可申入之旨、兩傳被申付如此候、以上、
十一月十六日　兩傳奏
雜掌

*三摩地院宮年回和歌勸進

御名前例之通
坊官御衆中
追而、御廻覽之後、勸修寺家へ御返却可被成候、
以上、

*佛告院住侶取立につき禮錄

十七日、戊午、雨、當番、小川大藏卿・松井右衞門大尉・木崎主計・友田掃部・小畑勘ケ由・松井多門・牛丸九十九、
一、惠宅師參殿、
一、西本願寺門主（文如光暉）へ御使を以、昨日ハ東寺江御參詣、俄
ニ御立寄被爲在、御茶種〻御馳走等被申上、御滿足
思召候旨、不被取敢御挨拶被仰遣、新門主（本如光攝）井顯證寺
へも御傳言也、御使松井多門、
一、禁裏御所より御使女房奉書を以、御月次和歌御題被
進、則御返書ニ御請被仰上也、
壹通持參、如左、
月次御會和歌前日御詠進之事、　奉行飛鳥井中納（雅威）
言殿、
一、三摩地院宮（堯恭）御年回和歌御勸進ニ付、堂上方江御使友
田掃部、御口上書ケ所等、一昨日之所ニ記アリ、但、
難波殿（宗城）ニ者御斷之由也、
一、西本願寺門主より使者を以、昨日ハ差懸り御立寄被
爲在、別而御麁末之儀ニ被存候、右ニ付御挨拶御使
被遣被爲入御念候御儀、尙又御禮被申上候由也、
一、佛告院儀、此度住侶御取立、院室明禪院御預之事、
但、右願書、廿二日ノ所ニ記アリ、
右ニ付御禮錄、左之通、
一、白銀貳枚・杉原拾帖、獻上、
一、金貳百疋、院家、　一、同貳百疋ツヽ、表役兩人、
一、銀貳兩ツヽ、坊官諸大夫、

一、金三百疋、惣御家來、　一、銀三匁、執筆、
右之通御定之處、此度出情之儀有之、左之通減少
被仰付、尤不可爲後例事、
一、白銀壹枚・杉原拾帖、獻上、
一、金百疋、金剛院殿、　一、同百疋ツヽ、表役兩人、
一、銀壹兩ツヽ、小川大藏卿・松井出羽守、
一、金貳百疋、惣御家來、

泉涌寺修復につき傳奏觸

一、傳奏觸到來、
　口上覺
泉涌寺御修復皆出來ニ付、御日柄之外御參詣御座
候而も差支無之段、泉涌寺より申出候、仍爲御心
得各方迄可申入旨、兩傳被申付如此候、以上、
　十一月十七日　兩傳奏
　　　　　　　　雜掌
　御名前例之通
　　坊官御衆中
追而、御廻覽之後、勸修寺家へ御返却可被成候、
以上、
十八日、己未、晴、當番、菅谷中務卿・松井出羽守・中村帶刀・初瀬川采女・鈴木求馬・青水造酒・莊田左衞門、
一、本願寺連枝顯證寺へ中務卿より手紙を以、一昨日東寺へ御參詣、俄ニ御立寄被爲在候處、彼是御取持申上候ニ付、爲御挨拶眞手桶一箱被遣之、井下間兵部卿・冨嶋賴母・平井帶刀へ御目錄金貳百疋ツヽ、被下之、但、中務卿より手紙ニて遣、若黨使也、
一、御附武家より壹通到來、
來月朔日、若君樣江御名可被進旨被仰出候、右之
段近衞殿始御由緒之方ゝ江無急度相達可被置候、
　十一月
別紙之趣御達可申旨、堀田相模守より以書付申聞
候ニ付、則寫相達申候、以上、
　十一月十八日　石谷肥前守
　　　　　　　　神保紀伊守
　菅谷中務卿樣
　松井西市正樣
右返書、
來月朔日、若君樣江御名可被進旨被仰出候ニ付、
御別紙之通御達之趣、委細致承知候、以上、
　十一月十八日　松井右衞門大尉
　石谷肥前守樣
　神保紀伊守樣

中川幸德初度對面拜診

一、中川幸德、此度窺被仰付候ニ付、今日初而參上、於御白書院御對面、拜診被仰付、於瑞龍殿御菓子被下也、
一、岸紹易參上、御對面被仰付、
一、護淨院、爲伺御機嫌參上、御對面、
一、酒井紹慶參上、明日御茶獻上ニ付御禮申上ル、
一、小泉陰陽大允・安達大圓參上、御對面被仰付、大圓より清水焼茶碗一箱獻上也、
一、東尾權僧正より使を以、未所勞不相勝候ニ付、今日も不參御斷被申上候由也、

十九日、庚申、晴、當番、小川大藏卿・松井右衞門大尉・木崎主計・友田掃部・小畑勘ケ由・松井多門・牛丸九十九、
一、於無爲庵正午御茶、酒井紹慶獻上也、御詰小泉陰陽大允・市川養元・知足庵、
一、三宅宗仙、爲伺御機嫌參上、申置也、

二十日、辛酉、雨、當番、菅谷中務卿・松井出羽守・中村帶刀・初瀨川采女・鈴木求馬・青水造酒・莊田左衞門、
一、酒井紹慶、昨日者初而御茶獻上仕、難有奉存候御禮申上ル、
一、小泉陰陽大允・市川養元、昨日御茶御詰被仰付候ニ付、御禮申上ル、

廿一日、壬戌、晴、當番、小川大藏卿・松井右衞門大尉・木崎主計・友田掃部・小畑勘ケ由・松井多門・牛丸九十九、
一、細谷典膳、爲伺御機嫌參上、
一、正親町前大納言(實連)殿江御使を以、三摩地院宮三十三回御忌ニ付、和歌御勸進被爲有候、仍之御詠出之儀御賴被仰遣、御口上書十五日之所ニ記アリ、茲ニ略ス、御使小畑勘ケ由、
但、難波殿御斷ニ付、正親町殿へ被仰遣也、

*柿本社正遷宮につき傳奏觸

一、傳奏觸到來、

口上覺

就來廿五日柿本社正遷宮、從廿三日晩至廿六日朝、仙洞樣御神事候、仍爲御心得各方迄可申入旨、兩傳被申付如此候、以上、

十一月廿一日　兩傳奏雑掌

御名前例之通
坊官御衆中

以上、

追而、御廻覽之後、勸修寺家へ御返し可被成候、

一、御附武家より來狀、

徳川愷千代淑姫君結納

今月十五日、従徳川愷千代殿淑姫君様江御結納被差上候旨、堀田相模守申聞候ニ付、此段爲御心得相達候、以上、

十一月廿一日　石谷肥前守

神保紀伊守

菅谷中務卿様

松井西市正様

右承知之旨、及返書也、

廿二日、癸亥、晴、當番、菅谷中務卿・松井出羽守・中村帯刀・初瀬川采女・鈴木求馬・青水造酒・荘田左衛門、

一、護淨院參上、爲伺御機嫌御菓子一折獻上也、御對面被仰付也、

一、原田無關・中川幸德參上、拜診被仰付也、

一、三宅宗仙參上、

養子相續につき三上保教より願書

一、三上伊賀守(保教)より先達而願書差出、

奉願口上覺

一、先達而御願奉申上候私養子相續之儀御願申上候ニ付、大膳事磯村ヲ名乗、御奉公相勤候ニ付、御家風茂存候もの故、及内談養子之儀奉願候處、願之通被仰付難有仕合奉存候、然ル處此度養父右兵衛尉方江別紙之通離縁致度旨申出候、尤是迄も兩三度も右之存寄も申出候得共、於家内過擧之義も無之、其上奉恐入候儀者、度々養子不相續之御願申上候儀故、右兵衛尉を以只管ニ其度々ニ相宥差留置候處、此度又々申出候故、右兵衛尉江及相談候得共、此度者達而与申儀ニ而、迚右兵衛尉存寄ニ茂難致由申出候ニ付、不得止承屆申候、度々不相續之儀奉恐入候得共、無據此段奉申上候、何分宜御沙汰之儀奉願上候、以上、

辰九月　三上伊賀守印

菅谷中務卿殿

今小路民部卿殿

松井右衛門大尉殿

右願之通、今日被仰付候旨、於御用部屋中務卿申渡也、

*佛告院願書

一、佛告院より先達而願書差出、

奉願口上覺

當院建立ニ付、先達而より御預り申候而、當時專建立ニ取懸罷在候、然ル處身柄輕候而者諸人信仰茂薄、建立之儀差障候筋も御座候ニ付、恐多奉存

候得共、何卒院室御預被成下候様奉願候、此段宜
御沙汰奉頼候、以上、

九月十四日　　　　　　　　佛告院
　　　　　　　　　　　　　　貞剛判

菅谷中務卿殿
今小路民部卿殿
松井右衞門大尉殿

右願之通、去十七日ニ被仰付也、願書附落候故、玆
ニ記ス、

廿三日、甲子、快晴、冬至、當番、小川大藏卿・松井右衞門大尉・木崎主計・友田掃部・小畑勘ケ由・松井多門・牛丸九十九、

一、子御祭、如例、

一、東尾權僧正御參、

一、御月次和歌御未進被成候旨、奉行飛鳥井中納言殿(雅威)へ
被仰入、柳宮御返上也、

御月次和歌可被成御詠進處、依御所労御未進被成
候、此段宜御沙汰頼思召候、以上、

十一月廿三日　　　　　妙法院宮御使
　　　　　　　　　　　　末吉向

一、和田泰純參上、拜診、御藥調進也、

一、來月三摩地院(堯恭)宮御年回ニ付、手紙差出ケ所如左、
有栖川宮(織仁)樣・靑門(尊眞)樣・梶門(承眞)樣・兩本願寺(西・文如光暉、東・達如光朗)・佛光寺(隨應眞乘)、

＊三摩地院宮三十三回御忌につき手紙案

手紙案左之通、

以手紙得御意候、然者就三摩地院宮三十三回御忌、
來月四日五日御法事御執行被爲有之候、此段爲御
心得各方迄可得御意、如此御座候、以上、

十一月廿二日　　　　松井右衞門大尉

――――樣
　　――――御中

本願寺・佛光寺へハ御家司御中と書也、

廿四日、乙丑、晴、當番、菅谷中務卿・松井出羽守・中村帶刀・初瀨川采女・鈴木求馬・靑水造酒・莊田左衞門、

一、東尾權僧正御參、

＊十禪師講

一、十禪師講、當家松井右衞門大尉より蒸籠一組、恒例
之通獻上也、

＊三上大膳事

一、三上大膳事大枝功、此度依願三上家離緣被仰付、自
分以稱號出勤被仰付候事、

＊山下勇改名監物

一、山下勇、監物与改名被仰付候事、

一、原田無關參上、拜診之事、

廿五日、丙寅、晴、當番、小川大藏卿・松井右衞門大尉・木崎主計・友田掃部・小畑勘ケ由・松井多門・牛丸九十九、

一、金剛院權僧正御參、

一、於無爲庵八幡松花堂正午御茶獻上也、御詰菅谷法印・

知足庵・大愚、御開後於積翠園御吸物・御酒・蕎麥等獻上也、呉月溪・市川養元參上、御相伴被仰付也、
一、八幡社司谷村兵庫來、於御書院御對面被仰付候事、松本坊同道ニて來ル也、

融通堂等再建につき傳奏觸

一、傳奏觸到來、

山城・大和・美濃　梶井宮院家 城州北大原 持明院前大僧正

右、融通堂并院室等就燒失、再建爲助成右三ケ國勸化御免、寺社奉行連印之勸化狀持參、役人共當辰十一月より來未十月まて御料・私領・寺社領・在町可致巡行候間、志之輩者物之多少ニよらす可致寄進旨、御料者御代官、私領者領主地頭より可被申渡候、

辰十一月

口上覺

別紙之通、武家より申來候間、爲御心得各方迄可申入旨、兩傳被申付如此候、以上、

十一月廿五日　兩傳奏　雜掌

御名前例之通　坊官御衆中

追而、御覽之儀、勸修寺家へ御返し可被成候、以上、

*徳川愷千代淑姫君御結納につき聞繕書

一、御附武家へ御聞繕書一通、如左、

今度徳川愷千代樣より淑姫君樣江御結納被差上候ニ付、爲御祝儀公方樣(家齊)・御臺樣(茂子)江昆布一箱宛、淑姫君樣江昆布一箱・御樽代金三百疋、

右之通、二條表迄御使を以可被進思召候、尤寛政五年徳川五郎太樣より淑姫君樣江御結納被上候節之御例之通ニ御座候、此段堀田相模守殿江宜御聞繕可被進候、以上、

十一月廿五日　妙法院宮御内　松井右衞門大尉

右一通、神保紀伊守役宅へ石野東太夫持參、落手之由也、

廿六日、丁卯、晴、當番、菅谷中務卿・松井出羽守・中村帶刀・初瀨川采女・鈴木求馬・青水造酒・莊田左衞門、
一、東尾權僧正御參、
一、松本坊參上、昨日之御禮申上ル、御對面被仰付也、
一、市川養元參上、昨日之御禮申上ル、
一、原田無關・中川幸德參上、拜診、
一、有栖川宮樣より御里坊迄以御使、御色紙御染筆之儀

御頼被仰進候由也、

廿七日、戊辰、晴、當番、小川大藏卿・松井右衞門大尉・木崎主計・友田掃部・小畑勘ケ由・松井多門・牛丸九十九、

一、閑院宮樣より御里坊迄以御使、今日御誕生ニ付、爲御祝儀小頂一蓋被進也、

一、鷹司樣諸大夫より手紙を以、爲君樣近〻御童昇殿御元服等被相催候ニ付、御祝儀御贈答之儀、兼而御斷被仰入置候旨申來也、

一、御附武家より來狀、

相達候儀有之候間、各方之内壹人、今明日中紀伊守御役宅へ可被相越候、以上、

十一月廿七日　石谷肥前守

神保紀伊守

菅谷中務卿樣

松井西市正樣

右承知之旨、及返書也、

廿八日、己巳、晴、當番、菅谷中務卿・松井出羽守・中村帶刀・初瀬川采女・鈴木求馬・青水造酒・莊田左衞門、

恭禮門院一周忌

一、恭禮門院(富子)樣御一周忌ニ付、禁裏御所江御機嫌御窺、御口上計、中宮(欣子)御所江右御同樣ニ付、蒸籠五種入壹

荷御進獻也、御使松井出羽守(永喜)、

一、泉般兩寺江御代香、出羽守、泉涌寺へ葩五拾葉、御花一筒、般舟院へ葩五拾葉被備之、

一、薙髮心蓮院との・素光院とのへ蒸籠一荷ツヽ饅頭也、蓮華院との・香樹院・獻珠院へ蒸籠一組ツヽ、被遣也、御使青侍中、

一、恭禮門院樣御一周忌ニ付、御見舞被仰進候ケ所、一條(忠良)樣・閑院(美仁)樣・仁門(深仁)樣・安樂心院(公延)宮樣・林丘寺(博山元敞)宮樣・靈鑑寺(宗恭)宮樣、御使鈴木求馬・末吉向、

一、有栖川(織仁)宮樣へ御使を以、此間御頼被仰進候御色紙御染筆之儀、此節御風邪ニて御平臥被爲在候ニ付、御斷被仰進、御色紙御返進也、御使求馬、

一、大炊御門(家孝)殿へ御使を以、先達而岡本甲斐守(保考)を以被相願候御染筆物御出來ニ付、被遣也、御使右同人、

一、御附神保紀伊守より昨日相招候ニ付、鈴木求馬行向之處、去ル四月御臺樣御安產、御男子樣御誕生ニ付、公方樣・御臺樣へ御祝儀被進物御聞繕之儀、不及被進物ニ、御祝詞可被仰進旨、幷敦之助樣・若君樣・淑姫君樣へハ被進物御祝詞ニ不及由、右御聞繕書ニ附札を以相達也、

一、本願寺門主江御使を以、先達而被相願候飛雲閣記御染筆ニ付、被遣也、且門主へ染筆之儀御頼被仰遣候事、御使友田掃部、

一、當日御禮參上之輩、山本內藏・市川養元・横山左近・原田無關、

一、山門歡喜院（昌宗）、此度紀州雲蓋院江轉住被仰付、權僧正拜任ニ付、爲御禮參殿、白銀一枚獻上也、

一、菩提院（志岸）參上、

廿九日、庚午、晴、當番、小川大藏卿・松井右衞門大尉・木崎主計・友田掃部・小畑勘ケ由・松井多門・牛丸九十九、

一、來月御法事ニ付、行事僧小川大藏卿江被仰付候事、

御臺様安産につき聞繕書

一、御附武家へ御聞繕書一通、如左、

御臺様御安産、御男子様御誕生ニ付、公方様・御臺様江御祝詞ニ條表へ御使、何日頃可被差向候哉、此段宜御聞繕可被進候、以上、

十一月廿九日　妙法院宮御内　松井右衞門大尉

右一通、神保紀伊守役宅へ石野東太夫持參、落手也、

御容體書

一、和田泰純へ御薬取、御容躰書、

益御機嫌克被爲成候、御持病次第ニ御快被爲在候得共、御風邪今以御同遍被爲在候、御膳者御相應ニ被召上候、此段御考被成、御薬御調進可被成候事、

霜月廿九日

一、本願寺門主より使者を以、昨日被遣候御染筆物御挨拶、且此御方より御頼被仰遣候染筆物御請被申上候由也、

一、勝安養院（洞海）權僧正、上京ニ付御參、爲窺御機嫌饅頭一箱被獻也、

三十日、辛未、當番、菅谷中務卿・松井出羽守・中村帶刀・初瀬川采女・鈴木求馬・青水造酒・莊田左衞門、

一、護持御本尊御撫物爲申出、北小路極﨟（後幹）參上、地下役人附添來、於鶴之間松井右衞門尉（啓道）面會、御同宿普門院を以例之通相渡、御對面可被爲在候處、依御違例無其儀、

一、中嶋織部參上、御機嫌相窺、明日御祝詞可申上候處、無據用事出來候ニ付、御斷申上候由也、

*三摩地院宮御法事回章

一、三摩地院宮御法事ニ付、山門へ回章被差出、御使安福左馬太、

回章如左、料紙大奉書横折也、

覺王院（順性）權僧正　覺常院（憲琳）奉　寶嚴院（覺永）奉　什善坊奉

右來月五日、就故一品宮三十三回御忌、御經供養被執行候、各可有參勤之由、一品宮仰ニ候也、

十一月三十日　　小川法眼
純方判

各御中

表包ニ、

袍裳七條草鞋隨身候而、五日巳半刻可有參集候也、

闕請

嚴王院(慈周)　華藏院(湛孝)

倹約仰渡

一、御家來一統へ被仰渡趣、如左、

一、從當年三ケ年之間、改嚴敷御儉約被仰出候間、彌以御失墜無之樣可被相心得事、

一、堅禁酒之事、但、自分持參たりとも、右年限之間堅停止之事、

辰十一月

*勧進の和歌御詠出の事

一、石山宰相殿(基陳)より使を以、先日御賴被仰遣候御勸進之和歌御詠出也、

一、正親町前大納言殿(實連)より使來、右同斷、御靈前へ御花壹筒被備也、

一、萬里小路前大納言殿(政房)より使來、右同斷、爲窺御機嫌外良餅一折五棹被上也、

一、烏丸前大納言殿(光祖)御伺公、御勸進之和歌御詠出、於瑞龍殿中務卿面會也、

一、入夜禁裏御所より御使女房奉書を以、來月御內ゝ御祈禱被仰出候由也、御撫もの被出候事、則御請御返書被上也、

十二月　御用番、菅谷中務卿(寛常)、

朔日、壬申、曇或雨、當番、小川大藏卿(純方)・松井右衞門大尉(永亨)・木崎主計・友田掃部・小畑勘ケ由・松井多門・牛丸九十九、

一、禁裏御所(光格)・仙洞御所(後櫻町)・中宮御所(欣子)江當日御祝詞被仰上、御使山下大和守、

一、當日御禮參上之輩、山本內藏・三宅宗甫・市川養元・橫山左近、

一、有栖川宮樣(織仁)より御里坊迄以御使、先日御賴被仰進候御勸進之和歌御詠出之事、

一、右ニ付、不被取敢御挨拶被仰進候事、御使末吉向、

一、烏丸前大納言殿(光祖)へ御使を以、昨日御伺公御勸進之和歌御詠出ニ付、御挨拶被仰遣也、御使右同人、

一、正親町殿(公明)・石山殿(基陳)へ右同斷、御挨拶被仰遣也、

一、惠宅師へ御塔婆染筆被仰遣候事、

一、山門覺王院(順性)權僧正、御法事口數ニ被召加候處、依所勞御斷申上候ニ付、住心院(孝俊)權僧正江被仰付、則闕請相認、昨日之回章ニ差添、明朝御使被差出也、

　闕請

　　住心院權僧正　　是ことく大廣ニ相認也、

二日、癸酉、晴、當番、菅谷中務卿・松井出羽守・中村帶刀所勞・初瀬川采女・鈴木求馬・青水造酒・荘田左衞門、

一、無礙光院前大僧正(堯海)より使を以、故宮御年回ニ付、被相窺御機嫌、青物七種・線香一包獻備也、

一、勝安養院(洞海)權僧正・金剛院(眞應)權僧正御參、

一、故宮御年回ニ付、惠宅師へ青物五種・方金貳百疋被下之、

三摩地院宮三十三回忌法事普賢供執行

一、三摩地院宮(堯恭)三十三回御忌ニ付、今明日於東御堂御法事、今日普賢供御執行、

　宮御方御出仕、導師惠宅師・勝安養院權僧正・東(眞應)尾權僧正・菩提院(志岸)・普門院(啓道)・惠乘房(玄乘)等出仕也、

一、難波前大納言(宗城)殿・萬里小路前大納言(政房)殿へ御使を以、故宮三十三回御忌ニ付、御法事御執行被爲有候、依之御非時被進度思召候間、來ル五日御伺公被進候樣被成度旨被仰遣、兩卿共御請被申上候由也、御使鈴木求馬、

三日、甲戌、晴、當番、小川大藏卿・松井右衞門大尉・木崎主計・友田掃部・小畑勘ケ由・松井多門・牛丸九十九、

一、辰刻過、惠宅師弟子壹人參殿、於梅之間御齋被下也、

＊彌陀供執行

一、巳刻過、於東御堂御法事、彌陀供御執行、

　宮御方御出仕、導師惠宅師、其外出仕御逮夜ニ同し、

一、惠宅師へ今日御布施方金貳百疋、井御塔婆染筆ニ付同百疋、弟子壹人へ同百疋被下之、於梅之間小川法眼相渡、

　其外御布施、勝安養院殿へ銀貳兩、金剛院殿へ同斷、菩提院出家兩人へ南鐐壹片ツヽ、承仕へ銀壹兩也、

一、勢州光明王院代僧を以、御法事爲窺御機嫌井籠貳組獻上也、

＊横山左近道壽と改名

一、横山左近儀、今度道壽与改名仕度旨相願、則願之通被仰付也、

一、中川幸德參上、拜診、

一、日野一位殿(資枝)使者を以、御勸進之和歌御詠出也、

＊南殿道場荘嚴

一、於南殿御道場荘嚴、御影・本尊釋迦・幡十二流・華

幔十六・行事壇一宇・華籠四、尤臺机共大打鳴・佛臺二・三具足・折敷・壇机等例之ことし、

四日、乙亥、晴、當番、菅谷中務卿・松井出羽守・中村帶刀・初瀨川采女・鈴木求馬・青水造酒・莊田左衛門、

*三摩地院宮三十三回忌

一、閑院宮(美仁)樣年寄凉岡院・紫雲院・蓮上院より、故宮御年回ニ付、爲窺御機嫌御菓子一折文ニて獻上也、

*懺法讀誦

一、洞中御奏者所より來狀、

以手紙得御意候、然者來七日十一日兩日之內、華山元慶寺へ被下候當年御引替之御撫物、并御壇料被下候旨、奥より被仰出候間、可然御下知可被成候、仍爲御心得申入候、以上、

*御經供養差定

十二月四日　洞中御奏者所　當番

妙法院宮樣

坊官御中

尙〻、兩日之內御撫物御返上御申出候、巳刻頃可然奉存候、以上、

右承知之旨、及返書也、

例時執行

一、申刻例時御執行、導師東尾殿・勝安養院殿・普門院・惠乘房等出仕、

法華讀誦

一、於御靈堂法華讀誦、

宮御方御出仕、其外同前、但、無量義經・觀普賢經共、尤隨意讀誦、

五日、丙子、晴、當番、小川大藏卿・松井右衛門大尉・木崎主計・友田掃部・小畑勘ケ由・松井多門・牛丸九十九、

一、三摩地院宮(堯恭)三十三回御忌、御當日御法事御執行也、但、當七月爲御供養、結緣灌頂被催候ニ付、御法事被略之也、

一、辰刻懺法讀誦、導師勝安養院權僧正・金剛院權僧正・普門院・惠乘房等出仕、

一、御小食、　一、御盛物前菓子斗、　一、御膳二汁五菜、

一、巳半刻山門僧侶參集、住心院(孝俊)權僧正・覺常院(惠琳)・寶嚴院(覺永)・什善坊、各於瑞龍殿湯漬被下之也、

一、午刻頃御法事御始行、御經供養、差定如左、

御經供養之所

導師　住心院權僧正

唄匿　覺常院

散華　寶嚴院

堂達　什善坊

具在前、

寛政八年十二月五日

*御見舞幷に獻備品

一、於耕作之間、宮御方御聴聞、御法事畢御焼香、此時坊官両人巻簾、畢僧侶退出、次焼香、院家・坊官・諸大夫・侍・近習・隠居・子供、松井丹波・堀部備後、中奥岡本右兵衛・山本内蔵、茶道・青侍・若山源之進等也、

一、於御白書院、僧侶御對面名披露、以後於野牛之間、御齋一汁五菜・口取・濃茶・惣菓子・薄茶等被下之、
御布施、導師金貳百疋、其外同百疋宛、行事僧相達也、

一、行事僧ヘ金百疋、出家両人ヘ銀貳両、承仕備後ヘ同壹両、

一、難波(宗城)前大納言殿御伺公、於野牛之間茶・たはこ盆出、焼香畢、於梅之間御齋一汁五菜・濃茶・薄茶等出、
但、萬里小路(政房)前大納言殿ヘも御伺公之儀被仰遣候得共、不參御斷被申上候由也、

一、山門西塔院惣代大興坊代本住院(憲契)來、御法事ニ付御機嫌相窺、方金百疋獻備也、於御廣間御齋被下之、於御白書院御對面、以後焼香拝禮、

一、菩提院・明禪院江御齋被下也、

一、藤嶋石見・知足庵・山本内蔵・細谷典膳、於御廣間御齋被下之、

一、御道場圖、左之ことし、
（コ、ニ圖アルモ便宜次頁ニ移ス）

一、諸向より御見舞幷獻備之品、左之通、

一、御口上計　閑院宮様御使、

一、葩　梶井宮様御代香、

一、同　有栖川宮様御代香、

一、金三百疋 納經 葩三十葉 別段 羊羹五棹　西本願寺門主代香、

一、金五百疋　東本願寺門主使、

一、納經 青物五種　佛光寺門主使、

一、葩三十葉　知足院宮御方使、

一、葩十葉 外郎餅五棹　難波前大納言殿、

一、外郎餅五棹　萬里小路前大納言殿使、晦日ニ被上也、

一、花壹筒　正親町前大納言殿使、同斷、

一、葩・井籠一組　石山宰相殿使、

一、納經・金貳百疋　専修寺門主代香、

一、井籠一荷　勢州光明王院代僧、三日ニ獻上也、

一、井籠壹組五拾入 葩十葉　勝安養院殿、

道場圖

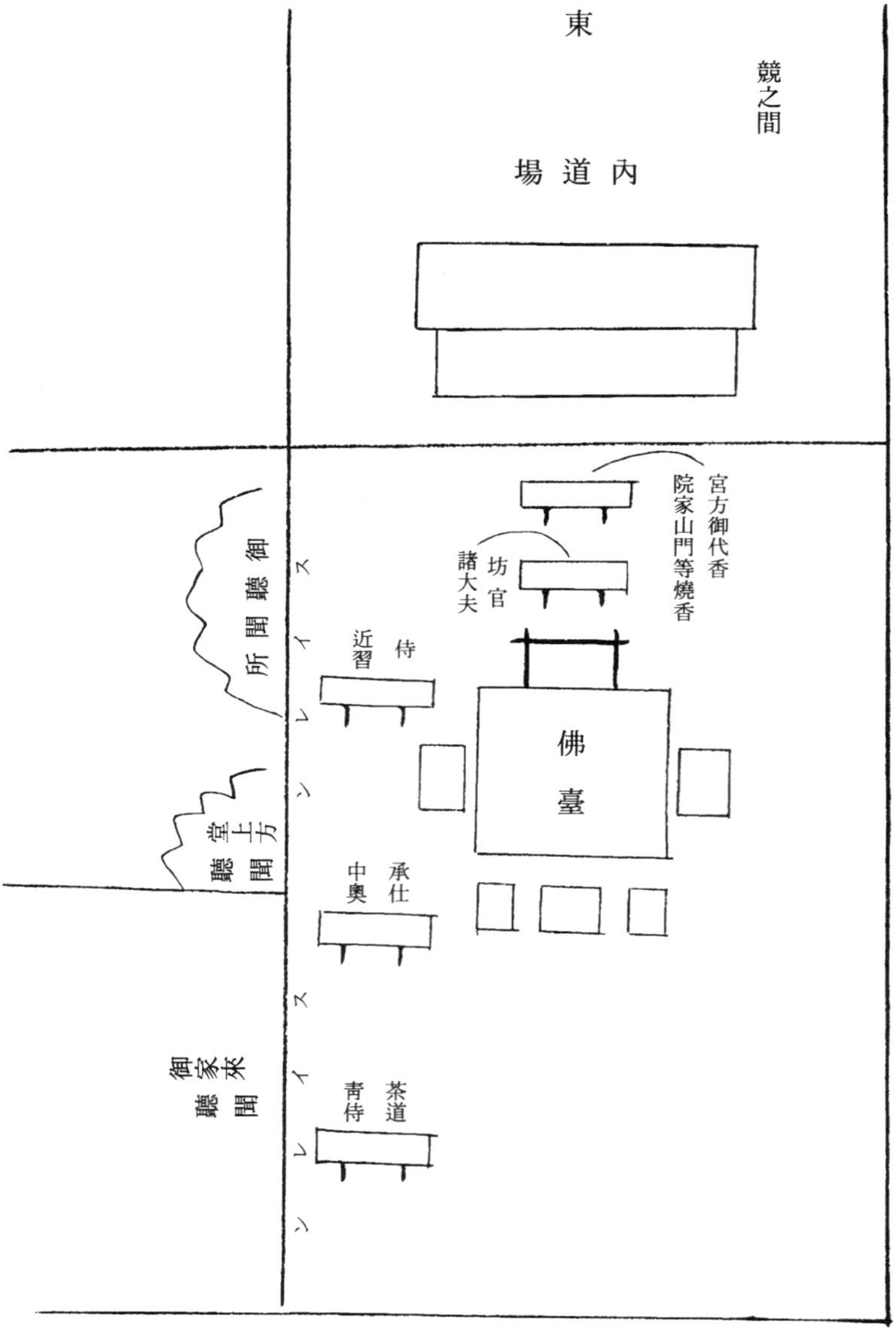
東
競之間
內道場
宮方御代香
院家山門等燒香
坊官
諸大夫
侍
近習
佛臺
承仕
中奥
茶道
青侍
御聽聞所
堂上方聽聞
御家來聽聞
スイレン
スイレン
スイレン

一、右同斷　　金剛院殿、
一、御焼香拾五袋　坊官・諸大夫・侍・近習・出家・
中奥・茶道・青侍、
一、白檀香　明禪院、
一、方金百疋　山門院惣代、執行代名代本住院焼香、
一、青物七種・線香　無礙光院前大僧正使、
別段獻上也
一、青貝花瓶壹　勝安養院殿、
同斷
一、造花壹對　金剛院殿、
同斷
一、青貝花瓶壹　萱谷中務卿・小川大藏卿・松井
右衞門大尉・松井出羽守、
一、竹焼臺壹對　松井西市正・伊丹上總介・山下
大和守・坂元清記・松井丹波・
堀部備後・牛丸九十九・莊田左
衞門、
右者、故宮御在世中より勤仕ニ付獻備之也、
一、御紋附御香合壹　知足庵、右同樣、
一、青貝御香合壹　山本內藏、右同樣、
一、南鐐壹片　細谷典膳、
一、葩・外郎餅五棹　(尊眞)青蓮院宮樣御使僧、但彼御方御騰
中ニ付、當月八日ニ被進之也、

*岩永大炊變宅屆書

一、方金百疋　播州清水寺一山惣代金性院、
但、先達而先例も有之候ハヽ、可窺御機嫌旨、以飛札申遣候
處、先例廿五回御忌之節相考候へ共、其儀不相見、先此度方
金百疋獻上之由、來正月年頭御禮之節持參御斷申上ル也、
一、今朝宮御方御廟參之事、御供山下大和守・友田掃
部・大枝功、御先三人、
一、爲窺御機嫌參上之輩、山本內藏・三宅宗仙・同宗甫・
市川養元・三宅宗達・橫山道壽、
六日、丁丑、晴、當番、萱谷中務卿・松井出羽守・中村帶刀・初瀨川采女・鈴木求馬・青木造酒・莊田左衞門、
一、元慶寺より兩御所御祈禱之卷數・御撫物、幷中宮御
所御祈禱之卷數獻上也、
一、東尾權僧正御參、
一、山本內藏、昨日之御禮申上ル、
一、石山宰相殿御伺公、於常御殿御對面、
一、岩永大炊、此度變宅ニ付、宿所屆之儀相願、則御聞
濟、依之月番千種家へ屆書差出、
覺
妙法院宮御家頼
岩永大炊
右大炊儀、是迄柳馬場蛸藥師下ル町、鍋屋仙次郎

家借宅仕罷在候處、此度同町大坂屋七郎右衛門家
借宅住居仕候、仍爲御居如斯御座候、以上、

妙法院宮御内
菅谷中務卿印

辰十二月六日

勧修寺前大納言(經逸)様御内
立入左京亮殿

漢城隼人殿

千種前中納言(有政)様御内
福井壹岐守殿

細谷典膳殿

右一通、安福左馬太持參之處、御落手之由也、

凉岡院正覺院剃髪

一、閑院宮様年寄凉岡院、此度剃髪ニ付、爲御祝儀御目録金三百疋被下之、且正覺院右同様ニ付、御目録金貳百疋被下之、表役より文ニて遣也、

一、田安御簾中様へ時節爲御見舞、扇子壹箱十本入被進之、梅町・三輪山まて文ニて參ル、

菅谷中務卿刑部卿に改名

一、菅谷中務卿、依願刑部卿与改名之事、

一、御附武家より來狀、

水野出羽守、去月廿九日連判之列被仰付、若君様江被爲附候旨之奉書到來ニ付、此段爲御心得相達候、以上、

十二月六日　石谷肥前守

菅谷中務卿様　神保紀伊守
松井西市正様

右承知之旨、及返書也、

一、廬山寺江御代香、松井出羽守、

一、有栖川(織仁)宮様へ御使を以、先日御染筆物之儀御頼被仰進候處、此節御風邪氣ニ被爲在候ニ付御斷被仰進候得共、尚又被仰入、七日迄ニ御頼被仰進候由御承知被成候、然ル處未御風邪聢与不被遊候ニ付、今兩三日御延引被成候而も不苦御事哉之旨被仰進候事、

七日、戊寅、晴、當番、小川大藏卿所労・松井右衛門大尉・木崎主計・友田掃部・小畑勘ケ由所労代采女・松井多門・牛丸九十九、

一、禁裏御所江元慶寺御祈禱之卷數御獻上、幷御撫物御返獻、且替之御撫物・御壇料、何日頃可申出候哉之旨相窺候處、來十八日可申出旨也、御使友田掃部、

一、仙洞御所江御祈禱之卷數・御撫物御返獻、替之御撫物御壇料爲申出之事、

覺

一、御撫物　壹封
一、白銀　壹枚

蓮華光院御門主入寺御得度
*臨時神樂につき御神事及び伊勢物語傳授の日程等傳奏觸

右者、來巳年元慶寺爲御祈禱料、請取申處如件、

辰十二月七日　妙法院宮御内　友田掃部　印

大嶋殿

一、中宮御所へ元慶寺御祈禱之卷數御進獻也、

一、有栖川宮樣より御里坊迄御使を以、昨日被仰進候御染筆物之儀、何卒來ル十日迄ニ御染筆被進候樣、御賴被仰進候由也、

一、一條(忠良)樣諸大夫より以手紙、來ル廿二日右大臣御拜賀ニ付、御祝儀被進物之御沙汰も被爲有候ハヽ、堅御斷被仰入候旨申來ル也、

一、此間御法事ニ付、諸向より御備物御挨拶、幷御勸進之和歌御詠出之方〻江御挨拶被仰進候事、

一、蓮華光院御門主、今度御入寺御得度被爲濟候ニ付、御歡被仰進候、爲御挨拶御成、御玄關ニて被仰置也、

一、伴蒿蹊、依召參上、御對面、

一、青門樣より御使を以、御朦中御見舞被仰進候御挨拶被仰進候由也、

八日、己卯、晴、入寒卯八刻、當番、菅谷刑部卿・松井出羽守・中村帶刀・初瀨川采女・鈴木求馬・青水造酒・莊田左衞門、

一、西本願寺門主(文如光暉)江御使を以、先達而御立寄被爲有候ニ付、爲御挨拶御作御花生壹箱、幷壽之饅頭壹曲、大門主へ被遣也、御筆箱一新門主へ被遣也、御使大枝功、

一、元慶寺へ仙洞御所御撫物御壇料可申出旨申遣也、

一、金剛院權僧正御參、

一、青蓮院宮(尊眞)樣より御使僧德王院、三摩地院宮御年回ニ付、御代香可被差向候處、御朦中ニ付乍御延引今日御使僧を以葩被備之、幷爲御見舞外良餠五棹被進之候由也、

一、梶井宮(承眞)樣より御使を以、寒中御見舞被仰進候由也、

一、原田無關參上、御對面、

一、傳奏觸一通到來、

口上覺

就來十一日内侍所臨時御神樂、從明九日至十二日朝御神事候、就來十三日禁裏樣江從仙洞樣伊勢物語御傳授、禁裏樣・仙洞樣從來十二日晚至十三日申刻御神事候、中宮樣從九日晚至十二日朝、從十二日晚至十三日申刻、僧尼重輕服御方〻樣御參入可被憚候、爲御心得各方迄可申入旨、兩傳被申付如此候、以上、

十二月八日　両傳奏

御名前例之通　雑掌

坊官御衆中

追而、御廻覽之後、勸修寺家へ御返却可被成候、

以上、

一、鷹司(政熙)様へ御使を以、爲君様御童昇殿被爲濟候ニ付、御歡被仰進候事、御使初瀬川釆女、

一、西本願寺連枝顯證寺初而參殿、於瑞龍殿茶・たはこ盆出、刑部卿面會、於御白書院御對面、以後於瑞龍殿湯漬出之、退出也、

九日、庚辰、晴、當番、小川大藏卿所勞、・松井右衞門大尉・木崎主計・友田掃部・小畑勘ケ由・松井多門・牛丸九十九、

一、青門様より寒中御見舞被仰進也、

一、西本願寺門主より使者を以、昨日被遣物御禮被申上候事、

一、伴蒿蹊、寒中爲窺御機嫌參上、御菓子一折獻上也、御對面被仰付也、

一、佛光寺門主より使者を以、寒中御見舞被申上、知足院宮よりも御同様之由也、

一、芦浦護法院、寒中爲窺御機嫌納豆一籠、例之通獻上也、

*家慶公と命名

一、御附武家より來狀、

今月朔日、從公方様若君様江御名被進之、家慶公与奉稱候旨申來候、此段爲御心得相達候、以上、

十二月九日　石谷肥前守

神保紀伊守

菅谷中務卿様

松井西市正様

右承知之旨、及返書也、

一、八幡松本坊、寒中爲窺御機嫌參上、牛房壹籠獻上也、於御廣間右衞門尉及面會也、

一、御附武家江御聞繕書差出、

公方様江寒中爲御見舞被進物、二條表江御使何日頃可被差向候哉、此段宜御聞繕可被進候、以上、

十二月九日　妙法院宮御内

菅谷刑部卿

右壹通、石谷肥前守役宅へ丸茂彌內持參、落手也、

十日、辛巳、晴、當番、菅谷刑部卿・松井出羽守・中村帶刀・初瀬川釆女・鈴木求馬・青水造酒・莊田左衞門、

一、東尾權僧正御參、

一、有栖川宮様へ御使を以、先日御賴被仰進候御染筆物

御書ニて被進之也、御使末吉向、
一、於知足庵宅正午御茶獻上ニ付、巳半刻頃御出門、御忍ニ而御成、御供山下大和守・山下監物・岡本右兵衞、御先貳人、
右ニ付、知足庵江眞綿貳把被下之也、
一、西本願寺門主より使者を以、此間被遣候御花生ニ御銘之儀被相願候由、御留守之御所故、松井右衞門大尉御預り申置候旨、松井多門出會相答也、
一、山門西塔院惣代大興坊(諒然)參上、爲寒中窺蜜柑壹籠獻上也、自分よりも御機嫌相窺也、於御廣間右衞門大尉及面會也、
一、同東谷惣代嚴王院(慈周)、爲窺寒中參上、右衞門尉面會、
十一日、壬午、晴、當番、小川大藏卿・松井右衞門大尉・木崎主計・友田掃部・小畑勘ケ由・松井多門・牛丸九十九、
一、有栖川宮樣より御里坊迄御使を以、先日御賴被仰進候御染筆物被成進、忝思召候旨御挨拶被仰進候由也、
一、市川養元、昨日御茶御詰被仰付候ニ付御禮申上ル、且爲窺寒中羊羹一折三棹獻上之、
一、松本坊來、昨日御茶御詰被仰付候ニ付御禮申上ル、
一、三宅宗仙・同宗甫、爲窺寒中蜜柑壹籠獻上也、
一、明禪院參上、御對面、

一、護淨院參上、同斷、
一、萬里小路前大納言殿御伺公、於御書院御對面、於瑞龍殿御湯漬出ル、
一、篠田土佐介、寒中相窺御機嫌也、
一、御附武家江御聞繕書一通、左之通、
今度從公方樣(家齊)若君樣(家慶)江御名被進之候ニ付、公方樣・御臺樣・若君樣江御祝詞、二條表迄御使を以可被仰入思召候、尤當時依御由緒如茲御座候、此段堀田相模守(正順)殿江宜敷御聞繕可被進候、以上、
十二月十一日　妙法院宮御內　菅谷刑部卿
右壹通、石谷肥前守(清茂)役宅へ石野東大夫持參、落手之由也、

*改名届菅谷中務卿より刑部卿法印寛常

一、兩貫中山頭中將殿・柳原頭弁殿江御届書一通、如左、
妙法院宮坊官　中務卿事　菅谷刑部卿法印寛常
右此度致改名候、仍御届被仰入候、以上、
辰十二月　妙——御內　松井右衞門大尉
右御届書、石野東太夫持參、御落手之由也、
十二日、癸未、晴、當番、菅谷刑部卿・松井出羽守・中村帶刀・初瀨川采女・鈴木求馬・青水造酒・莊田左衞門、

*御花生御銘の儀

煤拂

*關東若君元服につき順達書

伊勢物語御傳授

一、祓川日向、寒中爲窺御機嫌參上、申置也、
一、山本内藏右同斷、干菓子貳袋獻上也、
一、勢州御師綿屋太夫、寒中御機嫌相窺、獻上物例之通、
一、山門横川別當代一音院(忍衣)、寒中爲窺御機嫌、蜜柑壹籠獻上也、
一、土山淡路守、寒中御機嫌相窺也、
一、伴蒿蹊來、寒中爲御尋拜領物御禮申上候由也、
一、兩本願寺・佛光寺江故宮御年回之節、被備物御見舞等被申上候ニ付、御挨拶被仰遣也、御使初瀬川采女、
十三日、甲申、晴、當番、小川大藏卿不參・松井右衞門大尉・木崎主計・友田掃部・小畑勘ケ由・松井多門・牛丸九十九、
一、御煤拂之事、
一、岡本甲斐守(保孝)・大愚、寒中爲窺御機嫌參上、御對面被仰付也、
十四日、乙酉、晴、當番、菅谷刑部卿・松井出羽守・中村帶刀・初瀬川采女・鈴木求馬・青水造酒・莊田左衞門、
一、此度禁裏御所江從仙洞御所、伊勢物語御傳授被爲濟候ニ付、爲御祝儀右兩御所江昆布一折五拾本宛御獻上也、中宮御所江御口上計、御使山下大和守、
一、同兩御所江爲御窺寒中蜜柑壹籠宛、例之通御獻上也、

御使右同人、中宮御所へ御口上計、
一、東尾權僧正より使を以、寒中被相窺御機嫌蜜柑一籠被上也、
一、福井嚴助、爲窺寒中參上、御對面被仰付、
一、西本願寺門主江御使を以、先日御願被申上候御作御花生御銘之儀、隨分御承知被爲在候得共、御自身御作之御事故、御銘之儀ハ難被成、御花押可被成遣旨被仰遣候處、門主委細被致承知候由、併近頃御失敬ニ候へ共、何卒御銘之儀押而被相願度旨ニて、御花生被及返上也、御使鈴木求馬、
一、青門樣より御順達書御到來、

口上覺

來春關東若君樣御元服ニ付、御祝儀被進物之御次第、御先格御書記、一兩日中ニ可被差出之旨、只今於千種家被相達候、尤此段御一列樣方江も當門より御順達可被成之旨ニ付被仰傳候、宜御沙汰可被成候、以上、

十二月十四日　青蓮院宮御内　梅嶋織部正

妙―樣　聖―樣　照―樣
梶―樣　一―樣

*水野忠友へ御賀書

*大川筋普請御入用銀につき傳奏觸

坊官御衆中

追而、御廻覽之後、當門へ御返し可被成候、以上、

一、禁裏御所より御使女房奉書を以、御月次和歌御題被進之、則御返書ニ御請被仰上也、

月次御會和歌前日御詠進之事、　奉行飛鳥井中納(雅威)言殿

一、中宮御所より御使御文を以、寒中爲御尋御菓子一折五棹御內〻被進之候由、則御返書御請被仰上也、

十五日、丙戌、晴或曇、申刻頃小雨、當番、小川大藏卿・松井右衞門大尉・木崎主計・友田掃部・小畑勘ケ由・松井多門・牛丸九十九、

一、菅谷法印宅ニおゐて正午御茶獻上之事、

一、恭禮門院(富子)樣薙髮獻珠院より寒中爲窺御機嫌蜜柑一籠獻上也、同實成より同斷、薄雪昆布貳袋獻上、文ニて上ル也、

一、無礙光院前大僧正、寒中爲窺御參、たは粉一箱被上也、右衞門尉及面會也、

一、當日御禮參上之輩、山本內藏・三宅宗仙・市川養元・横山道壽・原田無關・香山元學、

一、香山元學、寒中爲窺外郎粽一折五把獻上也、三宅宗達同斷ニ付、外郎粽五把獻上也、

一、皆川文藏、爲窺寒中參上、松露獻上也、申置也、

一、石山宰相殿御伺公、

一、水野出羽守(忠友)、此度連判之列被仰出候ニ付、御賀書被差下、

今度登傭候由、珍重之事ニ候、爲演賀詞如斯ニ候也、

十二月十日　御花押

水野出羽守殿

御奉書箱入表書如左

水野出羽守殿　妙

右御奉書、例之通御使相勤候樣、江府水口伊織へ申遣也、

一、傳奏觸到來、

口上覺

去卯年大川筋御普請御入用高役銀、村〻より懸屋方へ相渡候ニ付、前〻之通懸屋手形ニ納手形被相添、來ル廿日迄之內、勸修寺家へ御差出可被成候、此段各方迄可申入旨、兩傳奏被申付如此候、以上、

十二月十五日　兩傳奏
雜掌

御名前例之通
坊官御衆中

追而、御抱寺・御兼帯御寺領も御書出可被成候、且亦御院家中江も御傳達可被成候、尤御覽之後、勸修寺家へ御返し可被成候、以上、

一、御附武家より來狀、

申談候儀有之候間、各方之内壹人、明晝時迄ニ紀伊守御役宅へ御越候様致度候、以上、

十二月十五日　石谷肥前守
神保紀伊守

菅谷中務卿様
松井西市正様

右承知之旨、及返書也、

十六日、丁亥、晴或曇、當番、菅谷刑部卿・松井出羽守・中村帯刀・初瀬川采女・鈴木求馬・青水造酒・莊田左衛門、

一、昨日神保紀伊守より申來候ニ付、彼役宅へ三谷玄蕃行向候處、當十一月廿五日被差出候御聞繕書之内、徳川五郎太殿之御例与有之候得共、右者凶例故、只依御先例与計ニて可然由、幷淑姫君様へハ不及御祝儀旨、先達而有達候由ニ付、淑姫君様之所も相除可被差出旨相達也、

右ニ付、相改御聞繕書差出也、其案左之通、

*徳川愷千代と淑姫結納につき聞繕書案

*爲君御元服

今度徳川愷千代様より淑姫君様江御結納被差上候ニ付、爲御祝儀公方様・御臺様江昆布一箱宛、依御先例二條表迄御使を以可被進思召候、此段堀田相模守殿江宜御聞繕可被進候、以上、

十一月廿五日　妙法院宮御内
松井右衛門大尉

右壹通、紀伊守役宅へ北川恆之進持參、落手之由也、

一、鷹司(政煕)様へ御使を以、爲君様今日御元服ニ付、御歡被仰入也、御使松井出羽守(永喜)、

一、中宮御所より御内々御祈之御壇料御拜領、年寄滋岡より文ニて來ル也、

一、泉山觀音寺、爲窺寒中參上、細谷典膳・武川幸伯同斷、

一、山門院内惣代金藏院(堯詮)、爲伺寒中蜜柑一籠獻上也、

一、福井新九郎、爲窺寒中參上、且嚴助へ寒中爲御尋御文匣之内拜領被仰付、難有奉存候御禮申上候由也、

一、東本願寺門主(達如光朗)より使者を以、寒中御見舞被申上候由也、

十七日、戊子、快晴、當番、小川大藏卿・松井右衛門大尉・木崎主計・友田掃部・小畑勘ケ由・松井多門・牛丸九十九、

一、堀田相模守より使を以、爲窺寒中狗脊壹箱獻上也、

關東若君様元服官位祝儀につき書付

一、小堀縫殿より右同斷、蕪壹籠獻上也、
一、柚木太淳、爲窺寒中參上、横山道壽同斷、蜜柑一籠獻上也、
一、花山院大納言殿(愛德)・廣橋前大納言殿(伊光)江御使を以、寒中爲御尋蜜柑一籠ツヽ被遣也、御使友田掃部、
一、千種家へ御使を以、左之通書付被差出候事、料紙奉書半切也、
一、天明二寅年三月、從油小路家御招ニ而、關東若君様御元服御官位ニ付、御祝儀被進物、寛保年中之通可被進之旨御達ニ付、左之通書付被差出、
此度於關東若君様御元服御官位ニ付、爲御歡寛保之度之通、

公方様江　御太刀一腰
　御馬代銀拾兩一疋
若君様江　御元服御祝儀 御太刀一腰　御官位御祝儀 御太刀一腰
　御馬代銀拾兩一疋　御馬代銀拾兩一疋

右之通、以御使者被進物有之候様、御達之趣被成御承知候、以上、
右之通書付被差出候上、關東江御使者を以御祝儀被進物有之候事、

妙法院宮御内
菅谷刑部卿
十二月十七日
勸修寺前大納言様御内
立入左京亮殿
漢城隼人殿
千種前中納言様御内
福井壹岐守殿
細谷典膳殿

又壹通、
來春關東若君様御元服御官位被爲有之候様被聞召候、右御祝儀關東江御使を以被仰進候御例、
一、享保十年之節者、御書を以被仰進候様、傳奏方より御達御座候處、御幼年ニ付、院家書面を以御老中其外御役人中迄、御歡被仰進候而已ニ而、御使被差向候儀者無御座候、
一、寛保元年之節者、
公方様　御轉任
大納言様　御兼任
竹千代様御元服御官位ニ付、關東江御使を以、御祝儀被進物御座候、
一、孝恭院様御元服御官位之節者、御室御無住ニ御座候、尤御轉任等之節者、其度〻御使被差向候御例ニ御座候得共、御元服御官位而已之節者、御書を

以御歡被仰進、御使者不被差向御例与相見申候、然ル處天明二年御元服御官位之節者、寛保年中之通、御祝儀被進物有之候様、傳奏方より御達ニ御座候、因玆御達之通御使被差向候、然ル處例年御使被差向候御攝家方・宮方御使而已ニ而、仁和寺(深仁)宮・梶井宮、其外例年御使不被差向御方々之御使者無御座、此御方而已御使被差向候、尤其砌享保之云々御聞合可被成之處、寛保之御例之通与御達有之候事故、被任其意御使被差向候儀ニ御座候、右ニ付、來春御元服御官位被爲有之候節者、享保十年之節之御例之通ニ被成度思召候、此段宜御取計被進候様賴思召候、以上、

*丸山安養寺願出の儀につき承知書差出す

十二月十七日　妙――御内　菅谷刑部卿

宛同前

右両通、丸茂彌内持參、御落手之由也、

一、千種家より御留守居御招ニ付、末吉向罷出候處、町奉行紙之寫一通被達、否書付明朝迄ニ可被差出由也、

丸山安養寺願出問合せ書付

丸山安養寺儀、妙法院宮江往古より御由緒有之候處、此度本堂幷弁才天社江菊御紋附提燈籠三對御寄附ニ付、本堂幷弁才天神前江提置申度旨、安養寺願出候、右御寄附之儀、相違無御座候哉、承知いたし度存候間、御問合之上否被仰聞可被下候、

十二月十七日

十八日、己丑、雨、當番、菅谷刑部卿・松井出羽守・中村帶刀・初瀬川采女所労代勤ケ由・鈴木求馬・青水造酒・莊田左衞門、

一、千種家へ昨夜之承知書差出、其云、

丸山安養寺儀、往古より御由緒有之候處、此度本堂幷弁才天社江菊御紋附提燈籠三對御寄附ニ付、本堂幷弁才天神前江提置申度旨、安養寺願出候、右御寄附之儀、相違無御座候哉之段、御尋之趣致承知候、右安養寺儀、往古より御由緒有之候ニ付、本堂幷弁才天神前江菊御紋附御挑燈六張、此度御寄附可被成之段、先安養寺江相達候事ニ御座候、尚御寄附被爲有候ハヽ、此御方よりも御居可被仰入御事ニ御座候、以上、

十二月十八日　妙法院宮御内　菅谷刑部卿

勧修寺前大納言様御内　立入左京亮殿

漢城隼人殿

千種前中納言様御内　福井壹岐守殿

細谷典膳殿

右一通、安福左馬太持參、御落手之由也、
一、禁裏御所江元慶寺御撫物御壇料爲申出之事、請取書
持參、如左、
覺
一、御撫物　壹封
一、白銀　貳枚
右者、來巳年元慶寺爲御祈禱料、請取申所如件、
辰十二月十八日　妙法院宮御内　小畑勘ケ由印
右京大夫殿
一、角倉一學より歳末爲御祝儀蜜柑三百、例之通書中を
以獻上也、
一、甲斐より文を以、寒中爲窺御機嫌蜜柑壹籠獻上也、
一、西本願寺門主(文如光暉)より使者を以、寒中爲御見舞氷砂糖壹
曲被上也、新門主より同樣ニ付蜜柑壹籠被上之也、
一、和田泰純、爲寒中窺參上、拜診、御藥調進也、
十九日、庚寅、曇、當番、小川大藏卿・松井右衞門大尉・木崎主計・友田掃部・小畑勘ケ由夜分返し、・采女、松井多門・牛丸九十九、
一、祇園社務執行寶壽院、爲窺寒中蕪一折貳把獻上之也、
一、中川幸德、爲窺寒中參上、御對面、
一、青門樣・安井御門跡(了尊)へ寒中御見舞被仰進也、御使友

田掃部、
一、山下大和守要用ニ付、今晩發足ニて播州姫路迄罷下
度旨相願、則御聞濟也、
一、千種家より御招ニ付、末吉向罷出候處、去十八日被
差出候丸山安養寺江御寄附物之儀、最初之處提燈籠
と有之候、矢張御紋付御挑燈と相認差出候樣被達、
仍而十八日ニ被差出候書付被差返也、
一、於同所町奉行紙面之寫被達、
一昨日及御懸合置候丸山安養寺江妙法院宮より菊
御紋付提燈籠三對御寄附之儀、相違無御座哉承知
いたし度旨及御問合候處、右提燈籠と認候儀書損
ニ而、菊御紋附挑燈六張御寄附之旨、安養寺尙又
斷出申候、右之趣御達可被下候、
十二月十九日
一、御附武家より來狀、
其御方より公方樣江寒中爲御伺被進物之御使、明
後廿一日辰半刻、堀田相模守御役宅へ被差出候樣
可相達旨、相模守より申越候ニ付、此段相達候、
以上、
十二月十九日　石谷肥前守

神保紀伊守

菅谷中務卿様

松井西市正様

右承知之旨、及返書也、

一、禁裏御所より御使女房奉書を以、寒中爲御尋御菓子一折拾棹御拜領、并御内〻御祈禱之御壇料御拜領、兩様とも則御返書被爲有也、

一、石井殿より御里坊迄御使、短尺文匣・色紙文匣來也、

一、禁裏御所より被出候元慶寺御祈禱之御撫物御壇料白銀貳枚、并從中宮御所被出候御壇料金貳百疋、惠宅師より申出候ニ付相渡、則請取書例之通差出也、

二十日、辛卯、晴或曇、當番、菅谷刑部卿・松井出羽守・中村帶刀・初瀬川采女・鈴木求馬・青水造酒・莊田左衞門、

一、禁裏御所江昨日御拜領物之御請被仰上候事、御使末吉向、

一、岸紹易、寒中爲窺御機嫌參上、御對面、

一、本願寺門主江御使を以、寒中爲御尋御菓子一折五棹被遣也、新門主へ右同様ニ付、蕪壹籠被遣也、

一、東本願寺・佛光寺へ(隨應眞乘)寒中爲御尋、御使被遣也、右御使青水造酒、

*丸山安養寺御寄附物の儀につき承知書書替

一、千種家より昨日被達候安養寺御寄附物之儀ニ付、去ル十八日ニ被差出候承知書之內、提燈籠三對と有之候處、御挑燈六張と書替、今日差出也、

一、同所へ町奉行紙面之寫承知書差出、其云、如左、

去十七日御達御座候丸山安養寺江菊御紋附提燈籠三對御寄附之儀、相違無御座哉之段、御尋御座候處、右提燈籠と認候儀書損ニ而、菊御紋附御挑燈六張御寄附之旨、安養寺倘又斷出候由、町御奉行紙面之寫御達被進、委細承知仕候、以上、

妙法院宮御內
菅谷刑部卿

十二月廿日

勸修寺前大納言様御內
立入左京亮殿
漢城隼人殿

千種前中納言様御內
福井壹岐守殿
細谷典膳殿

一、同所へ御届書一通、如左、

覺

丸山安養寺儀、從往古御由緒有之候ニ付、此度本堂并弁才天神前江菊御紋附御挑燈六張御寄附被爲有候、仍御届被仰入候、此段武邊江宜敷御通達可被進候、以上、

辰十二月廿日　妙法院宮御内 菅谷刑部卿印

宛所同前

右書付、北川恒之進持参、御落手之由也、

一、閑院宮様へ寒中爲御見舞蕎麥粉貳袋、御内々被進也、左兵衞・野澤迄文ニて遣、

一、恭禮門院様薙髪獻珠院、寒中爲御尋蕎麥粉貳袋被下也、并實成へ右同斷蜜柑壹籠被下之、表役より文ニて遣、但、實成へ之被下物、獻珠院より相達候様申遣也、

一、勸修寺家へ高役銀納手形、并荒木伊右衞門請取手形拾通相添、例之通差出、高役納手形如左、

高役銀納手形書

覺

一、高九拾五石　山城國愛宕郡之内 鹿ケ谷村
　此高役銀拾七匁七厘貳毛

一、高九拾三石貳斗九升　山―― 大原上野村
　此高―― 拾六匁七分六厘五毛

一、高貳百拾四石九斗四升　山―― 柳原庄
　此高―― 三拾八匁六分貳厘七毛

一、高貳百石四斗　山――葛野郡之内 牛箇瀬村
　此高―― 三拾六匁壹厘四毛

一、高三百貳拾八石八斗　山―― 朝原村 千代原村共申候、
　此高―― 五拾九匁八厘九毛

一、高五百八拾九石貳斗八升　山――乙訓郡之内 寺戸村
　此高―― 百五匁九分

一、高百拾壹石八斗六升　山――葛野郡之内 東鹽小路村
　此高―― 貳拾匁壹分貳毛

高合千六百三拾三石五斗七升
　此高役銀貳百九拾三匁五分六厘九毛

一、高三百三拾八石七斗壹升貳石〔マヽ〕　大佛廻境内
　此高―― 六拾匁八分七厘

惣高合千九百七拾貳石貳斗八升貳合
　惣高役銀三百五拾四匁四分三厘九毛
　　但、百石ニ付、銀拾七匁九分七厘壹毛、

一、御抱高八石四斗　山――愛宕郡之内 清閑寺村
　此高役銀壹匁五分壹厘

一、同高貳石五斗　山――葛野郡之内 谷山田村 下山田村共申候、
　此高―― 四分四厘九毛

合拾石九斗
　此高役銀壹匁九分五厘九毛
　　但、百石ニ付、銀拾七匁九分七厘壹毛、

右者、此度山城木津川・桂川・賀茂川・宇治川、攝津河內淀川・神崎川・中津川・大和川筋御普請ニ付、山城國高役銀書面之通、妙法院御門跡御知行所、幷御抱蓮華王院領村〻取立之、荒木伊右衛門方江相納申候、以上、

寛政八丙辰年十二月　　妙法院御門跡御內　菅谷刑部卿印

御勘定所

右書付、北川恆之進、御落手之由也、

廿一日、壬辰、晴、當番、小川大藏卿・松井右衛門大尉・木崎主計・友田掃部・小畑勘ケ由・松井多門・牛丸九十九、

一、公方樣江寒中爲御見舞干菓子一箱、二條表迄御使を以被進之、御使中村帯刀、御進物隨身丸茂彌內、

禁裏御唐門修復につき傳奏觸

一、傳奏觸到來、

口上覺

禁裏樣御唐門透垣御修復ニ付、從來廿三日至同廿七日、御臺所御門より御出入可被遊候、此段爲御心得各方迄可申入旨、兩傳被申付如此候、以上、

十二月廿一日　　兩傳奏　雜掌

御名前例之通　坊官御衆中

*一條忠良右大臣拜賀

追而、御廻覽之後、勸修寺家へ御返し可被成候、以上、

一、花山院大納言殿御伺公、寒中御安否被相窺、幷爲御尋拜領物御禮被申上候由、被申置也、

廿二日、癸巳、晴、當番、菅谷刑部卿・松井出羽守・中村帯刀・初瀬川采女・鈴木求馬・青水造酒・荘田左衛門、

一、東尾權僧正御參、

一、堀田相模守江御使を以、寒中爲御尋蜜柑壹籠被遣之、御使青水造酒、

一、小堀縫殿へ右同斷被下也、

一、仙洞御所より御使女房奉書を以、寒中爲御尋御菓子一折拾棹御拜領、則御返書被爲有也、

右、御請御使を以被仰上也、御使末吉向、

一、一條樣へ御使を以、今日右大臣御拜賀被催候ニ付、御歡被仰進候事、御使小川法眼、

一、安井御門跡より御使を以、寒中御見舞被仰進候事、

一、藤木肥後介、此度侍御取立ニ付、御禮申上ル、御對面被仰付也、

一、本田木工權頭、寒中爲窺御機嫌參上、御對面被仰付也、

一、岸紹易參上、右同斷、
廿三日、甲午、晴、當番、小川大藏卿・松井右衞門大尉・木崎主計・友田掃部・小畑勘ケ由・松井多門・牛丸九十九、
一、御月次和歌御未進ニ付、奉行飛鳥井中納言殿へ御口上書を以被仰入、
　御月次和歌可被成御詠進之處、依御所勞御未進被成候、此段宜御沙汰賴思召候、以上、
　　十二月廿三日　妙法院宮御使　末吉向
一、午刻御出門、中宮御所江御參、夫より御參內、還御酉刻過、御供小川法眼・大枝功・小畑勘ケ由、御先三人、

丸山安養寺御寄附狀

一、丸山安養寺、此度依願本堂幷弁才天神前江御紋附御挑燈六張御寄附ニ付、今日宣阿彌・也阿彌・正阿彌爲御禮罷出、松井右衞門大尉出會、御寄附狀相渡、其案左之ことし、料紙大廣、上包大直紙、
　從往古御由緒依有之、今度本堂幷辨才天神前江菊御紋附御挑燈六張、永代御寄附被成候、仍執達如件、
　　寛政八年辰十二月　松井右衞門大尉　永亨判
　　　　　　　　　　　菅谷刑部卿　寛常判
　丸山　安養寺
右、爲御禮方金貳百疋獻上之、其餘錄物至而減少、不爲例故不記之、
廿四日、乙未、晴或曇雪、當番、菅谷刑部卿・松井出羽守・中村帶刀・初瀨川采女・鈴木求馬・青水造酒・莊田左衞門、
一、東尾權僧正御參、
一、今小路民部卿、遠慮被免候事、
一、緖方左衞門參上、菅谷法印面會、
一、吳月溪參上、御對面被仰付也、
廿五日、丙申、晴、當番、小川大藏卿・松井右衞門大尉・木崎主計・友田掃部返し采女・小畑勘ケ由・松井多門・牛丸九十九、
一、禁裏御所江御使を以、御祈禱之卷數幷昆布一折五拾本御樽壹荷、例年之通御獻上、御使惠乘房、
一、吳月溪來、御白書院三ノ間畫被仰付候事、
一、屠蘇白散獻上之儀、從當年市川養元江被仰付候事、
一、緖方左衞門參上、寒中爲窺御機嫌御菓子一折獻上也、
一、中島織部、寒中爲窺參上也、
廿六日、丁酉、晴、當番、菅谷刑部卿・今小路民部卿・松井出羽守・中村帶刀・初瀨川采女・鈴木求馬・青水造酒・莊田左衞門、
一、東尾權僧正御參、

一、惠宅師參殿、御對面之事、
一、呉月溪參上、
一、御附武家より來狀、
御臺樣就御安産、其御方より公方樣・御臺樣江御祝詞之御使、明後廿八日辰刻、堀田相模守御役宅江被差出候樣可相達旨、相模守より申越候ニ付、此段相達候、以上、
十二月廿六日　石谷肥前守
神保紀伊守
菅谷中務卿樣
松井西市正樣
右承知之旨、及返書也、
一、烏丸弁殿(資董)より御里坊迄使を以、金剛院殿(眞應)江消息來ル、
來正月護持可令勤修給之旨、被仰下候、以此旨令洩申妙法院宮給候也、恐惶謹言、
十二月廿六日　資董
常住金剛院權僧正御坊
右御請文、
來正月護持、妙法院宮可有御勤修之旨、則申入候處、御領掌候也、恐々謹言、
十二月廿六日　眞應
表書
烏丸弁殿　眞應
一、禁裏御所より御使女房奉書を以、御引替之御撫物幷御壇料白銀拾枚御拜領、則御返書被爲有候、則日右之御請被仰上候事、御使末吉向、

*倹約につき贈答儀御断状

一、大乘院樣坊官より手紙を以、彼御方來巳年より嚴敷御儉約ニ付、御音物御贈答之儀、堅御斷被仰進候旨也、
廿七日、戊戌、晴、當番、小川大藏卿・松井右衛門大尉・木崎主計・友田掃部・小畑勘ケ由・松井多門・牛丸九十九、

*歳末御祝儀御献上

一、禁裏御所・仙洞御所江歳末爲御祝儀昆布一折五把・牛房一折拾把・蒟蒻一折百挺・御樽一荷宛御獻上、中宮樣江右御同樣ニ付、昆布一箱・御樽一荷御進獻也、
御使小川法眼、
一、閑院宮樣・廣橋前大納言殿・所司代・兩町奉行(定喜・正子)江御進物、例之通、御使友田掃部、

*御白書院襖畫

一、呉月溪、一昨日より御白書院御襖之畫被仰付候ニ付、爲褒美白銀三枚被下也、
一、原田無關・丸山主水・中川幸德・皆川文藏參上、歳

末爲御祝儀拜領物御請申上、各御對面被仰付候也、
一、三浦伊勢(正子)守より使を以、歳末爲御祝儀拜領〔マヽ〕相御請申上ル由也、
廿八日、己亥、晴、入夜雨、當番、菅谷刑部卿・今小路民部卿・松井出羽守・中村帶刀・初瀨川采女・鈴木求馬・青水造酒・莊田左衞門、
一、當日御禮參上之輩、山本內藏・市川養元・横山道壽、
一、靑門樣より御使を以、歲御祝詞被仰進也、
一、伴蒿蹊參上、歲末御祝儀拜領物御請申上ル、
一、堀田相模守より使を以、歲末御祝儀被遣物御禮申上ル、

御方違の事

一、小泉陰陽大允、寒中御機嫌相窺、御方違勘文獻上也、
御方違之事、御行年三十歲、
御方角　午南
御吉方　子北
節分來年正月七日戊申時戊
寬政八年十二月十三日　陰陽大允源朝臣有重
陰陽屬源朝臣有憲
一、先般御臺樣御安產御男子樣御誕生ニ付、公方樣・御臺樣江御祝詞、二條表迄以御使被仰進候事、御使中村帶刀、

一、昨夜日野大納言(資矩)殿より御留守居被相招、則向罷出候處、於非藏人口鷲尾殿御面會ニ而、來正月八日午刻御參內之儀、被仰出候由被達候旨也、
一、昨夜從仙洞御所取次、御留守居へ手紙を以、今日午半刻坊官・諸大夫之內壹人、外樣口へ罷出候樣申來ル由也、
一、仙洞御所外樣口へ初瀨川采女罷出候處、梅小路殿御面會ニ而、來正月八日午半刻御參院被仰出候旨被達也、
一、愛宕林泉院江菅谷法印より手紙を以、先達而被仰付候詩幷御別莊之記作進ニ付、爲御挨拶御硯箱一・白銀壹枚被下也、
一、樹下式部大輔より、歲末御祝儀牛房一折獻上也、

*屠蘇白散獻上之儀

一、市川養元參上、屠蘇白散獻上之、依之爲御祝儀金百疋被下也、
一、坊官より御鏡餠・御錫、諸大夫より御錫、例年之通獻上也、
廿九日、庚子、曇、當番、小川大藏卿・松井右衞門大尉・木崎主計・友田掃部・小畑勘ケ由・松井多門・牛丸九十九、
一、堀田相模守より使者を以、歲末爲御祝儀牛房一折獻

上之、

三十日、辛丑、晴、當番、菅谷刑部卿・今小路民部卿・松井出羽守・中村帶刀・初瀨川采女・鈴木求馬・青水造酒・莊田左衞門、

一、東尾權僧正御參、

一、護持御本尊幷御撫物、小森差次藏人、隨身地下役人附添來、於鶴之間松井出羽守出會、御同宿惠乘房を以例之通請取之、以後於梅之間差次藏人江御對面、尤御雜煮可被下之處、御省略中ニ付、菱花ひら被下之、

但、正月護持、座主宮御勤修可被爲有之處、青門樣御服中ニ付、此御方江御勤修被仰出候也、

一、禁裏御所より御里坊迄、御使女房奉書を以、御星御拜領、則御返書被上也、

一、則日右御請被仰上候事、御使末吉向、

一、御同所江御使を以、當月御內〻御祈禱、今日御結願ニ付、御卷數・御撫物御獻上之、尤長橋御局迄御書を以御獻上也、御使青水造酒、

一、藤嶋石見・同讚岐、歲末爲御祝儀參上也、

一、歲末御祝儀例之通、於御白書院坊官・諸大夫以下中奧迄、御禮申上ル、

一、歲末御禮參上之輩、山本內藏・三宅宗仙・同宗甫・市川養元・三宅宗達、

編纂校訂　妙　法　院　京都市東山區妙法院 前側町四四七番地

妙法院史研究會

杣田善雄　大手前大學教授 文學博士

藤平寛田　天台宗典編纂所編輯長

弓場苗生子　天台宗典編纂所編輯員

主幹　(故)三崎義泉　天台宗勸學 文學博士

妙法院日次記　第25　　史料纂集 古記録編〔第204回配本〕

2019年9月20日　初版第一刷発行　　定価（本体17,000円＋税）

校　訂　妙法院史研究会
発行所　株式会社　八木書店　古書出版部
代表　八木乾二
〒101-0052 東京都千代田区神田小川町3-8
電話 03-3291-2969(編集) -6300(FAX)
発売元　株式会社　八木書店
〒101-0052 東京都千代田区神田小川町3-8
電話 03-3291-2961(営業) -6300(FAX)
https://catalogue.books-yagi.co.jp/
E-mail pub@books-yagi.co.jp

組　版　笠間デジタル組版
印　刷　平文社
製　本　牧製本印刷
用　紙　中性紙使用

ISBN978-4-8406-5204-9